梦山书系

張宗麟

论幼儿教育

论著卷

喻本伐 但妮 主编

海峡出版发行集团 | 福建教育出版社

图书在版编目（CIP）数据

张宗麟论幼儿教育. 论著卷/喻本伐，但妮主编
. —福州：福建教育出版社，2024.12
ISBN 978-7-5334-9907-5

Ⅰ.①张… Ⅱ.①喻… ②但… Ⅲ.①幼儿教育 Ⅳ.①G61

中国国家版本馆 CIP 数据核字（2024）第 045316 号

Zhang Zonglin Lun You'er Jiaoyu · Lunzhu Juan

张宗麟论幼儿教育·论著卷

喻本伐　但妮　主编

出版发行	福建教育出版社
	（福州市梦山路 27 号　邮编：350025　网址：www.fep.com.cn
	编辑部电话：0591-83727542　83726908
	发行部电话：0591-83721876　87115073　010-62024258）
出 版 人	江金辉
印　　刷	福建新华联合印务集团有限公司
	（福州市晋安区福兴大道 42 号　邮编：350014）
开　　本	710 毫米×1000 毫米　1/16
印　　张	35.75
字　　数	547 千字
插　　页	2
版　　次	2024 年 12 月第 1 版　2024 年 12 月第 1 次印刷
书　　号	ISBN 978-7-5334-9907-5
定　　价	99.00 元

如发现本书印装质量问题，请向本社出版科（电话：0591-83726019）调换。

编辑说明

一、张宗麟（1899—1976）系中国近现代教育名家，并享有"中国第一位男性幼儿教师"的殊荣。1925年他协助陈鹤琴办理南京鼓楼幼稚园，1927年后，他协助陶行知创办了燕子矶幼稚园以及晓庄学校及其他幼教设施。其间，参与拟订了《幼稚园课程暂行标准》，其后又执教于福建厦门集美幼稚师范学校，主持开办了集美乡村师范附属幼稚园和山东邹平简易乡村师范学校及其附设幼稚园。在此前后10年间，他撰写了一批幼教专著与论著。这批文字已成为中国幼教思想宝库中的重要历史遗产，很有必要予以深入发掘和重新整理。

二、本书分为上下两卷。上卷为"专著"卷，收录张宗麟的幼教著作4本；下卷为"论著"卷，收入张宗麟的幼教文论数十篇。"专著"卷卷首，编者撰有《张宗麟幼儿教育学说》，旨在对他的幼儿教育思想进行全面述评；"论著"卷卷尾，附编者所编《张宗麟生平·著述年表》，对其生平、著述予以简略介绍。上下两卷各30余万字。

三、本书依定本"全录"为原则，包括原注、作者自制表格、自选插图等，均不作改动，力求"保留原貌"。"专著"卷包括如后四册著述：（1）《幼稚教育概论》（1926年12月）；（2）《幼稚园的社会》（1930年1月）；（3）《新中华幼稚教育》（1932年5月）（4）《幼稚园的演变史》（1935年7月）。"论著"卷收录者，包括单篇论文、调查报告、教案、书信、计划书等53篇，均按原发表件录用，并依写作或发表时间的先后为序。

四、本书于各本专著和各篇文论的题目之下，置有"题解"，用以交代文章出处、撰写或发表时间、合撰者简介、原载刊物、相关背景或载刊简介等内容。若为重复内容，则后文参见前文。在论著卷的少数文论之后，编者还置有"随文附录"若干，以作为读者理解相关文论之助。与专著和论著文字密切相关的图片，编者精选若干以"另图"形式插入其中，并标明出处。

五、本书对文字的处理，以忠实于原著、保留各时段文字语言的历史风貌为原则。除繁体字、异体字、通假字依照国家的相关规定进行统一处理外（如"那末"改"那么"、"那"改"哪"等），余皆不作改动。对于原著中明显的错别字、衍字或脱字，编者在该字或该处之后置"〔〕"，并将订正或补加之字变体置于六角括号之内；对于原文已无法辨识之文字，由编者用"□"号表示。原文中"如左""如右"，径改为"如下""如上"。

六、本书对标点符号的处理，原则上尊重作者的断句，但是编者可对当断未断或断句不当之处进行补正。对于数字符号的处理，如原发表件的表述方式为中文数字或阿拉伯数字者，均"保留原貌"；但是统计表格中的数据、四位数以上的数据，以及百分数（％）若为中文数字者，则可酌情改用阿拉伯数字。

七、本书对篇章以下序号的处理，均依一、（一）、1、（1）、（a）五级标号。凡原著中的甲、乙、丙、丁……，壹、贰、叁、肆……标号，编者皆不袭取。对于文字分段，原则上依据作者的原有段落录排；若一段中的文字过长或作者原来的分段不当者，则由编者统一进行分段处理，且不作交代。对于论著中的大段引文（三行以上者），由编者进行"变体引文式"（另起、专段并改变字体）处理。

八、本书采用脚注形式，每页均重新序号。注释对象为人物、事件、专用术语、特殊名词、非通译人名、术语、外文等。同一注释对象，在同一卷中仅详注一次，且以首次出现时加注为原则。对于作者原注，将在注释中特别说明，并用引号标明其注释内容。依据《标点符号用法》第九项中的相关规定，注释分为"句内注"和"句外注"两种；凡句外注，多用"此"字开头以示区别。若为标列文论出处的注释，凡中国作者，均无须标列国籍；但对于民国以前的作者，须用"［　］"标明作者所属朝代；凡外国作者，均以"［　］"标明其国籍，一般只列简称。

九、本书的译名处理，无论人名、物名、事名，均以保留文论中的原名为原则；对于注释中的疑难条目，权且保留原貌，有待进一步查核。现今的通译名，则以注释方式呈现。由于注释取"首注"原则，故其后的非通译人名，不再详注，仅采用"参见前注"提示并略注。即使在同一书中作者前后所使用的译名不同，编者也不作求同式改动，仅在注释中加以说明。

十、1925 年，在中国幼儿教育发展史上具有特别的意义。是年 9 月 6 日，陈鹤琴先生设立的南京鼓楼幼稚园举行开园典礼。该园的开办，标志了中国的学前教育事业，与前此沿袭日本的蒙养院和蒙养园的办理模式告别，开始直接与欧美的学前教育理论和实践接轨，从而使中国化的幼儿教育发展步入到崭新阶段。1925 年的另一值得纪念之处，便是适逢张宗麟投身中国的幼教事业的百年纪念。是年 6 月，张宗麟接受恩师陈鹤琴之约聘，决定协助他办理鼓楼幼稚园，并研究幼稚教育，婉拒了宁波启明女中的校长之聘。尽管家庭和友人均不支持这种选择，但他矢志不渝，并在这方面有所成就。本书的编辑出版，正是为了纪念这两个有意义的一百年。

编者，2024 年 10 月 29 日

目 录

幼稚师范问题（1926年5月） ………………………… 1

南京鼓楼幼稚园概况（1926年6月1日） ……………… 17

调查江浙幼稚教育后的感想（1926年6月） …………… 41

儿童的观察能力及其教育的功效（1926年8月20日）……

……………………………………………………………… 59

关于感动性的学习之两个试验（1926年8月20日）………

……………………………………………………………… 68

幼稚园里的几种读法教学法（1926年9月）…………… 77

鼓楼幼稚园课程试验报告之一（1926年9月）………… 94

一年来南京鼓楼幼稚园试验概况（1926年11月12日）…

……………………………………………………………… 109

鼓楼幼稚园课程试验报告之二（1926年11月28日）……

……………………………………………………………… 120

怎样编制幼稚园的课程（1926年12月25日）………… 150

鼓楼幼稚园课程试验报告之三（1926年12月） …… 160
幼稚生生活状况的实例和讨论（1927年1月9日） ……………… 180
幼稚园的故事（1927年1月） …… 189
幼稚教育中文参考书目（1927年2月20日）………… 208
我们的主张（1927年3月）…… 230
改进儿童教育的一个重要提议——整理儿童用书（1927年4月14日）…… 243
幼稚园及低年级指导的研究和计划（1927年10月）……………… 250
幼稚生的常识（1927年11月14日）………… 256
南京市幼稚园课程参考（1928年2月）………… 272
幼稚教师谈话（1928年2月）…… 282
幼稚园的设备（1928年5月）…… 284
幼稚生应该有多少习惯和技能（1928年10月）…… 307
幼稚园和小学低年级联络教学法（1928年10月）… 313
介绍三本幼稚教育参考书（1928年10月）…… 315
幼稚园应用字汇（1928年10月）…… 319
大江滨的乡村幼稚园——一周岁的燕子矶中心幼稚园（1928年12月30日）…… 321
一个山村幼稚园——十个月的晓庄幼稚园（1928年12月30日）…… 329
怎样指导幼稚园的教学做？（1928年12月30日）… 335

幼稚园课程暂行标准（1929年3月）……………………… 343
  随文附录一：幼稚教育课程委员会议 ……………… 352
  随文附录二：《幼稚园、小学课程标准》编订经过 ………… 353
解放儿童（1929年11月中旬）…………………………… 357
整理旧事业，实现新理想——1930年的计划（1929年12月）……………………………………………………… 365
再论解放儿童（1930年1月1日）………………………… 369
幼稚园与小学的实际问题（1930年3月）………………… 373
幼稚教育谈（1930年8月）………………………………… 391
农谚可以做自然科的教材吗？（1930年11月15日）…………………………………………………………… 396
关于幼稚园的卫生问题（1931年3月1日）……………… 403
幼稚教师对社会应有态度与技能（1931年3月1日）…………………………………………………………… 414
空谷幽兰——介绍一个极有研究精神的幼稚园（1931年3月1日）…………………………………………………… 423
儿童最爱玩的游戏（1931年3月1日）…………………… 427
关于"鸟言兽语"儿童读物的意见——复吴研因函（1931年4月）…………………………………………………… 434
  随文附录一：尚仲衣在中华儿童教育社讲演词（《时事新报》）………………………………………………… 437
  随文附录二：吴研因给儿童教育社的信（《申报》）…… 438
幼稚园要不要有教科书（1931年10月）………………… 440

通信指导幼稚师范生——致集美幼师四组实习生（1932年6月27日） …………………………………………… 447

幼稚园（1934年4月1日） ……………………… 456

幼稚教育者?（1934年4月16日） ……………… 462

托儿所（1934年6月1日） ……………………… 465

幼稚教育的三个时代（1934年10月1日） …… 469

儿童节的话（1935年4月4日） ………………… 470

明日的幼稚教育（1935年8月） ………………… 475

简单的幼稚园——邹平简易乡村师范幼稚园课程讨论会讲演之一（1935年11月上旬） ……………………… 478

苏联的儿童教育（1936年4月1日） …………… 485

怎样研究幼稚教育?（1937年7月10日） ……… 491

爱国主义教育在幼稚园（1951年2月23日） … 501

 随文附录:《爱国主义教育在幼稚园》手稿第一部分 …… 506

幼儿园是可以进行识字教育的（1956年9月） … 508

 随文附录:陈鹤琴的《幼儿园应当进行识字教育吗?》 …… 511

附录　张宗麟生平著述年表（年岁均以虚龄计） …… 514

幼稚师范问题

(1926年5月)

【题解】 本篇原载《中华教育界》第 15 卷第 11 期 "师范教育专号",发表时间为 1926 年 5 月。"一"和"二"两部分的标号,系由编者所加。

"幼稚师范"为师范教育的分支之一,他如女子师范、职业师范、乡村师范、体育师范等均是。幼稚师范是专为幼稚园(包括此前的蒙养院、蒙养园)培养师资的机构,在清末民初称为"保姆讲习科"或"保姆传习所";在"壬戌学制"颁行后,幼稚园虽在学制上占领了地位,但"幼稚师范科"通常只在女子师范中附设。单设幼稚师范,最早见之于教会所办学校,如厦门怀德幼师、福建协和幼师等;国人自办的私立幼师则接踵办理,如宁波幼师、上海幼师、集美幼师、北平幼师等。至于国立幼师,则由陈鹤琴于 1941 年在江西首创。毫无疑义,要发展中国的幼稚园事业,首先必须重视"工作母机"幼稚师范的办理。张宗麟在此文中,对此进行了专门论述。

《中华教育界》,教育月刊, 1912 年 3 月 25 日创刊于上海,由中华书局主办并发行,首任主编陆费逵。该刊旨在使"教育普及于全国""文化深入于民间",为民国时期最为重要的教育刊物。主要栏目,有论说、研究、名著、小说、法令、谈丛、特别纪事、调查、办学成绩等;主要撰稿人,有蔡元培、蒋维乔、蒋梦麟、黄炎培、汪涛、陶行知等。抗日战争爆发后,停刊十年。 1947 年 1 月复刊, 1950 年 12 月终刊,共出 29 卷 305 期。

本篇讨论两个问题：第一，在中国教育现状之下，是否应该设立幼稚师范？第二，倘若以为应该设立的，那么应该怎样办方才能够适应需要？

一

第一个问题，可以很肯定的回答："中国急需有富于国家精神的幼稚园教师，所以急需设立完美的，富于研究、试验精神的幼稚师范。"这个答案的解释，可以从事实和学理两方面来说。

（一）从事实方面看来①

从事实方面看来，中国实在需要幼稚教师。

近五六年来，各处幼稚园增加得很多。如浙江有几县，在县教育经费项下，有幼稚园费的开支。在社会上普通小学校，凡经济稍稍宽裕的小学、师范附属②都设立幼稚班；同时独立的幼稚园也日渐增多，所以各处需要良好的幼稚教师很急。但是幼稚师范毕业生很少很少，从前江、浙两省的女子师范大都办过保姆班③，每班的毕业人数大概也有三四十，可惜各校都不继续办下去。

在江南诸省，只有苏州的景海④、杭州的弘道⑤（另图1），可称多年的老

---

① 此标题以及（二）的标题，均系编者统一加拟。
② 师范附属：即师范附属小学的简称。
③ 保姆班：即幼稚师范班。因清末"蒙养院"和民初"蒙养园"师资均称为"保姆"，因而培训其师资的设施，也称为保姆班、保姆科、保姆讲习科或保姆传习所。
④ 景海：即景海女学。该校前身为传教士潘慎文的夫人所创"冠英女塾"，创办时间为1883年。1902年为纪念已故的海淑德（L. A. Haygood）女士，遂改此名（景仰海淑德）。海淑德是第一位来华的女传教士，在华传教、办学达17年，尤其专注于女学和幼稚教育的办理。1917年景海女塾改为景海女师，设音乐师范科、高中师范科、幼稚师范科，并依旧附设幼稚园。
⑤ 弘道：即杭州弘道女学。该校由美国长老会于1890年创办，1916年设立幼稚师范科时，也一并附设了幼稚园。

另图1　杭州弘道幼稚园学生玩积木

图片来源：《图画时报》第421期（1927年12月21日）

幼稚师范。从民国五六年起，每年都有毕业生。内容如何暂且不论，就人数一项说，每次毕业不过六七人，实在供不应求。所以从数量方面看来，国内的幼稚教师已经感到不足。

各处所设养成幼稚教师的学校，程度不一。即以入学资格而论，从前北京女高师附设保姆班，[①] 投考生以师范或中学毕业生为合格。杭州弘道、苏州景海收初中毕业生，南京一女师[②]则收旧制高小毕业生。从前各女师附设保姆班之学生，竟小学肄业生。入学资格的高下，虽然不能判断将来学业的优劣，但是各种求学工具还未完全的学生，恐怕读了几年幼稚师范，希望她独立研究教育，也着实不容易的。

再看看她们的课程，真是令人惊骇。现在举一个国内最负盛名的幼稚师范的课程表（表1）来作例，请国内教育家大家来批评批评，究竟这样的师范教育，是否能养成完美的教师？

---

① 此"保姆班"，当称"保姆讲习科"。增设时间为1916年秋，修业时间为一年，次年获得结业证书者为14人。1919年秋，招收了第二届保姆讲习科学员20名，学制也展延为2年。该科学员，除发起成立"幼稚教育研究会"外，还编辑了刊物《北京女高师幼稚教育的研究》。

② 南京一女师：全称江苏省立第一女子师范学校，因位于南京，故有此称谓。该校于1917年冬，由校长张默君主特增设保姆讲习科，次年3月附设蒙养园。后将保姆讲习科迁出，单设为"保姆传习所"。

表1 某幼稚师范课程表

科目 \ 年级学分	一年级（与高级中学一年级同）	二年级	三年级
英文	20	10	10
国文	12	12	12
社会问题	6		
宗教学	4	4	4
体操	2	2	2
生理及卫生	3		
生物学	3		
家政学	2	儿童保护法 1	2
音乐	2		
琴学	（1）随意科	1	1
心理		3	
音乐教法		2	
唱歌		1	
美艺		2	2
故事		1	
幼稚与国民歌曲		1	
国文教法		2	
省道教法			2
学校管理法			1
近世教育史			3
实习		10	15
启智用具教法		1	
秩序法			2
实习商榷			1
幼稚教法			2
学分总数	54	53	59

幼稚教师在校的修养既然如此,那么她们的实地施教,也就免不了"师说传授"的"老汤头"。我看过江、浙十几所幼稚园,其中有几位教师还能自知改进,有几位简直以"从前我们所学如是"做回答问题的总诀。所以每所幼稚园里,都画起大圆圈来,[1] 把活泼泼的儿童,都用软禁、威吓的手段围坐在圈子里。从早晨到中午,不问儿童兴趣,总是教几种规定的课程。琴声一响,大家起立;唱的歌也有赞美诗,也有英文歌,也有外国曲调,不问儿童能否了解。讲故事的时候,不问儿童愿意与否,只叫他们静坐,坐得像姿势图上的同样严肃。

儿童究竟是动的,因此弄得全堂难以处置。每逢节日照常放假,儿童也不知道放什么假,莫名其妙。平日看待室内活动,是幼稚生入园的唯一责任,不愿意放学生到户外去的。所以对于自然常识和户外运动的技能,几乎成为非幼稚生能习的学科。诸如此类的情形,在江、浙是很多很多的。我想内地诸省的幼稚教育,或者也同有此病,或者不如。我听到湖南只有一所湖湘幼稚师范[2](教会立的),其中课程几乎由一人包办。毕业生因供求不符,所以全省的幼稚教师,多取给于普通师范或中学毕业生。在通常情形而论,江、浙还算比湖南诸省好呢!

无论从人数、课程或实地施教的现状而论,我国非设立富于研究、试验精神的幼稚师范不可。

(二)在教育原理的一方面

在教育原理的一方面,幼稚生在体力、智力上,都和到学龄的儿童不同,所以应该有不同的教育。

---

[1] 此"大圆圈",通称"朝会圈",实则为幼儿的"活动圈",通常画定在活动室的正中。凡游戏、故事、常识、舞蹈、音乐等课程,甚至朝会、表演等活动,均在此圈中进行。教师总是居于圆心地位,而幼儿多围坐在圆周上。

[2] 湖湘幼稚师范:全称当为"长沙福湘女中附设幼稚师范科",由美国基督教长老会、遵道会、循道会共同创设于1914年;校址在长沙北门外长春巷,首任校长为牧拿亚女士。1920年学校增设幼师部,并附设幼稚师范科,开始培养幼教师资。

德国的佛洛培尔（Froebel），① 大家都知道，是一位创造幼稚园的始祖。他的有名著作 *Education of Man*，② 在过去的三十年里，很占世界教育言论界上的重要地位。虽然到现在，已经有许多学说不适宜；这部书，当然是鼓吹、提倡幼稚园最重要的著作。其中最紧要的一句话就是说："教育最重要的功能，是发展人类各期的生活，适应人类各期的需要，且适合于各人各期的需要。"

幼稚生的年龄自四岁到六岁，身体的发达，急需学习的事物繁多。学习力的特异，儿童心理学上都早经有人发明。所以近二十年来，对于幼稚生的眼光，又从佛氏神秘的学说变到科学的实验；同时重视幼稚生的力量，比佛氏更加来得有证据，幼稚生和其他儿童的特异，也格外来得可靠（关于这点，可以参看陈大齐③译《儿童心理学》，陈鹤琴④编《儿童心理之研究》和

---

① 佛洛培尔：通译福禄培尔，即弗里德里希·威廉·奥古斯特·福禄培尔（德语 Friedrich Wilhelm August Fröbel，1782—1852），德国教育家、幼儿园制度的创立者。他崇尚裴斯泰洛齐的教育思想，曾在裴氏身边工作了两年。1816 年在家乡创办了一所学校，实验裴斯泰洛齐的教育主张，并取得了成功。1837 年在家乡为学龄前儿童创办了一所活动学校，1840 年将该校正式定名为"幼儿园"。著有《人的教育》《慈母曲及唱歌游戏集》《幼儿园教育学》等。

② 所载英文为书名，可译为《人的教育》。

③ 陈大齐（1886—1983）：字百年，浙江海盐人。早年肄业于上海广方言馆，1901 年考入浙江求是大学堂，1903 年留学日本，专攻心理学，获东京帝国大学文科哲学门学士学位。1912 年归国，任浙江高等学校校长。后历任北京政法专门学校预科教授、北京大学心理学教授，1917 年在北京大学创建了我国第一个心理学实验室。1921 年赴德国柏林大学研究西洋哲学一年，归国后任北大教务长，一度代理校长。著有《心理学大纲》《哲学概论》等。

④ 陈鹤琴（1892—1982）：浙江上虞人。早年肄业于杭州蕙兰中学、上海圣约翰大学。1911 年考入清华学堂高等科，1914 年庚款留美，先获约翰·霍普金斯大学文学学士学位，后获哥伦比亚大学教育硕士学位。1919 年归国，历任南京高师专任教员、东南大学教授。后创设南京鼓楼幼稚园，致力于儿童心理和幼儿教育研究。1928 年后，在上海主持公共租界华人教育处，创设中华儿童教育社，担任理事长。1940 年主持创设江西省立幼稚师范学校，任校长；该校后改国立，并增设专修科。抗日战争胜利后，创设上海幼师和上海幼专。著有《儿童心理之研究》《家庭教育》《陈鹤琴全集》等。

凌冰①的《儿童学概论》)。

特殊的儿童，应当有受过特殊教育的人才去施教。所以，幼稚园应该有曾经受过幼稚师范教育的人才去任教师。普通师范生所学习的教育原理与技能，大半是普遍的，是注重在小学教育的。倘若移到小学教育以前去（pre-school education），②在原理上还有一部分可以引用，在教学的技能上很难应用。

幼稚园里的游戏、音乐、手工、图画诸科，固然不是小学可比，又非小学里的雏形；就是将来应该设立的读法③、数学等，也断乎不可直抄小学教学法的。还有家庭的联络，是幼稚教师最重要的职务，恐怕也是普通师范生难得做到的。此外如养护上，也比小学里更有繁重的责任。

凡此种种，都非受过专门训练的人才所能胜任。这是我国急宜设立优良的幼稚师范之又一理由。

二

第二个问题的答案较为冗长，归纳起来可得三点：(1) 解除从前的神秘色彩；(2) 适合我国的国民性；(3) 养成有随时改进、试验、研究的精神。这三点，可以称为办幼稚师范的目标。至于如何实施，为便于说明计，仍分课程、学生、教师诸项。

---

① 凌冰（1891—1993）：字庆藻，号冀东、济东，河南固始人。早年肄业于南开学校，后考入清华学校。毕业后赴美留学，先后入读斯坦福大学、哥伦比亚大学、克拉克大学，获教育心理学博士学位。1919年归国，受聘为南开学校大学部第一任教务长。后历任国立河南大学校长、河南省教育厅厅长、中华民国驻古巴国全权公使等职，1949年后居留美国。著有《儿童学概论》等。
② 所载英文为教育术语，可译为学前教育。
③ 读法：即读法教学。宽泛说来，类同于谈话或语言教学；严格说来，则是识字、写字和阅读教学。当时的主流理论，反对在幼稚园中教授识字；而陈鹤琴和张宗麟通过试验后认为，幼稚生识字，既有可能，也属必要。

（一）课程

新学制①师范科课程，"课程委员会"已拟有大纲。② 然而所列科目，都是普通师范教育的性质。至于专科师范的课程，虽全国注目的农村师范③也没有谈到，所以各处设立专科师范都是各自为政，前节所举的幼稚师范课程也可以公然施行，没有人去批评他了。

幼稚师范的课程应该怎样拟呢？他的标准如何？国内教育家还很少注意到。据我多方搜罗的结果感想，觉得定课程的原则，还是和其他专科学校的课程原则同的——注重于专科职业的训练，同时不忘于与职业有关的普通训练及公民训练。本此原则，那么可以厘定其中的细目了。

现在举二个幼稚师范的课程实例（表2、表3），或者可以作为有心此道的参考。

另图2　江苏一女师附设保姆传习所第一届学员实习照

图片来源：《江苏省立第一女子师范学校校友会杂志》第3期（1920年10月）

---

　①　新学制：即1922年颁行的"壬戌学制"。
　②　此"大纲"，指"壬戌学制"颁行后，"师范及职业科课程标准起草委员会"所拟订的《新学制师范课程标准纲要》。
　③　农村师范：当时通称"乡村师范"。

表 2 江苏省立第一女子师范学校①附设幼稚师范（另图 3）课程表②

学年 学期 科目 学分	第一学年 上学期	每周时数	学分数	下学期	每周时数	学分数	第二学年 上学期	每周时数	学分数	下学期	每周时数	学分数	第三学年 上学期	每周时数	学分数	下学期	每周时数	学分数
学人生科学与哲学	公民训育	2	2													社会学	2	2
教育	儿童心理	2	2	儿童心理	2	2	教育概论	2	2	教育概论	2	2	参观报告	2	2	参观报告	2	2
				幼稚教育	4	4				福禄培尔与蒙台梭利传记及学说	2	2	保育法	2	2			
				设计法	2	2	设计法	2	2				批评	2	2	批评	2	2
国文	国文	4	4	国文	4	4	国文	3	3	国文	3	3	儿童文学	2	2	儿童文学	2	2
国语							国语	2	2	国语	2	2						
英文	英文	4	4	英文	4	4	英文	4	4	英文	4	4	英文	5	5	英文	5	5
幼稚学	恩物	2	2	恩物	2	2	恩物	2	2	恩物	2	2						
	手工	2	1	手工	2	1	手工	2	1	手工	2	1	手工	2	1	手工	2	1
	游戏	2	1	游戏	2	1	游戏	2	1	游戏	2	1	游戏	2	1	游戏	2	1

---

① 江苏省立第一女子师范学校：原名旅宁第一女学堂，私立性质，1905 年由广东沈凤楼，湖南张通典、杨金龙等人发起组织，以南京科巷湖南公产荫余善堂为校舍，时设初、高两等小学及师范班，后更名为官立粹敏第一女学、宁垣属女子师范学堂。1912 年租赁中正街民屋设校，更名为江苏省立第一女子师范学校，并附设幼稚师范科。

② 作者原注："该校民国十一年秋季招收幼稚师范生一班，有学生三十余人。当时入学资格为中学肄业生、高小毕业生、幼稚园或小学教师。"

续表

学年 学期 科目	第一学年 上学期	每周时数	学分数	下学期	每周时数	学分数	第二学年 上学期	每周时数	学分数	下学期	每周时数	学分数	第三学年 上学期	每周时数	学分数	下学期	每周时数	学分数
	唱歌	2	1	唱歌	2	1	唱歌	2	1	唱歌	2	1	唱歌	2	1	唱歌	2	1
	故事	2	2	故事	2	2	故事	2	2	故事	2	2	教材讨论	1	1	教材讨论	1	1
	体育与童舞	2	2	体育与童舞	2	1	体育与童舞	2	1	体育与童舞	2	1						
							谈话法	2	2	谈话法	2	2	数的教法	2	2			
家事													实习	18	4.5	实习	18	4.5
							家政及实习	2	2	护养	2	2						
													园艺	2	1			
自然科学	混合理科	3	3	混合理科	3	3							自然研究	2	2	自然研究	2	2
图画	图画	2	1	图画	2	1	图画	2	1	图画	2	1						
练琴	练琴	10	2.5	练琴	10	2.5	练琴	15	2.5									
每周时数（合练琴实习在外）		29			33			31			31			26			22	
计每期学分数			27.5			30.5			28.5			26			26.5			23.5

表3　美国芝加哥市立国民保姆养成所课程表①

科别年级＼每年时数＼科目	本科 一年级	本科 二年级	一年高等科	一年师范科
心理学	36	72	36	
教育原理	54	72	18	
社会学	18	18	18	
实习	378	377		
手工	90	36		
卫生	18			
英语文学	72	54	54	
博物	18	18	2	
体操游戏	72	18	576	
音乐	54	72	26	
图画		54	18	
教授原理		72	126	
遗传学		18		
郊外研究			18	
家政学			18	
教育心理学				36
保姆养成所严格史				36
近世教育史				36
实习科视察报告				72

---

① 作者原注："该校为专门学校，新生入学，以高等女学曾修十五科目之卒业生为合格。该校修业年限，预备科三个月；若考试及格，然后入本科，为期二年；高等科一年，师范科一年，共四年又三个月。此表根据1919年日本小学校长团《美国幼稚教育状况报告书》。"

续表

科目 每年时数 科别年级	本科 一年级	本科 二年级	一年高等科	一年师范科
保姆法比较研究				72
管理法				216
讨论会				36
随意科				144
论文作成				36
全年总时数	810	881	908	684

上述两张课程表谈到专门训练，第一张胜于第二张。

然而第一张最大缺点，为英文一学程。我并不反对读外国文，并且承认近年来我国新教育，确实借助于欧美各国。但是在三年的幼稚师范里，无端加了几小时的英文，实在无谓已极。是否以养成直接阅读英文教育著作为目的？我敢说以高小毕业生的程度，每星期读了四五小时的英文，读了三年，实在难以直接读英文的教育著作。至于为职业而读英文，那是愈不成话。幼稚师范生在原则上，不应当于毕业后短时期内升学。① 所以为预备升学而设此科，也似乎不合理；况且在养成职业技能的时期内，万万不应当占有升学的预备时间，所以在幼稚师范里不必有外国文字。

次之，这张表里对于教育上普通训练也似乎太少。支加哥②第四年的课程，几乎完全为普通教育或高深的教育研究，使教师能够乐业，能够改进自身的事业。在学时代，当培养其求学的兴趣与能力。该表第四年的课程具有深义。

惟两表有共同的缺点，就是没有好好儿的公民训练。在支加哥的学生为

---

① 此"升学"，指幼稚师范科毕业后，因受"服务年限"制约，若干年内不得报考更高一级的学校；换言之，即须在蒙养园或幼稚园工作期满后，方有资格报考更高一级的学校。

② 支加哥：通译芝加哥（Chicago），位于美国中西部的伊利诺伊州，是全美人口第三大城市，为国际著名金融中心之一。

中学毕业生，或者已受了良好的公民训练；在苏一女师的学生来自小学，着实宜致意于此点。不然像时下一般幼稚教师，只知有基督耶稣，不知有中华民国，缺乏公民常识那是贻害不浅的。

（二）学生与教师

关于学生与教师的问题有四。

1. **性〔别〕的问题**

幼稚教师在现代教育制度之下，几乎完全是女子。但是创设幼稚园的始祖，确是一位男教育家。① 我们把一切迷信和崇拜偶像的观念丢开，来谈谈事实问题。

平心而论，男子也可以任幼稚园教师。说男子粗暴，不适宜于初离母怀的儿童吗？这是一般教育家的迷信。我就是在幼稚园做事的一个，幼稚生很喜欢和我在一起的。当年的佛洛培尔，不是也很能接近幼稚生吗？

除此以外，一切反对男子任幼稚园教师的理由，愈加不充足。所以在事实上，幼稚师范应该收男生的。不过为过渡时代的安全计，② 在最近的几年里，我还不希望骤然实行。

2. **入学的资格**

幼稚教师实在要万能的，所以于普通知识、技能的修养要非常充足；于志趣方面，尤宜有坚忍耐劳、不肯轻易改换的。所以最低限度，应收初中毕业生。倘若再提高，招收高中毕业生那是更好了。

3. **在学的年限**

我国普通师范科修业期为三年，专科师范则视责任之轻重，而定增加年期之久暂。

幼稚师范实为专科，但是因为毕业后的报酬问题与现代社会上不甚注重幼稚教育起见，对于增加年期一层，似乎暂时谈不到，所以就以三年为准则。

---

① 此"男教育家"，即福禄培尔，亦即下文所言"佛洛培尔"，参见前文第 6 页注①。
② 此"安全"，指"男女同校"后的"恋爱"危险。当时，虽小学和大学均可男女同学，但有关中等教育男女同校的问题，不仅社会上有着激烈的反对之声，而且在制度上也未能冲破缺口。因此，张宗麟只能是"不希望骤然实行"。

不过专科的课程，应当尽量收纳于这三年之中。

4. 教师须有专门学识与经验

幼稚师范的教师，在国中可以算得最难物色。普通大学毕业生，对于教育上各种知识，差不多都有；独有幼稚教育一项，简直十九不知道的。

从前东南大学教育科①，曾经设过这个学程，但是也不过讲了些普通学说。北京女高师②，在民国九年设立保姆班（另图3），目的也并不在乎养成幼稚师范的教师。所以现在要想办优良的幼稚师范，最大的困难在乎物色教师人才。

另图3 北京女高师1920年附设保姆班全体学员照

图片来源：《北京女高师幼稚教育的研究》第1期（1929年12月）

为目前救急计，凡普通教育学说，可请大学教育科毕业生担任；各种专门课程，则不如请富于有幼稚园经验的保姆担任，或者和有教育上高深学识

---

① 东南大学教育科：东南大学前身，是创建于1902年的三江师范学堂，1914年升格改办为南京高等师范学校，1918年增设"教育专修科"，1923年正式改办为东南大学。其教育科，分设有教育、心理和体育三专修科（系）。张宗麟即是毕业于该校教育系，因而了解相关情况。

② 北京女高师：前身为京师女子师范学堂。民国成立后，升格改办为北京女子高等师范学校。其实，该校早在1916年，便曾办理过一年制的"保姆培训班"；而附设"保姆讲习科"的时间，也并非"民国九年"（1920年），而是1919年秋。

的人士合任。一面请各大学教育科，注意添设此类学程。如美国哥伦比亚大学①，每年关于幼稚教育的学程，必有十七八个；暑期学校，②也开设七八个幼稚教育学程。这样培植幼稚师范教师的人才，我国虽然一时办不到；但是也应当在教育科里占相当的位子，每学期应当设立多少学程以应社会之急需。

（三）今日中国急应注意的幼稚师范教育问题有二

1. 停办各教会设立的幼稚师范

各国的教育条例，没有外国人设立师范的。我国教会学校都受条约的保护，所以自小学以至大学，几乎全学制系统里的学校都有。

这种办法当然非我国人民之福，其中幼稚师范尤其占势力。因为她们是独一无二的幼稚师范，全国的幼稚园教师几乎都是出其门下。她们的课程，差不多都是像讨论第一个问题里所举的课程实例。

这种以传教为主体的师范教育，在民主国教育制度之下，万不能容留的。所以在振兴我国幼稚教育的消极方面，就是停办教会立的幼稚师范。

2. 每省至少须设立一所完美的幼稚师范

民国十三年度江苏省立学校校长会议，其中有一条："在最近五年内，江苏只许一女师设立幼稚师范一班。"这样议决案在校长先生们以为，是省教育经费拮据，所以设法节流，哪里知道幼稚教育完全操诸外人之手！

江、浙两省的幼稚教师，几乎都是受了很深的教会教育。我们用很粗率的推理来说，江、浙的幼稚园，都是教会教育的新机关。

从前佛洛培尔的幼稚教育原理，虽然富于宗教色彩，自从儿童心理昌明以来，我们就不肯妄从宗教式的幼稚教育了。所以我们于收回教育权③的政策

---

① 哥伦比亚大学：通译哥伦比亚大学，是纽约州最古老的大学，也是美国历史最长的5所大学之一，为"八大私立常春藤盟校"之一，位于美国纽约市曼哈顿上西城。

② 暑期学校：即利用暑假校舍闲置而开办的短期培训学校，主要用来培训在职教师，时间仅为月余，为继续教育的设施之一。当时中国各知名高校均办有暑期学校。

③ 收回教育权：一则要求收回传教士在华所办理的教会学校的办学权限，二则要求收回殖民者在华所办理的殖民学校的办学权限。收回教育权运动，由"非基督教运动""非宗教运动"发展而来，进而要求收回殖民学校的办学权。1924年该运动达到高潮，次年教育部颁布条例，部分或从名义上收回了教育权。

里，收回幼稚教育是无可疑义的。

收回幼稚教育的第一步，是收回幼稚师范。此中步骤，在积极一方面，是各省于适当地域设立幼稚师范一所，每年招生，继续办下去。至于他的组织，能够独立则独立，不然就附设于女子师范，在经济上可以省得许多。

末了，我要向读者郑重声明一下，请大家不要轻视这个幼稚师范问题——完全操于教会的教育问题。幼稚教育是一切教育的基础，我们断不可使这块基础教会化的。所以我们大家应当来注意，至少应当问问，她们办的是什么东西？

南京鼓楼幼稚园概况

（1926年6月1日）

【题解】 本篇原载《教育汇刊》第2卷第3、4期，发表时间为1926年6月1日。原发表时署名"张宗麟、李韵清"。

合撰者李韵清（1899—?），女，浙江鄞县人。早年毕业于杭州弘道女校幼稚师范科，后历任杭州培德幼稚园、苏州仓门幼稚园主任。1925年春任鼓楼幼稚园教师，1926年夏离职，随夫迁居北京，其职由俞选清接任。

《教育汇刊》，教育季刊，1921年3月创刊于南京，由南京高师主办、该校教育研究会主编，由中华书局印行。该刊宗旨为："研究教育学术，介绍教学方法。"主要栏目，为论著、研究、译述、讲坛、辩论、余载等；主要撰稿人，有胡昌才、陶知行、徐则陵、郑宗海、杨效春、夏承枫、陈启天等。1926年6月终刊，共出2卷10期。

本篇目的，在引起国内教育家对于幼稚教育之注意，合力研究以造成完全中国化之幼稚教育（吾国现在幼稚教育，几乎完全为外国化）。本园改组伊始，[①] 一切试验方正开始，本篇不能有美满成绩的报告抛砖引玉，深愿国内同志共起而研究焉。

---

① 此"改组"，指由原来所设"家庭幼稚园"正式改办为"鼓楼幼稚园"，其时在1925年9月，故言"改组伊始"。

一、组织及现状

（一）略史

民国十二年春，东大①儿童心理教授陈鹤琴先生及幼稚教育讲师卢爱林②女士（美人来华多年，曾主持杭州弘道幼稚师范），鉴于吾国一般幼稚园办理不善，大失去创始者之本意；且一味抄袭，不能适合国情，于是有设立幼稚园之议，以试验幼稚园新法，及使受中国化为宗旨。

另图4　南京鼓楼幼稚园校舍校园照
图片来源：《艺术画报》第1卷第10期（1947年4月）

十二年秋，得东大教育科之补助，乃借陈教授家屋之一部分为校舍，置备教具，聘请甘梦丹③女士为教师，卢女士亦与焉。其时有儿童十二人，皆为

---

① 东大：即东南大学，前身是南京高师。南京高师正式归并入东南大学的时间，是在1923年7月。
② 卢爱林：英文名 Helene M. Rawlings，其他生平事迹未详。
③ 甘梦丹：女，生平籍贯未详。时任东南大学附中音乐教师，作品有唱片流行于世。曾与陈鹤琴合撰《一个理想的幼稚园（未完稿）》，并参加《幼稚园课程暂行标准》的起草工作。

附近大学教师子女，外有日本儿童二人，方法采自由发展法（natural development）①。未几卢女士因事离宁，乃增聘钟女士②为助。自是以后，学生数渐增，办理渐臻完善，而社会亦渐加注意焉。

十四年春，韵清③来园司教职，始规划建筑新校舍以事扩充。陈先生乃与东大教育科诸教授共谋发起募捐。事闻于朱琛甫④先生，慨然担任募款十分之八，于是购鼓楼空地一方，计三亩有奇，鸠工兴筑平房一幢。从此校舍有着（另图4），试验得以加进矣。后再经中华教育改进社及东大教育科之多方赞助，遂形成今日之现状焉。

（二）宗旨

本园宗旨有三：

（1）试验中国化的幼稚教育。

中国现在所有幼稚园，大半采取西洋成法，或宗福禄培尔派，或宗蒙得梭利派，稍新者则参而用之。此种方法与教材，用于外国或可适用，施之我国则不免有削足适履之弊。因此本园第一目的，在试验中国化的教材和适于中国儿童的教法。凡各国所发明之新方法、新教材，非经详细考察，认为颇合国情而能实收成效者，宁弃之而勿用。盖独立国之国民性，当于孩提时培养之，此即今日吾侪教育界最大之责任也。

（2）利用幼稚园以辅助家庭。

任何教育苟非与家庭合作，其收效必微。幼稚生初离母怀，在园之时日

---

① 自由发展法：或称"自然教育法"，即教育者对儿童活动既不进行预先设计或规定，也不进行过多干预，完全听凭儿童兴趣的方法。这种教育，旨在发展个性，与传统教育有着实质的不同。

② 钟女士：即钟昭华（1901—1994），女，浙江德清人。早年毕业于浙江弘道女中师范科，随之留校任教。1923年夏，受聘执教于鼓楼幼稚园前身，未久去职。20世纪30年代长期担任该园园长，40年代任教于江西幼师、上海幼专。新中国成立后，任南京师范大学幼教系教授，后任中国学前教育研究会副理事长。

③ 韵清：即李韵清，参见本文题解。

④ 朱琛甫：生平籍贯未详。晚清为陆军标统，参加辛亥革命，光复苏州有功。曾任苏常镇守使兼第二师师长，时为中华职业教育社"百年基金管理委员会"委员长。

少,在家之时日多;倘徒有每日数小时之教育,而不一顾家庭状况,实鲜有多大成效。吾国家庭教育自古即有,惟施行颇多失当。儿童在家非宠之若霸王,即贬之若盗犯。能使儿童于其固有之地位而受相当之教育者,盖寥寥无几。本园本与家庭合作之见地,一方从事改良幼稚教育,一方兼及于家庭教育焉。

(3)将试验所得最优良、最经济之方法,供全国教育界之采择。

吾国幼稚教育之所以只抄袭西人成法者,因国中无现成方法可仿行,无现成教材可采取也,大多数幼稚园教师来自西洋,本其成规设立幼稚师范。所学如是,所教亦必如是。因果相承,彼此互袭,谬种流传,不期然而外国化矣。

本园虽不敢深信,将来试验结果定属尽善尽美;然既抱创办中国化幼稚教育之志愿,则一切进行当不容盲从抄袭。交臂失良法容或有之,兼收其糟粕自信必无。请以三年为期,在此期内所试验之成绩和结果,当尽量贡献于大众。倘能因此奠定中国化幼稚教育之基础,俾全国幼稚教育界皆群起试验,是吾侪所日夕盼望者也。

(三)组织

组织之一部分,已于历史一段上略提之。今更条举说明如下。

本园与国立东南大学教育科及中华教育改进社合办。其组织如下:

(1)本园设董事会,维持全园各项事业;

(2)主任一人,主持园中一切事务,由董事会公推、延聘之;

另图5 南京鼓楼幼稚园全体师生(后排中为张宗麟)
图片来源:《今代妇女》第7期(1928年12月)

(3)教师及研究员若干人(另图5),由主任会同董事会延聘之。

（四）行政及杂项

本园现因经费关系，主任而外，只二人直接负责。

现任主任，即由东大陈鹤琴教授兼。对外代表全园，出席董事会及负筹划经费之责；对内则指导试验及襄理一切。

此外，有教师及研究员各一人，① 负一切教导、试验及处理事务之责任。

各职员除平时聚谈、商议本园进行事宜外，每晨八时以前，必讨论今日之应做事项；十一时半学生回家后，又须讨论本日作业之经过情形。再，每星期五下午必会集一次，讨论下星期课程及作业等之事项，并决定明日旅行或参观之地点。星期日，则常与东大诸教育教授讨论试验方法。

如此，经各方督促、指导后，麟等益知所以努力之方向矣。

（五）校舍及设备

本园新校舍在南京鼓楼公园之西，环境颇佳。全园分为数部：校舍居中，前为草地及花圃；草地东隅，置各种游戏器械；后为菜圃及斜坡，动物园即在菜圃之旁。校舍建筑，因经费关系，虽不能一如理想，然亦差可适用。

数月前，宗麟南下调查幼稚教育，② 颇觉各幼稚园设备太少，使幼稚生无物可玩，因而呆坐。归告陈鹤琴先生，陈先生亦以为然。此后本园设备力求完足，并力求适于教育原理，现有数类如下：

（1）乐器。本园除西洋钢琴而外（拟购置唱机以练习节奏，现暂向各教授家借用），国乐有鼓、锣、铙、钹、箫、笛、磬、钟等。

（2）户外运动。有大小秋千三种，滑梯、滑板、梯子、绳梯、沙盘（另图6）、黄包车、脚踏车、电车、小车、汽车、摇动木马、赛跑兔子、绳索等，及特辟之斜坡。明春，拟更置扁柏迷径③等具。

---

① 此"各一人"，为教师李韵清、研究员张宗麟。
② 此"南下调查"，指张宗麟1925年10月上中旬在江、浙所进行的调查。可参见后文《调查江浙幼稚教育后的感想》。
③ 扁柏迷径：即由栽种的扁柏所构成的迷宫小径，用以练习幼儿的方向感和识记能力。

（3）图画及书报。本园除与东大教育科筹备合办"幼稚教育图书室"外，关于儿童自己读物搜集甚多，如儿童书报、教育书报、各种故事画、各种童话等等，约千余本。壁间所挂图画时为更换，盖图画鉴赏亦一重要课程者也。

（4）其他。尚有大小积木、洋囡囡、手工、图画之设备，及各种自然科之标本与简单之采择器，盥洗、饮具则各儿童一副。

另图6　鼓楼幼稚园幼稚生在沙盘中作业
图片来源：《教育杂志》第19卷第2期
（1927年2月20日）

二、教导状况

幼稚园中作业，不能分为教学与训育，而皆为整个的教育历程（教导二字，在文字上或不甚通行，然以之表示整个的教育历程，或者较为简核〔赅〕）。本园因试验伊始，新校舍亦初落成，学生尚未十分发达。教导时除极少数课程以外，皆不分组。今为说明上便利计，分述如下。

（一）全部的课程纲要——共九种课程

（1）音乐。中西音乐兼教，每星期至少授新歌一首。教授上所用乐器，除钢琴而外，尚有留声机，作为练习"有节奏之动作"之用；中国乐器，如箫、鼓、铙、钹等亦略备。惟所有歌曲，颇难使幼稚生学唱，新歌亦一时无处寻觅。故教授中乐时，只教其敲击法，大概与节奏动作相仿。

（2）游戏。多注重个人游戏，兼团体游戏。幼稚生时期无"群"的观念，即竞争心、好胜心亦尚未发达。以故，团体游戏非其所好。而个人好动性已甚发达，凡健康之幼稚生，几无一刻停止其手足之动作。此时教导上最要之点，为供给儿童玩具，示以正当使用方法，儿童即能独自练习，其技亦能日精。至应养成几多游戏习惯，请参看下文试验表。团体游戏，为养成儿童种种良好习惯之良好机会。虽幼稚生不甚有兴趣，然亦仍须有相当之引导。本园大约每星期举行两次。举行团体游戏时，非全体儿童加入不可，否则举行部分的团体游戏。

（3）图画。凡着色、写生、印画、临画、想象画等皆有。教授时，非但不强迫儿童作某种画，且不强迫其作任何画。图画大抵不单独教授，必与他科相联。最有关系者，为故事、自然及手工三科。苟于此三科中，能引起儿童图画动机，则其对此科必特感兴趣。本园学生陈一鸣[①]，甫四岁有奇，绘一物竟能毕肖（参看《一个四岁半的儿童图画汇报》）。画之种类，有蜡笔、铅笔、毛笔、粉笔等。其中用蜡笔之次数最多，毛笔次之（专为水彩画之用）。

（4）手工。与图画、故事、自然联络教授。有下列数种：剪图、贴图、泥水、黏土、穿珠子、折纸、穿线、洗涤、木工，及日常工艺问题之参观与试做，如织布、纺纱、烹调、染色、漆作、做豆腐等。

（5）故事。幼稚生除游戏以外，最爱听故事。故事之功用，非但可以增进儿童之智识，且可以练习耳听、眼看、口讲及手足等表演。本园凡遇讲故事，必用图画，以引起儿童注意。每首故事竟有重复至三四次者。讲后儿童有时能复述其大略，有时亦能起立表现者；教师即迎机而请其复述，或即布置场所而使之表演。有时儿童能杜撰故事，而欲向大家讲述者。本园必逐字逐句记录，所以占〔觇〕儿童语言与思想发达之程序也。

（6）自然。本课当行户外教授，随时随地遇相当自然界事物，即召集儿童教授。

本园每星期至少出外一次，或游览名胜、采取标本，或参观陈列所、博物院、邻近幼稚园学生家庭等。目的在观察自然界事物，以为讲述、讨论根据。

又于空隙之处树植花草、饲养小动物，如鸽、蜜蜂、鸡、羊、鹅、鸭等，其用意亦同。

（7）常识。本科无独立、具体、有组织之教材，大都分散于其他各学程中教授。试看本篇试验表便知。

[①] 陈一鸣：即陈鹤琴长子。陈鹤琴曾以其为研究对象，进行了两年多的跟踪研究，撰写了《儿童心理之研究》一书。

(8) 人生习惯。亦无具体、有系统的教材，乃随时随地而施教。各种标准，请参看试验表。

(9) 读法及书法。本课非全体幼稚生必修的，凡年岁较长之儿童，于相当时机内教以单字、儿歌及简单句子，往往与图画、故事二课联络教授。教授方法，可以参看《幼稚园几种读法教学法》。盖本课，即由宗麟担任试验者也。规定试验时间，为每日下午二时至三时半；然而上午遇有相当机会，亦得举行。

至于书法，因五岁以下之儿童，几乎不能作画横、竖之正确动作，颇难教授，故只择年岁较大、识字较多者，教以极简单字的写法。写字之笔多用粉笔，蜡笔亦间或用之；时或以薄纸、铅笔教儿童印写书上之字。然平均计之，本园不多教书法。盖不愿儿童不能领会笔顺之字，横竖倒画，以养成其不知笔顺之恶劣习惯也。

（二）日课

幼稚生为初离母怀之儿童，天真烂漫，举止活泼，且有一种娇态、憨态，无论男孩、女孩皆可看出。彼等初入园中，骤易环境，举动无措，盖不知如何适应此新环境；几时以后，各种情形渐渐熟悉，因视幼稚园为第二家庭。而所有动作，完全与在家时无异。本园即依此二种不同之情形，而施以互异的教育。

儿童之初入幼稚园往往哭泣，此时须询问其母亲，是否可以逾时复常态。若以为一二日即可复常态者，家中人可不必陪坐，只由教师与以玩具，教以玩法。设仍哭泣不已，则携之赴邻近空地散步；途次与之谈话，并示以途傍〔旁〕所见花草及各种实物，如此可渐与教师熟识。归园时，或有立即不哭者，或有见大门而仍哭者。前者毫无问题。后或携入园中，不使遽入室内，停于空地上片刻；若仍哭泣，则听之，移时即行停止。第二日来时，若仍有哭泣者，教师可给以玩具，并示以其他儿童之游戏，哭泣或能减少。至第三日亦如此，约一星期后，大多数儿童必能渐复原状，能随大众听故事、唱乐歌、做游戏矣。

某女孩，生甫二岁十个月，哭泣甚剧，行动非家人陪随不可。本园初亦允许之，惟教师不时与之游戏、谈话，并示以其他儿童作业。如是约二星期以后，该女孩已能自动加入大众作业。此时虽仍然思家，然哭亦不剧，可不必令家人陪随。

对于已惯幼稚园生活之儿童，本园本上述种种课程标准，视多数儿童之好尚、需要，施以最适宜之教育。一日间之作业概况如下：

八时五十分，儿童到园。

八时五十分至九时十分，自由活动。大多数在户外个别游戏，亦有看图画者。

九时十分至九时半，检查身体。此事间日举一次（星期一、三、五）。举行时，不使群儿环坐。每个儿童除受一二分钟之检查外，余时间可在室外游戏。

九时半至十时，手工，或图画，或自然（大约两种继续，间有单独举行者）。

十时至十时二十分，洗手并休息。

十时二十分至十时四十分，吃点心及休息。

十时四十分至十一时半之作业甚多，有谈话（清洁成绩及各种图画、手工，或临时遇到之事情）、唱歌、游戏，有节奏之动作、故事等。

放学时，唱《再会歌》。

惟此数种节目，非每日如此。有时儿童于某种有特别兴趣时，即延长其作业时间，而略去他种作业。又，故事之讲述，往往因年龄及经验关系不能同听，本园即分为数班。程度最高之儿童，讲较高深之故事；年幼之儿童，则用儿童书报及各种图画讲述。然此，并非每次都讲有组织之故事。

下午课程，专为年岁稍长之儿童而设，主要者为识字，然亦有散步郊外及各种游戏。其教法，另详《幼稚园里几种读法教学法》。

此外，每星期中，至少有一次之旅行或参观。其主要目的，大概为自然或常识教授。

（三）与家庭合作

"一暴十寒"是教育上最大缺点。学校教育之所以有时难见效者，正以此也。幼稚园课程，往往只有半日；即有全日者，下午钟点亦不多。其余大部分时间，均在家中，故家庭教育亦非常重要。凡家庭能与幼稚园合作者，其效果在消极方面，可以使幼稚园之工作继续做去，不致一日间只有数小时受形式的训练；过此以往，即如野马脱辔，或因环境不佳，无形中受莫大影响。此幼稚园，为保持自己教育继续性计，必须与家庭合作者一也。

幼稚园有时欲施行某种教育或养成某种习惯，非与家庭合作不可者。如卫生上各种习惯，在幼稚园所能养成者甚少，大部分有待于家庭。此为养成儿童良好之习惯计，须与家庭合作者二也。

儿童之个性，教师固可由试验及日常接触而知；然在幼稚园中所发见之个性，常有与在家时不同者。如在家不服从父母之命（因娇养惯了），而来园则颇服从师长之命；在家颇能友爱幼小弟妹，而在园则不能与小朋友共同游戏，等等。其最著者，即初入幼稚园之儿童，往往有呆坐木立等变态，而在家时则不如是。凡此种种，皆为施教以前之重要根据。故欲彻底明了儿童之个性，须与家庭合作者三也。

因此种种，所以本园教导方法中，有一项为"家庭合作"。现所试行之合作法如下。

（1）访问家属。本园教师二人，上午因儿童数多，二人同时出席教导；下午识字含有试验性质，儿童数亦不多，所以教师得闲往访家属。平均每家，每星期至少往访一次。其邻近者，则时时前去。访问目的有三：访问儿童在家庭之活动，及教师在幼稚园中调查不得之儿童已有的技能与习惯；报告其儿女在幼稚园之成绩，及幼稚园平时注意之事项；观察其家庭状况与家属之性情、习惯，等等。

（2）母亲会。此与恳亲会相似，惟并非如寻常小学校之大举动。每月于相当日期，如节气、园中特别事情等，发柬请众母亲来园。略备茶点，团坐谈笑，教师即乘此报告教导上种种事情；母亲亦任意谈种种事情，儿童唱歌、跳舞以娱来宾。无所谓致开会辞，更无所为〔谓〕演说。正如西人之跳舞会、

吾国之团拜会者也。如此举行，虽无严正之形式，然引起家属合作之热忱，较恳亲会为大。（另图7）

（3）儿童作客。此为旅行与参观之一种。教师于周会中决定，本星期中某日，分团作客某某儿童家中。先期商得该家属之同意，届期

另图7　鼓楼幼稚园家长会合影
图片来源：《儿童教育》第5卷第9期（1933年11月）

教师引起儿童作客之动机，联袂同往。此事既可以练习宾主之道，又可增加家属与幼稚园之感情。

（4）母亲协助会。此在美国已试行之，成效甚佳。如哥伦比亚大学附设幼稚园中之 Mother Club① 等。其办法甚简便，凡园中儿童之母亲，必须来园服务。每日数人，依次轮值服务。时间大约为上午九时至九时半，其职务为协同教师检查学生清洁卫生状况，或辅助教师指导游戏，等等。此事本园亦拟仿行，近已着手征求各母亲意见。将来如能成立，必使此会有督率幼稚园之能力，非仅协助而已也。

三、各种试验表

"试验"为本园目标之一，所谓试验范围甚广。凡创制中国化的教材与教法，提议中国式的幼稚园之办法，厘定幼稚园毕业生应有之习惯与技能，调查中国儿童之个性与习惯，改良中国养护儿童方法等等工作，皆非先有试验不可。年来吾国幼稚教育，渐为国人所注意；教育界人士，抱有试验精神及改良幼稚教育之宏愿者亦日多。然或因经济限制，或因人才缺乏，更或因社

---

① 所载英文为名词，可译为"妈妈会"或"母亲俱乐部"。

会种种阻力，在使有志之士无法以实行其计划。既无试验，即无事实之根据以图改善；偶有所感，不经科学方法之洗炼，亦无甚价值可言耳。

本园有鉴于此，爰于暑期中，将从前试验表格通盘修改。共得正式试验表格若干种如下。

（一）第一表——习惯与技能表

此表全套共六张（表4、表5、表6、表7、表8、表9）。用时每人一套，注明姓名、性别、年岁（以开始试验之时日为准，而计算其实足年龄）。至于填写方法，甚为简单：教师平时观察儿童动作、技能，见有某种动作已成就者，即于其下注明年、月、日。有时儿童之习惯，非完全养成，不过偶然发现者。此时，教师亦注明其年、月、日（用两种不同墨水），写检查之日期。凡此时期中，已有此习惯与技能者，画一"√"；尚无此习惯与技能者，画一"×"。每学期以二十星期计算，约可检查十次。至学期终，然后总结束。此表每检查一次，报告家属一次，学期终了作总报告。

表4　习惯与技能——卫生的习惯试验记录表

项　目	养成的时期	总成绩
1. 身体要收拾得干净		
2. 衣服要清洁		
3. 吃东西以前要洗手		
4. 吃东西的时候要闭口		
5. 嘴里有食物，不可讲话		
6. 嘴里不要含食物太多		
7. 手指要弄得清洁		
8. 牙齿要天天刷得干净		
9. 不要把手指或别的东西，送到耳鼻口里去		
10. 不要用手揩眼睛		
11. 身边必要带一条手帕，以便揩拭		

续表

项　目	养成的时期	总成绩
12. 手帕要用得适当（就是先把手帕盖住鼻子，然后用力向外哼出）		
13. 打喷嚏或咳嗽时，须用手帕盖着鼻子或嘴巴		
14. 不要带糖食到幼稚园里来		
15. 坐立的时候，身体要挺直		
16. 看图书的时候，身体要挺直，头要仰起		
17. 不要拖着脚后跟走路		
18. 大便须有定时，最好每天早晨起来就做		
19. 其他		

表5　习惯与技能——游戏及工作的技能试验记录表（甲）

项　目	养成的时期	总成绩
1. 上下阶梯，能互换左右足		
2. 能爬梯子		
3. 能快步行走		
4. 走路的步子，能与音乐相合		
5. 敲打能与音乐相合		
6. 能颠足奔走		
7. 两足能离地跳跃		
8. 能穿鞋子		
9. 能着袜子		
10. 能扣纽扣		
11. 能穿衣服		
12. 能洗手揩手		
13. 能自理大小便		
14. 能开关门户		

续表

项　目	养成的时期	总成绩
15. 能关锁门户		
16. 翻书能翻得适宜		
17. 能拿流体物，不会倒翻		
18. 能用尺寸		
19. 用秤		
20. 其他		

表 6　习惯与技能——游戏及工作的技能试验记录表（乙）

项　目	养成的时期	总成绩
1. 跳远		
2. 跳高		
3. 能向目标掷物		
4. 能以手接球		
5. 能掷球		
6. 能拍球		
7. 能以足踢球		
8. 能荡秋千		
9. 能溜滑梯		
10. 能摇木马		
11. 能骑三轮车		
12. 能驾三轮颠行车		
13. 积木		
14. 穿线		
15. 穿珠子		
16. 缝纫		
17. 能用剪刀		
18. 剪图画，能依界线剪得适宜		

续表

项　目	养成的时期	总成绩
19. 贴图画，能贴得方正		
20. 能穿针		
21. 敲钉，能敲入木头		
22. 能捏蜡笔、粉笔、图画笔等，捏得适当		
23. 画图画，能画成一样东西		
24. 画图画，能绘画一个故事		
25. 能写日常简单笔画的字一百左右		
26. 塑泥，能塑成一样东西		
27. 能灌花		
28. 其他		

表7　习惯与技能——智力上的试验记录表

项　目	养成的时期	总成绩
1. 他人讲述简单事情时，能领会其意义		
2. 能讲述简单故事		
3. 能表演简单故事		
4. 能背诵歌谣		
5. 能独自唱一曲调		
6. 能唱国歌		
7. 知道本国立国精神的大概		
8. 能讲普通方言，而无文法上之错误		
9. 讲话能够讲得文雅		
10. 能认识日常所用字二百至三百		
11. 能联成简短句子		
12. 能读前期小学读本第一二册		
13. 能读极简单之读物与故事		

续表

项　　目	养成的时期	总成绩
14. 做了一事之后，能另寻有益之事去做		
15. 非必要时，不求救于他人		
16. 对于幼稚园的公共事业，能协力合作以助其成		
17. 其他		

表 8　习惯与技能——做人的习惯试验记录表（甲个人的）

项　　目	养成的时期	总成绩
1. 按时到幼稚园		
2. 闻命就立刻去做，如闻上课琴声，马上去上课		
3. 服从师长		
4. 不说谎		
5. 弄坏玩具等，立刻报告师长		
6. 不任食物屑片落在地上		
7. 开关门户或移动器具，要轻静做去		
8. 用过的东西，要安放停当		
9. 桌子玩具书架等物，要整理得有秩序		
10. 不要暴殄天物		
11. 爱护有益的生物		
12. 爱已经做成功的东西		
13. 有国旗在前，须致敬礼		
14. 唱国歌时，须起立致敬		
15. 其他		

表9 习惯与技能——做人的习惯试验记录表（乙处世的）

项　目	养成的时期	总成绩
1. 进出门户的时候，要让人先进出		
2. 能说请、谢谢你、再会、请你原谅等语		
3. 无论做事或游戏，须依次序，不要争先恐后		
4. 对于玩具、食物，不要择其佳者以归己		
5. 个人所有物或园内公共物，愿与人共用		
6. 年幼的小朋友，须和善待之		
7. 不宜随便夺去他人之物		
8. 不宜争斗		
9. 不要随便阻挠他人的行动		
10. 遇为难事或遗失物件等，性情须温善		
11. 其他		

（二）第二表——清洁检查表

此表（表10）一日用一次，每星期三次。检查时间，在早晨九时至九时二十分。检查时，如遇不清洁之点，教师当面诫之，使其下次注意。如某日有某人完全清洁者，即于全体谈话时告诸大众，使此儿童受大众之敬羡后而益加勉励。若继续一星期完全清洁者，奖以银色的纸星；继续两星期完全清洁者，奖以金色的纸星；其有特别不清洁者，则告之父母，使以后特别注意。

表 10　清洁检查试验记录表

事项＼姓名	
头发	
脸	
眼	
鼻	
耳	
齿	
套衣	
手帕	
里衣	
鞋袜	
手	
指爪	
×	
○	

（三）第三表——故事

此表（表 11）主要目的，在观察某故事是否适合此班儿童之好尚，教师用某种方法讲述故事是否能引起儿童注意。将来合各种成绩，即可算得此班儿童，大约喜欢某类性质之故事、教师之讲述法应如何改良、表演对于领略故事有若干影响、故事是否可以影响于他种课程，等等。

表 11　故事试验记录表

故事名　　　　　　讲述者　　　　　　听讲人数
日期　　　　　　　地点　　　　　　　是第　　　次讲
教师编的还是采取来的？　　　　　　本次有表演吗？
引起本故事的动机

反应＼姓名	
端坐	

续表

反应＼姓名	
中途离席	
始终不厌	
中途起来表演	
能还讲	
能还讲大致	
能表演（手足）	
画在纸上	
要求写述	

（四）第四表——团体游戏

幼稚生之游戏，以个人游戏为主体；团体游戏，得教师从旁指导。每星期，亦可行两三次。个人游戏之记录法甚难，本园亦只由教师记其大约，于各个儿童之日记簿上。下表（表12）功用，在记载团体游戏之性质，与第四表相同。

表 12　团体游戏试验记录表

游戏名　　　　　　　　　　性质

指导名　　　游戏人数　　　日期　　　　地点

反应＼姓名	
参加	
始终不倦	
中途退出	
最注意之点	
最不注意之点	
中途的特别事情	
做过以后之动作	
从前有否玩过	

（五）第五表——自然

自然一科，在幼稚园中最易教授——因教材随时随地皆有。唯以儿童之旧有经验各不同，且又有其特殊畏惧物，如虫、蛇等，因而教授上大感困难。由此表（表13）可知，有若干种自然界现象及物体，为幼稚生所喜欢，亦为人生所必需者；有若干种自然物，当未入幼稚园已知之者（此处可以推想儿童之家庭教育及其环境等），并略及各种教授方法的大概。

表 13　自然试验记录表

目的物　　　　　日期　　　　　　地点

反应＼姓名	
从前见过否	
知道到如何程度	
教授要点	
因此发生的连带关系	
有兴趣否	
学生问句	

（六）第六表——读法

本园读法教学法，共有六种方法，试验何种最为适用（方法另详专篇）。此表（表14）乃记录每日所施行之方法。由此可知，某种方法优劣之大略情形。

表 14　读法试验记录表

姓名　　　　　　年岁

项目＼日期	
熟字	
生字	

续表

项目＼日期	
各字之教法	
各字之温习法	

（七）第七表——写字

幼稚生几乎不能写字，只能画图。此表只试验年龄较大、识字较多之儿童。教授写字最宜注意之点：即执笔之方法及身体的姿势、初学写之儿童究竟如何执笔、大约经过几次的指导可以改正等等，在此表（表15）上皆可查得。

表 15　写字试验记录表

姓名　　　　　　　　　　年岁

项目＼日期	
写的字	
执笔方法	
写的方法	
坐的姿势	
用具	
教授要点	
成绩保留	

（八）第八表——旅行及参观

旅行与参观，寻常幼稚园中举行之次数极少。即偶尔举行，于儿童之行动亦不甚注意，此实为最可惜之事。盖儿童经过一次旅行或参观，见到之新事物必甚多。以之为教材，以之为训练，皆为极好材料。此表（表16）乃记录其大略情形者。

表 16　旅行及参观试验记录表

地点	距离本园约	日期
去的方法	去的目的	
去的幼稚生数	回去的教师	

反应＼姓名	
愿意去吗	
到目的地后的情形　大众的 　　　　　　　　　个别的	
回来后的情形	

上述九〔八〕种表格以外，尚有多种记录，犹未造成形式的表格；只有教师做记录，作为试验的材料。今择数种说明如下：

（1）儿童日记。儿童个性之不同，人人能道之。然而究竟何处不同、何事不同，能举具体事实以证明之者甚少。本园每个儿童，皆有日记簿一本，记录儿童动作及各种特别事项。

（2）儿童杜撰故事录。儿童往往能创作一故事，向教师或小朋友讲述。此为研究儿童语言、思想发达史之绝好材料，亦可因此觇得大多数儿童喜欢何种故事之一斑。本园凡遇儿童讲述故事时，皆逐字（依照儿童所言，一字不修改）记录，并注明日期。

（3）成绩记录。儿童的图画、手工、采取来的标本，及其动作之特别点，皆应一一保留。所以观儿童进步之历程，亦所以作改良教法之张本也，有时且可为识字之一助。记录之要点有三：（a）姓名；（b）年、月、日；（c）物名。各种成绩，各人均有保藏箱或纸夹。如允许儿童携回家中者，则告知其父母，为其一一保存；开母亲会时，可作具体的成绩报告之一种。

（4）课程日记。本园每星期有课程讨论会，讨论下星期应有之工作，然而往往有改变。因而每日写课程日记，详载一日间所作工作，及各工作之参考图书等，有时且记载材料之来源，如手工用品、图画用品等。期以数年之内得有汇集品，可以作国内幼稚园课程之参考。

（5）动作分段进步表。此表举例如下。该表用意有二：（a）记录儿童各种动作进步之程序；(b) 无形中鼓励儿童学习。此表可为试验表一之附属品，将各种动作中，因时期而抽得数种，绘成图表，悬于壁上。记录时，请儿童参与其事，看谁做得顶好（表17、表18）。

表17　动作分段进步表之一

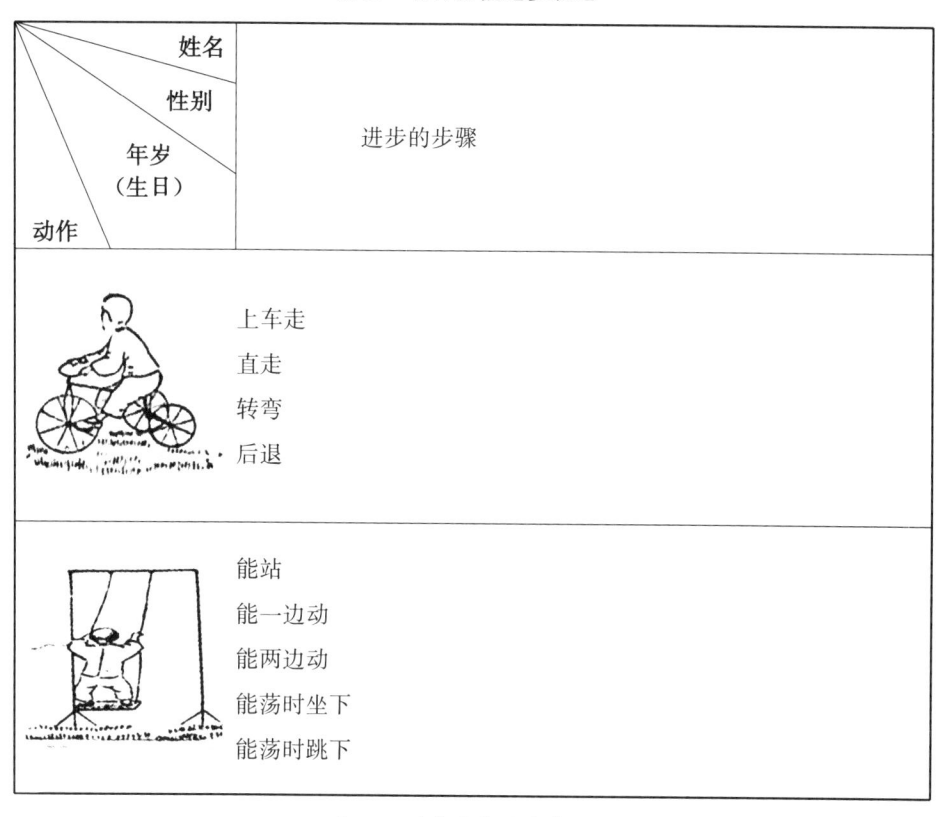

动作＼年岁(生日)＼性别＼姓名	进步的步骤
(骑车图)	上车走 直走 转弯 后退
(荡秋千图)	能站 能一边动 能两边动 能荡时坐下 能荡时跳下

表18　动作分段进步表之二

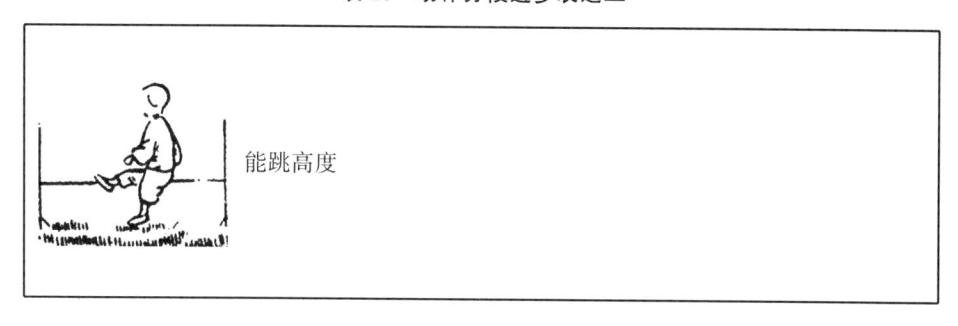

(跳高图)	能跳高度

续表

	上车走 直走 转弯 后退
	能走 七寸 五寸 三尺半 速度

调查江浙幼稚教育后的感想

（1926年6月）

【题解】 本篇原载《中华教育界》第 15 卷第 12 期。发表时间为 1926 年 6 月。

本文所力陈的弊端之一，便是仪型外国。这不仅当然地反映于教会幼稚园的办理上，即使是国人自办的托幼机构，也几乎毫无例外地沾染了此病。这还不仅反映在设备、玩具、布置、节令庆祝等方面，更是集中地反映在课程、教材和教法上；即使在教学用语上，也是以英语作为时尚，这无疑与民族精神相违。

有关《中华教育界》，参见前文《幼稚师范问题》题解。

此次调查计划，本为沿沪宁、沪杭甬两线逐县详细调查。后以时日等关系，只得择地、摘要而行。总计五处——南京、苏州、杭州、绍兴、宁波，共幼稚园十六所——南京鼓楼、东大附属、金陵大学附属、苏一女师附属、浙一女师附属，[①] 弘道、景海附属、成章、绍兴县立、浸会、悟道、苏州城东、培德、毓秀、培英；又，育婴堂[②]两所——绍兴、苏州。为期半月——民国十四年十月一日至十月十六号。每幼稚园参观之时间，最长者一日。有因机会不巧，适遇假期，如宁波秋节假为中秋后一日，杭州有数处教会学校提早放国庆假，不能见其实地施教，只得与主任等详细谈话，并周视其校舍、

---

① 此"附属"，系指所列各校所附设的幼稚园；后列各校，参见后文及其注释。
② 育婴堂：清代各级政府普遍设立的官立慈幼机构。其前身，为南宋首设的"慈幼局"。晚清基督教传教士所办慈幼机构，亦有称为育婴堂者。民国成立后，私立慈幼机构亦有沿用此名者。

设备及学生成绩，等等。

各幼稚园所用方法、设备、课程等等，除有几所施行新法外，大都均相仿佛，宛若教育部有严厉之规定，非如此办理不可者（按：教育部颁布之"幼稚教育章程"甚略，无强迫、划一之命令。在吾国近年来教育界，对于教育部之命命〔令〕视同过耳之风。如吾国小学教育，教育部实有详细定章；而吾国各处小学，除毕业年限相同外，馀皆各自为政，以谋改进。独自由创办之幼稚园反多雷同。此中必有原因，读者且看后文）。余于各处虽各有详细记录，然一本内容少有变化之流水账。若向大众报告，非但读者将感嚼蜡之味；即于幼稚教育之改进，亦难有裨益。左右思维，不如将此次个人之感想及所得之事实两相参照，并附以幼稚教育之新趋势，看此数处幼稚教育之优点何在，弱点何在，宜如何改良，宜如何添设新事业？

虽所言只属苏、杭数处，然而江、浙两省，或者尽属如是；推而至于全国，同有斯病者，亦可以取鉴也。

一、办幼稚园之方针

吾国新式教育——学校教育——皆仿自外国，此尽人所公认者也。幼稚教育之来华，尤为近十数年间事。① 故一切设备、教法抄袭西洋成法，亦势所难免。于是所有幼稚教师，非宗法福禄培尔（Froebel），必传述蒙得梭利（Montessori，另图8）②。两派虽时有入主出奴

另图8 蒙台梭利像
图片来源：《青岛教育》第4卷
第9期（1937年3月1日）

---

① 此"十数年"，系指1904年《奏定蒙养院章程及家庭教育法章程》颁布以来，即"蒙养院"制度确立以来的这段时间。若从传教士首设"小孩察物学堂"算起，其时则为三十余年。

② 蒙得梭利：通译蒙台梭利，即玛丽亚·蒙台梭利（Maria Montessori，1870—1952），女，意大利学前教育家，是意大利历史上第一位女医学博士。1907年在罗马贫民区建立"儿童之家"，招收3～6岁的儿童施以教育，获得了惊人的效果。她所创立的"蒙台梭利教育法"，曾风靡了整个世界，深刻地影响着世界各国的儿童教育。著有《教育人类学》《运用于儿童之家的科学教育方法》等。

之争，然而其不切中华民族性、不合中国国情，而不能使中国儿童适应则一也。

昔年在陈鹤琴教授儿童心理班上，曾闻此等言论，犹疑陈师言之过甚。自此次参观后，始信吾国有民族精神之幼稚教育方在萌芽，而有数处且完全为外国化。倘易其语言，则难别其为中国儿童教育也。今举数例如下。

（一）玩具与恩物

儿童在六岁以下者，其日间最主要之生活活动为游戏，此儿童学家公认之定律也。故幼稚园中最重要之工作，为教导儿童如何游戏。然而其时儿童于团体游戏，尚不发生若何兴趣，惟个人的游戏最为发达。夫个人游戏，非徒手可以行（虽有数种如翻筋斗、独脚跑等，然亦含有比赛性），必须有相当玩具。故福禄培尔之研究幼稚教育，首重恩物（gifts）。恩物者，即玩具之一类也。

若以儿童心理为立足点以言之，则玩具之范围甚广，虽图画、手工之用具皆玩具也。吾国对于儿童玩具，自来无人研究，一切旧式的玩具，皆乞儿、丐人制造之售于街头。其价值之廉，千百倍于西洋玩具。然而一经研究，其不合儿童心理、缺乏教育上价值者，几件件皆可指摘。近来国内虽有改良玩具之工厂，然而自前数届儿童玩具展览会观之，其成绩仍不甚优良。

吾国玩具既如是不良，于是稍知儿童心理者，必多方采取外国玩具，或行仿造，或直接购自外国。故此次所见幼稚园，凡经费充足、设备丰富者，一入其门，耳之所闻，目之所见，多为外国玩具。脚踏车、电车、口琴、橡皮计数圈、捧球小孩（为练习向目标掷物之用）、摇铃（中为薄皮鼓，边缘响铃，擎手而玩）、乒乓、地铃、洋囡囡、各种积木、皮球等，无一非外国的玩具。其中外国气最甚者，虽一纸一笔，亦非外国式样、外国材料者不用。问以何不用中国式样、用儿童时时见到之花样者岂不更好？则必答曰："外国货好，中国的不能用。"噫！是何言欤！

夫吾国儿童玩具之少，本不足讳言。然而成人用具，倘能稍稍改其形式，无一不足以成为儿童玩具。如僧、道所用之铙、钹乐器，街上所见之黄包车、小车，农人之耒、锄，工人之简单的工具，以及木剑、竹刀等，倘能缩小而改造之，无一非儿童玩具之最优良者。

或曰："儿童好新奇，用外国玩具则更有兴趣。"此言亦似是而实非。儿童好新奇固也，独不闻儿童好模仿乎？为教育上便利计，为养成未来本国国民计，不如多利用、模仿本国成人之动作。彼西人之玩具，亦多由成人之用具改造而成者也。强令中国甫能行走之儿童，而仿行外国成人之动作，岂非傎①欤？

（二）音乐

幼稚生之活动，次于游戏者为音乐。此次所见者，皆为外国音乐；叮咚钢琴之声，诀舌英文之歌，凡遇上课，随在闻之。有数处儿童在室内之一举一动，皆以琴声为转移。

养成儿童听官有审美之能力、行动有节奏者，彼音乐之效可谓大矣。然而所唱之歌，多为外国译歌，或为吾国古诗，或为《圣经》上赞美诗，或为英文歌。学语儿童，教以华语，即说华语；教以西洋诗歌，即唱西洋诗歌，在教授上两无困难。然而关系于儿童终身者，大有差以毫厘、谬以千里之慨也。

余曾问某处教师："学生能唱《国歌》乎？"② 答曰："《国歌》之歌辞与曲谱，儿童皆难以学唱，故未教授。"此言若为经验之谈，吾无闲言。虽然，余以为能唱英文诗歌或毫不顺口之赞美诗之儿童，一曲卿云短调，倘能用心教授，决非难事（余于音乐一科虽无研究，然以个人学唱歌之经验而论，外国辞句之歌曲及赞美诗，实较《卿云歌》③为难。敢问读者之经验亦如是乎）。

---

① 傎（diān）：义颠倒。
② 此"国歌"，为中华民国北京政府所定的国歌，名《卿云歌》。歌词据《尚书·大传·虞舜篇》中帝舜的《卿云歌》改编，由萧友梅作曲。歌词为："卿云烂兮，糺缦缦兮，日月光华，旦复旦兮。时哉夫，天下非一人之天下也。时哉夫，天下非一人之天下也。"1920年4月，"国歌研究会"依此改编歌词并谱曲，由国务会议决议和总统批准，于1921年7月1日通令颁行。客观说来，此词古奥，并不利于幼儿演唱。
③《卿云歌》：上古时代的诗歌。相传功成身退的舜帝禅位给治水有功的大禹时，有才德的人、百官和舜帝同唱《卿云歌》。诗歌描绘了一幅政通人和的清明图像，表达了上古先民对美德的崇尚和圣人治国的政治理想。原文为："卿云烂兮，糺缦缦兮。日月光华，旦复旦兮。明明上天，烂然星陈。日月光华，弘于一人。日月有常，星辰有行。四时从经，万姓允诚。与予论乐，配天之灵。迁于圣贤，莫不咸听。鼚乎鼓之，轩乎舞之。菁华已竭，褰裳去之。"

友人凌音，目睹南京人士闻奏《国歌》而不起立，闻奏日本胜中国之凯旋歌而拍手，不胜慨叹。夫南京人士，或者未曾受音乐训练，故一概拍手以贺。然而以教育自任之幼稚园，在如此重要之音乐课程中，如此缺乏国家精神，专务外国化者，其危机岂可胜道哉？

今节录凌君所拟《今后中国音乐教育的目标》之纲目于下，愿全国幼稚教师听诸（原文载《中华教育界》十五卷一期）：

（1）能代表中华民族性的；

（2）发扬民族的美德；

（3）适合民族的程度。

（三）放假日

学校之于假期，为教学极大的机会。在小学校中，每逢节气，即以之为课程之中心，演为设计。此中用意，欲儿童明了此节目〔日〕之意义者，占一极重要位置。故欧美学校之于耶稣圣诞节，日本之于天长节[①]，莫不尽力筹备，送赠礼物，烹调食物，邀请来宾，甚或开庆祝大会，作种种表演。

而事前之预备、手工之制作、音乐之歌词，以及图画、文学、语言等科，无一不倾全力于此假日。此种举动，全国皆然。若有不如此行者，群引以为奇耻，而不以同侪齿之。此等精神，何等可钦、可佩。

余此次参观，适遇二盛节——中秋与国庆。若以东西洋之习俗推测之，则各处之盛会与节礼课程，必将满纸记录矣。及今复视之，惟有某处，于国庆日放假不能参观；某处，于中秋日放假不得参观；某处，因社会风俗关系，秋节假非正中秋，乃中秋后一天。故各幼稚〔园〕又给假，又不能参观其教法，只得与其教师谈话；某处，于国庆前一日做小国旗等，搜遍全本记录，不得预备节日之记载。此或为机会不巧，余赴甲处，适甲处于节日不重视；而乙处，适有种种举动，不得见也。果尔，则不重视者只有数处，而重视者正多，是吾国幼稚教育之幸也。吾恐重视者少，而不重视之者多也。

……与之谈课程，偶及点心问题……旁坐之幼稚园主任插言曰："去

[①] 天长节：即在位日本天皇的诞生日，为日本重要的节假日之一。

年圣诞节,我们做了很好的汤圆子,煮熟了吃。小朋友吃他自己做的东西,格外来得快活……"余乃询以圣诞节有何种举动。主任答,有庆祝的表演,有提灯会,有礼物……余更询以此次国庆拟若何举动。主任答,小朋友年纪太小了,也做不来什么,大概庆祝会是要请他们参加的。余乃默然。

此为余参观记录中之一段。读者读此幼稚园主任之谈话,可以想见,该园之办法外国化欤?抑中国化欤?

吾国国魂所系之国庆纪念日,可以因小朋友之无能力而毫无举动;而吾国漠不相关之耶稣诞日,乃使无能力之小朋友作种种举动。如此教育,是替基督教养成基督教徒,非为中华民国教育国民。如此教育,贻害吾国者实大,急宜设法干涉者也!①

(四)其他②

其他关于设备、布置、教法等,外国气亦均甚重。例如墙上所贴之图画,贴中国图画与儿童者,甚少甚少;多半皆张挂外国之儿童画,或商务书馆之坐立姿势。③ 前者不能使儿童了解,后者则难以应用于幼稚园,均不甚适当。

吾国儿童画之缺乏,较玩具尤甚。市上所售《百子图》④ 等,毫无儿童气。面具既非儿童,动作之神情亦非儿童。书坊出版之儿童画报等,其中佳者固不少,如动物故事等;而只知抄袭、不知变化者亦甚多。如儿童面具,倘细细观察之,多非中国儿童之貌相,颇似日本儿童相。总之,吾国美术界上无儿童的地位,各幼稚园又不得不借助于外国。此等责任,似乎美术家应任其咎。

---

① 作者原注:"此处本拟举其名以示世,然而滔滔者天下皆是也。凡教会设立之教育机关,几乎无一不如此。岂可令彼区区之幼稚园独任其咎哉?"
② 此标题系由编者加拟。
③ 此"商务书馆",即上海商务印书馆;此"坐立姿势",系指商务印书馆专门印制的儿童坐姿图片或挂图。
④ 《百子图》:亦称《百子迎福图》《百子嬉春图》或《百子戏春图》,系中国民间的传统贴画。它反映了祥瑞之兆,用以表达喜庆之意,祝福、恭贺之情。但是,该图意识老旧、构图刻板,缺乏生活气息。

此外，如早上相见，竟可说"某某早"。而有数处，必曰"Good Morning"。其他如"请、谢谢、对不起、原谅……"等，亦有用"Please、Thank you、Excuse me……"者。最可笑者，某处有一部分儿童，教师以中国命令其做某事，儿童不从；若以英语，则儿童闻命即行，此某处教师亲为我言之。

又行至某处，适为国庆纪念后二日，黑板上挂有小国旗，其旁即写有"上帝爱护我们……"一条。谈话时，教师虽先说国旗，然三言两语略过去。惟上帝一语，则反复解释，使儿童大家说，又继之以唱赞美诗。如此教法，尽忠于基督教可为至矣、尽矣，蔑以加矣，其如中华民国何！

吾国幼稚教育是否尽如江、浙，吾不得妄加推测；然而江、浙幼稚教育偏重外国、偏重基督教，忽视祖国之习气甚深，此余欲大胆言之也。

然则何以有此结果耶？盖尝考之，此风之养成，与幼稚师范有密切关系。今之幼稚教师，多半为昔日幼稚师范之学生，其次则普通师范生或中等学校学生也。其中师范生等，因在校时对于幼稚教育均不甚注重，一旦出校服务于幼稚园，种种技术几乎件件皆新学。取近而效法，人情也。所效者，必为幼稚师范附设，或幼稚师范生所办之幼稚园，故幼稚师范于幼稚园之影响甚大。

吾国幼稚师范何校最早成立，尚无调查报告可查。然而以江、浙两省而论，各女子师范之设幼稚师范科，实效法各教会学校之成法，如浙之弘道、苏之景海（另图9）是也。

另图9　景海师范学校原址

图片来源：唐小祥主编《苏州近代建筑考》，苏州弘文图书专营店2016年版

教会附设之幼稚师范，其主要教师必为西人。于是为教科上便利计，又因其从前所受教育之故，一切教材、教法莫不取资于西洋。幼稚师范生所学如是，则出校服务亦必如是，于是江、浙之幼稚教育皆外国化矣。苟有不如是者，将受其讥矣。

此后吾人不欲改良幼稚教育则已，如欲改良者，非从改良幼稚师范教育〔入手〕不可。近闻中华教育改进社①，将与东南大学教育科合办幼稚师范专修科，以提创中国化的幼稚教育为目标，此事于吾国幼稚教育界裨益必不浅。甚愿当局诸公从速举行，以救此嗷嗷待哺之幼稚教育饥荒儿童也。

二、课程

幼稚园无课程表，各处教师皆深知之。不强迫弱小儿童行呆板生活，是为此次参观成绩中之最优点。各处教师且完全明了课程表虽无有，而教师间自己的课程表确实天天预拟。遇有儿童无特别问题发生时，即依照预拟者而行；如有特别事情，则即更改程序，决不使此机会错过。此等言论，十六所教师皆如是言之。可惜余以时日关系，只能一度参观，不能证明教师所言者，为谈学理抑为事实之报告也。

所经过之五城，南京、苏州之幼稚园，大都为上午的；宁波、绍兴、杭州，上下午皆有。此因社会、家庭习惯关系。倘无下午班，则学生将减至极少极少。杭州一女师，至二时即散学；绍兴、宁波，非至三时以后不能散学；苏州除景海以外，皆不设下午班。余因上午参观景海，预计下午可以参观二女师②及其他诸校。孰知午餐后，以电话询之，各处皆无课。

景海幼稚园之下午班与上午班，为两批学生。上午班乃贫民子弟，免费入学，下午为收费生。上午之学生，至下午虽来园中玩耍，不能进课室。其

---

① 中华教育改进社：民国前期知名教育社团，1921年12月23日宣布成立，由新教育共进社、新教育杂志社、实际教育调查社三者合并组成。由蔡元培、范源濂、郭秉文等9人任董事，陶行知为总干事。该社宗旨为："调查教育实况，研究教育学术，力谋教育改进。"对于推进普及教育、平民教育、女子教育、科学教育、乡村教育等，均有所作为。

② 二女师：即江苏省立第二女子师范学校的简称。

教法亦有分别，上午学生无识字课，学生来园最初一件功课为洗手脸。教师于指导时，较下午班为严厉。据云，非如此严厉，学生即不听命。然则儿童初入园时之习惯即如是乎？抑教师以为，贫民子弟有恶习惯，必须严厉，必须叱咤，然后渐渐养成非严厉不足以施教欤？此中大有研究之价值。

南京鼓楼幼稚园之下午班，与上午班性质亦不同。下午班专为年岁稍长者而设，其课程中虽亦有图画、游戏等，然而以识字、读法、书法为中心目标；教师遇有相当机会，必教儿童识字、写字。故该班学生中，有能认单字数百，能读儿童文学读本，商务、中华出版之《国语读本》第一册及《儿童画报》之简单说明者。

杭州、绍兴、宁波诸处之下午班，与上午班完全相同。幼稚园之所以只设半天课程者，盖不欲使六岁以下之儿童，终日离慈母之膝下，而专过学校生活也。此意究竟正当与否，至今各家讨论尚无结果。然而以儿童身体而论，则中膳后至少须休息半小时以上。

各处设下午班者，倘能注意到此点。则下午班之设，至少于身体上无害。至于下午之课程，似乎须与上午有别。如南京鼓楼之以识字为中心目标，亦是一法。然而不必雷同。盖四岁以下之儿童，若强之以识字，于身体上既有害，于识字上亦未见有若何效力。

读法、识字在幼稚园中，究竟是否有教授之必需？以社会之要求而论，则必须有此科；以余个人之经验所得，在四岁以上儿童，尽可教识字、识数。然则此二课，究宜如何教授？若执教科书，或一本《看图识字》，或《幼稚识字》而教之，则难有效果。著者曾搜罗种种幼稚园读法教授法，当写成专篇，与国中同志讨论之。

幼稚教育课程中最重要之一科，而各处幼稚园皆付缺乏者，自然科是也。乡村儿童在五六岁时，大都能识自然界最普通之物名。居近水乡者，鱼、虾、稻、菱等物名、物性及其生长等，在五六岁时已能识其大略；居于山谷间者，山果、野兽之状态与食法，亦于斯时渐知之；居于城市者，若无成人有意教导，虽年逾十龄，不能辨粟、麦，不能别鹅、鸭者，比比然也。自然界智识，最切人生。而城市居民，往往因环境关系不能知之。此为教育上最大之缺憾，故年来小学教育中，自然一科占极重要之位子。

幼稚园教师若能注意此点，则各科教材皆可取给于自然界。庭中空隙可以遍树花木，屋角树荫可以饲养家禽、家畜、蜜蜂之类。改造学校环境，使儿童得与动植物日日接触，为吾国幼稚园最重要之事项（吾国幼稚园运动方在萌芽，所有幼稚园大都在城市。城市环境处处为商业化，失却自然之优美，幼稚园亟须有调剂之功能）。

一园之大不过数亩，决不能搜罗自然界事物至详尽，必须出外搜寻。此旅行之所以为必须也。旅行之功效甚多，而藉此机会可以教自然科，此亦其中主要功效之一。杭州弘道、南京鼓楼二处，常有旅行。

据云：旅行之结果，儿童知识可以增进许多。不独自然界，即历代人物、古迹、大建筑及本地之胜境，皆可因之而使儿童领略；更有人事、社会上各种常识，如僧道拜忏①、婚丧仪礼、各种日常食物之制法（如豆腐、年糕、馒头等），各种日用物件之制造（如木匠、漆匠、织布、染色等），亦得因此而灌输极简单之知识。且旅行归来，或有采自路旁之标本，或因名胜之轶事，无一非极佳之教材。又于旅行之中，有访问家属之举者；率领十余学生，赴某儿童家中作客，或赴邻近幼稚园作客，儿童亦必极感兴趣，且可以藉此练习宾主之道也。

关于本问题，须讨论者最多。除以上数项外，尚有手工、图画、谈话、唱歌、故事、游戏、休息、进点心等问题。然逐一讨论，有碍篇幅，故各节分散讨论，读者明其大意可也。

今更提出一极不引人注意之问题，与读者讨论之。儿童于各项动作之后，除去说话、运动而外（以严格的言之，此两项亦可有成绩保留。前者照话记录，如南京鼓楼之儿童杜撰故事之记录，后者可用摄影），其他若图画，若手工，若写字，儿童皆有作品。此类成绩，此次所见诸处，大都由儿童携回家中，且成绩上亦不注明年、月、日。所以儿童进幼稚园数年，几乎不能确知其进步几多；更不能明了，用何法教导则进步速，如何则进步迟。

儿童初来之性情如何？几时以后改善得几多？教师若不明此类事实，何以作研究之根据？何以作适应个性之指导？更何以报告家属？夫学生作品携

---

① 僧道拜忏：旧时请僧道念经礼拜，为人忏悔罪过、消灾免祸的仪式或活动。

回家中，在当时可以得儿童及其父母之欢心，未始毫无作用。所以园中亦不宜将件件儿童成绩品，不分皂白一味保存，须家属与幼稚园两得益。故有时不妨允许儿童携回家中，而有许多必须保留于园中。倘能请家属合作而保留之，则尤妙矣。

三、校舍及设备

此次所见校舍，大都尚能适用。若以幼稚园之建筑与小学校相较，不知高出几倍（此言非空话。著者春间曾有"小学校校舍之调查"。结果有数县，十分之八九皆为庙宇、祠堂改的）。然有数处虽建筑费甚巨，而其结构与布置仍不甚适宜，转不如由旧屋改者。如杭州一女师附属，[①]虽只有敞厅小屋而颇为适用。其中亦有颇合理想而建筑者，如苏州景海。其大略形状如下图（原图1）：

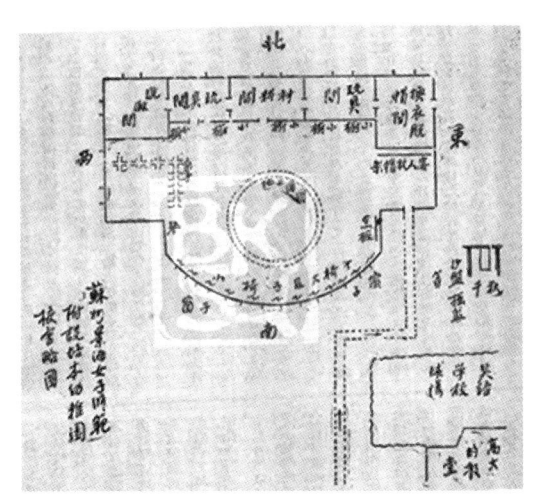

原图1 苏州景海女子师范附设培本幼稚园校舍略图

该园房屋不多，亦不大，然而每间皆能得用。如课室之大，洗漱室、玩具室等皆能处处得宜。至于室内之设备，亦颇有研究。如玻璃窗之多，通室

[①] 此"附属"，全称为"浙江省立第一女子师范学校附属幼稚园"。因该校设于杭州，故称"杭州一女师"。

光明；窗槛之低，虽三岁之儿童亦能开关；墙之周围亦处处利用，装置小壁柜，为儿童放物件之用；洗漱室中之设备，手巾、面盆而外，且有浴盆、牙刷等。据教师云："上午免费班学生来时，必须使之洗面、刷牙或洗浴。"各室壁上之图画，若以图画之本身论，亦皆得体。如洗浴间中之洗浴图、课室中之美术图及各种教育图，倘能取材本国，则尽善尽美矣。

所可惜者，该园环境不甚相宜也。园址在苏州城天赐庄教堂①之后部。而教堂中，平时即为吴语学校②。无论儿童是否将养成基督徒与否，而上课时吴语学校之西人，有时来球场上游戏、掷球，有时大家高声学苏州话，其扰乱儿童之力甚大。吾以为，若选择中国式的幼稚园之地址，第一，不能邻近教堂；第二，环境须幽静的；第三，须多空地的。然后，学生可以多作户外游戏，不至于常常聚在室内。

各处设备，大都雷同，间有一二新异之件。然而欲觅一所设备完备之园，则不可得。今举其最普通应注意之点如下。

（一）沙盘

沙盘之变化最多，儿童亦最喜欢玩耍。而此次所见沙盘，有极小之木盘放在凳上。其中装出假山、道路，作为课室中装饰品之一者。有形状较大，放在室中，亦不能使学生入内玩耍者。其最佳者，则容积甚大，可以同时有十人玩耍，放在室外，教师常常指导儿童玩耍。盘上有盖，以防天雨。沙盘之中有各种瓢、铲之类，有特制者，有利用废弃之盒子者，如此则沙盘之用方尽。

然则一般幼稚园，往往因欲得家属欢心，不许儿童进沙盘玩耍；虽有沙盘，形同虚设。以沙盘为装饰，未免近于滑稽。

---

① 天赐庄教堂：又名"圣约翰教堂"，由美国卫理公会创设，为纪念该会创始人约翰·卫斯理而建。初建于1881年，重建于1915年，因位于苏州天赐庄，故名"天赐庄教堂"。
② 吴语学校："吴语"，又称江东话、江南话、吴越语，系中国七大方言之一。此校是以苏州话进行教授的学校，此为教堂附设的语言教育设施，旨在使新来传教士熟悉当地的语言和中国文字。

（二）积木

无论福禄培尔式之积木，或蒙脱梭利[1]式之积木，或旧式的积木，其木块必甚小，且有小至长不满寸之细图柱。故商务书馆所制之积木，无论甲种、乙种，两种皆甚细小，各处采用之者甚多。此种积木，若揆诸儿童心理，毫不适用。近年来，有改为大积木者；而小块之积木，其良好者仍留用。

盖积木之功用，一方练习儿童之思考，而一方亦须有合作之精神；且积成之物，能使儿童实地运动者则尤佳。细小之积木，只能在桌上独人搭成小物件，且既成之后，亦不能玩耍。面〔体〕积若放大，可以合作；搭成物件以后，儿童可以实地玩耍。如搭成阶梯，儿童可以一步一步的走上去；搭成房屋，竟可钻进去坐。

余见南京一女师有大积木一副，即如是。可惜因四周铁质物太多，木材亦太好，故每块木条之重量颇不轻。此亦美中不足，未免可惜。

余以为幼稚园之设备，虽千头万绪，件件须备；一园之微，亦决不能达完全之地步，此亦实情。然而有一要诀，"供给儿童游戏的环境"是也。

故有几件物件必须置备，而同时此数件物件于布置上颇有研〔讲〕究。如应放室外者，必须放于室外。如东大附属之游戏室，非不完备也，其滑梯之用意亦甚佳，可惜关在室中（其阶梯与小楼式的看台相连，儿童自甲端拾级而上，跑过看台，然后溜下）。露天生活无论如何，必较室内生活为合卫生。

故一切大容积之玩具，如梯子、滑梯、秋千、跳高架、独绳秋千、双圈秋千、沙盘、摇篮、小悬木、木马等，皆宜放在室外。而此种种设备，苟能布置成为有继续性则尤佳。于是儿童玩甲物既毕，即可继续玩乙物。引起儿童游戏之动机，莫过于此。

室内设备，大半散见以上数节。其布置上之最要原则为："便于儿童"与"多变化"。故一切桌、椅等等，高低必须适合儿童身材。即如壁上图画及照相等项，其用意，无非欲使儿童注意。然而终年陈列此物，与不设无异，故

---

[1] 蒙脱梭利：通译蒙台梭利，意大利学前教育家，参见前文第42页注②。

必须几日换易新物。若因材料不多，可以周而复始；而所挂物件，不必出重价购得者。学生成绩，即可为陈列之大宗。壁间错落悬儿童漫画，极有教育价值，亦极有艺术意味者也。

四、教师

本节之一部分，已于第一节中略述之——幼稚师范。今所欲言者，为更小之问题，或可曰，讨论未来幼稚师范之办法。

（一）性〔别〕的问题

此次所见，除南京鼓楼有男教师外，其他数十位幼稚教师尽为女子。幼稚园之创始人福禄培尔，男子也；而蒙得梭利，为女史。言乎成绩，皆足称道。故历史上的称雄，不必重提，乃言其事实。

初离慈母怀抱之幼儿，心灵之嫩，正如娇艳之蔷薇，处处须极小心以爱护之。此幼稚教师性情须温柔、和爱之大原因，亦即女子占优胜之主要理由。

次之，则寻常男子虽心爱儿童，而不惯帮助儿童作事（此非天性，乃后天之习惯与社会之影响）；而幼稚生之待助于成人，较小学生为多。故小学教师男子尚可胜任，幼稚园即难以插足。

其三则为，女子与幼稚儿童较为相似。例如声音之相似，又能似其母亲，跳舞、游戏时活泼、轻快之相似等。

此外尚有教育界之习惯，以为男子研究幼稚教育，将为同侪所不齿，同时女教育家亦必讥笑。习尚如此，于是幼稚教育界中之男子绝无而仅有矣。

以上数点，除第三点中有几部分——如唱歌等——有充分的理由外，其他皆得以人力改变之。例如性情之温柔与否，男子之性情未必人人粗暴，而女子亦未必人人温柔、和善。余曾见，某女教师对于幼稚生大分青白眼：对待富室子弟，和颜悦色、循循善诱；对待贫苦学生，则怒目厉声、举动粗卤。可见性情温柔，尚有对人的问题之研究。况此中性情粗暴之人，倘对于甘心而为之事，亦必细心；若对喜与周旋之人，亦必温柔。读者如能恕吾之俗理者，可以男女恋爱作例：世间无论如何卤莽之男子，对待爱人必体贴入微，驯于槛中之虎。况男子本有生而温柔者乎？谁曰不得研究幼稚教育者耶？

至于男子无帮助幼儿之能力与忧惧社会舆论，则不成问题。前者可以学而成。初胎养子之母亲，岂曾学养子乎？男子抚养襁褓儿童之事，世亦常见。即如陈鹤琴教授之抚养其长公子一鸣，① 即其一例。襁褓亦可抚养，岂有不能帮助能跑、能说的儿童之理乎？社会舆论问题，竟可置之不理。倘有无知之徒有意奚落者，即可以福禄培尔自命，轻视彼芸芸者流可也。

以上言男子有研究幼稚教育之可能性。今更述幼稚园中非有男教师不可之理由。温柔，固为教师人格条件之一；而刚毅、勇敢，亦为人师者所不可缺。若儿童长养于温柔女子之手者，则异日成人，亦将偏于柔而缺乏刚毅、勇敢。故为调剂儿童模范起见，幼稚园中亦须有男教师。其理由一也。

女子因体力之薄弱及其他种种关系，在能力上未免较逊于男子。如旅行时之照顾，教导上较用力之事项；更有自然教导之一部分，如扑捉昆虫、鱼蟹，攀山涉水采植物标本诸事，在今日之幼稚园女教师，能力尚嫌不足，而大多数之男师范生能之。倘幼稚园中有男教师者，则女教师不能为之事可以代劳，教导上即不感困难矣。其理由二也。

今之幼稚教师，往往为暂时职业，研究心较为缺乏。此中原因甚为复杂，或因能力之不足，或因中途之辍教。故吾国十数年来，毫无国化之幼稚教育，依然惟他人之旧法是赖者，此必为极重要之理由也。男子之研究幼稚教育者，今日尚未萌芽（若以江、浙二省而推及全国，则男子任教幼稚园者，真如凤毛麟角）。究竟是否能胜于女子，尚未敢预言。然而以小学教育之成绩而言，似乎男子而能加入幼稚教育。将来最小限度之成绩，必胜于今日；或者竟能与小学教育并驾齐驱，亦未可知。所以幼稚园中应聘男教师，而有志于教育之男子，不当鄙弃幼稚教育。此其理由三也。

虽然，幼稚教育之于女子职业问题尤有莫大关系。盖从事他种职业之女子，出嫁育儿以后，其影响于职业甚大，即使从事小学教师亦将感困难。故

---

① 此"抚养"，指陈鹤琴对其长子陈一鸣的教养和研究。一鸣生于1926年12月26日，此后陈鹤琴连续对他进行了808天的教养和跟踪观察，并用文字和照片进行了记录。依据这批基本资料，陈鹤琴除写作《家庭教育》一书外，还撰成《儿童心理之研究》一书。

美国小学校之女教师鲜有妇人，此中盖有不得已之苦衷也。惟有从事幼稚教育者，竟可毫无困难。

幼稚园之设立轻而易举，在家中择定较广敞之房屋一间，略事布置，即可成为谈话室；招邻居幼儿数人，加以自己之子侄、叔弟即可施教。此等事，无论为新妇或已为母亲者，随在可行，于家庭上无多大困难。

余之所以重言此节者，深愿今之女幼稚教师，始终维持其素志，随地实行其所学也。

（二）每个教师同时能指导几多学生

幼稚生之上课，与各种学校不同：个性之宜注意，较任何学校为尤甚。余见寻常幼稚园，团坐三四十儿童于一处，教师口讲故事或谈话，虽有问句，然回答之学生，似乎为固定的某某数人。其他诸人，或互相谈笑以扰乱大众；或自己木坐，或手足乱动，发出种种扰乱之声。教师虽常常用暗示或命令禁止，其效力亦甚微。此类现象，几乎无一处无之。

又如上文所说，儿童图画、手工等成绩，各校大都不记年、月；除记名外，不写任何字，以致失去极佳之识字机会。此实为教导上一大缺点。惟平心而考其原因，实亦难怪。以一二人有限之时间与精神，欲作此数十人数次之记录，亦势所难能。更有儿童清洁问题、个人之研究、游戏之管理（团体游戏，一二教师可以同时管数十人，而个人游戏则不易）、家属之访问（教师访问家属，为学校与家庭合作之重要工作，故新式之幼稚园教师，每星期至少须至各家属一次，报告其子女在校状况及询问在家庭状况，共谋教导改善之方）、家属之招待、校景之布置等，皆与幼稚生之幸福直接的或间接的有关。若须件件皆顾得周到，则一二女子何能办到！

究竟每位教师能担任几多幼稚生，此事尚无试验报告。然而以此次参观之直觉感触，一二教师，教导三四十幼稚生未免太多。

五、余论

以上皆为幼稚教育的直接问题，今将略言幼稚教育的间接问题，亦可曰幼稚教育中的分枝问题。

（一）育婴堂

育婴堂为吾国慈善事业之一，其用意至善。此种运动美国方在萌发，全国不满十处。[①] 而吾国则各县皆有。若以数目示外人，吾国人之注意贫民儿童，颇足以睥睨世界。然而一察其内容，则其办法之恶劣、办事人之中饱私囊者，是犹捉刀杀无辜之婴孩，惨无人道，莫此为甚。

余以为，余所见者不过二所，或不足以作准。偶与陈鹤琴教授谈及此事，孰知全国皆然。呜乎！襁褓无知，施此极刑（人之死，以饿死为最难受。然而饿死犹有日期，过此即死，为期尚短。倘于将死之时，饲以少许极粗劣之食物，则又可苟延残喘，可以缓死。然而死者之难受，实痛苦于任何死法）！

桀纣之暴，犹赦孩提。今乃假慈善之名，行暗杀之实，其残酷为何如耶？其中黑幕，颇难调查；甚至欲见婴孩一面，亦非有极熟悉之人作介绍不可。即见也，亦只得见其最少一部分；其大多数婴孩，必曰寄养民家，东西散居，不能毕见。所见到之婴孩，面色黄瘦无人色，甚有已满周岁，尚不能作一面笑容者。

索其章程，或云无有；即使有之，亦不过官样文章，上欺官厅而已（社会上从来无人预闻婴儿问题，所以竟可不必欺骗）。调查之难，决非普通人住一二日所能为功。故此次之参观，只知其不良，只知其惨无人道，实不知其如何杀婴儿也，心中殊为不快。然私志，甚愿救此无数婴孩，必当有机会以调查其详情，公告天下也。

尝问婴儿之来源？据云，大多数为私生子。在中国社会情形及法律之下，

[①] 此"不满十处"，系指当时方兴未艾的"保育学校"而言，而非指教会和社会办理的慈幼机构。

私生子无保障。彼办婴儿院者，谅必洞悉此情者也。虽然，私生子之智力多胜越寻常儿童，倘能抚养成人，养成天才，效力于国家、人类者，又何可限量。今中途夭亡，即不夭折，因调护之乖方、养料之不足、疾病之时侵，而智力与体力皆不健全。虽生为天才，亦将因生理之变化，成为白痴，成为低能儿也。其可惜也孰甚！倘能改良婴儿院，不啻为国储才。愿我教育同志共起而图之。

（二）妇女班

妇女班，为失学年长女子补习而设。余于绍兴见得二班——成章①及晤〔悟〕道②。其中所用课本，亦为补习性质，非全为小学用书。其课程，亦与寻常学校不同。而最有意味者，则为教室中闻婴儿声也。盖妇人之有襁褓子女者，常随身怀抱至课室听讲。为学生者，眼看书，记字义，耳听教师之讲，手中、膝上坐有亲爱之子女，虽忙碌异常，亦别有乐趣。

余因此想到，妇女班倘能与幼稚园联络，则幼稚园之推行与教导上，必更为便利。成章、晤〔悟〕道虽尚未见有若何成效，苟能更加改良，维持至久（二校皆初级幼稚园），其成绩必优于一般单设幼稚园者也。

篇末，吾更有一言向社会告者：幼稚园乃谋儿童身体上、智力上及道德、习惯上之幸福之所，非若普通初级小学。其最大目的，乃增加儿童知识，更非寻常私塾以增加识字之数目为目标。若家属抱有此态度，幼稚教师当示以其他成绩，使家属信服幼稚园除识字以外，尚有其他重要工作。若教师以为，社会之意难违，则不妨委曲求全，同时切不可忘去幼稚教育之真正目的。

---

① 成章：即绍兴成章女校。该校于1912年由蔡元培、鲁迅等发起创设，旨在实现陶成章生前普及妇女教育之意愿。1914年改办为女子小学，1923年春得胡隐椎、黄驾雄、裘吉生等资助，附设"妇女补学班"，聘杭州女师毕业生陈粹明为该班主任，招收失学的成年妇女，分编为甲、乙二组，授以公民、国语、算术（珠算）、常识、家事、缝纫、刺绣诸课。甲组一年毕业，乙组两年毕业。当时还计划增设保姆科，以该班毕业生入之；并附设幼稚园，收容该班学员子女及其他幼童。1927年起，开始男女生兼收，改名为私立成章小学。1950年改称私立南街小学，现名"绍兴市成章小学"。

② 悟道：即绍兴悟道女校。该校系教会性质，由美国基督教浸礼会主办。该校又名"妇女圣经学校"，为初级神学教育设施，创设于1920年，旨在为当地教会培养女布道员。

儿童的观察能力及其教育的功效

(1926年8月20日)

【题解】 本篇原载《教育杂志》第18卷第8期"儿童心理专号（下）"，发表时间为1926年8月20日。

《教育杂志》，教育月刊，1909年2月创刊于上海，由商务印书馆主办、编辑并发行，历任主编有陆费逵、朱元善、李石岑、唐钺等。该刊宗旨，为"研究教育，改良学务"。主要栏目，有图画、主张、论说、学术、教授管理、教授资料、史传、教育人物、教育法令、章程文牍、记事、调查、评论、杂纂、质疑答问、绍介批评、名家著述、附录等；主要撰稿人，有蒋梦麟、胡适、陶行知、陈鹤琴、周予同、唐钺、何炳松、黄觉民、赵廷为、李季开等。在其办理过程中，有过两次中辍：一次在"一·二八事变"后；一次在"珍珠港事变"后。1948年12月终刊，共出33卷382期。

这是一个极简单、极粗浅的试验。当初我们以为，不过是教学上的玩意儿，哪里知道试验的结果，给我们一个很大的教训，所以把它整理出来，和国内注意设备的教育家来讨论讨论。

一、试验的目的

这个试验，只可以说有二个目的：
(1) 儿童平时对于环境内的事物注意的能力怎样？

（2）经过相当的教育以后成效怎样？

二、试验的材料

没有什么特别设备，不过就南京鼓楼幼稚园会堂里的十一张壁上挂图作主要的试验品。选了十个四岁以上、六岁以下的男女儿童。

这十一张图，有的是去年挂过的，有的是今年新挂的；十个儿童，有旧生，也有新生。详情见成绩表上。不过无论哪个儿童，对于图画都至少有八天的经验。

三、试验的经过

很简单，只有以下几步。

（一）每次试验的普通手续

先请儿童都到室外去，把门窗都关好，又把挂图都翻转面。然后请一个儿童进房子来，顺着预定的次序对他说："这里我们不是有很好看的图画吗？你记得是什么？"每个儿童的试验手续都是如此。不过，到了第三次试验的问句改为："这张是什么图？"

（二）第一次试验

第一次试验，是在该园开学以后的第九天下午。在过去的八天半里，教师完全不提到墙上是挂的什么图，甚至于不说我们墙上有图挂着。

（三）第二次试验

一星期以后，做第二次试验。在这一星期里，教师也绝对不提起墙上有图画。不过经过第一次的试验，儿童有时会去留心，有时邀一个朋友去说图画了。

（四）第三次试验

又一星期以后，做第三次试验。在这一星期里，经过数次的教导，其中有两次的故事体的讲述，两次表演体的教导。

（五）第四次试验

经过第三次试验以后，儿童常常说墙上图画了。我们耐心地等了两星期以后，才做第四次试验。这两星期里，除儿童拉着教师讲述以外，并没有再设法去施教。

四、试验的结果

经过四次的试验，得到下面一张表的成绩（表19）。表里的符号须得说明一下：

（1）"○"代表答案完全对的，"×"答案是"不知道"。

（2）和"○"或"×"同行有"红叶""小孩子"等，是儿童的答语从实在情形里记录下来的。

（3）姓名上有"○"的是旧生，没有"○"的是新生。

（4）图画的名称同列的有两个，在括弧里的是去年挂过的。

（5）完全受四次试验者，只有六人；其余四人，或受一次或受两次试验，都只留第一次的成绩。

（6）"（○）"或者可以承认是对的答案。

表19 墙上挂图测验的成绩表

姓名及性别	试验次数	梅花和雀子（船头美人吹箫）	蜘蛛网（红叶）	一鸣等骑牛（同）	狗惊猫喂猫吃牛奶（同）	小孩子（同）	朱先生（戎装）（同）	捉迷藏（同）	一鸣玩水（同）	盛开的桃花（汉宫美人）	雄鸡（海里的帆船）	孔雀（学竖琴的）	答案对的总计	每个儿童总计
陈一鸣男	1	○	红叶	妹妹和我	收羊童子	○	○	×	×	×	船	×	3	

续表

姓名及性别	试验次数	梅花和雀子（船头美人吹箫）	蜘蛛网、（红叶）	一鸣等骑牛（牧羊童子）	狗惊猫（同）	小孩子喂猫吃牛奶（同）	朱先生（戎装）（同）	捉迷藏（同）	一鸣玩水（同）	盛开的桃花（汉宫美人）	雄鸡（海里的帆船）	孔雀（学竖琴的）	答案对的总计	备注 每个儿童总计
	2	○	×	×	同上	○	○	○	甘先生	○	○	×	6	
	3	○	○	○	○	○	○	○	我和妹妹	○	火鸡	火鸡（○）	8（9）	
	4	○	○	○	○	○	○	○	○	○	火鸡	○	10	27，28
薛尔信 男	1	×	×	×	×	○	×	×	×	×	×	×	1	
	2	○	小孩子	李先生	○	×	○	×	×	香蕉	×	×	3	
	3	○	○	○	○	○	○	○	○	×	○	说出形状不知道名（○）	10，11	
	4	红叶	○	○	○	○	○	○	○	○	○	○	10	24（25）
石中康 男	1	雀子（○）	×	×	×	×	大总统（○）	小孩子	×	×	×	×	0（2）	
	2	鸟花（○）				×		×		×	×	×	2（4）	
	3	○	×	○	○	○	○	×	○	孔雀	○		8	
	4	○		○	○	○	○	○	○	○	×		9	19（23）

续表

姓名及性别	试验次数	梅花和雀子（船头美人吹箫）	蜘蛛网、（红叶）	一鸣等骑牛（同）	狗惊猫（牧羊童子）	小孩子喂猫吃牛奶（同）	朱先生（戎装同）	捉迷藏（同）	一鸣玩水（同）	盛开的桃花（汉宫美人）	雄鸡（海里的帆船）	孔雀（学竖琴的）	答案对的总计	每个儿童总计
邵爱莲女	1	×	×	×	×	×	兵（○）	×	×	×	×	×	0 (1)	
	2	雀子（○）	小孩子	小孩子	×	○	兵（○）	小孩子	×	雀子	×	×	1 (3)	
	3	○	说不出名字（○）	○	○	○	○	○	○	×	×	说不出名字（○）	7 (9)	18 (23)
	4	○	○	○	○	○	○	○	○	○	孔雀	○	10	
李沪宝女	1	雀子（○）	×	×	×	梅花	×	×	×	梅花	梅花	梅花	0 (1)	
	2	○	×	李先生骑马（○）	×	○	巡捕○	×	×	×	×	×	2 (4)	
	3	○	×	○	○	○	○	○	○	○	○	○	10	
	4	○	×	○	○	○	强盗（○）	○	○	○	孔雀	○	8 (9)	20 (24)
陆卓如男	1	○	×	×	花	×	×	×	×	×	×	×	1	
	2	×	×	×	一鸣	×	×	×	×	×	×	○	1	
	3	×	×	○	○	○	○	○	○	○	×	○	7	
	4	×	○	○	×	○	○	○	○	○	×	○	8	17
华俊良男	1	小孩子	小孩子	×	小孩子	○	×	×	花	×	花	×	1	1

续表

姓名及性别	试验次数	梅花和雀子（船头美人吹箫）	蜘蛛网、（红叶）	一鸣等骑牛（同）	狗惊猫（牧羊童子）	小孩子喂猫吃牛奶（同）	朱先生（戎装）（同）	捉迷藏（同）	一鸣玩水（同）	盛开的桃花（汉宫美人）	雄鸡（海里的帆船）	孔雀（学竖琴的）	答案对的总计	每个儿童总计
徐鲁范女	1	×	×	×	×	×	×	×	×	×	×	×	0	0
吴孝惠男	1	×	×	×	×	×	×	×	×	×	×	×	0	0
李德宁男	1	雀子（○）	×	×	牧羊童子	×	相片（○）	×	×	×	×	×	0 (2)	2
总计		14 (19)	6 (7)	13 (15)	13	17	15 (21)	14	10	12	4	8 (11)	126 (143)	

五、试验结果的解释和讨论

看了上面的结果，至少有以下几条解释。现在把它来讨论一下。

（一）只有设备，是难以使儿童发生反应的

第一次试验，壁上图画已经张挂了八天了，有的不止八天（因为是去年留下来的）。但是试验的结果，十个儿童之中，完全不知道挂的是什么的有三人，或者可以算他猜到一张的有三人，知道一张的有三人，知道三张的有一人。

知道三张的是陈一鸣。据他的父亲说："从前已经指示过的。"那么，一鸣的成绩只好算例外了。十一张图画，在他们常玩的地方挂了八天（至少有七天，因为星期日大多数是不来玩的），十个儿童之中，只有三人是知道一张的。这样看来，只有环境，不必施教育的话，靠得住吗？

（二）教学是要用全副精神的

经过第一次试验以后，第二次的成绩好了许多。六个儿童之中，知道一

张的有二人，两张二人，三张的一人，或者四张者三人、六张一人。但是这样的教育成效，恐怕非教育家所希望，更非父母所希望。

再看看第三次试验成绩，知道十张的有二人，八张的二人，七张的二人，或者可以算十一张的一人。全数只有十一张图画，儿童知道的成绩有如是。倘若我们教学的成效处处如是，那是可以算得最好的。这是什么缘故呢？因为第二次与三次之间，曾经用过两次故事体的讲解，两次表演体的活动；这两种教学都是合于儿童心理的，所以试验的成绩骤然提高了。

（三）经过几多时间，还是有相当的成绩

从第三次试验以后，隔了两星期，在儿童的时期上，也不算不长了。第四次的成绩，知道十张的有三人，九张的一人，八张的一人，七张的一人，看起来似乎进步了。

这样讲起来，詹姆士（William lares）[①] 的冬日学游泳、夏日学溜冰的学习原则，与此相合。不过，詹氏的学习原则，已成为心理学上的笑话。我们所经过的时期，也没有经冬历夏的长，所以还是不要因此相信他的原则，还是回转来看自己试验的成绩。

经过相当的时期，是有相当的成绩。至于"相当"二字的数量，那不是我们这个小试验可以回对的了。诸位要看这类成绩，到 Thorndike：*Educational Psychology*. vol. I. （桑戴克著：《教育心理学》）里去找去，可以得到不少的答案。

（四）所放的地位是否与儿童的观察上有关系

在这次试验里，"朱先生"是放在火炉架上面，他的上头就是一张小国旗，是天天讲到的东西，所以在地位上是触目的。"梅花和雀子"放在钢琴房的壁上，也很能引起儿童的注意。"蜘蛛网"放在向北的墙上，不很触目的。现在来看看这三张的成绩（表20）。

---

① 詹姆士：即威廉·詹姆士（William James，1842—1910），美国本土第一位哲学家、心理学家，实用主义倡导者，美国机能主义心理学派创始人之一，也是美国最早的实验心理学家之一。长期担任哈佛大学教授，1875年建立美国第一个心理学实验室，1904年当选为美国心理学会主席，1906年当选为国家科学院院士。著有《心理学原理》《实用主义》等。

表 20　三张图画的成绩表

试验次数 图画名	一 A	一 B	一 C	二 A	二 B	二 C	三 A	三 B	三 C	四 A	四 B	四 C
朱先生	2	5	3	2	2	2	6	0	0	5	0	1
梅花与雀子	2	5	3	3	1	2	5	1	0	4	2	0
蜘蛛网	0	10	0	0	6	0	2	3	1	4	2	0

上面的表里，"A"是知道、"B"是不知道的、"C"或者可以算知道的。

上面的成绩，显出地位是有关系的。我们从广告心理学里所得到的常识，也是说："布置的地位，与引人注意有极大的关系。"

（五）观察能力是否与男女性有关系

据英国专门研究儿童观察能力（children's observation）的温枢（Winch）[①]说："女孩子的观察能力，比男孩子来得好些（参看温氏所著的 Children's Perception，Chapter. Ⅸ[②]）。据这次试验的成绩，看不出几多男女性的分别出来，或者因为被试的儿童年龄太小的缘故。

（六）这次试验的遗憾

我们这次试验，起初不过是教学上的玩意儿，并无详细周密的计划，所以缺点很多。现在据我个人所见到的，有三点缺点希望继续试验者来补救。

（1）没有注意图画的质量上。倘若能够插入几张儿童不愿意看的，或不容易了解的图画，那么结果必与此有别了。

（2）没有注意试验儿童的有无的观察能力。倘若能插入几张空白纸，或抽去几张挂过的图，或插入几张未挂过的图在内，这个结果也一定很有趣的。

（3）没有注意儿童复习的次数。观察能力的成绩，与观察的次数很有关系（倘若做严正的试验，每次看几多时刻，都有限定的）。我们试验过一年以后，不知儿童重复又去看过几次。这是我们的一个大缺点，所以开篇就说这是一个极粗浅的试验，是丝毫不客气的话。

[①] 温枢：通译温奇，即 William Henry Winch（威廉·亨利·温奇），生平事迹未详。
[②] 所载英文为书名，可译为《儿童的感知力》第四章。

（七）余论

小学教师不是天天对行政人员说要增加设备吗？我也主张小学里应该有丰富的设备。但是用全副精力去教儿童注意观察，比加增设备还来得要紧。因为单靠许多的东西，儿童得到的好处是有限得很。倘若教师能够注意于训练儿童的观察能力，那么随时随地都有极好的教材。我觉得，自然界、社会上所有事物，比什么学校里标本式的设备好得多。只要能够使儿童去观察，在实际上得到的一定很多。关于设备一道，暇时还当草专篇来讨论，这里不便多言。

做这个试验的时候，得到该园教师陈荣廷、李韵清二位先生的帮助不少，特此志谢。

关于感动性的学习之两个试验

(1926年8月20日)

【题解】 本篇原载《教育杂志》第18卷第8期"儿童心理专号（下）"，发表时间为1926年8月20日。原发表时署名"陈鹤琴、张宗麟"。

有关《教育杂志》，参见前文《儿童的观察能力及其教育的功效》题解。

学习有两种：一种叫作感动性的学习（sensory-motor learning）；一种叫作理解性的学习（rational learning）。近年来，关于这两种学习的试验，在心理学上已经得到不少的成绩，并且有不少的结论。不过都限于成人的或后期儿童的，并没有六岁以下儿童的成绩。我们常常说，儿童有了〔可〕塑性，可以学习的。但是他们的学习是怎样的？是否与成人的学习相同的？各种学习是否有相同的成绩？年幼的儿童是否受生理上的限制，对于学习有影响的？等等，都是这期儿童心理学上没有解决的重要问题。最近我们得到，试验六岁以下儿童的感动性的学习成绩两种，就在这专号里来见见世面。[①]

第一个试验　影画学习

（一）试验用的材料

所用的材料很简单，小椅一把、小桌一张，都是适合他的身材的；镜子

---

① 此"专号"，即《教育杂志》"儿童心理专号"。

一面，有架，椭圆形，长一呎，阔八吋；木板一方，长十四吋，阔十一吋，厚六分半；图画钉数枚，腊笔一支，马表一只。以上各物，都是从开始到终了固定不换的；并且试验的房子、儿童坐的方位、主试者坐的方位，也都是始终不变的。此外，还有方形双边图几百张，每天用十张（样子及尺寸见原图2）。

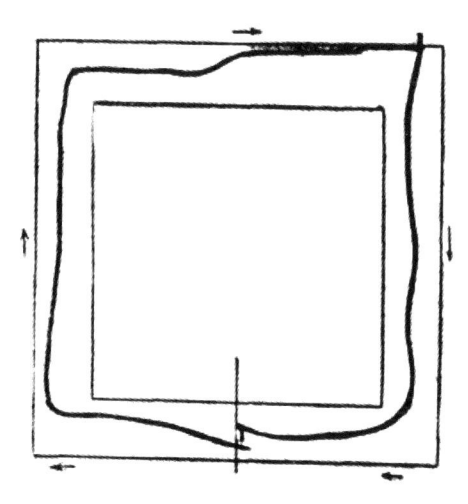

原图2　影画试验用纸图

（日期：民国十四年十二月二十八日；时间：13分8秒；错误：2次）

说明：此纸长阔都是7吋又5/8。方框外线长阔各4吋又4/8，内线3吋又2/8，框之中线为4吋，内外两线相距为5/8吋。底有一竖线，从左边出发止于右边。

（二）主试者与被试者

主试者陈鹤琴。被试者陈一鸣，男孩子，试验将〔时〕恰恰五岁，两人的关系是父子。一鸣常常受各种试验的，并且常常很喜欢做试验的。

（三）试验的时间

每天吃过中饭以后，在午后一时至四时之间。有时早些，有时迟些，不过终不出这个时间。

（四）试验的方法

用四方形图数张，钉在图画板上。把镜子的架，刚刚放在被试者对面和图画板的外面，镜子与桌面的角度约成 80 度，使被试者坐在椅上，以能很明了的看到镜子里的图为限。

把上面的东西都安放适当以后，叫被试者看镜中的四方形图，并用右手拿腊笔，从起点开始，依照指示的方向画，画到终点为止。主试者同时用马表计算时间。每张画成以后，主试者把纸拿下来，注明时间与日期，以及本日第几次的说明（表21）。这样，每天做十次。

不过一个活泼的儿童，受这样的严正试验，终有些兴趣不佳。开始几天还不觉得，过了几天，他不高兴画了。所以主试者用种种鼓励的方法，如画成后四角加圈，或用言语的奖励，十张画完以后，给他吃东西等。

表21 陈一鸣影画试验成绩（共14天）

时期项目	时间	错误
民国十四年十二月二十日	30分7秒	7.7次
民国十四年十二月二十一日	25分0秒	1.9次
民国十四年十二月二十二日	20分3秒	2.5次
民国十四年十二月二十四日	18分3秒	3.1次
民国十四年十二月二十六日	18分6秒	1.5次
民国十四年十二月二十七日	15分7秒	1.0次
民国十四年十二月二十九日	14分4秒	1.2次
民国十四年十二月八三十日	13分0秒	0.6次
民国十四年十二月三十一日	13分2秒	1.0次
民国十五年一月一日	9分2秒	0.7次
民国十五年一月五日	9分1秒	1.7次
民国十五年一月六日	9分7秒	1.8次
民国十五年一月七日	10分1秒	1.1次
民国十五年一月八日	6分8秒	1.8次

说明：表中数目为每天十次之平均数。

（五）解释

这个试验因为人数与时日关系，得不到多大结果。但是根据成绩，也可以看出以下几点来：

（1）时间与错误进步都很快。

（2）在开始时，错误的进步比时间来得快；但是不久，发现迟缓的现象，或者到了高原期。时间的进步，始终不发现高原，或者因为时日太短。

（3）错误之多少，与时间相关为 0.73。如此相关，可算是很大（此数用 Pearson's Method[①] $Z=\omega xy/No_x o_y$ 的公式求得）。

（4）此次所得成绩，与从前试验陈尧庭、陈尧圣的成绩有些不同（参看《心理杂志》第一卷第四号）。从前的，关于时间的进步状况很好，错误的进步状况很不好，几乎练习了五十几天，看不出进步。这次的成绩，错误方面的进步状况也很好。因为这次试验时，很注意于错误。主试者当受试者一张画成，必说"画得很好"，所以受试者于错误方面非常注意。但是到后来几天，忽然又不好。为什么呢？这是因为他的兴趣很难维持了，所以常常发现错误。

（5）错误与时间曲线（原图3），从学习曲线的原理上看来，都是常态（normal）有起伏、非直线的进步。这两条曲线虽然为时甚暂，但是也可以见得此类曲线，与成人的学习曲线相仿。

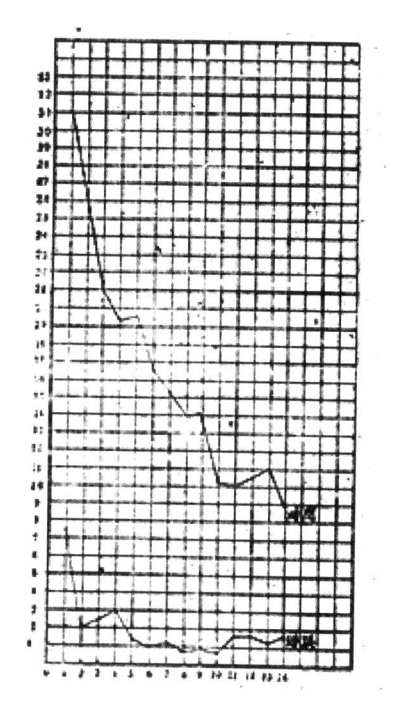

原图3　错误与时间曲线图

---

① 所载英文为术语，可译为皮尔逊方法。此处的术语和公式表述似不规范。

第二个试验　投箭学习

（一）主试者与被试者

主试者：张宗麟、陈荣庭。被试者：鼓楼幼稚园儿童五人，年岁自四岁以上、六岁以下；男孩四人、女孩一人，又男教师一人。儿童与主试者之关系，为很密切的师生。

（二）材料

木杆铁头有羽毛的短箭（木杆及箭头共长 12 吋，羽毛为硬鹅毛）二十支，英尺一，木板一块。板面画九圆及一圆黑点，圆黑点之半径为 1/4 吋；最外一圆半径为一呎一吋，最内一圆半径为一吋。从大圆到圆黑点，依次注明 1、2、3……10，以圆黑点为 10。又，全块板长阔各二呎三吋，板之两旁有二根木条，可以架板成角度的。又，小椅子两把。

（三）时间

大约在下午四时以后，亦有提早至三时者。

（四）试验的方法

把木板架在地上，板旁两柱与地面垂直，板面与地面成一很大的钝角；从板边着地之线起，量五呎之距离，画一条与板着地线之平行线，把两把小椅子横放做界限。然后，主试者请被试者面向板立，左足与小椅相接触，右足在后，右手用大、食、中三指执小箭，先向后作势，然后向前掷去。主试者并对儿童说明，掷在小黑点算顶好。一支掷后，主试者又给他一支箭。如此掷箭二十支。每掷一次，主试者报告一次，另有一人在旁记录。

男教师做的试验方法，与儿童的相同，不过距离改做 10 呎。男教师每天必在儿童试验以后方才做的。

（五）成绩

六岁以下的儿童做这类试验，似乎难以维持他的兴趣。所以，我们只做了十一天，已经感觉到很勉强了（表22）。这十一天里，有几天因为有风，所以试验的地点不是固定的。

表 22 投箭试验成绩表

日期试验	每日试验：(1)得中成绩平均数；(2)所得零的数	薛尔信（男）	陈一鸣（男）	陆卓如（男）	邵爱莲（女）	华俊良（男）	五个儿童的平均	陈荣廷（男教师）
一	1	2.4	2.0	0.8	0.6	0.9	1.3	4.4
	2	10	6	15	17	13	6.1	无
二	1	2.8	2.0	1.0	1.0	0.9	1.5+	4.8
	2	4	8	11	15	13	5	无
三	1	1.8	2.6	0.9	1.0	1.1	1.5−	5.6
	2	5	6	14	12	10	4.7	无
四	1	2.8	1.2	0.5	2.0	1.6	1.6	5.5
	2	5	13	16	9	11	5.4	无
五	1	3.3	1.6	0.5	1.5	0.9	1.5+	5.6
	2	4	9	17	11	12	5.3	无
六	1	3.4	1.7	1.4	1.2	0.7	1.7−	5.7
	2	3	8	10	17	14	5.2	无
七	1	2.1	2.2	2.5	0.9	0.8	1.8+	4.3
	2	7	5	7	9	14	4.2	2
八	1	1.9	1.4	2.1	0.9	1.4	1.5+	4.5
	2	5	10	9	13	14	5.1	1
九	1	2.1	1.3	0.7	2.1	0.8	1.5−	5.2
	2	6	13	12	8	15	5.4	无
十	1	2.5	1.9	1.2	1.5	1.0	1.6−	5.8
	2	8	10	11	8	14	5.1	无

续表

日期试验	每日试验：(1)得中成绩平均数；(2)所得零的数	姓名					
		薛尔信（男）	陈一鸣（男）	陆卓如（男）	邵爱莲（女）	华俊良（男）	五个儿童的平均	陈荣廷（男教师）
十一	1	3.5	1.8	1.1			2.1＜	
	2	5	10	12			4.2＜	

（六）解释

十一天的掷箭试验，被试者倘若只有一人，无论如何，得不到结果的。因这个非有一月两月长时期的试验不可。幸而我们有六人之多，所以有上述的成绩、下列的几条解释。

(1) 六岁以下的儿童，对于此种投掷动作，可以学习的。学习以后，有进步的。在各人的成绩里，或不易看出；然而在五个儿童的平均数曲线及弧线上（原图4），显然看得出有进步（五个儿童成绩平均数之曲线，即根据五个儿童的成绩，求其平均数。弧线用 Smoothing method[①]：A＝2A＋B/3　B＝A＋B＋C/3……的公式求得）。

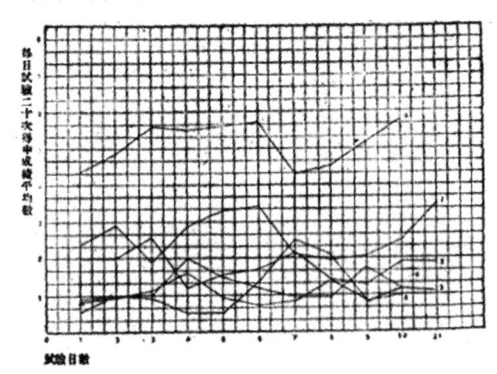

原图4　六条投箭试验得中成绩曲线图

说明："1"薛尔信的；"2"陈一鸣的；"3"陆卓如的；

"4"邵爱莲的；"5"华俊良的；"6"陈荣廷的。

---

① 所载英文为术语，可译为平滑方法。

（2）此种学习，在曲线上很显出个性的差异来。有的起初很低，渐渐进步；有的始终是低的，有的开始就高的；有的开始高而无任何进步。此中有什么缘故，不得而知。不过据观察所知，薛尔信身体较强壮；陈一鸣开始时兴致勃勃，以后就很不愿意做；邵爱莲与华俊良身材较小、较弱。至于有否因男女性别之别，那是不敢在此武断，因曲线上并没有显示出来。

（3）儿童与教师做学习上的比较（原图5），是一件很有趣的事。教师开始时，确实比儿童好，并且成绩始终在儿童之上；不过论到进步的比例，也未见得比儿童高多少；并且到后来几天，忽然发现射不中（零数）。难道教师的兴趣也受儿童的影响吗？

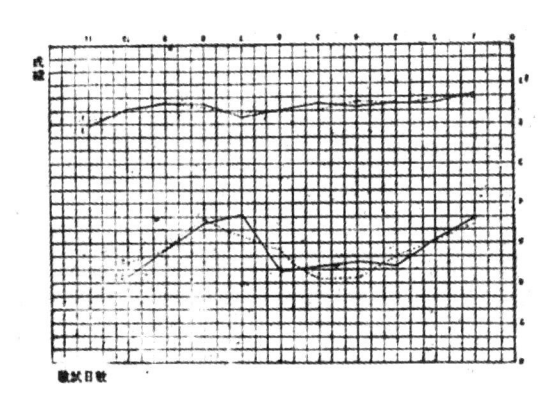

原图5　两条投箭试验得中成绩曲线及弧线图

说明："1"五个儿童投箭得中成绩平均数之曲线；五个儿童投箭得中成绩平均数之弧线。

"2"陈荣廷投箭得中成绩平均数之曲线；陈荣廷投箭得中成绩平均数之弧线。

（4）儿童在第二次，每个都有进步。到了第三天，就生出变化了。此中因为天气不好，常常有大风；还有儿童的兴趣是否只有两天，那就很难说了。

结　论

（1）以上两个试验，大部分都是关于手与手臂部分的动作学习，同时须眼睛注视的。倘若用神经学上来解释，那是用到的神经与肌肉，都很复杂。影画的较掷箭的尤其来得复杂。

（2）影画的学习比投箭的学习容易有进步。我们不用一鸣个人的成绩来比较，可以用团体的投箭成绩与一鸣的影画成绩来比较，也显然有别。按学习心理的原则，凡愈复杂的学习，进步愈快；愈简单的学习，进步愈慢。影画的学习，在实际上确实比投箭学习复杂。所以所得的成绩，并不和学习心理的原则相冲突。

（3）这两种学习曲线，与成人同类的学习曲线并不相悖，并且与普通一般的学习曲线也不相悖。不过，在成绩上有高下之分。

（4）从这两个试验看来，我们可以说："关于感动性的学习，六岁以下的儿童是可以学习的；不过要想他维持兴趣，是一件很不容易的事。"因此，我们可以推想到，六岁以下的儿童教育，应该用什么样的方法，采用什么样的教材。

幼稚园里的几种读法教学法

（1926年9月）

【题解】 本篇原载《中华教育界》第16卷第3期"小学研究"栏，发表时间为1926年9月。

所谓"读法教学法"，是当时对识字、写字和阅读教学法的总称。因阅读须以识字为前提，故此法的基础为识字；至于写字，在幼稚园中则不宜作出统一要求。有鉴于此，在幼稚园中的读法教学法，实际便是识字教学法。

张宗麟在入职鼓楼幼稚园之前，曾有两个月的"家教"教小孩识字的经历；尤其是通过在该园一年多来所主持进行的"读法试验"，从而使他对这个问题予以了肯定性的回答。在中国古代书馆、私塾的启蒙教育中，对于五六岁的童蒙，均是由识字入手来施教的，并且采用了"集中识字法"。这种呆读死记的识字传统，在近代"新教育"兴起后，遭受到严峻质疑，甚至视之为"科举遗毒"，于是在学前阶段识字，便一直被官方法规视为"禁区"。

依据上述可知，张宗麟在幼稚园中所进行的读法试验，可称为"逆动"。因此这种主张，既不为大多教育学家所接受，也未为教育行政部门所采纳。在依据鼓楼幼稚园试验而拟订的《幼稚园课程标准草案》中，原本有"读法"和"数法"两门课程；而在教育部修定颁行的《幼稚园课程标准》中，则将此两项删去，仅保留了其他7项课程。

尽管幼稚园可以识字主张未为大多同行或教育行政部门所接受，但张宗麟却始终坚信自己的试验结果，并始终不渝地倡行。直至 30 年后的 1956 年，他还撰写了《幼儿园是可以进行识字教育的》一文（本书已录）。他认为，对于这个问题的关键，不是"该不该"的问题，而是"是否有条件"的问题。应该说，这种态度反映了学者的良知。

有关《中华教育界》，参见前文《幼稚师范问题》题解。

小学、中学的读法教学法，研究试验的人很多很多；唯有幼稚园的读法，少有人注意到。在外国杂志上，有时还能见到一二篇；在中国的各种教育刊物，关于这类材料简直绝无仅有。这并不是大家有意弃而不谈，大约因为蔽于幼稚生不必注意于读法之成见。于是不明底蕴，以为果真可以不研究。而国内幼稚园，亦以读法一项为装饰品，或以之应酬家属之要求，并不重视此科。

实地施教者既如是漠视，旁观者哪里还有切实之贡献呢？今年暑假，我做了两个月的家庭教师，学生就是五六岁的小孩子。家长请我的唯一目的，希望教读、写两门。这时候，我真有些手足无措。翻遍从前所学的，只有类似的原理，并没有类似的方法。既然没有现成方法可模仿，只得各处搜寻，问师友，翻杂志、书籍，东凑西凑编成教材，想了教法，一个个地去试验。

那时候确实得到几种方法，但是因为时间太短，学生数太少，得不到什么成绩。现在把这几种方法，继续在鼓楼幼稚园试验，看看将来结果如何。希望全国幼稚教师大家都来试验，将来各出试验的结果，互相来对较，看看哪几种方法来得好？哪几种方法应该改良？哪种方法完全不适用？幼稚园里还是应该专用某种方法，还是各种参用？各种方法之中，是否有学生程度的关系，还是可以一视同仁的？等等问题，都希望大家来解决；更希望国内幼稚教育家，再研究出更好的方法来，所以本篇不过做一个引子罢了。

第一法

此法联络故事、涂色、剪图、贴图、识字，使儿童经过许多历程然后认字。近来美国幼稚园盛行此法，且有作大规模之试验者，如纽约城。友人张君德孚，在东南大学儿童研究班也试验半年，据说成绩很好。教法很复杂，能使儿童不知道是在识字，只知道是听故事、画图等等，但是不知不觉之中已认识字了。

方法的说明，可以分作以下几个步骤。

（一）预备教材

（1）在儿童的经验中，搜罗最常见的动物、玩具、人事及各种动作。

（2）决定用某种物件以后，即以此物为出发点，编一段极有兴趣的故事。

（3）将故事里最重要的动物等，画成一张轮廓或白描的图。图的适当处，写几个预备教的字（图甲）。[①]

又画一张图画，把故事中的重要动作画出来。只有少去图甲上所有的人、事。在他们应占的地位上，写了他们的名字（图乙，如故事简单，就可以省去图乙）。[②]

（4）预备有关系的各种实物，以便教授时需要。

（二）教授的步骤

下列的步骤，不是必须逐一照做、不能前后调换的。教师倘若以为，可以省去一步或加增一步都可以的，只要看是否必须。至于次序的调换，那是愈加不成问题。我们大家知道，印板式的教授是死的，断不能施于活泼泼的儿童的。

我们虽然在很严正的试验之中，也常常要顾到儿童临时的情况。不能以为，预定是如此，就尊之为无上妙法；看作天下的儿童，尽如轮船、火车里的机器，总是照样开关的。儿童是活的，教儿童的方法也是活的、随机应变的。这是我们应该认为教育上的金科玉律：

（1）遇有适当的机会，或教师布置一个合用的环境，引起儿童好听故事的动机。于是教师乘机讲一个故事（如何讲故事，另详）。

---

① 原发表时，并未附上此图，因而也只能付之阙如。
② 原发表时，并未附上此图，因而也只能付之阙如。

（2）讲完故事以后，问儿童刚才所讲的故事里有什么东西？儿童如能回对出来，就可以做第三步；如不能回答，教师可以重说一遍故事，然后用暗示的方法，使儿童对于这几件物事特别注意。

（3）儿童既然能够回答几件重要的事物，那么问他们："喜欢把这几件事物画出来吗？"这时候儿童必定说"喜欢的"，于是拿出图乙来，叫儿童去拿颜色笔出来。大家都预备好了，教师问："某件画什么颜色？"学生说："某色。"……问完，然后叫学生拿出某种色笔来，开始涂色。

（4）儿童一一涂好了色，那么教师拿出图甲来给他们看，这里开始教字了。重复一遍故事，问儿童某某在什么地方？某某在什么地方？儿童也差不多能回对了。教师就说："在这张（指图甲）图上，某地方有某某吗？"儿童说："没有。"教师问："有什么呢？"……教师说："这里是某某几个字。"大家念几遍，把一张纸上的字逐一教完，然后做第五步。

（5）儿童既然知道某某的地方，也略略有某某几个字的影象，那么可以问儿童："要不要把某某贴在某处？"儿童也必说："要的。"教师叫年长的儿童分发图甲，每人一张；又叫另一个儿童分发剪刀，教师预备浆糊。

（6）教师又问："某某在某处是怎样的？"……儿童一一回答正确完毕，教师再重述一遍。起头叫儿童剪。剪一件贴一件可，一起剪完贴也可。

教授的步骤到这步大略完毕，以后就是复习的识字手续了。

原图 6　不倒翁图

如何复习，下文一段专讨论此事。现在举二个例子在下面：

第一例。此例专为初识字的儿童用，比较来得简单。

（1）题目：《不倒翁》。

（2）图画：只有一张。大小形状，如下图（原图 6）：穿红衣服、绿裤子，白须、黄发、棕色的面孔、红的口（颜色可以随教师自定，不过不可由学生乱涂。教师说什么颜色，教儿童拿什么颜色涂，可以因此练习辨别颜色的能力）。

（3）故事：从前有一位老人，年纪很老了，头发变作黄色，胡须都雪白了。他很和气，整天终是开着口笑，从来没有愁的样子。他喜欢穿红衣裳、绿裤子，常常和小朋友一块儿玩。一般小朋友看他穿得好看，又因他和气，所以都喜欢同他玩。但是小朋友里有几个皮〔脾〕气不好的，常常推倒这位老人。你想，这么大的年纪，哪里经得起跌交呢？一天，有一位仙人在半空中看到小朋友如此无礼，于是叫老人到仙人的家里去，教了许多本事。以后他和小朋友说〔玩〕，无论怎样推他，没有人能推得倒了。

（4）歌："不倒翁，推不倒。不会跑，不会跳。穿着绿裤子，披着红棉袄。年纪虽然老，一天到晚眯眯笑。"

第二例。此例适用于能涂小地方颜色的儿童。比第一例的程度高得多了。

（1）题目：《老鼠赎尾》。

（2）识字：白鼠对黑猫说："我的尾巴请你还我吧！"

（此条并不限定。看儿童已有识字的能力而定。倘若真的不能认识，只要能知道到"黄牛、白鼠、黑猫"这几个字也够了。）

（3）故事：有一天，一只黑色的猫和一只白老鼠在一块儿玩耍。黑猫忽然把白老鼠的尾巴拿了就走，白老鼠在后面追，请求还他的尾巴。黑猫说："你要你的尾巴，除非拿一杯牛奶来换。"白老鼠听了这话，跑到田里对着黄牛说道："黄牛妈妈，请你给我一杯牛奶，我可以向黑猫去赎回尾巴。"黄牛说："给你一杯牛奶是可以的，不过你应该拿一捆干草来换。"白老鼠听了，连忙跑到山里，找着一位樵夫，他就恳求道："先生，请你给我一捆干草。因为我的尾巴被黑猫拿了去，黑猫要一杯牛奶去赎；我跑到黄牛的地方去讨牛奶，这位黄牛说要一捆干草，方才可以换得一杯牛奶。先生，请你拿给我一捆干草吧！"樵夫听了这话，就给白老鼠一捆干草。白老鼠拿了干草，向黄牛换了一杯牛奶；又拿了牛奶，到黑猫的地方赎回尾巴。

（4）图画：有 a（原图 7）、b（原图 8）两张：

（a）预备贴的。上面的字，就是识字的材料之一种。贴的时候，白鼠和猫的地位最要注意。下面一块空格，是预备贴字的——白鼠对黑猫说："我的尾巴请你还我吧！"（b）预备涂色的。涂成以后，一个个都剪下来，把字也剪下来，都贴到 a 图上去。

原图7　剪贴底图　　　　　原图8　剪贴图样和字样

（5）教授程序：参看本节"教授的步就〔骤〕"段。

第二法

利用儿童喜欢唱歌、唱诗的倾向，加以游戏的动作，然后视儿童识字能力的高低教以相当的字句。儿童至三岁左右，初能说简单句子的时候，就很喜欢唱有韵的歌谣。这时候，教歌谣的功用，还谈不到表情感、写风俗等。不过，〔可〕练习口齿、唇舌，灌输简单的常识，并且养成欣赏文学的基础。

所以，幼稚园的课程中，应该有口授歌谣的一科（可惜我国幼稚园里的唱歌，大半是诘屈聱牙的译诗，或含义深奥的古诗，甚至于有莫名其妙的英文歌、赞美诗，真真可笑之至）。此法，就是利用此点而编造的。

原图9　《猫捉老鼠》歌

现在，把编造教材和教授的步骤说明于下。

（一）编造教材

社会流行的歌谣，种类很多很多——私情、怨恨、风俗、季候、时事……儿歌，其中关于儿童的材料很少。所以选择适合于儿童的歌谣已经觉得不容易，何况还要加上许多严酷条件去选择呢？所以此法之难，就是难在选择教材。我们选择歌谣的标准如下（这几条条件，我们自己想想，还是很宽的）：

（1）有动作的；

（2）可以表现的；

（3）字义不深奥也不猥亵，不过很通俗的；

（4）意义富于兴趣的，但是没有残忍、骄傲等弊病；

（5）全篇中有最适合儿童经验的字。就是一个字不认识的小孩子，也可以因此认得一两个字。

因为条件定得宽，所以我们所选的歌谣，大半还能留原文，改的地方并不多。

现在引一出在下面做例子，请读者批评（原图9）。

（二）教授的步骤

现在，将上面所引的一首来做实例，说明我们所用的教授程序。

（1）做猫捉老鼠的游戏，这个游戏要在室外做的。做的方法大略如图（原图10）。教师口令一响，老鼠出来，猫去捉他。鼠当逼急时，可以躲进圈子里去。倘若被捉了，成〔或〕互换位子，或另换二人。

（2）游戏做了几次以后，教师问："要唱猫捉老鼠的歌吗？"此时学生必回答："要唱。"于是教师叫学生坐在地下，教师也坐在地下，一句一句地口授。这首歌谣并不难，所以只要口授三四遍，已有一部分学生能唱。再复习几遍，然后可以做下一步。这时候，倘若学生已有倦容，就可停止。待明日再做下面几步（据我们的经验，学生到这步，已有倦容）。

原图10 猫捉老鼠游戏图

（3）到了第二天，先教唱歌谣。教师可以拍掌击节，以助其兴。唱了几遍，教师暗示学生停止。问："要做游戏吗？""昨天的猫捉老鼠好玩吗？""今天再来做好不好?"那么联手成一大圆,公举一只老鼠出来、一只猫出来。教师又叫儿童拉着圈走,一面唱歌谣。唱完一遍,教师发令,老鼠出洞,猫向前去捉。捉住以后,大家拍掌,并唱歌谣作贺。如此做两遍,立刻继续做第四步。

(4) 教师问:"我们把〔这〕个游戏画出来好不好?"儿童必回答"好"。教师把预先画好的图拿出来给儿童看,说明图中意义(可以请儿童说明,或用问答法)。做到这步,又可以停止,明天再做。

(5) 先看图画,叫儿童回答问句,然后唱歌谣。两三遍以后,继续做第六步。

(6) "我们要把歌谣写出来吗?"……拿出印好的纸来,每人一张的分给完毕。教师叫起识字能力高些的儿童站起来读(当然有许多字来〔未〕认识),教师从旁帮助他。如此,可以叫两三人读,教师也读一遍。然后教师读一句,叫学生也念一句(这种念法,除去几个识字能力高的儿童,或可因此认识几个字以外,其他儿童很少有益的)。

(7) 分做两班来教:(a) 已经能识几多普通字的,再逐句来教;又叫他们自己来读,教师又指出单字来,给他们认。初时最易,如猫、老鼠等,以后渐指生字。(b) 程度低的,教师还是要他们不看字的念。念到很顺口了,教师就问:"你们知道猫字吗?"他们或说知道,或说不知道。其实知道的人必定很少,教师就拿出一个猫字(预先预备好,用大的纸写,最好有彩色的)来给他们看。教他们几遍以后,那么叫他们翻转故事纸来,叫他们在这张纸上找出猫字来。先找一个,以后叫他们一个一个地都找出来(倘若要教老鼠二字,也可以仿行)。

(8) 复习。方法不一,本篇末段再讨论。

第三法

此法细分之,可以成为许多独立的方法;但是性质都相仿佛,所以总为一类,或者可以叫它是图画法,此法最易施行。幼稚园里图画一科,很着重的。教师倘若肯用力些,几乎无时无地不可以教。下面所举的几种方法,不过是举其例而已，不是说只可以限于这几种。

（一）涂色

涂色是幼稚园课程之一。教师预备了动物、植物或其他物事的轮廓，教儿童用颜色笔、蜡笔（或铅笔，不能用毛笔）涂色。涂成了以后，用阴文的字，印在图画的旁边空白的地方。印出来的字是空心字。又可以使儿童涂颜色，涂好了颜色再来教字。

原图 11　猫吃老鼠填色图

下面的图（原图 11），是一个教从来没有认过字的儿童的例子。

（二）剪贴

此法非但与图画相联，且与手工有关。幼稚园里的图画和手工（尤其是剪纸工），本来很难分的。有时候画好了图，可以连续做手工；反之，有许多手工如剪纸、泥工等，非经过着包〔色〕的手续，简直是没有完毕。利用此法教识字，有两种方法：

（1）做完了图画、手工，然后用空心字，或教师用笔替他写起字来（最好是用空心字，儿童可以经过涂色的一次动作）；

（2）另用一张纸，印好了空心字，涂好了颜色，然后把剪下来的东西贴上去（此法很简单，恕不举例）。

（三）空心字

空心字的样子，见本节（一）的例子上。这种空心字，既可以涂色，又可以认字，确是一种好教材。他可以和各种方法联合起来，也可以单独用，此法就是单独用的。

用白纸一张，印许多空心字，不必成为句子，给儿童去涂各种颜色。然后教儿童把他一个一个的剪下来，排成句子，再依次贴到一本簿子上去。

此法，已有练习缀法的意味，所以只可用于已经认识几多普通字的儿童。

我以为，在前期小学一、二年级里，竟可用此法。

（四）日记

此亦画图之一种。在某一星期中，竟可完全用此法。譬如：

星期一，天气晴，问儿童："今天天气好吗？""天气好，有什么东西在天上呢？"因而渐渐地引到，有很好的太阳，然后使儿童画太阳。画好了太阳，教师问："你们要认得太阳两个字吗？"……先在小黑板上写"太阳"两个字给儿童看。如有空时间，可以逐张纸上印"太阳"两个空心字，教儿童涂色而认。

星期二，有客人来，就可以做"人的日记"。

星期三，天气有云了，就做"云的日记"。

星期四，下雨了，就做"雨的日记"。

星期五，自然课讲蝴蝶，就做"蝴蝶的日记"。

星期六，旅行去，又可做登山涉水、看到种种物件的"旅行日记"。

此法，不愁无事可记。每天的故事、自然、常识等，所讲的新鲜事物，都可以拿来做资料。至于将近纪念日、节气或儿童或教师的生日，那又可增多许多材料。材料是随处都有，只要有人去找。

每班儿童识字的程度不齐，所以同做日记、同画一件事物，教师可以教不同的字。例如"太阳"的一张画，可以教"太阳""今天天气好""前几天天下雨，今天天晴了""我起来得很早，看到太阳出地来"……

教师倘若难以想出适当的句子，可以和"第五法"联合，请儿童自己说，教师替他写或印空心字。

第四法

此法可名之曰"实物法"，很简单。普通小学校里，有时亦常常采用。但是，有一点很不容易解决的难处——实物和抽象的字不能联合起来。四五岁的儿童，倘若环境富有事物，并不是关在家里的，他很能叫出许多物名来。不过，这是具体物和抽象的话相联合；倘若要转到具体的物和抽象图相联合，用言语表现出来，又非加一番工夫不可。

今年碰到二个初进幼稚园的孩子，他知道"狗"，能叫"狗"。但是给他看狗的图，他就叫不出来。看图已经难到如是，认字愈加不必说了。中国现在流行的字，已经不象形；倘能象形，就容易教得多。

据个人的经验，"羊"字比'狗"字容易教得多，"馬"字也不难教。但是教过了"馬"字，非常难教"鳥"字。倘若要教"鳥"字，在短时期里，简直是不可能了。此中就是因为，"羊"字有像角形的两点，"馬"字有像脚的四点。"狗"字不能牵强去象形，"鳥"字的字形与"馬"字容易相混，"烏"字愈加难和"鳥"字分别了。在楷书上，象形字简直绝无仅有。但是我们可以自己意会去象形的，可以帮助不少。

次之，指事字里，也有几个字容易教的，例如"上""下"等字。至于形声、会意等字，就不容易拿来利用，非到儿童已经有了几个字的基本方才可教。至于转注与假借，愈加不容易教了。但是我们利用六书[①]的原理去教识字，很可以减少实物与抽象字体联合的困难。

此法的教材，可称多极！凡自然、常识、故事、图画、手工、唱歌……一切课程上的字，都可以来利用。见花就可教"花"，见猫就可教"猫"字。但是有几点教授经验，很可以和读者来讨论。

（1）动物比植物容易教。牛、羊、猫、马、狗等都不难教。植物中，只有花、草二个字，与牛、羊差不多容易教。教稻、麦、豆就不容易，要想教菊花、桂花，那菊、桂等字之难教，几乎和指不出实物的字同样难教。

（2）在初学写字的时候，笔画的多少很有关系；在学认识〔字〕的时候，并无多大关系。"七"字比"鼠"字，在笔画上不知相差几多，但是"七"字比"鼠"字难教。

（3）实物的能活动与否，似乎无甚关系。最重要的是："此物在儿童经验上，受到刺激的多寡。"所以，日常的物件也可以教。

---

① 六书：汉字的构成和使用方式的六种类型。具体为象形、指事、会意、形声、转注和假借。"六书"之名，最早见于《周礼·地官·保氏》。东汉许慎在《说文解字》中，予以了准确定义。

（4）实物，往往有两个字合成一个名词的，就应该合教；分开来教单字是不容易的，有时候还要养成儿童错误观念。如"火车"，就应该二字联合教，不应该单教"车"字；而〔且〕引火车的实物。儿童很容易看一个"车"是两个字的，或认"车"字为"火"字的。至于如何分别复习，详于后文复习法。

（5）实物法单独施行不很容易，最好请儿童自己动手画图来帮助。

第五法

此法可以名之曰"儿童自述法"。只可用于已识字、有根基的儿童，并且似乎只适宜于教少数儿童（二三个），不能同时教多数儿童。我在暑期里，有两个儿童就是受此法的试验的，结果他们的成绩很好。

所谓儿童自述，就是教师引起某种动机，使儿童讲述；教师略略的修正一下，然后把它逐字写出来。儿童有几个字是认得的，有几个不认得的，就可以因自己讲过的话意会下去。再加上教师的指教，几句句子就可以完全认识。

此法可以单独施行，也可以与其他工作联络的教。下面写几条教授经验出来，说明施用的手续：

（一）单独的施行

有一天我到〔去〕上课，这两个小孩子在大门口看见，拉住我的手说："今天我们去看牛。一只黄牛耕田，一个小孩子骑在另外一只牛的背上。"……我们到了读书的屋子里，大家坐下来，我又请他们二个讲今天看牛的事情。他们又很起劲地说了一遍（自然是两个孩子各说一遍）。我问："要把这件事写出来吗？"他们说："要的。"我说："黄牛哥哥会耕田，对不对？"他们说："对的。"又说："牛弟弟背上坐了一个人，对不对？"又答："对的。"我先将这两句话写在黑板上，请他们读。其中有"会、耕、背"是生字，但是教了一遍，他们就能读了。于是把这两句句子，写在一本小册子上（用牛皮纸订的，长不过四寸，阔不过三寸）。

又有一天，他们家里来了一位客人。他们对我说："今天，我们家里来了一位苏州客人，我起来得很早去接他。我说'某某早'，他说'宝宝早'。"因此教了："今天我起来得早，因为苏州客人到。我说'客人好'，客人说'宝宝好'。"

（二）和别课联络的教

此法最易与图画联络。次之，手工、故事也可以的。

有一天，大家看《儿童画报》。忽然看到一张：树上鹊噪，地下有一只猫和一位女孩子。我叫他们说明图的意思，说明以后我说："三只小鸟树上叫，一只黄猫地下跑，小妹妹看了哈哈笑。"他们也就学起来，并且学了好几遍（这大概因为是有韵的句子，近乎歌谣）。我说："写出来好不好？"他们很高兴地拿出小册子来。我就逐句写了。此中虽有生字，他们竟不教而能读下去。

又有一天晚上，他们的父母教他们剪图画。他们竟把两张不连贯的图，贴出有关系来。一张是一个妇人做衣服，一张是一个小孩子据案读书。到了第二天，他们给我看，并且要求我写："母亲做衣服，小弟弟读书。"写成以后，他们也不教而能读下去。

其他例子很多，如讲过一首故事，看到一件新物事，做过一件新事情，他们都会来要求写的。

此法教师须留意三点：

（1）儿童不完全的话，应该改成完全句子，无文法上的错误；
（2）儿童有时说得太长，教师应该把他摘要的叙述一番；
（3）所写的句子能有韵最好，不然也要逼肖儿童口吻。

第六法

此法采用教科书。大部分的教材，取给于书上。不过教法与普通小学校里教法，略略有些不同。

年岁稍长、识字较多的儿童，很希望有一本教科书，天天可以拿回家去，可以上下的随意看图，随意识字。教师就应该利用这种心理，请家属替他买一本程度相当的读本。各书坊间出版之幼稚教科书，似乎都不适用。因为程度太浅，里面的字，普通的字，差不多都认得，冷僻的还不需要；并且所有的，大半是单字或单个物名，少有整的句子。

凡已经识得百数十字的儿童，能稍稍读简单句子的儿童，非常不高兴再认单字（单字不容易记，此在学习上，已详详地替我们说明；在实际经验上，也是如是）。所以只好偶尔请他们看看彩图，认认单字；断不可以拿了一本《幼稚识字》或《幼稚读本》，天天去教他们。

商务印书馆出版的《儿童文学读本》第一、二两册及《国语读本》一、二两册，中华的《国语读本》一、二两册，都可以采取作为教材。因为其中大半，是数课有连续性的，句子也简单，也有兴味，并且复习的机会真多（尤其以《儿童文学读本》为最多）。几乎一个字，有十几次的接连复习；并且有时候，在句子的里面用图画来代字，真能引起儿童读书兴趣。

一本教科书，不能每课都好的，更不能逐字都好的。所以拿了一本教科书逐课的教，是教师的错处之一。

儿童每日的兴趣不同（虽然儿童的兴趣，有时候可以由教师造成的），哪里有每天喜欢读教科书的儿童！但是教师不能因为儿童不喜欢教科书，就可中断读书。应该要预先有充分的预备，使儿童有兴趣。每天强儿童读教科书，是教师的错处之二。

环境是最好的读法教材，所以应该尽力采取环境上的教材。例如，出去旅行一次，教读法时应该充分的利用；儿童做了一件特别游戏或有特别事故，就应该利用。此为教读法的教师，应注意之第三点。

利用读法以养成种种必须的观念，如爱国、爱自然、爱清洁等。例如将到国庆日，读法就可专重于国庆节上应有的种种事物；将到夏季，应该取材于夏日卫生，如拍蝇、灭蚊等。此为教师应注意之第四点。

以上四点，都是拿着教科书教读法的教师应该注意的。倘若教师注意到这四点，一月之中，教授教科书的日子就不多。教科书于儿童，也就是一种很新鲜的读法教材了。

普通教师教读本，每次只教一课；学生要求多教，他就不答应。到第二次上课，必须背诵；不能背诵，就有相当的责罚。这两点都错误的。

每天读一课，倘若遇到都是熟字，遇到一课的意义未完，遇到儿童兴趣很好，喜欢读下去；教师强令读一课是专制，也是摧残儿童读书兴趣。

至于背诵，除去口头熟练以外，在认识一方面，未见有若何关系。竟有口头烂熟，一字不识的。如初进私塾的学生，口头已能诵《百家姓》《神童诗》《千字文》之类，读起块头字来，竟有一字不识的。所以我们只要儿童能识得，不要儿童能背诵。因为认识的坚固，在乎多刺激或强刺激（学习律上的多因与显因）。识字的多刺激，是视觉与发音器的动的多刺激；单靠发音器的多刺激，好像"小和尚念经，有口无心"，熟读千篇，不识一字的。

此外，对于用教科书的，还有一点意见要说：团体教授可以少用，不如少用；能够同时只教两三人的，就应该这样教。多用个别教授，偶一用团体教授，效果比个别教授来得好。儿童同等年龄的伴友，有竞争的兴趣，不过不很浓。教师就可以利用之，作为团体教授的基础，但是团体不可太大。

复习法

复习的意义非常广。凡学习新事物，除第一次见面学习外，到第二次就是复习。学习的效果，完全得自复习，所以心理学家成篇累年地研究学习法。严格地说起来，大部分是讨论复习法。我先举一个，希望学习之有效果必须有复习的实例。

陈鹤琴先生有几位侄子，在某校读英文，在校时时听过讲的英文，回到家里，由陈先生再口授七遍，他们自习又是七遍。当时试验在指定的四十二生字中，有十八个不能识义的字，有二十一〔个〕发音不准确的字。第二天早上又试验一下，结果有十六个不能识义的字，十六个发音不准确的字（那次试验有四人，这是其中成绩之一）。

从这种地方我们可以知道，学习事物确是不容易的。幼稚生识字，犹十三四岁的童子学英文，或者还要难些。据我的经验，最容易认识的字，如"羊""牛"等，非复习在十次以上不能完全认识。倘若稍稍难些的字，如"到""有"等，非三四十次不能认识。这里虽然有个性的差异，教法之不同，字形、字义之难易等分子；但是我们至少可以大胆说一句："复习在学习上最为重要。"

翻开无论什么普通心理学书（除非纯粹讨论感觉的心理学丛书），都可以找到讨论学习律（the laws of learning）的。从学习律里，就可以得着复习律（how to review）。我现在把它几种重要的复习律写出来，然后再来讨论实际施教情形。

（1）同时复习，不如分期复习。譬如读一节文字，若一时想读熟，所费的力，所读的遍数，必定多于分作几期读（就是说，今天先读几遍，明天再读几遍，后天再读几遍）。

（2）复习的材料，须整个单位的。心理学上关于整个与分段（whole or part）之争最为久长，到现在还没有完全结论。但是一般试验结果，凡意义联贯的材料，应该整个学习的，在复习上尤须整个。从前分段学习的，到复习时必须整个，成效方速。

（3）复习时，当借助于已经熟悉的材料，联念[①]在学习上最有功效的。我们把新的材料，用种种方法联到旧的上面去，那么新的也可以变作旧的一部分。如此很可以减少许多的复习工作，但是当旧的材料还不是完全熟悉的时候，那就不可利用，免得生出谬误的联念来，那就很费力了。

（4）两次复习时间的距离不宜过长。倘若能一天之中作两度的复习，最好。

（5）初学时，对于材料须完全明了。得〔待〕复习时再来解释内容，是来不及的。倘若有困难之处，尤宜一一解除。

以上五条，不过是荦荦大端。倘若要完全举出来，非本篇能力所及；况且其中争端甚多，我们只好把大多数心理学家所承认的来应用，也就受惠无穷。

看图识字、实物教授等，固然于初学识字者有很多的帮助；但是要儿童离去帮助品而认识，方才算得完全认识。复习的工作，大部分要注重在此点。我对于复习上，简直找不出新的方法来，只好把很旧式的几种来应用。

[①] 联念：依据陈鹤琴的解释，即能引发快乐刺激的联想，以及长时段、多次数的刺激。在此所论，似与"正迁移"或"负迁移"相关。

(1) 原材料的复习。此法又可分为两种：（a）如图画法、故事法等，依照原有教授程序重教。其中图画等，一件也不省去的。（b）如自述法、用课本法等，原来是少图画关系的。拿来照原文复习。

(2) 块字的复习。儿童曾经教过的字，都写在方块纸上。然后，每天拿来复习几次。此法，已经脱去图画等帮助的分子。还有类似块字复习之一法：用立方木块，上面写着预备复习的字，任意放在儿童面前；教师先依着这几个字，杜撰一只故事，讲给儿童听；讲完以后，那么请儿童拿出某字、某字来。

(3) 随地复习。此法在黑板上做的次数较多，就是教师随意在黑板上写几个字，请儿童来认。儿童数两个或三个，程度相仿，可以竞争，用圈来做奖品。此法若施之于字汇较多的儿童，尤为容易。可以在任何地方复习，如看儿童画报，看各种广告图、食物上的字、路上所遇见的字等。只要教者留心指导，随时随地都有相当的材料。

鼓楼幼稚园课程试验报告之一

（1926年9月）

【题解】 本篇原载《儿童教育》第1卷第3期，撰成时间为1926年9月，发表时间为1928年5月15日。原发表时题为《课程试验报告（三）》，今题系编者所拟。

先后见载者仅为9、11、12三个月的内容，即缺10月份的试验报告；而较早发表者，为11和12两个月的内容，而9月份的试验报告发表于稍后。张宗麟对于此事，在该文开头以"编者识"的形式交代说："十二月的试验报告之后，忽然发现九月份的，读者必以为手民又闹笑话了。其实我们对于这栏里的材料，是供给读者参考用的——无论在活动的材料上或方法上——所以时效的限制，似乎不必十分严。我们又感觉到，第一期不应当先把十一月份的发表，所以急须把九、十两月的试验报告补刊出来。希望读者依旧用稽核的眼光、参考的目的，耐着几分钟的光阴，来读这两月的报告，不要以'明日黄花''隔年日历'看待它。"值得特别说明的是，前文虽说"亟须把九、十两月的试验报告补刊出来"，然而后续未见十月的报告面世。虽说本文的发表时间相对为晚，但撰成时间肯定为早，故依本书编例置前。因此，也就将原置于11月"课程试验报告"之前的"总序"移至本篇之首，这也是必须予以特别说明的问题。

此外，在陈鹤琴撰写的《〈幼稚教育〉发刊辞》中，介绍创办这份月刊的第一个目标，便是"试验状况的报告"。其具体内容，亦可作为研讨本文的参考："东南大学教育科为实地研究幼稚教育起见，特在南京鼓楼设立幼稚园；同时中华教育改进社也委托东大研究是项教育，并于每月津贴一部分实验经费。此园自从去年九月开办到今，已经有了年半。在开办的第一年，我们于筹备时期非常忙碌，无暇去做试验工作，没有什么成绩。今年来，幼稚园在设备、组织两方面都粗有头绪，对于试验的事业也就渐渐着手进行。既然有了这很好的研究机会，是应有相当的结果。不过这些结果，究竟是好是坏，一时不能断定，必须经过比较普遍的、比较长久的试验才能下个批评。所以，我们想把每月所做的工作和所得的结果从事整理，报告于专门研究幼稚教育的同志，希望再加以试验，或可得到一种比较'可靠'的结果。一方面对于我们自己有了报告，也可以明白已往的成绩、历来的手续，因而增加我们研究的兴趣和工作的精神。这就是发行本月刊的第一个目标。"

《儿童教育》（《幼稚教育》），教育月刊，原名为《幼稚教育》，1928年3月创刊于南京，以东南大学教育科名义自刊，由张宗麟编辑，不定期，共出2期。后迁上海编辑出版，由中华儿童教育社主办并编辑，更名为《儿童教育》，由开明书店出版并发行。该刊面向幼稚园和小学教师，旨在探讨如何教育儿童的内容和方法，并致力联络家庭教育和学校教育，让全社会都重视儿童的初期教育。主要栏目，有专题研究、教学材料、书报介绍、本社消息；主要撰稿人，有陈鹤琴、张宗麟、李清悚、葛承训、徐则陵、郑晓沧等。1937年4月30日终刊，共出8卷，现存66期。

序　言

我们真是幸福，在这战云弥漫的空气中，[①]视教育如时髦的时候，还能够聚着几位同志，天天讨论、读书、工作，并和活泼的小朋友们一起玩。这是

---

① 此"战云弥漫"，系指当时业已开始的"北伐战争"。

多么可欣可慰的事呢！我们对于幼稚教育，还说不到真正的试验和研究。可是，各方面的尝试事业很多，课程也是计划中之一项。怎样进行呢？就是下星期要做的，在这星期中议席上——星期一、五下午商议定了。于是，定出总纲、细目来，分头去找材料和参考书、实物和其他应用的东西。到了星期一，就来实行。有时候，预算得不凑巧，儿童的兴趣在另一方面：社会上发生了一件特别事情，邻家生出小狗、小猫来了……那么，我们就完全把预定的抛弃了，顺着儿童的需要去做。所以，我们天天在作业开始以前——上午八时半至九时，作完作业以后——下午四时半以后，都有会议的。我们的课程记录，好像政府的财政报告，有预算，也有决算。读者诸君，请用着会计师的眼光，来审核审核我们每月的账目，收支究竟相合到几多哩！

一、预定的计划

（一）本月份课程总说

暑假告终，秋风渐起；中秋明月，满庭鸣虫。池里的荷花，虽然飘落殆尽，但是累累的莲房何等可爱。田里的玉蜀黍，树上的石榴、柿子，都是既美且佳，又都是儿童最常遇到的。我园从今年起，已经大家决定，各种活动都以实际生活做出发点，采取"设计法"的精神来编制课程、试验活动。我们预算到本月份的儿童生活、社会状况和自然界的环境中，有下列的几种活动值得注意的，现在把它一件一件地预定下来：（1）开学；（2）中秋节；（3）关岳祀节；（4）孔圣诞。

此外，还有许多自然物也都可采取的：（5）玉蜀黍——我们自己园里种的；（6）荷花——邻家池里开得很盛；（7）梨、柿子、石榴等——中秋用的水果；（8）秋虫——蟋蟀、金铃子等，可以捉得到的；（9）明月——渐圆渐缺。

又有几种必须开始的工作：（10）清洁检查；（11）公民习惯表；（12）动作考查表；（13）读法试验；（14）数的试验。

（二）各种教材可以教的范围

1. 开学

（1）行开学礼；（2）认识新来的教师；（3）认识新来的小朋友；（4）认定自己的抽屉（贮藏自己的用具）；（5）规定儿童挂手巾、衣服等的钩子；（6）分送用具，如蜡笔、剪刀等；（7）考察旧生经过暑假的情形；（8）考察新来儿童的个性；（9）如何使不能适应幼稚园环境的儿童不哭，而乐于共同游玩与作业。

2. 中秋节

（1）市上有月饼了——月饼的各方面；（2）明月为什么渐渐起圆〔圆起〕来了？又为什么缺下去？（3）明月几时最圆；（4）中秋节的风俗；（5）庆祝中秋。

3. 关岳祀节

（1）这几天为什么关岳庙里挂彩？（2）关公的事迹；（3）关公到过南京么？（4）岳飞的事迹；（5）岳飞到过南京么？（6）除国贼、杀外敌，所以我们要崇拜关、岳。

4. 孔圣诞

（1）南京最热闹的夫子庙，就是孔夫子的庙所在地；（2）孔夫子是我们中国的圣人；（3）孔夫子小时候的轶事；（4）孔夫子的学生很多；（5）牛肉祭孔子——大牢①的祭礼；（6）孔子的家、坟，都在山东；（7）山东可以坐火车去的；（8）山东要被日本人抢去了；（9）小朋友我们做关公、岳飞，去保山东，使孔夫子的坟不受损害。

5. 玉蜀黍

（1）本园菜园中之玉蜀黍；（2）玉蜀黍之用度；（3）玉蜀黍充食的一部分，是种子；（4）秆子烧火用；（5）秆子的形容；（6）叶的形状与秆子的关联处；（7）根子的形状；（8）玉蜀黍的胡须——雄蕊；（9）玉蜀黍的被

---

① 大牢：也称"太牢"。"牢"为祭祀时用的牺畜，"大牢"为祭祀时并用牛、羊、豕三牲。按古礼规定，一般只有天子、诸侯才能享用大牢。

褥——包皮；（10）玉蜀黍的队伍——种子的排列；（11）玉蜀黍的糕——粉做的。

6. 荷花

（1）邻家池里有开得很茂盛的荷花；（2）荷花的形容和用途；（3）荷花里的小姑娘——小莲蓬；（4）她的帽须——雄蕊；（5）她的摇篮——荷瓣；（6）她的父亲——藕；（7）藕的生活状态；（8）藕的用度；（9）荷叶是小蜻蜓的船——荷叶之形状及性质等；（10）莲蓬是小姑娘长大起来的；（11）小姑娘的孩子——莲子。

7. 中秋节的果品

（1）中秋除吃月饼而外，还有许多水果——梨、石榴、柿子、红菱、藕、葡萄、栗子、苹果、玉蜀黍、荸荠等；（2）小朋友最喜欢吃哪几种果品？（3）果品从哪里来的？（4）南京顶多是哪几种果品？（5）我们园里有几种果品？（6）吃果品的方法；（7）生荸荠内有姜片虫的卵，不能吃的；（8）烂的果品是吃不得的；（9）果品是怎样要烂掉呢？（10）怎样的果品是烂的？（11）青的柿子味道怎样？（12）不熟的果子吃不得的；（13）果子不宜多吃；（14）哪几种果品最像明月？

8. 秋虫

（1）秋季到了，音乐队组成功了；（2）请举出秋季虫音乐队里的表演员来——纺织娘、蟋蟀、金铃子、蝉……（3）还有不会奏乐的秋虫，但是能跳舞的秋虫有几种（蚱蜢、螳螂、蝴蝶、各种甲壳虫、牵牛……）？（4）秋虫何以能奏乐？——大半因翼翅振动，亦有生着特别官器〔器官〕的，如蝉；（5）翼翅振动，何以能发音？（6）同种的秋虫，何以有能鸣、有不能鸣的（雌、雄）？（7）各种秋虫的形态；（8）各种秋虫的生活；（9）哪几种秋虫于我们是有害的？——秋虫的食物；（10）哪几种秋虫于我们是有益的？（11）秋虫的家庭——窠、生蛋等概况。

9. 明月

（1）明月几时有？（2）日里何以不常见明月（此□以□□□姑娘)？（3）明月最圆、最亮的一夜——中秋；（4）明月何以要圆要缺？（5）明月里有小朋友吗？（6）月影；（7）明月的伴侣——星；（8）月色；（9）明月的生日——中秋；（10）眉月或半月时的黑影子；（11）太阳是明月的哥哥。

10. 清洁检查

拟定表格，于开始之二星期，隔日检查一次，以后每星期检查一次。

11. 公民习惯表

拟定表格及图画，本月份注意于听：

（1）教师的命令，如能听到钟声入作业室或集合等；（2）无论自己玩物，或园中玩物，要与小朋友共用；（3）简单之礼命〔节〕，如能分给点心，能说"谢谢、再会，小朋友请用"等；（4）好清洁的习惯；（5）按时到园的习惯。

12. 动作检查表

拟定表格，于开学之第一星期检查一次。

其他试验，因手续甚复杂，本篇不详。又，各种表格，亦俟他日有机会时另行报告。

（三）各教材可以做的各种活动

1. 开学

（1）在开学日的早晨，教师应该到园特别早。把所有的玩具，都放得最能引起儿童的注意。如车子放在路上，沙箱展开盖板，积木不堆成物件而放于室隅，小囡囡坐在床上，等等。（2）开学日儿童来园，往往有父母陪来。教师于招呼父母以后，亟须与儿童表示亲爱。然而不必拥抱。（3）学生到齐后，教师到庭间去放鞭炮，作为召集儿童的记号。（4）向庭中的国旗行礼。（5）认识小朋友，先从旧生开始，用钢琴上〔伴奏〕问："小朋友某某你在哪里？"小朋友口答："某先生我在这里。"一个一个地问过来。（6）进点心时，先请旧生开始，示以种种方式、礼节。如分送、搬揸、道谢，取点心有一定分量，等等。（7）分送蜡笔等。可以引起认定抽屉、图画、手工等动机。（8）谈话——各旧生（亦有新生）报告暑假中的经验。（9）布置、装饰作业室。我们有作业室两间。（10）处置哭的儿童。儿童初入园，哭的原因很多：有从来不出家门而哭的；有见到许多生人而哭的；有因为身体不好而哭的；更有因来园时教师失于检点而哭的。儿童既哭以后，最好由另一教师率领到户外去散步，然后渐渐引入园里的庭中游戏，然后再陪之旁观同学之作业。凡儿童哭时，大多数认陪伴之教师为亲爱之人。此时，教师最易考察孩〔该〕儿童之个性。

2. 中秋节

（1）筹备开庆祝中秋会；（2）如何布置会场——图画、手工；（3）买月饼去；（4）做月饼——泥工、粘纸；（5）画月饼；（6）明月歌（读法亦在内）；（7）明月歌舞；（8）中秋、明月的故事；（9）计划中秋节要买的果品；（10）开买物单；（11）写请客柬；（12）果品的图画和手工；（13）做日历；（14）采野花来点缀会场；（15）讨论开庆祝会的节目；（16）分配职务——招待员、杂务员；（17）开庆祝会——中秋的上午；（18）明月渐缺——图画。

3. 关岳祀节

（1）参观关岳庙；（2）关公、岳飞像——图画；（3）关公的大刀——手工、图画；（4）汉口武昌、杭州西湖上的岳坟——谈话；（5）关、岳的轶事——故事；（6）兵操——唱歌、游戏；（7）弓箭、刀枪；（8）破城——游戏；（9）关、岳的人格——故事及训练习惯；（10）小朋友喜欢做关公、岳飞样的伟人吗？（11）爱国小朋友——故事；（12）采野花和其他礼物，送到关、岳庙里去。

4. 孔圣诞

（1）南京夫子庙（另图10）——谈话；（2）到夫子庙去的路径与方向；（3）孔子少年的轶事——故事；（4）孔子的学生——故事；（5）扮演孔子和学生；（6）山东在哪里？（7）山东人的生活谈；（8）日本人欺侮山东人的事实；（9）计划如何报仇雪耻的方法——童子军、帐幕等都放进去；（10）祭礼；（11）孔子像和关、岳像的比较；（12）我们的珠子是哪里来的？——山东人的料货店里来

另图10　南京夫子庙远景
图片来源：《铁路公报：沪宁沪杭甬线》
第47期（1928年10月20日）

的；（13）请山东人来谈天的计划；（14）写请帖；（15）做主人的礼节；（16）或到山东人的家里去；（17）做客人的礼节。

5. 玉蜀黍

（1）本园菜圃里采玉蜀黍去；（2）烧玉蜀黍吃；（3）拾柴、搭野灶、生火、考察生熟、分食……（4）做室内装饰品；（5）磨玉蜀黍粉；（6）晒干，磨的有趣，粉的用途；（7）北方人的食料；（8）玉蜀黍饼；（9）玉蜀黍外形的观察——图画联起来；（10）玉蜀黍的胡须做戏；（11）玉蜀黍的歌——读法相联；（12）玉蜀黍的生长史——故事；（13）玉蜀黍留种子，明年再种。

6. 荷花

（1）作客去；（2）作客的礼节；（3）荷花外形的观察；（4）荷花故事；（5）爱花歌；（6）拿回来装饰房子；（7）画起来，用纸贴起来；（8）莲蓬的来源；（9）莲子；（10）荷叶的各方面；（11）藕的各方面；（12）访荷——游戏；（13）藕粉与玉蜀黍粉的比较；（14）种荷花的方法——与玉蜀黍比较。

7. 秋虫

（1）捕捉秋虫——器具、方法、秋虫的住处等；（2）参观科学社[①]与昆虫局（另图11）[②]；（3）各种秋虫的观察——图画、手工联络；（4）秋虫唱歌，小朋友亦唱歌；（5）秋虫故事；（6）雌雄之别——与鸡、雀子……作比较；（7）开秋虫选举会；（8）被选的秋虫，大家尊视之；

另图11 江苏昆虫局标本室
图片来源：《江苏昆虫局年刊》第1号（1930年6月）

---

① 科学社：即中国科学社，于1915年由中国留学生创设于美国，以"联络同志、研究学术，以共图中国科学之发达"为宗旨。1918年迁回国内，总部初设南京，后迁上海，创办《科学》《科学画报》《科学译丛》等刊物，出版《论文专刊》"科学丛书""科学史丛书"等书籍，推动了中国科学事业的发展。

② 昆虫局：指当时所设"江苏省昆虫局"，位于南京，其中陈列有诸多昆虫标本。

（9）有害秋虫驱除之；（10）秋虫的生活史——故事；（11）秋虫音乐队——鸣声的模仿；（12）秋虫武士队——行动的模仿；（13）选出秋虫图来；（14）秋虫的养护法；（15）开秋虫展览会；（16）市上的秋虫——用处、价目等；（17）鸣虫，哪几种最好听？（18）蟋蟀斗——观察、游戏、故事。

此外，尚有"明月""中秋节的果品"二项，详于中秋节一项内。此地不重述了。

二、每天的记录

第一周（九月六日至十二日）

提要：本周做开学的活动。

星期一上午

这半天，举行了一个开学典礼，很快活地闹了半天。在全园同乐的时候，当然不分幼稚生和特别班的。大家都动手做，同声叫乐。许多送小朋友来的母亲们、姊姊们，也一齐做的。这天真快乐。做的事件如下：

（1）放鞭炮开学。小鞭炮挂在竹竿上燃放，大鞭炮拿在手里放，小朋友把它插在地上放。（2）升旗。在旗竿的旁边，小朋友很严肃地排立。叫子一吹，国旗上升，小朋友大家都拍手欢迎。依次行三鞠躬礼。依次进室。（3）谈话：认识小朋友。（4）进点心。今日点心比往常好，有糖、有饼干、有开水、有水果。（5）讲故事。吃点心的时候，拿出《木兰从军图》来说故事。（6）唱歌：从前的小朋友唱的。（7）跳舞：也是从前的小朋友做的。（8）习《放学歌》，放学。

星期一下午

（1）讲故事：《西游记》——红孩儿与孙行者斗法（特）。（2）读法：缀法牌——凑对子（幼、特）、拼句子（特）。[①]（3）故事：《蚱蜢将军》。（4）户外自由活动。

---

① 此"幼"，即指"幼稚班"，其中又分大、中、小班或组；此"特"，指"特别班"，为超过6岁但未入小学的幼儿，类同于"学前班"。

星期二上午

（1）检查清洁。这是本学期第一次举行。旧生不生问题，新生就不容易做了。（2）分配抽屉。每人一只抽屉，用自择法。（3）图画：自由画，并分送蜡笔，每人一盒，公用的两盒。新生注意执笔。（4）进点心；讲故事——《聪明的小羊》。（5）唱歌：旧生复习。新生《再会歌》。（6）节奏。

星期二下午

（1）自由活动。穿珠子、饲蟋蟀的最多；看图画的也有。（2）读法：读本（特），染读本里的好看图；缀法牌的凑对子（幼）。（3）识数：点数牌（幼）。

星期三上午

（1）朝会：认识新教师。俞先生新来，今天小朋友来欢迎、认识她，又认识新来的小朋友。（2）捉蟋蟀。分队出去捉，回来后比赛捉得多少。（3）图画：自由画。大都是自由画。（4）进点心；唱蟋蟀歌谣。（5）唱歌：考查小朋友究竟能唱几首歌。练习音阶。

星期三下午

（1）自由活动：穿珠子；比赛蟋蟀最多。（2）读法：读本，并有表演——小狗的跑叫（特）。歌谣：《年老公公》（幼），表演。（3）自由活动：积木（特）；剪贴（大都是幼班）。

星期四上午

（1）朝会；检查清洁。（2）图画：自由画。（3）手工：泥工（特）；剪贴穿珠（幼）。（4）唱歌：儿童军乐队歌；蟋蟀鸣声。（5）进点心；故事——《西游记》。（6）节奏：静就〔默〕和听琴动作。

星期四下午

（1）装饰：教室（特）。（2）唱歌：《黑狗》（幼）。（3）游戏：击鼓传花。（4）户外活动（幼）。

星期五上午

（1）朝会。一鸣说："我们的玉蜀黍成熟了。"大家议决吃。（2）走〔采〕玉蜀黍。搭灶、拾柴、剥毛、借锅、生火、洗碗、吃。（3）唱歌。（4）游戏：滚球。

星期五下午

（1）图画：玉蜀黍写生。（2）剪贴：剪贴玉蜀黍，每人分发剪刀一把。（3）读法：《卖鱼歌》，《中华国语》每学第一册（特）；缀法牌（幼）。（4）户外游戏：大多数人沙盘。

星期六上午

旅行，特别班到古林寺[①]去，走去的。采了许多龙爪花来。幼班到秀山公园（另图12）[②]去，坐车去的。去时极快活，回来多半睡觉，睡熟了。

第二周（九月十三日至九月十九日）

提要：中秋、明月做本周的活动中心。

另图12 南京秀山公园
图片来源：《图画时报》第244期（1925年5月）

星期一上午

（1）朝会：检查清洁。（2）荷花的活动：秀爱提起她家荷花好看，小朋友大家要去看。回来以后，就画起来、剪贴起来了。（3）进点心。（4）唱歌：《明月歌》《月明之夜》（特）；《音乐队》（幼）。（5）节奏：用留声机的。（6）户外活动：特班喜嬉车子，幼班喜进沙盘。

星期一下午

（1）自由活动：大都做剪贴。（2）分管盆花：每人一盆，每日浇水一次。（3）读法：《明月歌》《月亮歌》（特，前者唱）；识块字（幼）。（4）听琴：动作做马，做仙人。

星期二上午

（1）朝会；浇花（幼）。（2）预备中秋（特）：中秋礼节、中秋食物，计

[①] 古林寺：即南京古林寺，为南京三大名寺之一。该寺始建于梁，寺址在现江苏省委大院山顶的办公楼附近。

[②] 秀山公园：又名"韬园"，位于复成桥东（明故宫南）。1927年国民政府定都南京后，更名"南京第一公园"。抗日战争期间，被日军夷为平地，改建为飞机场。

算中秋食物之价钱。（3）剪月亮，画月亮。（4）进点心；故事《月婆婆》。（5）唱歌：《明月歌》。（6）《明月舞》。

星期二下午

（1）自由活动：大多数在屋里找月亮图。（2）书法：开始用毛笔。注意握笔法。（3）读法：拼句子，读本。（4）游戏：豆袋竞走。

星期三上午

（1）谈话：继续商议中秋活动。（2）图画：明月图等。（3）唱歌：继续昨日；特班学弹琴。（4）到科学社参观去。

星期三下午

（1）书法（特）：自由写。（2）自由活动：大多数为积木。（3）故事：《月中奇景》。（4）读法：黑板练习。（5）唱歌：温习。

星期四上午

（1）检查清洁。（2）做中秋食物——泥工，如梨、荸荠、柿子，等等。（3）进点心：有月饼、石榴。小朋友非常快活。（4）故事：《月中奇景二》。（5）唱歌表演：《明月歌》。

星期四下午

（1）特班装饰教室，幼班过帐幕生活去了。（2）读法：用图画法，狗追兔子（幼）。（3）故事：《三姊妹》。

星期五上午

（1）浇花。（2）赴王家参观柿子园与仙人掌去。（3）图画手工：剪贴，着色柿子、仙人掌、石榴等果子。（4）进点心；故事《三只熊》。（5）唱歌：继续温习。

星期五下午

（1）书法（特）：自由写。（2）读法：读本等，温习本星期材料。（3）游戏：斗鸡、鹰捉鸡。

星期六上午

游鼓楼公园。注意蝴蝶、皮虫、锯树虫、生姜。在公园草地上，进点心、唱歌、做游戏。

第三周（九月二十日至廿六日）

提要：做中秋活动和关、岳等国家运动。

星期一上午

（1）朝会：推举值日生。（2）装饰教室：预备明天开庆祝中秋会。（3）唱歌：练习明天表演。（4）写请帖：邀请父母，小朋友们来参与明天的庆祝会。（5）故事：小朋友练习。

星期一下午

（1）练习表演唱歌。（2）装饰教室。（3）做了一次有系统的练习。

星期二上午

欢聚中秋节，下午放假。庆祝中秋节的程序如下：

（1）全体儿童整队到操场升旗；（2）唱《国旗歌》，欢呼；（3）摄影；（4）进室内，焚蜡烛、香斗；（5）唱《月亮歌》；（6）儿童自由说故事。（7）表演：三只熊。（8）进茶点。

星期三上午

昨天，涂师母邀小朋友到她家去玩。因为没有共〔空〕，所以改在今日。我们是走去的，她早已预备定当了。所做的活动如下：

（1）作客的礼节（在未出发前谈的）；（2）排队走去；（3）进门，唱《快乐歌》；（4）进茶点；（5）全体唱歌，单独唱歌；（6）小朋友讲故事；（7）涂师母唱歌、讲故事；（8）归来。

这天，涂莲英最忙了，因为她帮母亲做主人。

星期三下午

（1）写字：分发有格的簿子。（2）读法：温习从前课本等。（3）算术：仿〔做〕假试验——口诀法。（4）试验电铃。

星期四上午

（1）谈话：以各种自然物（自己提来的）做资料，有皮虫、硬壳虫、尺蠖等几种。（2）手工：做虫类的剪贴，国旗的剪贴。（3）唱歌：《国旗歌》。（4）故事：《奇灯》（特）；《灰色老鼠》（幼）。（5）进点心：听留声机。（6）节奏。

星期四下午

（1）写字（特）。（2）剪旧杂志（幼）。（3）到关岳庙去。注意关岳庙之结构，关、岳的故事。

星期五上午

（1）谈话：争夺东西的习惯图。（2）手工：国旗，扎灯。（3）图画：与手工联络。（4）进点心；故事《孙中山的故事》。（5）唱歌：节奏，同昨。

星期五下午

（1）书法：同昨。（2）白老鼠的活动：邻家有一对白老鼠。看了回来，就做起手工；画图画和模仿他们的动作。（3）读法：叙述的，老鼠的活动。

星期六上午

（1）谈话：蜘蛛网，除去蜘蛛网。（2）手工：泥工，大多数是蜘蛛、蟹，糕饼等类。（3）算法：口诀兼识数字（特）。（4）游戏：斗鸡。（5）进点心；故事，重述其奇灯。（6）唱歌、节奏：同昨。（7）自由活动：大都跑到户外去找生物。

第四周（九月廿七日至十月三日）

星期一上午

（1）朝会：从今天起，开始练习对国旗行礼，并唱《国旗歌》。（2）手工：筹备布置一个国庆的会场，今天扎纸灯。（3）进点心；故事——《国旗》《大小音乐队》。（4）唱歌、节奏：同前。

星期一下午

（1）书法（特）：仍用格子法。（2）读法：自述簿，拼句子，凑对子。（3）算法：继续前法。（4）节奏：游戏，听琴。

星期二上午

（1）朝会：国旗的谈话。（2）手工：继续昨日。（3）读法（特）：《国旗歌》。（4）进点心；《司马光的故事》。（5）唱歌、节奏：继续。用火车声音练习音调。（6）游戏：得国旗，仿击鼓传花和抢椅子的方法。

星期二下午

（1）特班：书法、读法、算法，继续前法。（2）图画：小国旗。（3）拼句子的游戏。(4) 采芝麻去。

星期三上午

(1) 朝会：练习向国旗行礼。(2) 谈话：看中国地图，和各处土人的风俗图。(3) 图画：着地图的色。(4) 进点心；故事《蒙古人的好朋友骆驼》。(5) 唱歌：《爱中华》《脚踏踏》……(6) 节奏：水仙人舞。

星期三下午

(1) 特班：读法、书法、算法。继续试验。(2) 自由活动：战败将军。(3) 图画：自由画。

星期四上午

(1) 朝会：向国旗行礼，唱《国旗歌》。(2) 手工：摺纸、剪兔子。(3) 采芝麻去（特）。归来编采芝麻的句子，作芝麻图。(4) 进点心；故事《西藏的孩子》。(5) 唱歌、节奏：继续。

星期四下午

(1) 自由活动。(2) 手工：纸国旗。(3) 特班：读法、书法、算法的试验继续；幼班，用自述簿。

星期五上午

(1) 朝会：检查清洁，向国旗行礼。(2) 手工：贴灯。(3) 看《满人图》，讲《满洲孩子》的故事。(4) 进点心。(5) 唱歌；表演大黑熊。(6) 节奏；表演大黑熊。

星期五下午

(1) 写字：开始用印验法（特）。(2) 读法：用读本的自由法（特）。(3) 缀法牌与点数牌合做（幼）。(4) 游戏：得国旗。

星期六上午

赴陆师母之约，看做蛋糕，吃蛋糕。这个活动的顺序：

(1) 有多少类的点心？(2) 蛋糕的滋味，在出发以前说的；(3) 礼节与赴涂师母家同；(4) 陆师母招待小朋友后，即带着小朋友做蛋糕。

一年来南京鼓楼幼稚园试验概况

(1926 年 11 月 12 日)

【题解】 本篇原载《新教育评论》第 2 卷第 24 期，发表时间为 1926 年 11 月 12 日。署名为"陈鹤琴、张宗麟"。

在本文之前，该期《新教育评论》轮值主编王西征加有如后按语："本报告中，原附有图表样张多种，因印刷不便，俱行割爱，至以为歉！读者如欲深究，请直接寄函该园索取全份，想该园亦必不应惜。有附样处，均经注出，特告。"

合撰者陈鹤琴（1892—1982），浙江上虞人。早年肄业于杭州蕙兰中学、上海圣约翰大学。1911 年秋考入清华学堂高等科，1914 年夏庚款留美，先获约翰·霍普金斯大学文学士学位，后获哥伦比亚大学教育硕士学位。1919 年归国，历任南京高师专任教员、东南大学教授。后创设南京鼓楼幼稚园，致力于儿童心理和幼儿教育研究，并以此名家。在上海主持公共租界华人教育处期间，创设中华儿童教育社，担任理事长。1940 年主持创设江西省立幼稚师范学校，任校长。该校后改国立，并增设专修科。抗战胜利后，创设上海幼师和上海幼专。著有《儿童心理之研究》《家庭教育》等，著作有《陈鹤琴全集》。

《新教育评论》，教育周刊，1925 年 12 月 4 日创刊于北京，由中华教育改进社主办、编辑并发行，具体由中华教育改进社联络北京大学教育系、东南大学教育科、北京师范大学、北京清华学校、香山慈幼院、中华平民教育促进会、中等教育协进社、初等教育季刊社九单位共同创办，由陶行知、高仁山、查良钊、赵乃传、孟宪承、汪懋祖、凌冰、王西征轮流主编。编辑方针，为注重批评、建议、介绍和调查，旨在发挥"民治的精神"和养成"科学的态度"。主要栏目，有教育时评、论著、译述、调查、书评等；主要撰稿人，有查良钊、汪懋祖、张耀翔、翁文灏、孟宪承等。1928年3月15日终刊，共出4卷100期。

南京鼓楼幼稚园开办以来，将近四年；但是正式的幼稚园、正式开始做实验，到今日还不过一年。从前的三年，都附设在陈鹤琴教授的家里，是蒙养园（Nursery School）的性质。去年秋季新园舍落成，又得到几方面的补助，方才聘得专门人才，做研究试验的工作。这一年中，比起从前来略略有些不同。全园有指导员一人、研究员一人、教师二人、儿童二十六人，年龄自三岁到六岁。

在鼓楼公园西边新村中有几亩空地，满布着绿草短树，一所矮矮的平房，放着几多运动器械、玩具恩物[①]等。早晨九时起，草地上就看到儿童的跳跃，听到咿呀的歌声；还有两三位富于儿童性的成人，跟着一群一群的儿童跑。有时候，带着几个儿童，到邻近田野、公园、市街上去；有时钟声一响，大家都到屋子里去做室内活动。这样要到下午五时以后，方才静悄悄地只听到办公室里几个人的开会谈话的声音。这是我们全天大略的情形。

我们不上课吗？让儿童做野马吗？只供给奢侈的玩具不加指导吗？不是，不是。我们没有严正地走朝会圈、唱赞诗美、训话，是实在的；我们不强制儿童做机械工作，只用暗示的方法去做生活里的事情，也是实在的。还有因为试验起见，看看儿童的玩具应该怎样，用多种方法去发达儿童的身心，同时切实地顾到儿童的健康，也都是实际的情形。

一年以来，我们本着不受旧式幼稚教育制度的束缚，立意创设中国化的新幼稚园之主张，孤行地向前做去，免不了几多反对派的訾议，甚至于有诬

[①] 恩物：即儿童玩具，德语为"Spielgabe"，英语为"Froebel Gifts"，寓意上帝设计恩赐给儿童进行自主活动的材料。福禄培尔率先设计制作了六种不同类型的恩物，用以系统训练不同年龄阶段儿童的各种能力。

蔑我们是"没有教育的、贵族式"的等语，但是我们丝毫不怕。我们知道一事之创始，多少要受旧社会的反对的。科美纽斯①的地动〔教育〕学说，福禄培尔的幼稚园，都是几经奋斗方才有成的。我们虽然不敢比〔媲〕美先哲，但是也很愿意坚持地试验下去。

我们一年来怎样试验呢？试验些什么呢？概括地说来有以下几种。

一、幼稚园的课程和教材

我国兴办幼稚园年数也不少了，但是没有一个课程，也没有一些教材，所有的幼稚园都是宗法西洋成法；不是直抄福禄培尔，就是直抄蒙得梭利，不肯自己加以变化，也不管儿童是否受纳，是否适合〔儿〕童的脾胃。最可笑的，就是舍弃近而易得的，苦心地削足适履去求合于古法。福、蒙诸氏的方法，在当时、当地有他们的特殊地位、相当价值；我们现在是中国的幼稚园，似乎不便来抄用。所以我们的课程，没有所本的，只根据一条原则：课程之原则，在助人以选择或发展最有益于生活之经验。课程所包举者，不仅限于人生日常行事所需之主要事实、原则与方法，亦应兼及事实或活动之本身。②

我们于前一个星期，就会议下周的课；往往采用设计组织，有时取中心制。③ 所谓设计的目标或课程的中心，大概是这时期里的自然界动植物，或社

---

① 科美纽斯：通译夸美纽斯，即扬·阿姆斯·夸美纽斯（Johann Amos Comenius，1592—1670），捷克教育家、近代教育理论的奠基者。早年赴德国赫尔伯恩大学学习哲学和神学，归国后担任普列罗夫拉丁文法学校校长，开始致力于教育研究。后任摩拉维拉兄弟会学校校长，继续探索教育改革的道路。虽历经磨难，但仍矢志不渝地探讨教育理论，设计了一套学校制度，提出了一整套教学原则，从而奠定了教育学的理论基础。著有《语言学入门》《大教学论》《母育学校》《物理学概论》等。

② 作者原注："参看郑译庞氏《设计组织的课程》第二页。""郑"即郑宗海（晓沧）。参加该书翻译者，其实还有沈子善。"庞"即庞锡尔，时任美国哥伦比亚大学师范学院教授。该书书名实为《设计组织小学课程论》，1925年8月由上海商务印书馆出版。

③ 中心制：是相对于"散漫制"而言的一种课程组织形式。它要求，每一课的组织均应围绕一个中心，不可多中心或散漫无序。

会上的风俗、纪念等。自己种豆是冬天的设计，到了冬天豆开花了，就来做课程的中心。又过几星期豆子成熟，就来做请客吃豆的设计。夏初做种王瓜的设计，两个月以后再来做请客吃瓜的设计。设计真多，也真容易找到，并且容易实行。一个节气，我们就来利用。一年里，一切纪念日、节气，我们是不放假的，都来举行仪式的。因为这些日子，都是教育上不可失的良好机会。苍蝇、蚊子是最可憎的，我们就来做一个小小的"灭蚊蝇运动"。例子多了，举不胜举，欲知详情，请看我们的课程表（有表样）。

总说一句，课程是要合于实际生活的，并且应该活用的，所以我们预定的课程表，往往因为儿童临时心境的不合难以应用，常常改变的，有时竟有全部分不用的。

与课程有密切关系的是教材。我们的教材从哪里来的呢？有一小部分是从书本上来的，如歌谣、故事等等，大部分是自然界、社会上日常所见的万事万物。这个原因很容易明白，因为课程是根据哪些地方来的，教材当然也从哪些地方去采取。所以自然、图画、游戏、读法、手工、常识等等，没有一科不从哪些地方来的。我们只知道给儿童生活，并不主张给他几多成人的知识或技能。

因为教材的来源太复杂，我们为保留教学的成绩起见，所以各科拟了大略的试验记录表出来（有表样）。各科教过以后，把他记录出来。这些成绩，将来或者可以汇集成一部分的幼稚园教材也未可知，但是现在还谈不到这个希望。

二、幼稚园的教学法

幼稚园课程的方针定好了以后，教学法的问题已经解决过半，但是其中究竟有许多值得研究的地方。我们几个人因为事情的繁复，一年来不能有系统的试验；有几多科目，简直只好本着设计教学法①的原理，活动的做法，丝毫不能有新奇的方法研究出来。虽然有几科有初步的试验，有点滴的成绩，自问着实惭愧。现在，姑把这几种大略情形写在下面。

（一）读法教学法②

读法教学法经过试验的有七种：

（1）游戏法。教具是幼稚园缀法牌③，每组有六人可以玩。游戏的方法，可以凑对子，又可以拼句子等方法。试验的结果很好。我们拟造成《幼稚生字汇》，约二百五十字。④ 所以此种教具，至少需要五百块字牌（每字至少要两块，有附样）。

（2）故事图画法。有油印之极简单的图画作为教具。教学次序，先引起儿童好听故事的动机，次教师讲故事（要拿出预备好的图画给儿童看），暗示儿童着色；次儿童拿色笔着色；然后用木印空心字印出字来，或者由教师写儿童的话于图画上给他读（有样本）。

（3）歌谣表演法。亦有教具，为歌谣图。先做游戏，次口授歌谣，次看图，次读歌谣，这是一种方法。先看图，次念歌谣，次表演，次读歌谣，这又是一种方法（有样本）。

（4）自述法。用小册子一本，儿童要写什么话，教师替他写上去，他可以逐字地认去。

（5）随地施教。这近于设计法，但是并没有严正的组织的。在设计的历

---

① 设计教学法：也称单元教学法，由美国教育家克伯屈正式创立。该法要求，以某一设计项目为中心，或以一系列设计项目为一教学单元，创设一种问题的情景，让学生以个别或小组的形式自己去计划、去执行，并在自主活动中解决问题。其基本步骤为：创造情景→引起动机→确定目的→制订计划→实行计划→评价成果。20世纪20年代，曾风行于中国教坛；俞子夷、沈百英、孟宪承等，均曾倾力投入此法的实验。

② 此标题系编者加拟。

③ 缀法牌：系陈鹤琴自创的一种识字教具。其形状仿麻将，只是将正面换刻成生字。具体设计和玩法，参见陈鹤琴《活教育的教学原则》之"原则十一"中的相关介绍。

④ 此"字汇"，最终编成为300字，张宗麟后以《幼稚园应用字汇》所题，发表于《儿童教育》第1卷第3～10期（1928年10月）。

程中，固然用他；至单纯的教一科的时候，也用的。例如儿童画好了一张画，我们就可教他识字，并且随时随地都可以采用此法。

（6）采取教科书。我们所采用的教科书，大概为《国语①读本》第一、二、三诸册，《自然》或《常识》教本前几册……无固定的课本，也无固定的教学单位，很活动、自由地让儿童读去，教师只在旁边指导。

（7）复习法。以上六种教学，都是偏重于新材料，这种是复习旧功课了。复习最不易，最容易感到枯燥无味；我们用了一种教具，名叫幼稚园缀法盘（有图形及说明）②。试过几次，觉得可以用的。

（二）自然科教学法③

以自然科为中心来编制课程，是我们的初愿。但是自然科在幼稚园中，是顶难教，也是顶有趣味的东西。大家以为，旅行去是教自然的重要工作，我们也承认的；并且在野外的次数，每星期至少有四次。但是，这件工作会变成走马看花的，眼前万象毕现，结果丝毫无得，这确〔是〕一件大缺憾。因此，我们设法使儿童有普遍的注意、有特殊的注意。方法有下列几种。

（1）把某种或数种自然物编成一出有趣的故事，如"葡萄仙子"就是一例。

（2）以某种自然物做团体游戏，例如"瞎子猜花""老鹰抓小鸡"等。

（3）采集标本，或买些回来煮煮吃。

（4）野外写生，出去的时候，在小篮里带些纸笔去，遇到相当机会就拿出来画。

（5）在某时期中，房子的四壁都陈列这时期自然物的标本、图画、实物等。这些东西，最好是幼稚生参与的做出来的，那么格外有意味。

---

① 国语：小学课程名称。系新文化运动的具体成果之一，在1922年"壬戌学制"颁行后的"课程标准"中确立。此前统一称之为"国文"，现今统一称之为"语文"。

② 幼稚园缀法盘：系陈鹤琴自创的一种复习生字或数字的教具。其形状仿街头转糖的转盘，只是将所有格子里的图形换成生字或数字。具体设计和玩法，参见陈鹤琴《活教育的教学原则》之"原则十一"中的相关介绍。

③ 此标题系编者加拟。

在浓荫绿草的田村山野之中，和活泼儿童讲故事、做游戏等，是何等有趣的事情；非但儿童是分外地感到兴趣，就是教师也觉得到了野外精神倍增，在施教上也更容易得不少。所以我们对于出外的一事，是不辞辛劳地进行、做去（幼稚生动辄需人帮助，在野外教师很辛苦的）。

（三）数教学法[①]

此外，关于图画、故事、手工等，都有零星教材。将来有机会，也可以把他们整理出来，作为教学经验之一种。

还有一件疑而不决的事情，也在此作简单之叙述。幼稚生可以教数吗？至今无有答案。据我们最近半年的试验，似乎此路难通。现在，把我们认为比较上可以用的四种教具来说明一下。

（1）幼稚园点数牌。这是普通牌九牌的变形，从二点起到十二点，配成三十二张，涂上红、绿、棕、黑各种颜色。可以做桌上接龙、配对等游戏，儿童因此可以识数，又可以辨色，三岁以上的儿童就能玩。

（2）滚珠盘。此系采取日本的教法，稍稍加以改良的（有附图及说明）。此教具，四岁的儿童就知道玩了。

（3）初学加法片。这是初学算术之一种用具，在小学里已经早早有的。用硬纸几张，在一面画几个很合儿童好尚的人物，在又一面写数目字。排列的方法，从一加一、一加二……到九加九为止。此片五岁以上的，勉强可以参加。

（4）旋珠盘。此与滚珠盘相仿佛，不过改"滚"为"旋"，儿童也很喜欢玩。不过，手旋陀螺比较不容易做些，非学习几多时，不能玩得如意的。至于识数与加数的困难，与滚珠盘相同（有附图及说明）。

三、儿童的习惯

教育的一部分功效，是养成几多生活上的习惯。幼稚生应该养成几多习

[①] 此标题系编者加拟。

惯，从来没有人做过详细的研究。这个问题，可以从两方面来研究：（1）幼稚生应该养成多少必需的习惯？（2）怎样养成这许多习惯？

关于第一个问题，我们已经拟出了一个《幼稚生习惯表》，分为六部分：

（1）卫生的习惯，计十八（有详表）；

（2）做人的习惯（甲个人的），计十四（有详表）；

（3）做人的习惯（乙处世的），计十（有详表）；

（4）（5）游戏及工作的习惯，共计四十五（有详表）；

（6）智力上的习惯，计十六（有详表）。

关于第二个问题，大部分与教学法相关联，但是还有几点要说明：

（1）关于使用"习惯表"的方法，当初我们预计是：在开学时，就依表考验一次，然后因各个儿童之所长与所短而施教；以后每月来考验一次，到学期终了再考验一次。但是我们因他种关系，没有照预计的做法；只有在开学时试一次，到学期终了再试一次，报告家属。

（2）检查清洁。检查清洁是养成卫生习惯最好的途径，我们有《清洁检查表》（有附表）。每天早晨检查清洁，是一件例行工作。检查以后，因所得分数的多寡，把自己的一张小国旗依等级地插到塔形的图上去。

（3）看谁做得顶好。这是鼓励儿童努力学习的一张挂表。表的左边，贴了五个或六个儿童动作图。每种动作，又把它分做几个进步的步骤来，看儿童进步到哪项，就把他记在这项下（用年、月、日或√）。记的时候，当然请儿童参加的（有附表）。

四、设备与儿童玩具

有刺激然后有反应。希望教育优良，改良设备也是重要条件之一，所以我们也来试验设备。我们对于设备的意见，到〔倒〕并不主张从大商店里买几多耀目的外国货来，放在玻璃橱里的。我们至少有以下几个目标。

（一）省钱的

俭，美德也。在今日群情趋于奢华之时代，非极力提倡这种精神不可。

况且在实际上我国教育经费如此奇穷之秋，若非利用废物，学校里实在难得有好设备。例如小宝宝（洋囡囡）是幼稚园里极有用的玩具，但是买一个好的，非有十块大洋不可，在幼稚园何以能负担此巨数呢？所以应该利用废物来做，破旧的线袜子，只要洗干净，两只袜子就可以做成一个很好的小宝宝。废物到处可得，也件件可以利用。听说近来德国学校里很提倡这种精神。

（二）与当地社会情形相近的

从大商店里买来的玩具还有一弊，难以合当地社会情形。儿童模仿性很重，看到成人做种种事情他不能做，心里多少难过！所以我们在当地社会情形里，可以设法把他抽几多出来，翻做儿童玩具。例如南京城里很容易看到的黄包车、汽车等，都可以翻为儿童玩具（有附图两幅）。

（三）用本国货

好用外国货，是我国学校里的一个大毛病，其中以幼稚园为尤甚。其实仔细一想，本国货好的实在不少，例如我国的乐器鼓、钹、钟、锣、箫、磬、木鱼等等，没有一件不是顶好玩具，但是从来没有人采用的。我们大胆地采用了，儿童到〔倒〕很高兴用。

（四）合于儿童心理

这条与后一条是根本出发点。儿童好模仿、好动、好与动物为伍、好竞赛等，都是玩具的根据地。我们本着根本条去试验的（有附图两幅）。

（五）合于教育原理的

这条包含甚广，凡谋儿童的健康、增进儿童的智识、养成好习惯、得到快乐等〔均是〕。有这条目标，所以有时候对于采取制办的时候，不免要戴起教育的色镜去考验。例如普通社会上所买泥菩萨，是顶便宜的玩具；但是落地就碎，又因颜色都不合乎卫生，所以不能采用的。又如用洋铁做的刀剑之类，虽然可以引起儿童尚武精神，但是锋利太甚，未免有危险，也以不采用为妙。

一年以来，我们本着以上五条目标做试验，在设备上可称比一般幼稚园完备些，但是到完美之域相差很远。好在教育的理想目的永远难达到的，我们还是逐件地试验去吧。

五、今后之计划

一年来试验情形与计划，前节大略的叙述过。现在把最近几年里的计划，也来做简略的报告。

（一）继续从前的各种试验

教育试验非一二年可以得到结果，也非一二年的试验结果可以公告于世。我们已经开始的试验，有设备、教学法、课程诸项。其中设备一项，可以局部得到成绩；其余诸项，非一朝一夕可以奏功。这一年来，一切都无非是开了头，要继续几年方才看得出具体成绩来，这时候很难说。我们想用三年之功，把这条从来没有人走过的新路开辟出来。到那时候，此路之通否，或者可以告人。

（二）儿童研究

各国儿童研究都有特设的试验场所，幼稚园是研究学龄以前的儿童之好场所。本园无论教师、学生、家属，都欢迎受试验的；又因与东大接近，因此教育科诸教授时时可以来指导。近来该校心理系有研究中国儿童之计划，本园将与之合作，将来必能获得几多有价值之成绩，作儿童教育之根据。此事秋季或将实行。

（三）试验小学与蒙养园

这两件事，是社会上的要求。姊姊、哥哥快活地到幼稚园来了，学生的妹妹、弟弟也要跟了来，这非开办蒙养园不可。小学呢，因为本园毕业生升学问题的要求，似乎也急需解决。非但社会的要求如此，就是为本园试验起见，也应该开办这种事业。因为这是幼稚园的衔接问题，非有圆满解决不可。

（四）幼稚师范

我国幼稚教育，所以完全落于外人之手的原因，是师资的缺乏。统观全中国，有自己开办的幼稚师范几个？但是教会设立的却不少，江苏、福建、湖南等省都有。为全国需要起见，只有几所教会设立的幼稚师范是供不应求的；为教育主权起见，师范教育不应该请外人代办的。因此，我们有〔办〕幼稚师范的计划。

幼稚师范的规模，和幼稚园比起来，好像母亲和孩子站在一块儿。所以这件事在能力上，我们难以独办的。好在素来和我们合作的中华教育改进社、东南大学教育科，都肯同我们合作的。计划书已经拟就，现在积极筹备，很希望在明年秋季实现出来。

（五）计划最能普遍设立的幼稚园

把某种教育研究得尽善尽美，固然是一件重要的事；但是研究所得的结果，只能供给少数人的享受，那是贵族教育。老实说，在民主国里用不着这类教育。有人指摘我们，有丰富的设备、优良的教师……非一般社会所能办到。但是我们为试验起见，不得不多方尝试，况且我们刻刻不忘平民化的精神。我们正在试验怎样能最经济？怎样可以使极少的金钱办极好的幼稚园？换句话说，我们正在试验最低限度的幼稚园。我们希望，试验出花二百元的开办费，可以办一所极好的幼稚园；一个极小的村庄里，只要有一位妇女能做幼稚教师，与邻居合作，就可以举办一所家庭幼稚园起来。

人类的进步一天快似一天。人生数十年极短的光阴，应该要充分地利用。幼稚生时代是儿童最可受教育的时代，我们负有教育责任的人，应该重视这个时期，好好儿的去施教，在最小的功效里，或者可以代替小学教育的一部分也未可知。愿我们有志于幼稚教育的同志们，大家努力！

鼓楼幼稚园课程试验报告之二

（1926 年 11 月 28 日）

【题解】 本篇原载《幼稚教育》第 1 卷第 1 期，撰成时间为 1926 年 11 月 28 日，发表时间为 1927 年 3 月。原发表时题为《课程试验报告——十五年十一月份的课程试验报告》，今题系编者所拟。

本文第三部分"应用的材料与参考"，连载于《幼稚教育》第 1 卷第 2 期，发表时间为 1927 年 8 月。原发表时题为《课程试验报告（二）续十一月份试验报告》。

在本文开篇的"编者识"写有："本栏的材料，是南京鼓楼幼稚园试验的结果。该园之正从事试验幼稚教育的各种事业，课程也是其中之一。这样的试验成绩，虽有地方的色彩和时间性的限制，难以普遍仿行；但是像这样周详而有系统的规划，似很可以作为一般教师们选择课程的参考。"

在前文《鼓楼幼稚园课程试验报告之一》的题解中已交代，本篇文前的"总序"已移至"报告之一"。这是因为，"报告之一"虽较本篇发表稍晚，然而其撰成时间肯定为早。

有关《幼稚教育》（《儿童教育》），参见前文《鼓楼幼稚园课程试验报告之一》题解。

一、预定的计划

（一）本月份课程说

"满出枫叶红似火，遍地秋草黄如金。"秋将尽，冬方始，黄花野果俯拾即是，农家之收获、常人之腌藏，皆忙碌异常。儿童见了这样景况，即学校不加指点，能不油然发生了一种兴趣？本园环境富有自然的美，左为北极阁（另图 13），小山屹立；右为大旷地，野草平铺，颇饶农村风味。加之园内几方

另图 13　南京北极阁
图片来源：《铁路公报：沪宁沪杭甬线》
第 23 期（1921 年 4 月 20 日）

隙地，尽辟花园、菜圃，到这时黄花盛开，蕃薯、白菜都渐渐地成熟，所以本月课程，大都以此为中心。约计有下列的数项。

（1）红叶，北极阁山上很多；（2）野果，路旁、篱边及小山上很多；（3）干草，农家皆收集干草；（4）蕃薯，本园自己的；（5）白菜，本园自己的；（6）马，耕田与马戏、马车上的；（7）牛，耕田看到的；（8）猪，邻家生了小猪；（9）羊，邻家生了小羊；（10）皮虫，本园冬青树上很多；（11）猫与鼠，邻家捉到的；（12）盐，因腌白菜而引起的；（13）糖，因蕃薯而引起的；（14）油与水，因猪油而引起的；（15）家庭，过冬而来的；（16）饮食，与家庭相联络的；（17）公园，因本园邻近鼓楼公园，于公园生活甚多；（18）开恳亲会，联络家庭的。

此外尚有数种必须做的工作如下：（19）每逢星期六有周会（细目另详）；（20）清洁检查；（21）每星期一晨第一节课团聚，行旗礼、唱国歌。

又有几种试验工作如下：（22）数的试验，开始的，手续及结果另详；（23）读法试验，继续的；（24）各种公民习惯，或另行训练，或与其他作业

联络；(25) 各种动作试验，或与其他作业联络。

（二）各种教材可以试教的范围

(1) 红叶：(a) 叶子的颜色绿、红、黄；(b) 红叶的形状枫、柏……绿叶变红，红叶落地；(c) 绿叶变黄，黄叶落地；(d) 霜、冷风，可以使草枯叶落；(e) 红叶、落叶的用处；(f) 落叶之后有嫩芽发生。

(2) 野果（种子传播的方法附在内）：(a) 果子的来源；(b) 果子与种子的区别；(c) 植物为什么要有果子与种子；(d) 果子的用处；(e) 种子的种类；(f) 果子的层数（指皮、肉、核）；(g) 果的味，不成熟的果子吃不得的；(h) 有毒的果子；(i) 最有益的果子；(j) 收藏果子的方法。

(3) 干草：(a) 草何以变黄；(b) 绿，农人何以需要干；(c) 干草非枯死，明年能再发；(d) 普通草无种子；(e) 干草地中之绿点，小荠草；(f) 干草之干脆；(g) 晨起草上之霜。

(4) 蕃薯：(a) 蕃薯不是果子，明白它的形状和色泽；(b) 本园的蕃薯哪里来的；(c) 蕃薯有藤，我们吃的不是藤，是块根；(d) 蕃薯的用处，吃蕃薯粉、做糖；(e) 蕃薯无种子，用块根种的；(f) 蕃薯种的时期；(g) 蕃薯藤的用处，烧火、喂牛马。

(5) 白菜：(a) 本园的白菜哪里来的；(b) 本园的菜名；(c) 白菜的用处，吃；(d) 白菜有几种吃法，鲜吃、腌菜；(e) 江南人吃的菜根；(f) 菜有花和种子吗；(g) 腌白菜的手续；(h) 白菜的形状与色泽；(i) 菜叶也因霜、露而变色吗。

(6) 马：(a) 外形、轮廓；(b) 齿，年纪、吃草；(c) 跑，快，如何跑；(d) 工作，拉车、耕田、骑兵出战、变戏法；(e) 蹄、腿（蹄下为什么钉铁）；(f) 尾、鬣；(g) 耳之部位与功用；(h) 马嘶，马车夫的声音；(i) 马之食料，草、豆、麸、水；(j) 马鞍、马缰；(k) 骑马的本领，战士的雄壮。

(7) 牛：(a) 角；(b) 齿，食物及〔反〕刍；(c) 食物，草；(d) 蹄、腿，走得很缓；(e) 工作，耕田、拉车；(f) 功用，牛、牛肉、牛皮、牛乳、骨有各种用处；(g) 种类，水牛、黄牛（外形）；(h) 耕田用具，犁；(i) 牛的鸣声，农夫耕田的叱牛声；(j) 马和牛的比较。

（8）猪：（a）猪叫声音；（b）外形；（c）耳、鼻、眼、尾；（d）小猪和大猪；（e）吃的东西；（f）功用，肉可以吃的，是中国人最主要的菜肴；（g）野猪和家猪：牙齿、毛皮、身躯；（h）回教徒不吃猪肉。

（9）羊：（a）羊叫的声音；（b）外形；（c）角、毛、耳、尾、蹄、须；（d）吃的东西，草、叶；（e）功用，肉、皮、毛、角、羊乳；（f）种类，绵羊、山羊；（g）羊与猪的比较；（h）羊毛织物；（i）剪羊毛的时节。

（10）皮虫：（a）冬青树上之点缀品；（b）皮虫的来历；（c）皮虫的衣服；（d）皮虫将来之变成物；（e）皮虫的用处。

（11）猫与鼠：（a）猫与鼠的叫声；（b）猫与鼠的外形；（c）猫与鼠的耳朵；（d）猫的爪、掌，行走无声，何故；（e）鼠的眼睛、皮毛；（f）猫的瞳孔；（g）猫、鼠的齿、耳；（h）猫、鼠的前爪；（i）猫吃什么；（j）鼠于我们的害处；（k）猫于我们的益处；（l）鼠的窠；（m）小猫怎样；（n）小猫、小鼠为什么都生胡须。

（12）盐：（a）盐味；（b）盐的用处；（c）盐的来源；（d）盐的种类；（e）腌过的东西怎样；（f）制盐；（g）盐之溶化。

（13）糖：（a）糖味；（b）制糖；（c）制糖原料，甘蔗、麦、萝卜、蕃薯……（d）糖的用处和糖果；（e）蜜糖；（f）糖汤；（g）糖炙的果食。

（14）油与水：（a）油与水的比较，油浮水面；（b）油的种类，动物油、植物油、矿物油；（c）油的用处；（d）水的来源；（e）水的用处；（f）饮水之清洁；（g）沸水；（h）水里的动植物。

（15）家庭：（a）家屋；（b）家人：父、母、兄、弟、姊、妹……（c）邻居，家庭的环境；（d）陈设；（e）小卧室，床、被、枕、小桌子……（f）吃的东西；（g）衣服；（h）小朋友的起卧，饮食，清洁……（i）家人的职务；（j）小朋友的职务；（k）父母的慈爱；（l）小朋友的听话；（m）由家到幼稚园的路；（n）做客人、主人的礼节；（o）帮父母做家事。

（16）饮食：（a）不随便放东西入口；（b）吃东西有定时；（c）慢慢地吃，没有声音地吃；（d）吃东西以前洗手，吃完以后刷牙或漱口；（e）口中有食物不〔说〕话；（f）哪几件东西最喜吃；（g）多吃糖果是不好的；（h）不是父母、师长给小朋友吃的，不应该吃；（i）要吃东西，应该向父母、师长有礼貌地说明；(j) 怎样烧东西吃，蕃薯、白菜、豆子等；(k) 不吃冷食、不沸的水、脏的东西……

17. 公园：(a) 南京有几个公园小朋友去玩过的；(b) 哪个公园好；(c) 公园里的东西，花木、禽兽、亭台……游园的规则，不折花木、不随意乱行……公园与家庭有什么不同；(d) 公园的票价，小朋友是可以不出的；(e) 小朋友最爱公园里的什么东西；(f) 何以叫秀山公园？(g) 这个铜像是什么人；(h) 鼓楼公园的鼓楼的各方面；(i) 本园到鼓楼公园去的路程；(j) 鼓楼公园与秀山公园距本园哪个近些。

18. 恳亲会：(a) 恳亲会的节目；(b) 为什么要开恳亲会；(c) 恳亲会应〔有〕的物件；(d) 恳亲会的成绩陈列；(e) 练习表演；(f) 如何招待朋友，或自己的家长；(g) 请家长到会；(h) 装饰会场；(i) 应买如何茶点；(j) 恳亲会中小朋友的职务及诸般礼节。

此外，每周例行工作之手续，各种试验方法、材料与结果等，本篇恕不详载。将来有机会时，当分项详细地报告。

（三）各教材可以试做的各方面

(1) 红叶：(a) 旅行去，以寻找红叶为目的，须预备袋子等用品；(b) 采红叶；(c) 爬树，本园已有三四个小朋友能爬树；(d) 比较红叶的形状；(e) 拿回来以后，以红叶装饰房间；(f) 红叶图画，以红叶为模型，先得其轮廓，然后看色；(g) 加增红叶装饰的景物；(h) 落叶歌；(i) 扫落叶来做燃料；(j) 小兔子听叶而往诉狮大王等故事；(k) 红叶标本，用纸压平，然后涂以白蜡；(l) 藏放红叶看它变色。

(2) 野果与种子：(a) 预备采集与种子之袋；(b) 旅行去，以采集野果、种子为目的；(c) 比较果子的形状、色泽……(d) 比较种子的形状及各部分；(e) 种子传播的方法；(f) 拿回来以后，野果做装饰品，种子保存起来，拣得顶好看的，明年可以下种；(g) 画果子和种子的图；(h) 果子毒汁的害人；(i) 秋果的名称举出来；(j) 解剖果子和种子；(k) 比赛各人采集的野果和种子；(l) 公举野果之王；(m) 公举花卉之王；(n) 得之者即为本组之领袖；(o) 做果子（泥工），加以颜色（漆工）；(p) 记载野果子种子的名称。

（3）干草：（a）搜集干草去，因为要烧蕃薯吃了；（b）干草性质的说明；（c）问农人去，干草拿去什么用；（d）寻草根子；嚼草根子的味儿；（e）缚干草和背干草的方法；（f）秋景图，农人收干草、摘果子，收集种子、红叶、树、黄花……（g）掘小荠菜来烧烧吃；（h）干草做绳；（i）干草喂羊去。

（4）蕃薯：（a）本园蕃薯已熟，预备锄头等掘蕃薯；（b）掘来的蕃薯，洗过以后来烧烧吃；（c）以蕃薯为礼物，送母亲、弟妹去；（d）做蕃薯干；（e）以蕃薯为礼，送给请小朋友吃茶点的人家；（f）蕃薯粉；（g）讨论蕃薯藤的用处，晒干做燃料；（h）讨论留蕃薯种；（i）明年何时下种；（j）蕃薯偶人，雕刻、图画；（k）做小蕃薯，泥土、贴纸等。

（5）白菜：（a）本园的白菜已大了，可以割去；（b）请客；（c）烧菜吃；（d）腌菜；（e）晒菜；（f）种菜，沙盘，剪纸……（g）画菜；（h）煮菜根吃；（i）菜花开时蜜蜂忙了，歌谣；（j）卖菜老人，歌谣表演；（k）蔬菜陈列会，买各种的菜来；（l）参观小菜场、菜园去；（m）记录蔬菜的名字，并选举"菜总统"；（n）买菜去，五个铜子以下的数法。

（6）马：（a）参观马车；（b）看马戏去；（c）坐马车，东大有马车可以借用；（d）骑马；（e）战马的勇敢，此类故事、图画、歌谣很多；（f）战争是打外国人的，打欺侮我国的敌人的，战争故事；（g）英雄名马，英雄故事；（h）各种歌谣；（i）竹马游戏，歌谣；（j）马能耕田，实地去看，故事；（k）马蹄铁，铁匠铺里去看；（l）各种马图；（m）骑马出猎，故事、游戏。

（7）牛：（a）参观鼓楼乳牛场、东大农场；（b）看耕田；（c）牵牛，实地做，游戏、歌谣；（d）骑牛，实地做；（e）将〔挤〕牛乳、吃牛乳、煮牛乳；（f）烧牛肉，买，烧法；（g）画图、轮廓、写生，看各种牛图（又可以与手工之剪贴联络）；（h）马、牛是友，故事、图画等（比较，如角、跑、吃、用度等）；（i）犁的描写；（j）皮鞋铺子（牛皮）；（k）块字牌铺子（牛骨）；（l）反刍的意义，齿、胃，用标本……（m）农村故事（此类甚多）；（n）农夫之友，故事（人类与兽之关系）；（o）牛的神话；（p）小牛的食物（可以做游戏、图画等）；（q）战阵上的牛功，战具、火牛阵（可以在故事参酌而入）；（r）牧童吹笛，歌谣、游戏。

（8）猪：（a）邻家参观小猪去；（b）猪舍；（c）母猪领小猪出舍，喂乳、呼儿声；（d）小猪跑步；（e）喂猪；（f）泥工、剪贴，做猪与猪舍等；（g）参观科学社的野猪去，用家猪图去比较；（h）野猪的兵器；（i）野猪与家猪等故事；（j）买猪肉去；（k）糟肉与油肉、猪油等烧煮；（l）做猪头的游戏；（m）请回教徒来谈话；（n）参观回教堂去；（o）猪常常洗澡，因为他太热了，但是以污水洗的，所以愈洗愈脏；（p）火腿的滋味，买来尝试；（q）画火腿店里的货物；（r）小猪歌。

（9）羊：（a）参观邻家的小羊；（b）小羊的叫声，母羊呼儿，小羊的食物；（c）抱小羊与之表示亲爱；（d）小羊；（e）吃羊乳；（f）小羊的故事；（g）小羊歌；（h）牧羊童、老人，故事；（i）各种羊图，欣赏、着色、图、剪贴；（j）剪羊毛；（k）参观毛织厂；（l）羊与猪的比较，用图、故事、用处；（m）羊的房子，积木等；（n）游牧人民，过帐幕生活；（o）羊毛贴、组物件，手工；（p）羊的神话；（q）表演羊的故事。

（10）皮虫：（a）寻觅冬青树；（b）寻觅冬青树上的虫；（c）解剖皮虫；（d）寻觅毛虫；（e）掘地得蛾的蛹；（f）研究冬衣；（g）做小宝宝的衣服；（h）造木头的房子，做泥的窠；（i）皮虫的写生；（j）皮虫的生活史，故事、读法；（k）皮虫的用处，可以喂雀子。

（11）猫与鼠：（a）观察老鼠的各部分，邻家用阱捉到一个老鼠；（b）向邻家借来，观察猫的各部分；（c）猫叫时，猫在笼跟前的时候，老鼠怎样；（d）猫见笼中的老鼠时怎样；（e）猫捉老鼠，歌谣、游戏、读法；（f）猫的故事甚多，可以表演；（g）鼠的故事甚多，可以表演；（h）猫捉鼠图，着色、剪贴，图画欣赏；（i）喂猫的方法，买鱼去；（j）捉鼠的研究，阱、药、养猫；（k）猫的头、鼠的头，都很多；（l）老鼠洞，手工；（m）小猫、老鼠的食物之研究。

（12）盐：（a）腌白菜；（b）制精盐；（c）泡盐开水喝；（d）盐与羊的故事；（e）矿盐，烧盐的手续，图；（f）盐的结晶；（g）盐的故事，如苗人无盐等；（h）苗人的研究；（i）苗人的生活，猎、取火、衣服等概况。

（13）糖：（a）精制糖；（b）做糖果；（c）做饼干；（d）蜜糖与白糖之比较；（e）制糖的图；（f）糖浸水果；（g）小孩子为什么喜欢吃糖果的研究；（h）小孩子吃糖果的故事；（i）蜜糖的来源，附带研究蜂蜜。

（14）油与水：（a）搜买各种油——猪油、牛油、鸡油、麻油、豆油、菜油、洋油、机械油、汽油、贝〔蓖〕麻子油；（b）比较观察各种油——动物油、植物油、矿物油的大区别；（c）各种油的用处之研究；（d）油放入水中之情形；（e）水的研究，做蒸馏水；（f）沸水之研究；（g）冰；（h）江河、池的研空〔究〕，水的来源；（i）江河里的物件——船、水产……（j）泛舟后湖；（k）长江看轮船；（l）水的故事；（m）各种水中物产、功用等图。

（15）家庭：（a）做客邻家；（b）报告自己家里的概况；（c）我有几多东西在家里；（d）衣服什么人做的，饭是什么人煮的；（e）由家到幼稚园的路能画出来吗；（f）报告邻家的概况；（g）做客的谈话；（h）帮助父母做的事情；（i）我家的房子……图画、积木、手工……（j）组织小宝宝的家庭；（k）替小宝宝做冬衣；（l）小宝宝请客、做寿；（m）贺小宝宝娶新娘子；（n）研究日本人的家庭，因本园时有日本人来参观；（o）日本小朋友的起居饮食；（p）家庭故事——无论动物、人类，很多很多；（q）小朋友起居的歌谣，此类卫生歌谣亦多；（r）兄弟姐妹的故事；（s）家用杂物的研究……火柴、火炉、灶、碗、筷、钟；（t）小朋友自己组织家庭，各人尽其职。

（16）饮食：（a）本问题大都属于习惯之训练，园中每日都有进点心一课，此时可以训练许多习惯；（b）其他习惯，亦可随时训练，唯必须与家庭合作，方为有效。本课有许多都在家庭一课里做过，此次可以做的：挂饮食卫生图；讲几出饮食卫生的故事；画图；表演……（勉强得很）

（17）公园：（a）本园邻近鼓楼公园，我们常常到公园里去作业的。（b）又因东大备有马车，所以秀山公园也常常去的。公园的课程，在本园几乎可以说不成为独立的。不过为家庭一课的联带关系，我们预备做的是：游公园；游公园的谈话——票价、规则、园名、园中事物、去的方法、去的路径、路的远近……画记忆画。（c）积木搭公园。（d）公园的歌谣很多，大都是和别的花草等有关系，如须教授时，亦可相机而教，不过有点勉强。（e）秀山公园里的铜像、鼓楼公园的鼓楼，图画、手工……（f）公园故事，如上海外国公园不许华人入内等无礼行为等。

18. 恳亲会:[①]（a）本园为家庭与幼稚园的联络起见，每月必请家长到园一次，每次的仪式略有不同，如九月为中秋节，十月为国庆纪念；（b）一为赏月佳节，一为庆祝盛会。本月则名之曰恳亲会，会期为十一月二十七日午后三时。十一月之最后一周，几乎全从事于此。本课继续家庭的一课来的。可以做的事情如下：会议请父亲、母亲来幼稚园；会议开会日应做节目，未开会前应筹备诸事；分派小朋友和教师的职务，分头的去筹备；布置会场、购买，采办应用物，并装点的工作；练习应做的节目；做请帖；采办请父母吃的东西；分配开会时小朋友的职务——招待员、分发茶点员。

附本次开会的节目单：（a）开会，唱欢迎歌（特别班）；（b）唱《国歌》，向国旗行礼（唱《国旗歌》）；（c）陈主任报告；（d）唱《国歌》《落叶歌》（特别班）、《手指歌》（幼稚班）；（e）跳舞，八人舞、土风舞；（f）游戏，把积木、数、缀法、写字合起来的；（g）跳舞，落叶舞（特别班）、跑跳舞（全作）；（h）故事，儿童自述、请家长也讲几句；（i）表演，猴子与帽贩；（j）茶点；（k）散会，唱《再会歌》。

二、每天的记录

在报告账目以前，要把收支的手续大略加以说明。本园在〔今〕年所有的儿童不多——本学期只有二十五人。因为他们的差别过大——在年龄方面，有从二是〔足〕岁至七岁的，其它〔他〕可想而知了。所以不得不把全体儿童分为两班——特别班、幼稚班。幼稚班里，又分为大、小两班。班级虽如此分法，在实际上做事，幼稚班里的儿童，有几个常常到特别班里去；特别班的儿童，也有几个常常到幼稚班里来的。有时候两班同在一起作业，在儿童自己看待同学，也毫无界限。不过我们为便于教导起见，所以有这样很笼统的分班罢了。

次之须声明的是上课的时间。我们因为适应社会上的情形，所以分全年为两种上课时间，本月恰恰是交替期。前半个月，上午九时至十一时半，下

[①] 此标题系编者补拟。

午二时半到四时半；后半个月，上午九时半到十二时，下午二时至四时。星期六下午因为有整理工作、访家属等工作，所以不上课了。每日作业无定，大约午前自开始到十时半，都是自由作业；十时半进点心，此后有些教师指导的游戏、唱歌、节奏等，但是儿童的自由依然如故。下午除几种试验工作以外，又有些游戏、唱歌等等。下午来的儿童，比较的相差少些，都在四岁以上的。本园又因自然环境很好，所以我们到野外去的次数很多很多。平时我们在房子里作业也不多，空旷的草地、精巧的花园、绿嫩的菜圃，都是我们的工作场；几间平屋，不过给我们避避大雨、狂风、烈日罢了。

注：以下有"（特）"为特别班作业，"（幼）"为幼稚班，无字者两班都做的。

第一周（十一月一日至七日）

星期一上午

本日上午，一鸣从家里拿了一个老鼠阱来，里面有一只很大的老鼠。这是一件很有趣的事，小朋友大家都集拢来，要研究老鼠了。我们前星期定的课程，今天不是老鼠，但是也只好牺牲我们的预定表了。这天上午的工作如下：

（1）朝会——唱《国歌》、唱《国旗歌》、谈话（就是老鼠了）。（2）研究老鼠——尾、脚、眼、嘴、耳朵、吃的东西、叫声。（3）研究捕鼠的方法——猫、老鼠阱。（4）到邻家借猫去，借不到，只看猫图。（5）图画：（a）欣赏——猫、老鼠图；（b）自由画及涂鸦图——大都是老鼠或猫；（c）猫吃老鼠（幼）着色图。（6）故事，在进点心的时候：（a）《五只小老鼠》（幼）；（b）《无猫国》（特）。（7）歌谣：《老鼠老》（幼）。（8）唱歌：（a）复习、进行曲第二步；（b）《叶子歌》。（9）节奏：八人舞。（10）读：《再会歌》（特）。（11）数：手指心算。

星期一下午

（1）试验读法：（a）缀法盘（特）分两组，每组三人；先本组三人比赛，然后又两组来决赛，极有兴趣。（b）缀法牌，用拼对子的方法。（2）试验数：用陀螺盘，能玩，不知道数的加（幼）。（3）故事：（a）《落叶》（张自编）；（b）《怪兄弟》（特）。（4）游戏：猫捉老鼠。

星期二上午

（1）团聚，检查清洁。（2）议决去采集落叶和花子。（3）做种子采集盒——继续前星期的（特）。（4）到邻近采集种子去（幼）。（5）故事：(a)《谁能使猫来有警告》（特）；(b)《小老鼠》（幼），昨日的复习。（6）节奏同昨日。（7）看马牛图（幼）。（8）读：《再会歌》复习（特）。（9）数：如昨日。

星期二下午

午餐后，一鸣与安琪用积木搭成房子，缀以菊花，对俞先生（选清）说："我们开菊花大会了。"这是何等好的机会呀！我们前几个星期预备做的，小朋友始终没有自己发动，今天可要快乐半天了。于是与一鸣、安琪、卓如、湘漪、中康五位先到园的小朋友议定，先到的小朋友做主人，布置会场，请张先生（宗麟）做领袖；后到的小朋友做客人，请俞先生做领袖。客人去办了礼物来了——是自己菜圃〔囿〕垦掘来的蕃薯，熟的也有，带泥的也有，并且还给每人一串，可以带回家里去送小弟弟去吃，快乐极了。我们又做了下列几项事：

（1）请客人就坐。（2）主人唱《菊花歌》欢迎客人。（3）客人唱《手指歌》答谢。（4）主客合唱《国旗歌》，向国旗行礼。（5）主客合做游戏与跳舞。（6）小朋友请张先生讲故事《在西风中得到的好朋友》（自编）。（7）进茶点：熟蕃薯、开水。（8）分礼物：每人生蕃薯一串。（9）散会。

星期三上午

上午搜集去：（1）特班由张、吴先生（素卿）率领，赴北极阁搜集各种红叶、野花的种子、竹叶、小柏树……（2）幼班由俞、陆先生（怀清）率领，赴农村师范左近去。因有许多儿童不能走，只得中途折回，得到野红果甚多。(3)把采集所得来的东西商议用途，议决装饰房子，下午动手。

星期三下午

（1）用红叶装饰房子：用镜框，纸上贴、墙上挂……（2）积木与沙盘（一部分的儿童）。(3)歌谣：复习《打荞麦》《老鼠老》（一部分儿童）、《竹马歌》（特）。

星期四上午

（1）团聚，检查清洁。（2）继续红叶与花子：(a)收小花园里的花子去

（特）；(b) 用泥做红叶（幼）。(3) 唱歌：复习。(4) 节奏：复习八人舞，又皮匠舞（幼）。(5) 游戏：风吹落叶（滚球）。(6) 故事：《包公案》《救李后》（特）。(7) 再会时用鞠躬礼。

星期四下午

开诚来园，报告湘漪跟着她的母亲和许多女学生生〔去〕鼓楼公园画写生画。于是小朋友都要去了，各人带了书包、蜡笔等，在公园做了许多事。

(1) 画图。(2) 游戏：抢亭柱、爬树。(3) 采集：蒲公英的种子。(4) 歌谣：《搀瞎子》。

星期五上午

(1) 看牛马图，画牛马（特）。(2) 泥叶子之框盒（幼）。(3) 掘蕃薯。(4) 看白菜的外形，本园自己种的。(5) 故事：(a)《西游记》（特）；(b)《狡猾的狐狸》（幼）。(6) 节奏：跑蹲下（幼），其余复习。(7) 歌谣、唱歌、游戏，皆复习昨日。(8)《再会歌》，新的。

星期五下午

本日下午无临时事情发生，各种活动多为复习性质。除儿童自由活动以外，只做了一出游戏——找蕃薯。其他如读、数，自然，都复习。

星期六上午

开周会，节目单如后（十五分钟）：排队进房子；向国旗行敬礼，并唱《国旗歌》；唱《国歌》；陈先生（鹤琴）报告本周事情；做游戏或讲故事。

吴先生来说："今天金陵大学农场开菊花大会。"小朋友大家要去了。路很近，我们走了去。到了农场那里，知道菊花大会是下午开的，所以只做了下列诸事：

(1) 看农场人员布置菊花会场。(2) 看风车、吸水机。(3) 找洋柿子（农场拔弃的）。(4) 爬树，找叶子。(5) 进点心，带去的。

回来的时候，有顺道的儿童，我们就把他们送回家里去；到幼稚园里的时候，只剩有陪去的三位教师张、吴、陆。

注：本星期儿童的庭间自由活动，很喜欢玩沙箱，他们自己去找器具来玩，又做糕饼之类。我们就托铁匠铺去做几把小锄头、小铲子等。

第二周（十一月八日至十四日）

星期一上午

（1）爱莲报告她的邻家要娶新娘子了，有新娘子的汽车、新娘子等。小朋友就画起这许多东西（特）。（2）桔子红了，图画、手工（幼）。（3）漆泥制的叶子（幼）。（4）讲《巨人岛》的故事（特）。（5）儿童，娶新娘子的话传遍了，于是大家集议。有的去造新房，有的做新娘子的衣服、画新娘子的装束，小宝宝也被她们抱来抱去忙得不得了。做新衣服了（安琪最好），沙盘里的点心陈列得如点心摊一样热闹，黄包车也当作新娘子的车了。

星期一下午

（1）数的试验。今日开始分儿童为三组：（a）甲组安琪、中康、开诚，背口诀两星期，每日十分钟；（b）乙组一鸣、卓如、福生，用别的方法教，不使他们知道口诀；（c）丙组，鲁还、爱莲、沪宝和国权，口诀与别的方法并进。至第三星期，则甲、乙二组交换方法；今日乙组故事片，甲组一至四。（2）写字、抄写。（3）读：自由读课本、自选簿等。儿童自己活动，仍在沙盘中为多。

星期二上午

（1）团聚，引起看邻家的猪去。（2）看邻家的小猪去。（3）喂小猪：用饭去喂，不吃，看大猪喂。（4）喂大猪。（5）观察大猪与小猪的各部分。（6）回校用泥做猪（特），有几个儿童做得很好。（7）在纸猪图上着色、剪图（幼）。（8）故事：《小兄弟》（特）。（9）节奏如昨。（10）唱歌：《小猪》。

星期二下午

（1）试验数：（a）甲组，一至三之重数诀；（b）乙组，旋球盘；（c）丙组，该组有国权到上海去了。（2）读法：（a）《有功的牛大号》（歌谣，特）；（b）缀法牌（幼）。（3）游戏：抢凳子。这个游戏有几个月不做了，儿童们仍感到十分兴趣，其中以秀霞最起劲。（4）故事：《巨人岛》的继续（特）。

星期三上午

（1）团聚，会议蕃薯的用途。小朋友提议磨粉，于是先来洗，洗后来切，切成小片到太阳里去晒。（2）故事：《猪兄弟》（幼）、《巨人岛》继续（特）。（3）其他又做了些节奏等。然而时间很少，因为蕃薯切片是一件费时而极饶兴趣的事。

星期三下午

（1）数的试验：（a）甲组，一至六的口诀；（b）乙组，抄歌谣（特）；（c）丙组，爱莲、沪宝又不来了，此组恐难有成绩。（2）写字：抄歌谣（特）。幼组亦想写字了。（3）读法：《黄牛儿》（歌谣）。（4）自由活动中，大部分儿童都到沙盘里去玩；只有安琪喜欢做衣服，虽坐在秋千上亦然。

星期四上午

（1）团聚，爱莲、沪宝等报告新娘子的状况。（2）讨论衣服的原料（因为爱莲等都说新娘子的衣服好）。（3）到邻家看羊去。（4）喂羊，用草。（5）归来后，一鸣等漆猪、猪舍等，安琪做完小宝宝的裤子，格外起劲。（6）唱歌：幼班能唱《拳手》的一部分。（7）节奏：跑、八人舞等。

星期四下午

（1）数的试验：（a）甲组，一至八之口诀；（b）乙组，分蕃薯；（c）丙组，归入甲、乙两组去了。（2）天气甚燠闷，儿童吵闹得很。俞先生用暗示法，使儿童静静儿进室内睡在地上，此后就做静默的游戏。（3）下午虽有缀法牌等，然而儿童大都不愿意做。

星期五上午

（1）检查清洁。（2）谈话时引起冬衣问题，讨论到蝴蝶、蜜蜂上去。（3）搜寻冬青树上的皮虫去，邻家很多很多。（4）放到标本柜里收藏起来。（5）解剖了几个。（6）画皮虫图，自由画。（7）做皮虫的窠，用泥做的。（8）故事：（a）《三只羊过桥》（幼）；（b）《牧羊童的三个答案》（特）。（9）节奔〔奏〕：唱歌如昨。

星期五下午

（1）数的试验：（a）甲组，本星期的口诀复习；（b）乙组骰子，用纸写出来的，一鸣、福生都会写了。（2）读法等都是复习。（3）游戏：这是哪个？（我是说？）

星期六上午

（1）周会，仪式与前星期同。（2）给奖：（a）请刘崇本师母来园；（b）审查儿童的成绩；（c）图画、手工、唱歌、写字。（3）讨论做客去，俞先生讲了一个做客的故事。（4）讨论送礼物。议决用蕃薯做礼物，于是用篮装、用车子载的，大家都向陈先生家出发了。（5）在陈先生家做的事如下：（a）礼物送到的礼节；（b）一鸣带小朋友去看羊，看烧蕃薯；（c）吃蕃薯；（d）听留声机去跳舞；（e）唱《再会歌》。微雨蒙蒙，道路泥泞，小朋友做客去的兴趣依然是很浓厚的。

这星期里实行值日生，选年岁较长的儿童排成一表，画了些彩画，逐日地做去。本星期的成绩很好，尤以鲁还、卓如为最出力。

第三周（十一月十五日至二十一日）

星期一上午

（1）朝会，仪式与上星期一同。（2）谈话时，叙述〔上〕星期做客的有趣，引入家庭作业。（3）问问各人家里有几个人。（4）各人叙述家里的趣事。（5）爱国男儿，图画剪贴。取材于杂志上的军人图（特）。（6）故事亦是爱国男儿。（7）唱歌：《一家人》（手指）。（8）八人舞：皮匠舞的复习。（9）写几张字（特）。

星期一下午

（1）数的试验：（a）甲组，一至四的重重加；（b）乙组，用手指，一至四的重重加。（2）造句盘，拼句子。此事都感到很好的兴趣，不过有一次复习、有一次练习就是了。（3）沙盘：铁器做来了，儿童挖了三尺深的洞两个，说这是井、这是战壕，兴趣非常好。

星期二上午

（1）团聚，吴先生回家去了，今天课程限〔有〕一部分由张先生来代。检查清洁，选举级会。（2）大雨如注，不能出外去作业，只在室内画图。（3）手指的家庭（幼）。（4）复习，亦可以说儿童自由做去（特）。（5）政〔故〕事：（a）十姊妹《胖大姊》（特；张自编，用意在暗示儿童有家庭卫生习惯），及家人的职务；（b）《小兔子守门》（幼），用图画，且有歌谣。（6）唱歌：《早起早睡》。（7）其他为复习。

星期二下午

（1）数的试验：（a）甲组，一至五的顺次加；（b）乙组，手指，掷骰子、数家里的人。（2）读法：（a）缀法盘的竞赛（特）；（b）造句盘的竞赛；自述簿。(3) 游戏：猎人叫、抢凳子。(4) 自由活动：安琪儿做小宝宝的衣服，一鸣、卓如写字，秀霞画图，中康拿了书请人讲故事，他大都喜欢剪贴；福生喜欢破坏别人的工作，经过指导后，也画图去了。

星期三上午

雨珠纷纷，不能出外去。(1) 团聚，检查清洁。(2) 剪贴房子（幼）。(3) 爱国男儿，继续前日，叫儿童自己向《儿童画报》里去找（特）。(4) 故事：(a) 十姊妹《阔嘴二姊姊》（东西少吃）（特）；(b)《小兔子守门》（幼），兴趣甚佳，要求重讲的。(5) 唱歌：(a)《羔羊歌》（特）；(b)《朦胧》的第二节（幼）。(6) 节奏等复习。

星期三下午

天气渐晴，小朋友有要求到户外去的。(1) 数的试验：甲组，一至八的重重数；乙组，手指、故事、家里的人数。(2) 读法：(a)《月季花》（歌谣）；(b) 着色，鹤（读与写）。(3) 游戏温习：(a) 由小朋友自己选择，寻人；(b) 招朋友，抢凳子。小朋友不怕泥泞，穿着雨鞋，自己揭开沙箱盖，去掘洞去了。

星期四上午

(1) 认识新来的甘先生。(2) 看陈先生家里的小羊去。该羊堕地即死，本不拟去看，但是一鸣、中康都来报告了，许多小朋友要求去看。我们观察到：(a) 羊胞；(b) 小羊的嘴、耳、眼；(c) 为什么会死，或者因为母亲受伤所致。小朋友并没有问怎样生出来，只问小羊哪里来的。先生答老羊生出来的，他们就满足了。(3) 做小羊（特），做小宝宝的卧室（幼）。(4) 故事：《小兔子守门》（幼），兴趣甚浓。(5) 金由庚先生来替小朋友摄影。

星期四下午

(1) 数的试验：(a) 甲组，一至十的顺次加；(b) 乙组，故事片。(2) 剪贴、缝纫都有人做，沙盘工作尤好。

星期五上午

(1) 团聚：因昨日福生打街上的孩子，所以俞先生今天就找出小朋友大家互相帮助的故事来讲。(2) 橘子：剪贴、泥工、饭后的果品（幼）。(3) 做完爱国男儿，剪贴衣服。安琪儿做成小宝宝的裤子（特）。(4) 故事：(a) 十姊妹的《脏三姊》，兴趣很好；（b）《小兔子守门》，还有兴趣；（c）《龟兔赛跑》（有图画的）兴趣很少。（5）唱歌：（a）《早起早睡》（特）；（b）复习（幼）。（6）自由活动。沙盘的战壕已成，儿童就不很到沙盘里去了。只有一二个小朋友还做糕饼之类。大的儿童，把一切车子都放到战壕里去了，说是大炮，但是装不下去。

星期五下午

（1）数的试验。今日为第一场手续完毕日期，所以全部复习。（2）到鼓楼公园去，做的：（a）游戏。藏宝贝、狐兔赛跑；（b）假山是什么；（c）眺望；（d）读法。《睡得早，起得早》（与歌谣联起来的）。

星期六上午

（1）周会，仪式详前。（2）测验，无文字的（特）。（3）搭积木（幼）。（4）游戏：大石桥塌下来了（与唱歌联起来的）。（5）日本领事太太送饼干来，小朋友致敬礼答谢。（6）到童先生家做客去，做的事：唱歌；做游戏，一二三四……跳舞；吃茶点，得礼物回来的。

本星期的家庭活动，很有许多没有做，所以主张下星期做恳亲会的活动，很可以补充几点。

家庭活动能〔有〕大积木一副、室内油〔沙〕盘几个，尤为便利。

第四周（十一月二十二日至二十八日）

这一周，在美国的幼稚园、小学校里都很注意的，就是所谓感谢节（Thanks giving）。我们中国没着这节，竟可不必做。本园预定计划，每月有恳亲会一次。前几月都有别的会，请家长到园里来。这个月只好因家庭活动而引起学生的兴趣，老实叫作恳亲会，请家长来园。

星期一上午

（1）朝会，仪式与前同。（2）在朝会的谈话中，引起本星期开恳亲会。（3）计划开恳亲会应做的事：（a）装饰房间；（b）练习开会的表演；（c）写请柬。（4）图画，粉笔画远景（特及幼、大）。（5）剪贴（幼、小）。（6）故事：《帽贩与猴子》。（7）唱歌，复习。（8）节奏，复习。（9）自由活动多为画图（特）、骑车子（幼、小）。

星期一下午

（1）数的试验。今日第一每〔次〕试验结束日期，一切结果，详该试验报告中。（2）写字比赛："今天开母亲大会"数字，用铅笔写。（3）读法，缀法盘（旧字复习）。（4）块字造句盘（新做起来的）。（5）游戏与节奏复习。（6）表现〔演〕：猴子与帽贩（很有兴趣，可以做得）。

星期二上午

（1）团聚，讨论今日怎样进行，检查清洁。（2）将已画成之图画装贴起来，然后放到壁上去（特、幼、大）。（3）穿珠子。（4）着色，猪、泥工、堆积木。

以上四种皆幼班做的，各人自由做去。

（5）唱歌、节奏，都是复习。（6）自由活动，以找寻有趣的图为多。

星期二下午

（1）数的试验。今日为第二段试验开始：（a）甲组，故事片，一至五；（b）乙组，口诀，一、二、三、四、五的二倍数加。（2）做落叶舞用的帽子，做成帽圈，缀以色纸剪的叶子。（3）写字比赛。（4）把表现〔演〕的节目复习一次。

星期三上午

（1）团聚，检查清洁。（2）做落叶舞的帽子，做成了四顶。（3）积木、穿珠子、剪贴、着色。

以上四〔三〕种为幼小班随意做的。

（4）故事：（a）儿童自己讲（特、大）；（b）《小兔子》（幼、小）。（5）表演：落叶舞。（6）其他与昨日相仿。（7）自由活动，以戴新帽子、作猴子戏为最多。

星期三下午

（1）数的试验：（a）甲组，骰子一至六的加；（b）乙组，口诀一至五的二倍数加。（2）缀法盘竞赛。（3）表演：猴与帽贩。（4）沙盘，新玩具又做好了几个，所以有许多儿童常在沙盘中玩。

星期四上午

（1）团聚，有陈师母、刘师母来参与谈话。陈师母并邀儿童于十时半到她家里去茶会。（2）昨日俞先生买了许多水果来，今日就来做许多水果人；以胡萝卜做身子，苹果、梨做头，戴上纸帽子。（3）到陈师母家里去做客：（a）走去的，幼小的儿童请特班的大儿童拉车子去的；（b）到她家进茶点；（c）陈师母唱歌、讲故事；（d）小朋友也唱歌（菊花）、讲故事；（e）唱《谢谢歌》《再会歌》。

星期四下午

（1）数的试验：（a）甲组，故事片，总看了一次；（b）乙组，口诀一至五的二倍数加，一至六的间一数的加。（2）歌谣，复习。（3）自述簿：（a）复习并新加；（b）读法表演，积木，缀成句子，写出来。（4）歌舞的表演。（5）沙盘中以幼班人去的次数最多。

星期五上午

（1）团聚，中康拾得礜石来，于是大家来研究礜石。（2）扎竹园，新人做的用具（特、幼、大）。（3）排花板，图画的欣赏。以上皆为幼、小之作业。（4）故事：《长手五姐》（用意在勿争夺，用过的物件要放好）。（5）做水果人。（6）今天本来要写请柬了，但是有许多小朋友都生了病；又有几个小朋友的父母，听说奉军到南京，把他们带到别处去了。所以明天的恳亲会，大概是开不成了，所以不写请柬了。（7）节奏唱歌：复习（跑、跳舞，特班去年做过的，现在生疏了，几乎全忘）。

星期五下午

（1）数的试验：（a）甲组，总复习、故事片；（b）乙组，总复习两次（口诀）。（2）读法：（a）缀法牌，儿童自自由玩的；（b）读本，有新读本到了，所以大家都快活得很（《儿童文学读本》的各册）。（3）跳绳，此为幼稚儿童所难的，今日是试试的。（4）做静点的游戏。（5）猴子与帽贩的表演。

星期六上午

（1）周会，仪式如前。（2）在谈话时，问起生日，知道福生、明明二人都是十一月里生的，所以今天来做寿罢。于是计划怎样做法。（3）分派职务：（a）买办。面、酱、油、猪油、葱；（b）采办及烧煮，割白菜、洗涤、烧煮；（c）布置会场。分派即定，于是分头做去。（4）开会：（a）唱祝寿歌，俞先生编；（b）讲故事，儿童杜撰，又张先生讲《狮大王做寿》；（c）寿翁答谢，福生唱《菊花歌》；（d）吃面条及水果；（e）收拾会场；（f）游戏，掷球。

三、应用的材料和参考

我们大概还记得，在七八年以前的师范实习生，对于教案预备得尽善尽美，有时还要多出材料来的。这样做法的好处，就在于教师对教课能负责预备，但是弊病在呆板。近几年来中国小学教育的进步，比起各种教育来，要算走得快。可是渐渐儿有些流入于疏忽的一路。幼稚园里教师，尤宜注意于此点，并且找材料也确实比较来得困难些。本园是有心于此道的，所以在课程拟定以后，就动手找材料。可惜因为经济不十分充裕，还难以照理想的做去。下面所写的，是尽我们能力所到的而找来的。此外还有两句话要声明：（1）材料最富于地方性，请读者千万勿拘泥于我们的报告；（2）这是教师的预备，勿可希望一切材料都装进儿童的脑子里去。

（一）红叶

（1）本课重在实行的采集，采集应该有几种要预备的。（a）儿童采集袋，书包也好；（b）竹竿有钩的，能备一根也就够了。（c）《植物辞典》——能备一本顶好，没有也不妨；并且用《植物辞典》时，很要留心儿童的兴趣。不然幼稚园的户外活动，变作大学研究院里的植物课，那是不应该的。（d）剪刀或小刀；（e）装饰红叶的用具，硬些的纸、软纸、图钉、浆糊、镜框。

（2）图画：落叶图、秋景图（可以买美术明〔信〕片，中国古画也有，可惜太贵了）、叶子轮廓（本园自印）。

（3）手工：色纸、剪刀、剪贴簿、蜡笔、粘土、漆、压纸、白蜡、毛笔等。

（4）其他的参考：（a）《少年百科丛书·自然界下·冬天不落叶的树》，商务；（b）《少年百科丛书·奇象下·叶之变色》，商务；（c）《自然研究法》各册的秋景，都有些材料，且有时有故事，商务；（d）《自然课本》第四册，中华。

（二）野果与种子

（1）采集用具与前项相仿佛，唯须预先做一个种子袋，硬些的纸就可以做。

（2）把种子与野果分类，陈列起来，须用针线、粘贴等用具，装饰得有儿童想象的，且可以装饰房子。

（3）图画、手工：果子图很容易得到，种子图不容易找到；并且粒粒如小石子的种子图，儿童也不喜欢欣赏的，所以不如自己动手画。其他如色纸、泥、漆等都同前项。

（4）其他参考：(a)《少年百科丛书·自然界下》，商务；(b)《少年百科丛书·奇象下》（分散的），商务；(c)《儿童画报》有几个想象图很好；(d)《小朋友》《白雪》及最近出版，诸期都有（这种杂志最能按时出版，所以很可以为我国儿童、教师的帮助品），中华。

（三）干草

（1）第一次收集因要烧蕃薯，所以不问种类，只看分量的多寡。

（2）指定要搜集羊、牛、马吃的草，此事需小朋友实地去问农夫、牧童，或教师拿样子来。

（3）搭草房子的用具——只要积木、纸片。

（4）西洋画里收集干草图很多，价目也不贵。

（5）掘草根、小荠菜的小铁铲、小篮子。

（6）烧荠菜的用品：小炉、小锅、油、盐、碗、碟子、筷、铲。

（7）打绳机（如办不到，用手也可以打得），最好去看看打绳场。

（8）其他参考：(a)中华、商务、世界的自然教科书里都有些材料，不很多；(b)歌谣、故事，可以向有关牛羊等处附带找去；(c)《少年百科丛书·常见的事物·野草一席谈》，商务。

（四）蕃薯

（1）掘蕃薯的用具——锄、铲、篮子。

（2）洗蕃薯的用具——面盆、布、小刀。

（3）烧蕃薯的用具——小炉子、小锅、盆子、调匙、草或炭、柴。蕃薯最好是整个烧，熟后再来切开。

（4）切蕃薯片的用具——小刀、砧板、晒的筐或纸。

（5）雕刻蕃薯成各种人形，看着《儿童画报》的人形；用剪刀就可以动手雕刻了。

（6）做蕃薯粉要用小磨、纱筛、筐、纸。

（7）留的蕃薯种用纸包起来。

（8）蕃薯的图很少，所以本园自己画成轮廓图，着色的；其他如粘土、色纸等，也是有用的。

（9）其他参考：（a）蕃薯似乎不很为人所注重，书本上材料不多；（b）常识教科书里有些，很少很少。（c）我想最好的方法是自己来种，方法可以问老农去。

（五）白菜

（1）割白菜的用具——小刀、小铲、筐、小车。

（2）洗白菜的用具——面盆。

（3）切白菜的用具——刀、砧板。

（4）烧白菜的用具——锅子、小铲、油、盐、水、筷、碗。

（5）买些面包、烧饼来同吃。

（6）晒白菜的场地之选择。

（7）白菜图——商务的《艺术教科书》、有正书局的《花卉草虫图》。

（8）卖菜老人歌——《儿歌》，商务。

（9）开菜的陈列会，须买来白菜、瓢儿菜、菠菜、黄芽菜、萝卜、芜菁菜、包菜、蒿菜、韭菜、大蒜、芹菜、香菜。

（10）其他参考：（a）中华、商务的自然教科书，一、二、七共三册；（b）商务《自然研究法·食物》；（c）世界《常识教科书》；（d）《小朋友》的童子军专号里，有童子军烹饪材料；（e）其他手工纸等以绿色纸为主要，笔亦如是。

（六）马

（1）本教材最紧要是要找到实际的场所：马车、耕田、马戏、军队的马。

（2）马图很多，到处找得到。商务的儿童教育画上多战马图，新年街头出卖的花纸，也有很多的马图。

（3）马的手工与图画，剪刀〔贴〕联起来；先有各部分分离的轮廓图，然后把它剪下贴起来。此类材料在美国的 *Primary Education*①（《杂志》）上，几乎每星期都有。

（4）其他参考：

各部分都有的：(a)《少年百科丛书·自然界上·服役于人类的兽》，商；(b)《少年百科丛书·自然界上·马的故事》，商；(c)《少年百科丛书·奇象中·马与羊毛》，商（d）；Comstock：*A Handbook of Nature Study*，② 286～294P.P；(e) 商务、中华、世界的《自然教科书》。

歌谣：(a)《国语读本一·马儿跑》，世；(b)《儿童文学读本三·骑马上高冈》，商；(c)《儿童文学读本三·竹马》，商。

故事：(a)《儿童文学读本三·坏了》，商务；(b)《儿童文学读本三·马蹄铁》，商务；(c)《儿童故事七·飞马》，商务；(d)《故事读本丙四·一只灰色小马》，商务；(e)《托尔斯泰文学二·老马》，商务；(f)《托尔斯泰文学二·农人和马》，商务；(g)《托尔斯泰文学二·两匹马》，商务；(h)《中华故事九·白马匹练》，中华；(i)《中华故事九·马号将军》，中华；(j)《中华故事九·泥马渡江》，中华；(k)《中华故事八·马腹避火》，中华；(l)《中华故事六·异马》，中华；(m)《世界童话四八·白马将军》，中华；(n)《世界童话四八·木马谈》，中华；(o)《世界童话三一·马尾案》，中华。以上各

---

① 所载英文为刊名，可译为《小学教育杂志》。

② 所载英文为作者和书名，可译为康斯托克：《自然研究手册》。康斯托克（1854—1930），即安娜·博茨福德·康斯托克，女，美国插画家、作家和教育家，为"国家科学荣誉学会"会员。1895年，被任命为纽约州农业促进委员会成员，在该委员会的主持下，她为公立学校计划并进行了自然研究的实验课程。从1897年起，她在康奈尔大学教授自然研究，1922年退休。著有《如何养蜂》《自然研究手册》《宠物书》《闲暇树木》等。

种故事，命意都还好，可惜在组织上都要重做过，这是全在乎教师的活用了。

（七）牛

（1）牛在中国是很多的，耕牛在江南又是很看重，禁止宰杀的。所以要找牛的材料很容易：农家或乳牛场；耕田的地方；最好与农夫办一个交涉，让儿童做各种活动。

（2）参观其他场所：牛骨器店、硝皮厂、皮鞋铺子、卖牛肉的店。

（3）烧牛肉的用具，与烧白菜同，不过要用酒、酱、油、茴香等。

（4）牛马欣赏图，我国的名画很多，本园又制有轮廓图。

（5）手工，与马同。

（6）其他参考：

各部分都有的：(a)《儿童百科丛书·有功的牛大哥》，中华；(b)《理科丛书·牛》，商务；(c)《少年百科丛书·自然界上·服役于人类的兽》，商务；(d)《少年百科丛书·奇象·牛乳》，商务；(e) Comstock：*A Handbook of Nature Study*，295～302P.P；(f)《自然研究法（二）》；(g) 商务、中华、世界的自然教科书、常识教科书里都有。

歌谣：(a) 此类材料在《歌谣周刊》上很多，大都是地方的谚语；(b) 本园自己也编了数首，如《黄牛叫》《黄牛》《有功的牛大哥》等；(c) 小学国语唱歌书里也有。

故事：(a)《儿童文学读本三·独角牛》，商务；(b)《国语读本四·牛在田里》，世界；(c)《国语读本四·牛和猪》，世界；(d)《童话·火牛阵》，商务；(e)《中国故事九·卖牛的故事》，商务；(f)《文学·商人和乳牛》，商务；(g)《文学·母牛和山羊》，商务；(h)《中华故事九·千里牛》，中华；(i)《中华故事九·牛还本宅》，中华；(j)《中华故事八·牛角挂书》，中华；(k)《中华故事六·还牛服罪》，中华。以上故事，只可以作为原料品。

（八）猪

（1）我国人民除回教徒外，大都以猪肉为食品，所以农家几乎每户饲养。看猪场须与农家预先接洽；猪肉店里买肉去，不要使儿童看到杀猪的情况。

（2）猪图较少，《儿童画报》有猪闹新年等图，美国《地理杂志》有专图，商务的动物图有此图，本园自制猪的轮廓图。

（3）手工以泥、色纸、颜色、漆为原料。

（4）烧肉吃，最为〔好〕与白菜相联络。

（5）其他参考：

各部分都有的：(a)《少年百科全书·自然界上·供人衣食的动物》，商务；(b) 商务、中华、世界出版的自然、常识教科书里很多材料；(c) Comstock：*A Handbook of Nature Study*，303～307P. P.

歌谣：(a)《幼稚园小学音乐集一·小猪》，商务；(b) 本园自制也有数首；(c) 各省的小猪歌谣很多很多。

故事：(a)《儿童文学读本三·野猪过桥》，商务；(b)《童话七四·狮螺访猪》，商务；(c)《故事三·我的书·猪兄弟》，中华；(d)《国语读本·不会做什么》，世界。以上故事都很可以用的。

（九）羊

（1）羊是很多的，但是有许多地方看不到剪羊毛的工作。

（2）牧羊图，西洋名画很多，可以买美术明信片；本园有牧羊图等——轮廓。

（3）手工材料与前同。

（4）其他参考：

各部分都有的：(a)《少年百科全书·自然界上·供人衣食的动物》，商务；(b) 商务、中华出版的自然、常识教科书里有很多此类材料；(c)《自然研究法》一、二、三、四都有，商务；(d) Comstock：*A Handbook of Nature Study*，275～285P. P.

歌谣：(a)《幼稚园小学唱歌集一·呣哈哈·小羊》，商务；(b)《儿童文学读本一·一只小羊》，商务；(c)《儿童文学读本五·谜》，商务；(d) 本园自制数首。

故事：(a)《儿童文学读本一·牧羊老人》，商务；(b)《儿童文学读本五·狼和小羊》，商务；(c)《儿童文学读本一·教授法一·一只小羊》，商务；(d)《童话二·三问答》，商务；(e)《童话八六·牧羊郎倌》，商务；(f)《中国故事二·长生羊》，商务；(g)《故事四·羊三郎》，中华；(h)《中华故事九·盐引羊》，中华；(i)《儿童国语文学读本二·两只羊过桥》，中华；(j)《世界童话四十·羊形男》，中华；(k)《世界童话三九·牧羊童》，中华。以上故事亦多属原料品。

（十）皮虫

（1）采皮虫去的用具——袋子、剪刀。

（2）挖蛾蛹的用具——小锄、棉花、玻璃瓶。

（3）做衣服的材料——借许多冬衣来看（皮、棉、呢诸种）。

（4）买布来自己做。

（5）参观做衣店去。

（6）其他如图画、手工等工具，与从前相同。

（十一）猫与鼠

（1）猫是办得到的，鼠是未必办得到的，所以只好碰机会。

（2）上街看各种捕鼠器的样子。

（3）《猫蝶图》为吾国名图之一，所以留传很多，各坊都有名人的珂罗版的印刷品；本园有猫捉鼠的轮廓图；各教科书中凡有猫、鼠的；大都有猫捉鼠的图。

（4）喂猫的食物——鱼、肉、饭。

（5）喂鼠的食物——花生米、米、麦……

（6）其他：

各部分都有的：(a)《少年百科丛书·自然界上·服役于人的走兽》，商务；(b)《少年百科丛书·自然界上·飞翔和钻穴的走兽》，商务；(c)《少年百科丛书·奇象上·猫爪》，商务；(d)《儿童理科丛书二六·鼠》，商务；(e)《自然研究法二》，商务；(f) 商务、中华、世界三书局的自然教科书都有材料；(g) Comstock：*A Handbook of Nature Study*，268～274、224～228．P.P；(h) 商务、中华、世界三书局出版之国语教科书，尤多猫、鼠叙述之文字。

歌谣：（a）《幼稚诗歌二编》，商务；（b）《儿歌一·养猫狗·小小猫·小小鼠》，商务；（c）《幼稚园小学唱歌集一·猫捉老鼠·五只小猫·小小老鼠》，商务；（d）本园自制许多猫与鼠的诗歌；（e）此外商务、中华，世界三书局出版之国语各种书籍，均多此类材料；（f）《儿歌下·猫与鼠》，中华；（g）《黄猫·黄猫》，中华；（h）《诗三集·黄菊花》有几首，中华；（i）《小学国语唱歌书·猫儿》，大东。

故事：（a）《我的书·小鸡哥哥》，中华；（b）《故事画一·猫先生闯祸啦》，中华；（c）《故事画一·猫弟弟》，中华；（d）《故事二·贪吃的猫》，中华；（e）《儿童创作集一·花老鼠和黑老鼠开战》，中华；（f）《故事四·鼠公主》，中华；（g）《儿童创作集十·狡猾的老鼠》，中华；（h）《中华故事九·鼠王国》，中华；（i）《中华故事十二·鼠异》，中华；（j）《童话一·无猫国》，商务；（k）《故事读本甲二·田鼠和城鼠》，商务；（l）《故事读本甲十·小鼠私〔和〕捕鼠笼》，商务；（m）《故事读本甲十·一只胆小的鼠》，商务；（n）《故事读本丙六·住在乡间的猫姑娘》，商务；（o）《儿童故事一·猫和鼠的仇恨》，商务；（p）《儿童故事四·狐和猫的妙计》，商务；（q）《故事读本乙四·猫和鸡》，商务；（r）商务、中华、世界三书局出版之国语书及儿童用书，多有此类材料。

以上所举材料多为原料品。

（十二）盐

(1) 盐两种——普通淮盐（色黑不净）、久大精盐。

(2) 做精盐的用具——杯、烧杯、酒精灯、滤水纸、酒精。

(3) 盐白菜的用品——淮盐、盆子、白菜、石块。

(4) 其他参考：（a）《少年百科丛书·奇象中上》，商务；（b）Comstock：*A Handbook of Nature Study*，827～830P.P；（c）此外商务、中华、世界三书局出版之自然、常识教科书内皆有材料；（d）《中华故事九·盐引羊来》，中华；（e）《苗人生活》，贵州同学口述（故事体）。本教材乃附带而做的，所以不必做得极完备。

（十三）糖

（1）糖数种——白糖、黄糖、冰糖、砂糖、蜜糖，麦糖。

（2）糖果数种——以市上最常见的为标准。

（3）做糖果的用具——锅、炉、糖、麻油、小竹筛。

（4）《甘蔗图》（商务自然图）、制糖厂（香烟片子）、蜜蜂（邻家有数桶）。

（5）其他参考：(a)《少年百科全书·常见事物的由来》，商务；(b)《少年百科全书·奇象下·糖为什么甜》，商务；(c)《我的书·黄猫·制糖厂》，中华。

甘蔗、蜜蜂之参考详后，此处不过是附带就及罢了。

（十四）油与水

（1）各种油：吃的油——猪油、鸭油（此系南京特产，市上很多）、牛油、麻油、豆油、菜油、花生油、贝〔蓖〕麻油；用的油——柏油、蜡油、火油、机械油、汽油。

（2）水——开水、生水、汽水，倘有冰最好了。

（3）烧开水的用具——壶、炉子、杯子。

（4）用油烧菜的用具——菜、炊具。

（5）河流图、井水图、榨油厂图（欣赏）。

（6）其他参考：(a)《少年百科丛书·常见事物·水的研究》，商务；(b)《少年百科丛书·奇象上·不混和》，商务；(c)此外中华、世界、商务三书局之常识教科书多此种材料。

（十五）家庭

（1）小宝宝家庭的应用品——小宝宝数个、小床、小被、小枕、小椅、小桌（可以用积木搭成）、小碗碟、小衣服。

（2）小宝宝的衣服——红绿布、针（大洞针）、线、样子本。

（3）各种图画——如合家欢、小朋友的卧室等。此种图画，可以从旧报纸上广告图上剪得。

(4) 日本人的家庭状况——就请日本人来报告。

(5) 本活动由儿童自己表演，所以顺借几件成人的衣服备用。

(6) 一切家人、用具等——用具详前，都可以用笔来画。

(7) 又可以来做手工——积木、沙盘，泥最有用。

(8) 用小屏风一个，可以搭小室。其中许多陈设，可以由儿童自己去采办来的。

(9) 其他参考：

(a) 商务的社会教科书，中华、世界的公民教科书，每本里都有此材料；(b)《理科丛书》里有钟、灯、火柴、火炉等小册子，商务。以上为常识。

(a)《我的书·月妈妈·天亮了》，中华；(b)《我的书·黄猫·不要笑》，中华；(c)《我的书·儿歌上·妈妈》，中华；(d)《幼稚园小学音乐集一·家庭·家事·缝衣》，商务；(e)《小学国语唱歌集一·我的衣服·早起的好处·回家去罢》，商务；(f) 中华、世界、商务的国语教科书里，也有很多材料。以上为歌谣。

(a)《儿童故事四·皮鞋的小魔》，商务；(b)《故事读本乙二·新家庭》，商务；(c)《小说四·洞里的家庭·十兄弟》，中华；(d)《小说四·洞里的家庭·十姊妹》，中华；(e)《小说四·洞里的家庭》，中华；(f)《故事八·谁也不配夸口》，中华；(g)《童话五九·哥哥弟弟》，商务；(h)《童话六八·姊弟捉妖》，商务。以上皆为故事。

以上各种材料多属原料品。

（十六）饮食

(1) 本活动大部分须家庭合作。幼稚园中，只可以做到吃点心时的习惯（倘幼稚园中能备午膳者，则比较好些）。

(2) 参考及挂图等：(a)《卫生作业图》，上海中华卫生教育会；(b) 卫生小册子《营养》《卫生习惯》《卫生教授初步》，上海中华卫生教育会；(c)《卫生故事一》前半册，商务；(d) 此外中华、商务、世界的常识教科书里都有材料。

卫生歌谣，各地的童谣里很多。本园自编有卫生图及教育卫生歌。

（十七）公园

（1）本活动几乎可以说得，除实地游公园的活动而外，可以不必有几多其他用品或书籍。

（2）游公园图及公园里不采花等歌谣，本园自制一部分。

（3）游公园去，须携带蜡笔、纸、硬纸板等，以便写生。

（4）门票可以搜集回来做东西。

（5）手做的有积木、泥土、纸工三种可以做得，沙盘中尤好。

（6）要参考书籍，可以看中华、世界、商务出版之常识教科书的第一、二册的教授书。

（十八）恳亲会

（1）装饰房子的用品，以手工纸为大宗；其他，当时的鲜花、野果很好；水果、瓜、菜等，都可做临时的装饰品（日子多了不好看）。

（2）成绩的陈列。

（3）请帖由儿童自做——用图画纸，画图或写字都好。

（4）表现的东西，可以选择平时熟练的来做。

（5）其他参考，可以参看《家庭》的一项。

民国十五年十一月二十八日脱稿

怎样编制幼稚园的课程

(1926 年 12 月 25 日)

【题解】 本篇原载《教育杂志》第 19 卷第 2 号"幼稚教育专号",撰成时间为 1926 年 12 月 25 日,发表时间为 1927 年 2 月 20 日。其后,《河南教育》第 2 卷第 5 期(1929 年 5 月)予以了转载。

有关《教育杂志》,参见前文《儿童的观察能力及其教育的功效》题解。

这篇文字,是我们一年半来编制幼稚园课程的试验经过情形。在我国幼稚教育如是幼稚时代,大家都在那里尝试,又缺乏标准的课程;① 所以免不了许多错误,要走几步回头路,我们就如在迷径中想找出路的一样。这篇报告,也就是找路的历程之一。某路可以试行的,某路难通的,同志诸君,大家努力来确定一下。庶几,这片满生着榛莽、荆棘的荒场,可以辟出一条康庄大道来。

这个试验从开始到今日,大约有一年半了。其中经过三个时期:

第一期:十四年秋冬,这期可以叫作散漫期。

第二期:十五年春夏,这期可以叫作论理②组织期。

第三期:从十五年秋季开始,到现在一九二七年二月,还是继续进行,可以叫作设计组织期。

---

① 此"缺乏",系指幼稚园缺乏统一的课程标准或大纲。而中小学教育,此时均颁行了全国统一的"课程标准",从而使课程设置和施行均有章可循。

② 论理:此为"逻辑"的旧称,而非"伦理"之误。

第一期，散漫期

十四年暑假后，我到幼稚园去服务，这是我第一次实际从事于幼稚教育。当时我于幼稚教育，只有几多学理和不满于我国教会式的幼稚园的直觉。

不久，我沿着沪宁、沪杭甬路去跑了一次。回来以后，对于抄袭外国的成法，不问国情和儿童个性的幼稚园的感想，愈加来得深切（详情请看《中华教育界》十五卷十二期《调查江浙幼稚教育后的感想》一文）。其中最不满意、最亟须做的是课程。于是和同事商议，决意来做课程的工作。

我们的幼稚园是新创办的，毫无旧习惯的限制；我们说一声做，就可以做的。那时候，我们的思想里有几条极粗率的原则。

（1）一切课程是儿童自己的，不是教师的，更不是父母或社会上其他的装饰品与利用的工具。

（2）一切课程是当地、当时儿童自发的，不能抄袭任何人家的课程。

（3）教师之责任，只有供给儿童的询问及各种应用材料，并指导儿童所需要的事物。

（4）注意于儿童身体的健康、动作的活泼，不愿儿童受有许多知识和斯文如木偶之礼节。

有了以上四条中心思想，于是拟定要做的课程标准和方法。

（1）把通常幼稚园里所有的课程一律废止。例如走朝会圈，形式的图画、手工、唱歌、恩物、游戏……或完全废止，或废弃它的形式，让儿童自由地去做。

（2）极力把幼稚园的设备增多与改进。希望布置得很丰富的环境，使儿童得随地可以遇到刺激，可以自发地去活动。

（3）教师要希望儿童做某种活动，或使儿童明了某种观念，只布置某种环境刺激儿童。例如重阳节，我们只做了许多重阳旗[①]挂在壁上，又贴了小朋友执

---

① 重阳旗：重阳节用色纸所制作的三角形小旗，旗上画或剪成龙、蟹、菊等图案，各家或制或买，通常插在门楣上，小孩则喜欢持旗玩耍或登高。据说，此旗源于唐代皇家令旗。

旗登高的图。儿童看到了，就会自动的要求做重阳旗，要求登北极阁①去的。

（4）教师的工作也改变了。不像从前可以规定某时间工作，某时休息、预备；从开门到放学，都是工作时间。不过各人的技能、学识，决非万全的，所以要分工。在某种环境，某种工作由某教师担任；其余的教师，不是绝对不参加。所以名为分工，其实没有严格的界限，还是互助的。

照这样的做法，在计划的时候，以为这是最合乎理想没有了。初试的几天，确是儿童活泼、教师兴致淋漓，全园充满了生气。我们也以为，这样的做下去，庶几合乎"园"的一字了。哪里知道几天以后，困难丛生了，并且各种困难都不易解决。归纳起来，有以下几种。

（1）教师穷于应付。在寻常的幼稚园或小学校里，教师都在未教以前预备教材，临时就拿出来教。我们既然没有固定的教材，所以教师的预备工作愈加增多。几乎每天预猜，儿童将发现什么、什么兴趣，极力向各方面去找寻。但是儿童的兴趣，是不容易猜的。有时候猜着，恰恰预备停当，可以应用，但是多数是料不到的。所以教师时常感到，不知怎样应付的苦处。有时看到儿童有这样兴趣，实在以为应该有相当的教导，心里很想找些材料来应付；但是如电闪石火的儿童兴趣，决乎不再等你了。教师内心的责罚，实在太重了。一天之中，不知道要受到几次内心的苛责。

（2）儿童在平面上打转。我们为什么要有教育呢？希望儿童于各方面的进步更有效、更迅速。从前教育上的注重教材，也有几分理由的。我们这次试验，适得其反了。儿童自由的发展，教师因为忙于应付儿童目前的需要，很不易另辟新路使儿童前进。因此，儿童所发生的需要，总在一个平面里的，这实在很危险。

（3）不好动的儿童就呆坐了。有几多儿童，非有强烈的刺激，不能使他有反应，初进幼稚园和怕羞的儿童尤其如此。我们让儿童自由了，于是活泼的，终日手足不停地活动；怕羞的和怯弱的儿童，就眼望着别人动，东坐一刻，西坐一刻。教师呢，心理〔里〕很想帮助这类儿童，但是事实上很难做

---

① 北极阁：位于南京鸡鸣山的古代建筑，其前身为南朝刘宋时所设"日观台"；明代朱元璋建都南京后，又在此建"观象台"，当时此处已成为旅游景点。

到，岂不是枉费了儿童很可宝贵的光阴吗？

（4）儿童渐渐有倔强的神气。养成服从的习惯，也是幼稚园主要工作之一。我们不希望儿童毫无个性的表现，丝毫不知道自由活动；更不希望儿童变成教师命令中的机械。但是儿童倔强、骄横了，实在也不容易施任何教育。在这期试验之中，儿童渐渐儿倔强了；有时候谈不到几句话，就会一哄而散的，这是很可怕的一个现象。

（5）儿童注意难以集中。自己感到兴趣的事，能把全部注意集中，这是教育上的原理。但是这条原理的例外，实在太多了。这期试验中，儿童在半天之中，不能集中注意作业的例子，实在太多了。各种作业，都是他们自己找出来的。于是见东就到东去，见西就到西去，难得做完一件事。因注意之不集中，所以各种学习的进步都极迟缓。

上述的困难，我们起初极力设法补救。教师于布置环境、搜罗材料上，根据儿童将发现的几种兴趣，或社会上将要举行的事情，多方面的预备，平时又手足不停地帮助儿童。但是教师的精疲力尽，仍旧不大有补于儿童，而每每感到预备不周。

幸而我们幼稚园的四周很好，有公园，有农场，有北极阁的小山，所以我们常常带着儿童到自然界里去。儿童到了自然界里，各种刺激多了，于是各自去寻找。因此，教师也得以减少困难，儿童的获益也可以增多些。

但是我们的内心责备，还是很厉害的。我们对于这期试验的怀疑，也与日俱增，天天想改变试验方法。不过总以为，时期不长，或者得不到结论，所以直维持到半年之久，方才改换方法。

第二期，论理组织期

我们既然感觉到新辟的路是难通的，同时对于一般墨守成法的不满意，势非再找一条路来走不可。这是这期试验的动机。

我们既然遇到没有组织的困难，于是就从组织方面着手做去。当时以为，课程非经教师组织过，学生很难有所得的。但是我们的初志——以儿童为主体，合于当时、当地的……——依然不变，所以我们的进行历程如下。

（1）先拟定下周课程大纲。这个大纲，是根据当地、当时的节气、自然物、社会习惯而拟的。

（2）在星期五的一天，教师和指导员详细讨论课程细目，大概以某某节气或自然物等为中心而定细目。

（3）根据细目去找材料。

（4）在实行预定课程的时候，教师就依着表上所载，一件一件地做去。有余，移到下星期去；不足，再找新材料来补充。

现在，附录课程表一张作实例。《鼓楼幼稚园第十五周课程预定表》（六月七日至六月十三日，本星期课程，以过端午节为中心）：

星期一上午：(1) 装饰房子；整理庭园。(2) 音乐：种瓜。(3) 游戏：老虎跳。(4) 故事：《张天师的大扫除》（一、"引子及灭蝇"）。

星期一下午（本星期读法，集中于第二、三次检查过的字）：(1) 读法：(a) 缀法牌；(b) 图画法（因故事而引起的，大约为张天师之类）。(2) 数学：转珠盘。(3) 故事：《张天师的大扫除》（二、"灭蚊"）。

星期二上午：(1) 手工：做香袋儿（缝纫）。(2) 图画：老虎等（水彩画）。(3) 音乐：复习。(4) 故事：《张天师的大扫除》（三、"整理房子"）。(5) 游戏。

星期二下午：(1) 读法：(a) 缀法盘（新字）；(b) 读本。(2) 故事：《张天师的大扫除》（四、"扫除身体上的污秽"）。(3) 旅行：看瓜果。

星期三上午：旅行法：地点临时定，以常识（端午风俗）为目标。

星期三下午：(1) 读法：(a) 缀法牌；(b) 自述簿。(2) 故事与谈话：端〔午〕节的风俗。

星期四上午：(1) 手工：香袋儿（缝纫）；(2) 图画：端午故事；(3) 音乐：复习；(4) 故事：张天师故事的总说；(5) 游戏：张天师故事表演。

星期四下午：(1) 端午节请客之预试——买物、请客的礼节等。(2) 读法：自述法。

星期五上午：(1) 手工：老虎、香袋儿（如缝纫已成，则做泥工）。(2) 图画：端午节房间里的装饰品。(3) 故事：《端午风俗》《请客吃什么》。(4)音乐：复习及节奏。

　　星期五下午：(1)读法：(a)缀法牌；(b)总复习。(2)表演：张天师的故事。

　　星期六上午：(1)端午请客；(2)常识：买物、请客、烧菜；(3)故事：各说故事，以娱来宾；(5)音乐：随唱一歌，以娱来宾。

此外，每日有检查清洁及户外游戏等，吃点心、休息。每星期五，检验体重及身长等。不详载。

　　这样的做法，确是觉得困难减少多了！教师的预备时间可以省去许多，应付儿童反而来得容易；学生的学习成绩，比前一期进步得更速，就是社会上也以为这样办法是对的。我们也非常喜欢，以为此路可以走通了。但是试行未久，又发现这条路上陷阱很多；不过上面铺着稻草，在外观上是好看罢了。我们发现了以下许多陷阱，并且想要设法填补也不容易的。

　　(1) 强制了儿童的兴趣。儿童的兴趣，有几多是因着社会或环境上普遍刺激而发生，但是也有因特殊刺激而发生的。这种兴趣，为学习的最好动机。但是试行了此法，没有方法再能顾到这层了。

　　还有一层困难，有许多儿童对于某事感到兴趣以后，很能持久地做去。例如有许多孩子跳进沙盘以后，甚至忘记回家吃饭的。但是我们因为实行预定课程的关系，不得不牺牲他们，或强制他们跟着我们同走了。

　　(2) 轻蔑了儿童的个性。我们实行了此路以后，非做团体活动不可。团体活动太多了，不能把每个儿童的个性都顾到。走得快的儿童，强拉着叫他慢慢走；走得慢的儿童，已经跟得汗流气喘了。

　　(3) 教材常常会不适用的。我们虽然是儿童的伴侣，但是究竟不是儿童了。我们以为重要的、有兴趣的，有时候很能合于儿童的，但是也有极不适合儿童的。例如清明节，不是一件很值得做的节气吗？哪里知道，我们园里儿童的家庭，大都有特别情形，没有扫墓的举动。所以清明节的教材，我们定了以后完全不能做。

　　(4) 临时发生的事情很难插入。预定的课程，往往有系统的、要连续做的，倘若中途插一事，就会发生阻碍的。但是儿童生活哪里会有这样论理组织呢？社会上临时发生的事情也很多，废弃了这样可贵、可爱的事情，实在于心不忍，做了又有种种阻碍。例如有一次做"苍蝇"的作业，忽然有一个儿童，捉到了一只小麻雀。这只小麻雀，是已经受了重伤的，所以不一刻就死了。这是一件很值得做的事——葬小麻雀，我们就依着儿童的兴趣做去了。做过这个作业以后，重新再回到苍蝇作业的时候，实在费了不少的力，还是觉得很勉强的。

总之，照着这条路上走去，处处觉得很勉强，很失去很可爱的机会，又剥夺了儿童不少的自由。只图教师的便利，博得社会上的欢心，不顾儿童本身如何，那是我们不肯做的，也是一条很危险的路。

"再来改换罢，再来改换罢！"这是我们十五年将放暑假的时候，在会议席上同声一致的话。

第三期，设计组织期

没有组织的既然不对，有了组织又走不通，旧方法也不能应用，势非重找一条新路不可。我们找到的新路是设计的，也可以说得是中心的。

说起"设计"二字，在中国教育界如是好换新的时代，大家以为这个东西已经旧了，在小学里已经要厌弃了，幼稚园里还以为新的，未免可笑。但是我敢说，我国幼稚园里采用此种制度的，为数决不多。在我们是第一次试验，所以称他是新的路。现在，把我们怎样做的方法和走的路径来报告一下。

（1）在本星期教师会议上，提出下星期大概可以做些什么。

（2）把要做的东西拟定以后，于是商议它的内容：大概可以有几种活动可以做的。

（3）将各活动内应用的材料及可以参考的书籍，教师详细预备。不过所谓预备，是教师自己的预备，不是替儿童件件都装好；儿童可以不用思想，现成来做的。

（4）布置或寻找引起这个设计的环境。

（5）儿童既然感到有兴趣，教师顺着儿童的兴趣，引起诸种活动的各方面来，但是并不强求合乎预定的。

（6）时间上完全无限制。

(7) 儿童如不能维持到完了这个设计的全部历程，教师亟须考察一下，究竟是什么缘故？可以补救吗？

(8) 儿童临时发生特种兴趣，教师也须尽力去指导。有时竟把预定的改变，做这个临时发动的事。

(9) 幼稚生亟须看到结果，所以各个设计中，当分做许多小段落，他们的兴趣方才可以维持。

(10) 在同一设计中，因为各方面很多，所以儿童各自愿意做哪方面，完全听儿童自由的，并没有儿童会议等举动。至于数个儿童之合作，也完全由儿童自由结合。

附《本期试验课程之实例》（十五年十一月二十九日至十二月五日）

一、课程总说

本周因张先生回家，就以此来做课程的中心。可以做的事情如下：(1) 张先生又要回家去了，小朋友应该送些礼物给张先生。(2) 张先生怎样回家去的？(3) 和张先生通信。

此外，例行工作如下：(1) 星期一晨，向国旗行礼；(2) 星期六晨，周会；(3) 检查清洁三次；(4) 检查习惯一次。

二、各种活动，可以试做的各方面

(一) 张先生又要回家去了，我们小朋友应该怎样？

(1) 张先生为什么又要回家去了？(a) 张先生前次为什么不对小朋友说明，急急地回家去呢？(b) 这次请张先生来报告。(c) 张先生这次几时动身走？(d) 问张先生几时可以来？(e) 张先生家里的情形怎样？

(2) 送些什么给张先生带回去？(a) 张先生爱什么东西？小朋友亲手做出来的，都喜欢。(b) 小朋友做些什么呢？有许多东西，如泥制的，张先生是带不回去的。(c) 小朋友不如来画好看的图画，做剪贴、绣像的手工。那些又便于带，又很有趣。

(3) 张先生也送礼物给小朋友。

以上三项，大概在星期一、二两天做完。星期一做（1）（2）两项。到了星期二上午，就来开一个欢送会。这个会里可以做的：

（1）张先生报告回家去的路径等；（2）送礼物给小朋友；（3）小朋友送礼物给张先生；（4）唱歌欢送；（5）讲故事，弄乐器，答小朋友的雅意；（6）欢呼；（7）进茶点。

（二）张先生怎样回家去的？

（1）张先生的家在哪里？（a）张先生家住在浙江绍兴；（b）张先生回家去的时候，要路过上海、杭州。小朋友哪个到过上海、杭州？（c）张先生的家乡有很多的山、水、鱼，又有很好看的花，很好玩的小朋友……（d）张先生家里有白发老母，又有将出阁的妹妹，小朋友想想看，张先生见到母亲的时候怎样？小朋友见到母亲的时候怎样？

（2）张先生走回家去的吗？（a）张先生回去坐的东西很多：坐马车到下关；坐沪宁车到上海；坐沪杭车到杭州；坐轮船过钱塘江；坐长途汽车到绍兴城里；坐小船到家里。（b）这次回去，要用多少盘费呢？马车费一块钱，沪宁车三块钱，沪杭车二块钱；又，饭食等一块钱；过钱塘江的轮船是义渡，不要钱的；长途汽车二块钱，小船等一块钱。小朋友，共总花了几块钱了？

（3）张先生从家里回到南京来，又怎样呢？

以上三项，从星期二下午做起，做到星期四。办到了，又是一个新起头。

（三）张先生的信来了，我们来写回信吧！

（1）这是张先生写来的信。（a）张先生已到上海了——读信。（b）张先生的信哪里来的：张先生到上海写信，交到邮筒里去；邮差把信收到邮局里去；邮务员看过邮票，盖过邮戳，送到火车上去；火车把信带到南京来，到了北门桥的邮局；北门桥的邮差，把信送到幼稚园里来。（c）看来信的信封上面的邮票和邮局的盖戳……

（2）我们也来写信答复张先生：（a）写什么话？图画也好的。（b）怎样写法？合写呢？还是一个小朋友写一张？（c）怎样写信封？（d）怎样寄信？用四分邮票——此处可以教各种邮票；用浆糊封住信封，送到邮筒里去。本段由写信引起邮局，又由邮局引起邮票。本园小朋友，就继续做搜集邮票的活动了。

此制是否可以通行，到现在还难说。倘若困难不多，又容易解决的，我们预算做二年，或者有些成绩出来。

篇末，我将说一句题外之言："无论有怎样好的课程，有怎样好的教学方法，倘若教师不会活用，很难收效。所以根本说起来，教育的效果，还在教师的掌握中。愿我做幼稚教师的同志，大家努力！"

附《南京鼓楼幼稚园日课顺序》（十五年秋起）

上午八时五十分，儿童来园。

九时—九时十五分，检查清洁，或检查各项成绩，或开周会等。

九时十五分—十时十五分，儿童自由活动。此时，即实行设计上的活动。

十时十五分—十时三十分，小班，进点心、讲故事；大班，唱歌（本园音乐，有许多是董任坚夫人编来做试验的）。

十时三十分—十时四十五分，大班，进点心、讲故事；小班，唱歌。

十时四十五分—十时五十五分，休息。

十时五十五分—十一时半，自由活动，或继续设计活动，或赴户外运动，搜集自然材料，等等。

十一时半，上午放学。

下午二时二十分，儿童来园（下午儿童，就是上午的；不过，四岁以下的不来了）。

二时半—三时半，各种试验，如读法、数、写字，及东南大学心理班的各种测验。

三时半—四时半，自由活动。在此时间，有时亦有游戏等试验。大都则为继续设计活动。

四时半，放学。

上面的日课顺序，非每日如是。我们到野外去的机会很多，附近的北极阁小山，鼓楼公园，东大农场、校园，金陵大学的农场等地，几乎是我们的第二教导场了。每逢出外去，就不照此顺序。就是在园的时候，也常常变动的。

十五年十二月二十五日脱稿

鼓楼幼稚园课程试验报告之三

（1926年12月）

【题解】 本篇连载于《幼稚教育》第1卷第2期、《儿童教育》第1卷第3期，撰成时间为1926年12月，发表时间为1927年8月、1928年5月。原发表时题为《十五年十二月份》，今题系编者所拟。

有关《幼稚教育》（《儿童教育》），参见前文《鼓楼幼稚园课程试验报告之一》题解。

一、预定的计划

（一）本月份课程总说

本月份，因我园发生了两件事，又加上社会固有的节气，所以注意社会性的活动了。其他活动，也相当注意。总括起来，得下列数项：

（1）张先生回家；（2）俞先生回家；（3）冬至节、云南起义纪念、耶稣诞辰；（4）新年预祝；（5）冬天的食物和用品；（6）芽、腊梅、绿叶树、笋、鱼、雁、雀；（7）冰、雪、冷风、暖日、寒暑表等；（8）试验：读法继续，数的试验告一段落；（9）例行作业如前月。不赘。

（二）各种活动（或教材）的范围

1. 张先生回家

（1）张先生报告于星期二要回家去了；（2）张先生家住浙江省绍兴县的

乡里；（3）回去的时候要坐火车、轮船、汽车、小船（交通工具）；（4）小朋友送礼物；（5）张先生的信来了；（6）小朋友写回信；（7）邮局，寄信的方法；（8）新娘子——张先生的妹妹。

2. 俞先生回家

俞先生的回家，是突然发生的。因为二十三日忽然得到杭州紧急的信，他忧母有危险，星夜束装归去。所以第二天上午，小朋友不是看见"俞先生回去了"的条子，他们还以为她拿了好东西，还没有来呢。

（1）杭州打仗了，孙传芳和蒋介石；（2）杭州的景物，有西湖，出绸缎，钱塘江里的潮；（3）俞先生回家是去看母亲的；（4）母亲的可爱；（5）写信去慰问她——她家住在杭州大塔儿巷；（6）送她礼物。

3. 冬至节

（1）冬至的意义；（2）冬至的礼节——各处不同；（3）冬至不是顶冷的天；（4）冬夜——睡觉；（5）原始人的起息；（6）时辰钟的用处；（7）御寒的方法；（8）冬至节的礼物。

4. 云南起义纪念

（1）十二月廿五日为云南起义纪念，这个纪念日的意义；（2）蔡松坡（另图14）、袁世凯；（3）皇帝、大总统；（4）云南省的景物；（5）蔡松坡死在日本；（6）吴佩孚、张作霖、孙传芳、唐继尧……（7）中华民国的意义。

5. 耶稣诞辰

本园对于世界伟人都有相当的敬仰，所以耶稣诞辰也作为活动之一。不过我们的工作，在耶稣教徒看起来，当然是太冷落了。

（1）十二月廿五日是耶稣诞辰。（2）耶稣的历史；（3）耶稣教堂；（4）耶稣圣诞的老人；（5）耶教徒的庆祝和礼节；（6）世界上的三大教主——释迦牟尼、模哈默德①、耶稣；（7）寺

另图14 蔡锷像
图片来源：《杂志》
第5卷第6期
（1939年12月20日）

---

① 模哈默德：通译穆罕默德，伊斯兰教先知、宗教改革家。

庙、回教堂；（8）和尚、回教徒（南京回教徒甚多）。

6. 新年预祝

（1）新年的意义；（2）拜年；（3）闹新年——新年的风俗习惯；（4）乡人的办年货；（5）小朋友的新年；（6）新旧两个新年。

7. 冬天的食品和用具

（1）野味——南京有野鸡、獐、兔、野猫、凫；（2）打猎；（3）豆腐的来源；（4）豆腐的做法；（5）火炉的结构——火门、煤肚、烟囱；（6）火炉的功用——与火炉相仿的用具，如火盆、脚炉等；（7）棉衣、皮衣的功用——能使体温不散，冷气不内侵；（8）棉衣、皮衣的来源；（9）冬日最普通的病——伤风、冻疮——的成因及其预防法；（10）冬日的游戏——北方人的滑冰。

8. 冬日的自然界之一

（1）冰的成因，变态——水冷成冰，冰遇热为水，水热化汽；（2）雪的成因，雪珠的成因——空中雨遇大冷所成；（3）冰的功用，可以杀虫、防腐；（4）夏天的冰——冰的保藏法。杜绝空气就能保藏长久；（5）冰雪的游戏；（6）冷风暖日与寒暑表的关系。

9. 冬日的自然界之二

（1）草木都凋落；（2）草的形状，有芽苞，苞上有毛或硬皮以御寒；（3）木芽与草芽的分别；（4）腊梅很香，色黄，不是梅花，开的时候没有叶；（5）梅花的蕾。梅花还没有开，不过花蕾已经很多了；（6）冬季的绿叶树。松、柏、竹、冬青；（7）冬季的菜园。瓢儿菜、雪里红、萝卜、豆苗、麦秧；（8）冬笋，竹的芽，有坚箨，深在地下；（9）烘花的花房；（10）鱼在冰下不会冷死的；（11）冬季的鸟。雁、楝雀、乌鸦……

（三）各种活动可以试做的各方面

1，张先生回家

（1）在星期一朝会时，张先生报告要回家。（2）做送他的礼物，可以做剪贴、缝纫、图画等物件出来。（3）开欢送会节目如下：（a）开会就座；（b）张先生送小朋友礼物；（c）小朋友送礼物；（d）张讲故事；（e）小朋友唱欢送歌；(f)进茶点；(g)欢呼。(4)张先生回家去的路径图表示：(a)由东南大学坐马车到下关；(b)坐火车到上海又到杭州；(c)坐轮船过钱塘江；(d)坐长途汽车到绍兴；(e)又坐小船到家。(5)共花去盘川几多：(a)马车一元；(b)火车上一切用途六元；(c)轮船是义渡不出钱；(d)长途汽车约一元；(e)小船及饭钱约一元，共花了几元？(6)信从哪里来的？检阅信上的字和图画等等。(7)辨别邮票，搜集旧邮票。(8)寄信去，买邮票，把信放到邮筒里去。(9)写信的方法，先写信里的话，写信封的方法，用浆糊封信口，贴上邮票四分，送到邮局里去。(10)参观邮局。(11)鉴别邮票的种类和价值。(12)开邮票展览会。(13)替小囡囡结婚（此系一个大活动，可以特别举动的，此地不过附带提起罢了。最好不要妨碍正常活动）。

2. **俞先生回家**

(1)作图表示俞先生回家的途径——到杭州；(2)写给俞先生的信，安慰她，并请母来宁。复习写信的方法；(3)寄信去（复习了）；(4)预猜俞先生母亲的形状，爱女儿的情状；(5)战争的利害，比土匪还要凶；(6)做送她的礼物——贺年片、图画……(7)看杭州、西湖、钱江潮等图；(8)寻觅俞先生去（此项活动，若无报告，不妨一做；倘若要做，要儿童完全不知道这回事方有意味，不然毫无兴趣的）。

3. **冬至节**

(1)看日历，看太阳图（当存欣赏的态度，不要以为是要记牢不可忘的）。(2)做冬至菜，计划买什么东西，用几多钱，怎样做法？(3)冬至的欢宴。先做菜，然后来吃。(4)送父母的礼物。各人自由计划。(5)装饰房子，一来做冬至用，二来昨天开云南纪念庆祝用。冬日的房子里要暖，又要有绿叶的。所以用红纸做球、用柏叶做衬，壁上贴火炉等图（小朋友的菜贴）。窗帘上贴剪字，如庆祝冬至等。(6)看钟，并预告回家后看几点天黑。(7)睡觉的讨论（都是附带的）。(8)冬衣的提示（都是附带的）。

4. **云南纪念**

(1)看蔡松坡、袁世凯、孙中山等肖像。(2)表演袁做皇帝，蔡的逃脱与起义（极简单）。(3)开庆祝会。因为这一天与冬至相邻，所以可以合并开的，只要小朋友能够明白这是两个纪念日。至于怎样做，与双十节相仿，不过要加进冬至的意义。（4）其他一切可以与冬至节相提并做。

5. 耶稣诞辰

（1）参观耶稣的教堂，这天他们是热闹的，所以最宜参观。（2）解释迷信，耶稣也是一个小朋友长大起来的，也有父母，不是从地上长出来的。（3）耶教徒家里的礼节。也可以去参观，如圣诞树、圣诞红、聚宴、祈祷等。（4）请回教徒来讲教的大略情形（附带的）。（5）请和尚或尼姑来讲佛教的大略情形（附带的）。（6）开庆祝会也好，看学生是否是教徒的儿女。不过我们的庆祝会，应该不入于迷信之途，切须留意。

6. 新年预祝

（1）计算再过几天到新年。（2）计划新年用的新东西。（3）把房子换一副新面目。（4）做贺年片。（5）新年会的筹备。（6）开预祝新年会（因本园儿童大都为教师之子女，元旦各学校放假，父母要带领儿童去游玩，我们倘若要开起新年会来，难免受影响的，所以在卅一日预祝）。（7）新年会的秩序：(a) 做圆子（先一天做好）；(b) 买年糕、鞭炮、大炮、新年锣鼓、蜡烛、香等（以上是筹备工作）；(c) 升旗，向国旗行礼团拜，唱新年歌；(d) 做娱乐的事情，吃年糕、圆子汤；(e) 讲新年故事；(f) 散会（以上为新年会之正项工作）。（8）还有一个新年，再过几天到呢？

7. 冬天食品和用具

（1）做豆腐：(a) 买黄豆来，用水浸涨；(b) 放在小磨里带水磨成豆浆，放进菜油去，用筛布去渣，放在锅里煮（以上成了豆浆，就可以吃了）；(c) 煮沸的豆浆里放进盐卤，豆浆渐凝；(d) 然后用布包进方器里去，冷了就成豆腐。（2）参观豆腐店，问豆腐的做法，又可以做些什么？（3）到北门桥市上去。参观野味店，买些野味回来，研究打猎的方法，参观衣装和皮货店。（4）烧野味吃，在火炉上烧，研究火炉了。（5）向火的卫生：向火时要脱去外衣，出门去要带〔戴〕好帽子，穿好衣服，以免伤风。手足冷热的变化不可太剧。否则要生冻疮。

8. 冬日的自然界

（1）找冰来玩。池里、缸里凡有水的地方，都可以去找。（2）玩冰。冰锣，穿冰的洞，煮冰茶……（3）做雪人，雪球，煮雪水……（4）找花去，研究腊梅冬季开。（5）比较花蕾、花（梅花）、芽的异同。先找到，然后比较。可以做各种感官游戏。（6）搜集绿叶树来装饰房子。（7）烧豆腐，或野味，或羊〔年〕糕的材料——菜园里去找。（8）问渔人冬日要到哪里去捕鱼——到小深的潭里去。（9）井上有热气出来，井水比外面的空气来得热。（10）黄莺到哪里去了？雁群来了。可以做游戏。（11）鸦阵。此系南京的特别情形，冬日傍晚，归鸦蔽天。这是一个好材料。

二、每天的记录

第一周（十月廿九日至十一月五日）

提要：本周做张先生回家的一个活动

星期一上午

（1）朝会谈话时，张先生报告，因为妹妹结婚，所以星期二的下午要回去了，大约十天以后回来；（2）计划送张的礼物；（3）自由画（特）：有画张女士做新娘子的，也有画兔子结婚的；（4）选择要剪贴的图画（幼）；（5）《快活再会歌》（特）；（6）《妈妈羊》（幼）；（7）进点心，讲故事《小兔子结婚》；（8）户外自由活动；（9）节奏。

星期一下午

（1）继续礼物之制作：图画、写字、粘到硬纸上去。（2）数的试验的结束；（3）游戏：套圈子。

星期二上午

（1）预备送别会——茶点、礼物、礼节。（2）开送别会，节目如下：（a）小朋友就座；（b）请张先生来；（c）小朋友代表致欢送辞；（d）张先生致答辞，并赠送礼物——女童子军一个（无锡泥人）；（e）小朋友送礼物——图画有新娘子、新娘子的汽车等等，剪贴有风景图，又有首饰盒等（都是自己做的）；（f）张说明自己归去的路径，要用的交通器具和盘川等；（g）讲结婚故事；（h）小朋友唱《快活再会歌》；（i）进茶点，小朋友讲故事。

星期二下午

（1）看轮船、火车、马车、汽车、小船等图；（2）拼六面图的交通图；

(3)造火车路（积木）和张先生的家；(4)读法。记述张先生回家；(5)算张先生此次的盘川。

星期三上午

(1)继续做交通活动：与昨日相仿佛。唯俞先生想了几种纸做的车子出来了，小朋友很快活地来做。但是也有做泥人的，也有做泥糕要送张的。(2)户外自由活动：大部分是计划种黄豆，小朋友有愿意种到沙盘里去的，结果种到室内小盆里来。(3)进点心，讲故事，交通工具的演进（体裁与"小老鼠游上海去"差不多）。(4)唱跳绳歌（近几天来，有人学跳绳了）。(5)休息与节奏：八人舞。

星期三下午

旅行去：(1)看鼓楼街附近经过的车子有几种——黄包车、马车、汽车、火车；(2)到鼓楼公园里去读书，做算数；(3)归来浇黄豆的水。

星期四上午

(1)团聚：检查清洁，计算张先生到了哪里了，大约杭州罢？(2)自由活动：依旧是交通工具，除与前数日相同外；又到沙盘里去做东西去了，加入买火车票等手续。(3)进点心，讲故事《乡下老鼠进城》，小朋友自己也讲了许多。(4)音乐：与昨日同。

星期四下午

(1)写字、读法：联起来做的是自述法和抄写；(2)有许多儿童还是继续做交通器具，大都是剪纸工；(3)游戏：找朋友；(4)重算张先生回家和来校的旅费。

星期五上午

(1)团聚：张先生的信来了，大家读信；(2)研究这封信上的东西：信封的写法、邮票、邮局盖戳……(3)讨论这封信怎样来的？(4)表演信的递送；(5)进点心，寄信的趣事，鸽子、鱼、狗等寄信；(6)音乐：表演跑马（节奏），唱歌继续昨日。

星期五下午

(1)写回信：先讨论写些什么，然后教师把讨论的结果，写在黑板上使儿童抄写；(2)写信封。这件事许多小朋友还做得不对；(3)邮差、邮局的职务；(4) 游戏：送信（与滚球游戏相仿）；(5) 计算寄一封平信要几分钱，合几个铜子（此事也难做到）。

星期六上午

(1) 做信封：几乎是全体做的。(2) 旅行去：到北门桥去参观邮局，寄出昨日的信；到科学社里去参观冬日的鱼、鸟；他们送了许多金鱼。(3) 归来又做游戏，两岁的明明，能抢椅了；两岁半的崇义，能听琴跑跳了。

第二周（十二月六日至十二日）

提要：本周天气奇冷。做冬天的各种活动，又继续邮票活动。

星期一上午

(1) 团聚：检查清洁及朝会礼；(2) 生火，研究火炉的构造，为关闭火门后的现象、煤炉的容量、烟囱的功用等；(3) 利用火炉：除取暖外，又可以烧东西吃；(4) 买豆来，商议怎样做豆腐，哪种豆可以做豆腐的？黄豆是可以做豆腐的；先来烧水，得到温水以后，拿去泡黄豆，以备下半天来磨；(5) 浇前星期希望发芽之豆。

星期一下午

(1) 磨豆腐：因为水太多了，所以太薄，大概只可吃豆浆了；(2) 音乐：做风舞，唱风歌（一面磨豆腐，一面教唱歌）；(3) 读本：选择风的数课来读；(4) 算黄豆账（一面磨豆腐，一面算豆腐账）。

星期二上午

(1) 取出豆芽的一部分来，用火酒①浸起来；(2) 做豆浆：将昨日之豆汁，放入油渣，使浆澄清，然后用筛布滤出豆渣，放到火炉上去烧豆浆；(3) 吃豆浆，放糖的，因为滤得不净，又太薄，所以味不好；(4) 唱歌：磨豆腐（歌谣体，临时杜撰的），在烧豆浆时唱的。

星期二下午

天气太冷，儿童来得甚少。

(1) 看演算片；(2) 玩块字牌；(3) 做下雪的节奏。

---

① 火酒：即烧酒，酒精的别名。

星期三上午

（1）中康送腊梅花来，作为谈话的中心；（2）找冰去，在水桶、水缸里找到极多的冰；（3）玩冰，使冰变水又变汽；（4）唱《腊梅花歌》（特），又唱《雪里狗歌》（幼）；（5）进点心，讲《梅花姊妹》的故事；（6）游戏：猜花、猜冰。

星期三下午

（1）火炉上的沸声被小朋友发现了，于是商议利用此水，结果用来洗小宝宝的衣服、被褥；（2）歌谣法：《雄鸡又把它吵起来了》（特）；（3）表演：猴子戴帽子。

星期四上午

（1）团聚：检查清洁；（2）邮票的用处，搜集旧邮票；（3）自由活动：刺绣片，剪贴冬景，着色青菜图，找冰去的，跳绳、玩球的，其中以找冰的兴致最浓；（4）找树芽和草芽去：小朋友有的吃草根，狂叫"这是甘蔗呀"；（5）替小宝宝缝被褥，穿起衣服来；（6）唱歌：如昨。（7）进点心时，讲《芽宝宝的过冬》。

星期四下午

旅行北门桥市上。（1）到天一公司买玩物；（2）参观豆腐店，详细问问豆腐究竟怎样做法；（3）参观野味店和衣庄。

星期五上午

（1）商议怎样表示谁顶清洁的方法，结果画起宝塔形来，又用小国旗多面，每面写各人名字，某儿得分数最多的，就放在最上层，依次低下来；（2）看各国邮票的形状。可以在邮票簿上查出；（3）伤风的预防法：个个都实地练习（戴帽、穿衣出门）；（4）唱歌为温习；（5）故事是《邮票哥哥》。

星期五下午

（1）计算邮票的个数，小朋友已经搜集到的；（2）复习读本及自述簿。

星期六上午

（1）替小宝宝结婚：这是小朋友提起来的，大约因为小宝宝换了新衣，所以他们提起这件事来；（2）选派鼓乐队；（3）请散花娘子；（4）主婚人是不倒翁；（5）大家来布置会场，唱歌作乐以贺小宝宝；（6）吃喜酒，开水一杯，饼干两块，牛奶糖一块。

第三周（十二月十三日至十九日）

提要：(1)冬至节的活动；(2)张先生回校来了。

星期一上午

(1)团聚：提起冬至快到了，各人到家里去问问母亲，怎样过冬至节的；(2)预备送礼物给家人，父、母、兄、弟、妹……各有一件；(3)讲《冬天老人》的故事（就是圣诞老人的变体）；(4)唱《冬天老人》的歌，并预备表演这首故事。

星期一下午

(1)表演《冬天老人》；(2)自述法的读法；(3)试用世界书局出版算术教科书第一册，依图讲故事，还勉强可以过得去。

星期二上午

(1)团聚：安琪儿报告，张先生今晨到东大了。因为昨夜夜车太辛苦，要休息一天呢。小朋友都谈张先生的事情。(2)继续做礼物，大概是剪贴工。(3)练习《冬天老人》的表演。(4)练习猴戴帽子的表演。

星期二下午

(1)张先生差工人送绍兴香糕来。(2)小朋友设计向俞先生讨香糕吃。先说看看是什么？次说只有一种香蕉么？呀！多得很呢！还有烧饼？我们来尝尝看。(3)画起香蕉来。(4)俞先生讲香糕、烧饼的做法。

星期三上午

(1)团聚：张先生来了，买来许多新奇的玩具，美丽的图画，一一给儿童看；(2)泥工：做香糕、烧饼；(3)点心就用香糕、烧饼；(4)故事：张讲妹妹出嫁的情形，并拿出许多画片来，请小朋友依画片来杜撰故事；(5)节奏的练习；(6)唱歌亦为复习。

星期三下午

(1)读法：检查过去两星期的成绩；歌谣：《磨豆腐》。(2)游戏：拍球。从前本园儿童不喜拍，虽买来大皮球也不喜欢拍。今天张携来有彩色画的皮球一个，儿童见之大悦，争相拍，但是太坚硬了，不容易拍。这样一来，儿童非常喜欢拍皮球了；但仍喜用旧时的几个球。

星期四上午

(1) 团聚：检查清洁；(2) 继续做礼物：有几个做缝纫的；(3) 吃点心时，讲《冬天姊姊》的故事（特），《今天是送来雪花》《三只羊过桥》（幼），很有兴趣；(4) 唱歌复习，表演也是复习。

星期四下午

(1) 检查旧课（幼），温习歌谣（特）；(2) 数的温习与检查成绩；(3) 自由活动：生火炉，拍球，积木搭成新娘子的房。

星期五上午

(1) 团聚：提起明天要开邮票和石子的展览会；(2) 继续做礼物；(3) 吃点心时，讲《冬天姊姊》（特），送冰锣来了，与昨日同（幼），还是兴趣很浓；(4)《新年歌》和跳舞；(5) 自由活动：拍球最多。

星期五下午

(1) 检查旧教材（读法、数学）；(2) 到鼓楼公园去拾石子去，归来洗净；(3) 整理邮票簿，预备明天陈列。

星期六上午

开邮票和石子的展览会：先把小朋友的成绩摆出来陈列，又把教师的成绩摆出来，大家公开地观赏，请陈鹤琴先生来评判。陈先生带来许多化石奖给各位小朋友，张先生拿了各种旧邮票来做奖品。

第四周（十二月二十四日至二十六日）

提要：本周做冬至节、云南纪念、耶稣诞辰三个节气的活动。

星期一上午

(1) 团聚：计算再过几天到冬至节了，检查清洁；(2) 做礼物（幼）；(3) 读法（特）：庆祝冬至的句子；(4) 吃点心时，讲冬天姐姐送西北风来，催一切的虫、花、木睡觉的故事；(5) 户外活动：儿童忽然想起了球战来了；(6) 练习前星期的表现。

星期一下午

(1) 数的教学：二加三，特班小朋友还有几个不能；(2) 歌谣：《四季好》（特），《老雄鸡》（幼）；(3) 装饰房子。

星期二上午

（1）团聚：明天是冬至节了，计划怎样过节，小朋友大家报告家里的情形；（2）装饰房子（特）；（3）继续做礼节（幼）；（4）点心时，讲冬天姊姊常常请太阳哥哥到她家里去玩，太阳哥哥回来以后，带了许多和气来，所以冬天的太阳大家喜欢它出来的；（5）表演的练习：今日因为装饰房子的热度太高了，所以练习表演兴趣不很好。

星期二下午

（1）装饰房子：有一部分儿童到野外去采绿叶去，如柏、松、竹；（2）张报告迟来的缘因——赶暨南女子学校讲演。

星期三上午

（1）房子装饰好了。对角结两条彩，一条是柏叶，一条是红纸灯泡花；交界处挂荷花灯，墙上正中挂国旗（小的）；旗下为孙中山先生像，四周贴了很整齐的手工，如灯烛、野兽等。又把原有的画片，换上几张冬景画。（2）开庆祝冬至节会：不请外客，小朋友自己庆祝。节目如下：（a）向国旗行礼并唱国歌；（b）唱《西风歌》；（c）预备茶点：今天因为自己园里有瓢儿菜，所以吃面；（d）领〔预〕备会食的桌、椅、碗、匙等（以上两组是分开做的）；（e）重新入座；（f）表演：《冬天老人》《猴子戴帽子》、八人舞等；（g）进茶点；（h）讲故事（此二事合做的）；（i）欢呼散会，并报告下午给假。

星期四上午

（1）团聚：谈昨天下午各人的经验，检查清洁。（2）筹备过云南纪念了，预备明天上午来预祝。（3）讲袁世凯做皇帝的故事，并练习表演。（4）有许多小朋友，把这个故事画出来了。（5）又讲几个国耻故事，因为今日的饼干有"五月九日毋忘国耻"八个字，所以儿童要求讲这类故事了；恰好蔡松坡死在日本，也联起来了。（6）儿童对于球的游戏，似乎又淡起来了。

星期四下午

（1）读法：自述法，云南起义从课本里找出来的（特），幼小的还是喜欢玩块字牌等；（2）数的练习：五以内的加法；（3）表演的练习：烧草地极有兴趣。

星期五上午

（1）团聚：俞先生回家去了，一鸣已预先知道，请他报告。（2）画俞先生的归程路径图，并计划怎样去慰问。（3）开云南纪念会。节目如下：（a）向国旗行礼并唱国歌；（b）向孙中山先生行礼（因找不到蔡松坡先生像，实为遗憾），并唱《尽力中华歌》；（c）讲故事：张讲蔡松坡遗事，又讲林肯故事；（d）小朋友也有讲故事的，不过大都是讲耶稣的故事罢了；（e）欢呼；（f）点心，与平时同。

星期五下午

人数大减，因为有许多儿童的家长是基督教徒。参观金陵大学的教堂去，并讲耶稣的故事。

第五周（十二月二十七日至民国十六年一月二日）

提要：本周做新年的活动。

星期一上午

（1）团聚：因东大附小送贺年片来，讨论新年的拜年；（2）做贺年片：这件工作最有兴趣，竟做了一个小时以上，没有一个有倦容的；（3）进点心时，讲《鼠伯伯的新年》（《小朋友》杂志里的）。（4）节奏动作：用留声机，做马跳等动作。

星期一下午

（1）写给俞先生的慰问信，并请早日归来。方法是先讨论，教师把讨论结果写在黑板上，儿童抄出来的。但是，儿童还有要加进去的，当尽量加进去。（2）写信封：这件事还不能做成功。（3）寄信去，买邮票，交信给邮局。（4）游鼓楼公园，这是顺道的。（5）歌谣：邮票的歌两首，在公园里教授。

星期二上午

（1）做贺年片：说是送给幼稚园和爸爸妈妈的。小朋友兴趣浓了，他们也就能想出用途来。（2）寄发昨日、今日所做的贺年片。（3）找冰去。在草地上开了一个冰的展览会。得到一块比大锣还要大的厚冰，挂在花园门上，大家真快活。（4）进点心时，有《猪八戒过新年》的故事。（5）节奏：静默动作。因开过冰的展览会进来，儿童太兴奋了。

星期二下午

（1）玩铜子：这是一个偶然的游戏，哪里知道儿童喜欢得了不得。玩了一个小时有另，教师倒疲倦了，儿童还要继续下去。因这件游戏，读法、数的都教授了。（2）制造冰的玩具：一块冰在火炉上烙出各种形状来，这是儿童自己发明的。

星期三上午

（1）团聚：讨论新年的果食，大家说有汤的年糕等；（2）做新年糕饼等：因为粉、糖等预备不及，所以只好做泥的；（3）自由活动的时候，还是找冰，用小车子载回来；（4）讲新牛〔年〕游戏的方法（故事体）；（5）节奏及抢椅子的游戏：用留声机。

星期三下午

（1）旅行北极阁去：于寻找石子最有趣味；（2）温习读本，"在北极阁的山上"；这次旅行，带了些糖烧饼去。

星期四上午

（1）买粉、糖等去（先有讨论的）；（2）做汤团；（3）烧汤团：小朋友分两组做团，做未了的贺年片，小朋友亦分两组做；（4）点心当然是汤团，小朋友快乐极了，唱歌、跳舞、娱乐。

星期四下午

（1）计划明天开预祝新年会的一切；（2）分小朋友为两组：一组装饰室内等，一组出街买办；（3）归来，大家又温习了些旧课（读法）。

星期五上午

开预祝新年会节目如下：

（1）唱《国旗歌》，向国旗行礼；（2）团拜，并唱《新年歌》；（3）唱歌、跳舞以娱乐来宾，因有几个客人来；（4）放爆竹，在草地上又做了许多游戏；（5）吃年糕、汤团等等，并大家互相讲故事；（6）欢呼散会。报告下午及明天均放假。

三、应用的材料和参考①

（一）张先生回家

本活动有制礼物、交通器具、邮政三种活动的材料。本活动无论哪一方面，都重在实行，所以应该有下列几种筹备物。

1. 筹备物②

（1）制礼物的材料。大约属于剪贴、缝纫、图画诸方面。所以，应该备旧杂志、图画纸、蜡笔、铅笔、剪刀、浆糊、头绳、颜色布、线、针（要大眼而圆头的）诸物。

（2）交通器具。除看图画外，应该设法使儿童看实物，或实在去乘坐。本园左近鼓楼街，可以看到各种车子。可惜下关距离太远，去了有妨碍正项活动，所以不能看到船。遇有机会，必须一行。又，积木是应该特别利用了，画图也应该用的。教师应该先有示范，因为路径图是不容易画的。交通器具图，也以有范本为妙，不过不要拘泥。

（3）邮政。张先生的来信，做式样、做动机。信纸（并不用优良的，普通用纸也可以了）、信封（自己做，用起码的道林纸或图画纸）。蜡笔或铅笔，都可以写的。邮政局——邮筒、邮务员、邮票、铜子。旧邮票、卡片（无用的旧物）或小簿子（小朋友以牛皮纸的小簿子为相宜）。

（4）新娘子。这个或者不必算为正项活动。不过，小朋友说不定要注意的。所以，也应该有相当的准备。小宝宝，或小朋友本身也好；新娘子的衣服，可以自己用颜色纸做；小锣鼓、新娘房里的糕果（不必用真的，泥沙就很有趣味）；小碗碟、小家具（或用纸做，或买市上的小木料的）、纸花、装饰品……

---

① 在续载这部分试验报告前，编者在文前写有如后的话："本篇是报告南京鼓楼幼稚园十五年试验的结果。十一月份的全部分和十二月份的大部分材料，已载在《幼稚教育》第一卷第一、二期。还有十二月份的小部分续载于此，以便读者得阅全文。"

② 此小标题系编者加拟。

2. 其他参考

（1）《常识谈话·缩地教方》，商务；（2）《儿童理科丛书·船车火车》，商务；（3）《六面图·交通》，商务；（4）《少年百科全书·常见事物二三七》，商务；（5）《少年百科全书·游艺》，商务；（6）《社会教科书·小学校第一册》三十五页，商务；（7）《常识教科书》三、四、五册里都有，商务；（8）《形象艺术教科书》，各册里都有些，商务；（9）《儿童画报》，无论新旧都用得着，商务；（10）《西湖风景片》，中华；（11）《常识教科书》二、三、六、七册，中华；（12）《常识教科书》二、四册，世界；（13）《小朋友》有结婚及旅行等故事，中华；（14）*The Imperial Stamp Album*，Scott Stamp and Cain Co，（New York）.[①]

本园自己印有歌谣，如邮政、车子等都有。

（二）俞先生回家

本活动与前条相仿佛，加进些家庭的活动。

（1）《洞里的家庭》（儿童文学丛书，中华）；（2）《公民课本》（第四册，中华）；（3）《社会教科书》（第一册，商务）。

此外，为《十姊妹》《十兄弟》、*The Bears*、*Peter Rabbit*，[②] 及各种国语教科书里，都有家庭故事。战争的故事，以及蒋介石、孙传芳等故事。应该向日报上去找。

（三）冬至节

（1）礼物：不限于剪贴，一切手工、图画都可以的。

（2）装饰房子：松、柏、竹的叶子、野果子、颜色纸、小卡片（废物）、碎绸、零头布、彩色图片（商务出售，每大张八分）、旧杂志、旧报纸、钉、绳、细铅丝等。

（3）食物：可以由小朋友商议，不过当以自己土产为主。

---

① 所载英文为书名和出版处，可译为《皇家邮票册》，斯科特邮票和凯恩有限公司。
② 所载英文为书名，可译为《熊》《彼得兔》。

（4）钟、日历、地球仪、太阳图、寒暑表……亦须有的。

（5）其他参考：关于冬至节，除实地举行闹节以外，倘若要参考，最好是参看外国许多杂志的十二月号。如：Ladies Home Journals.① Primary Education.② Childhood Education.③ American Childhood.④（商务代理每年约三元）

好在他们出版是提前的，所以可以见到当年的新材料。不过有一件事要注意，他们是过耶稣圣诞，我们是冬至节。

（四）云南纪念

（1）装饰房子等。详前条。

（2）孙中山、蔡松坡、袁世凯、吴佩孚……肖像（可以找到一张民国有名人物图就够了）。

（3）蔡松坡遗事；梁启超的云南起义的回顾……

（4）无适当的庆祝歌及故事，可以自己做。本园即如是。

（5）林肯、华盛顿等遗事，可以做参考。

（五）耶稣诞辰

（1）耶稣象〔像〕、圣母象〔像〕等（可以向耶稣教堂里去借）。

（2）接洽妥一二处耶稣教堂和基督教徒的家里，以便参观去。

（3）耶稣的故事很多，不过要留心"迷信宗教"。

（4）和尚、尼姑、回教徒在南京是最普通的。所以只要肯去看，他们无有不竭诚招待的。一切故事，如回教戒猪、佛教戒荤等趣事，可以请他们讲。

（六）新年预祝

（1）装饰房子的材料，详前。

---

① 所载英文为刊名，可译为《妇女家庭杂志》。
② 所载英文为刊名，可译为《小学教育》。
③ 所载英文为刊名，可译为《童年教育》。
④ 所载英文为刊名，可译为《美国童年》。

（2）卡片（白的，书局出售）、旧画报、旧杂志、铅画纸、颜色纸、颜色笔、浆糊、邮票、汤糊粉（糯米粉九成，麦粉一成）、年糕、糖、锅子、菜，油、爆竹、烛台、香炉、蜡烛、香、国旗、新日历、新年庆祝图。

（3）《小朋友》《儿童画报》《儿童世界》《小朋友画报》，都有新年号可以做参考。不过，他们都是迟出来的；大约新年，可以看得到中秋特号（《小朋友》还能按时）。所以，应该要找他们的旧货。

（4）本园自制几种歌谣，如《恭喜新年》《新年好》等。又自制几个故事，如《冬天姐姐》《新年乐》等。

（七）冬天的用具和食品

幼稚园当然不能应有尽有，我们只预备做几种——豆腐、野味、火炉、衣服。

（1）火炉、火盆、脚炉、热水袋等，及煤、炭、柴等。

（2）各种豆，其中以黄豆为主要品。小磨、面盆、油、筛布、锅子、酱油、猪油、糖、包布、方盒子等。

（3）野味（以价最廉的，南京是野鸡与獐肉）。衣服店的接洽，以便看各种衣服。

（4）其他参考：（a）《儿童理科丛书·火柴·火炉·灯》，商务；（b）《儿童史地丛书·树居人，前后期穴居人》，商务；（c）《鹿的故事》《红毛野人》《虎友》，中华；（d）《科学小丛书·种菜的方法》，中华；（e）有另辟的材料（《少年百科丛书》《奇象》），商务。

三书局的自然教科书里，有豆的材料。不过，本活动不注重在豆的各方面，所以不必详细去参考。至于做豆腐的方法，只好去询问豆腐店里。烹调野鸡，生发火炉，这是人人都会出。在幼稚园里实行，无须多方参考。

（八）冬天的自然界

冬天的自然界可称是惨淡、冷落极了！可以引起小朋友注意的虫、花，都睡眠了；只有阴惨惨的北风，温暖的太阳是难得见到的。

但是，我们于寒冷之中，可以得到很好玩的东西。只要教师不怕冷，肯去做就是了。

1. **器具**①

（1）敲冰的器具：小铲子、小木棍、绳、小车子及烧煮器具，寒暑表。

（2）做雪人的器具：小铲子、小杯子、盆子、毛笔、颜色。凡沙盘中的小器具，都可以用。

（3）采集绿叶的器具：小剪刀、长柄钩刀、篮子、绳子及粘贴用具，以便装入镜框子里去。

腊梅花在南京不是随便采得到的。还有各种花蕾、木芽，能够少采，总以少采为妙。但是既采来以后，就要好好儿地保存起来。所以旧墨水瓶、酒精，是应该预备的。还有，烧草地是一件很好的活动，不过要当心四周；不然，房子或别人家的花木都要遭殃的。怎样烧呢？只要一根火柴就够了；还有烘芽用具，如小花盆等。

此外，如手工、图画的材料，如前。

2. **其他参考**

（1）冬景图：如打猎、雪景、雪中游戏、雪中行军、裴度雪夜入蔡州、滑冰，雪车、松柏图、梅花图……在市上都买得到的。有许多是西洋的，如雪车等，以美术明片为最合用。但是中国的古画，冬景的很多，雪景松梅几乎随处可以得到。篇幅都是大的。

（2）北地人民生活图。可以买旧杂志来，如 *Asia Magazine.* ② *National Geographic Magazine.* ③ *Ladies Home Journal.* ④ 诸种里都很多。

（3）还有下列诸书亦值得参考的：（a）Comstock：*A Handbook of Nature Study.* P.P. 850～856；（b）Bailey：*Animal Stories*；⑤ （c）Zueker：*Through Storyland to Healthland*；⑥ （d）《自然研究法》各册都有些材料，

---

① 此标题系由编者加拟。
② 所载英文为刊名，可译为《亚洲杂志》。
③ 所载英文为刊名，可译为《国家地理杂志》。
④ 所载英文为刊名，可译为《妇女家庭杂志》。
⑤ 所载英文为作者和书名，可译为贝利：《动物故事》。
⑥ 所载英文为作者和书名，可译为祖克尔：《从故事乐园到健康乐园》。

三、四两册最适宜，商务；(e)《自然课本》(或教授书)四、六两册有些材料，中华；(f)《自然教科书》(或教授书)一、三两册有些材料，商务；(g)《少年百科全书·自然界上》一九八页、《少年百科全书·自然界下》三一四页，商务；(h)又《奇象》(查索引)，商务；(i)又《常见的事物》四二、四三两节，商务；(j)《儿童常识丛书·全世界的孩子（北地诸国）》，中华；(k)《小朋友·白雪专号》杂志，中华；(l)《梦游地球》(《童话》第二集)，商务；(m)《儿童史地丛书·人类的衣》，商务。

本园自制的故事，如《冬天姊姊》等；歌谣，如《四季乐》《雪人》《冰锣》等；白菜、鸡等轮廓图。

又，各书局之国语读本第一、二册的冬季材料，亦不少。

又，儿童生活历的十二月、一月份二本，都可以参考的。

幼稚生生活状况的实例和讨论

（1927年1月9日）

【题解】 本篇原载《教育杂志》第19卷第2号"幼稚教育专号"，撰成时间为1927年1月9日，发表时间为1927年2月20日。各点的"实例"和"讨论"，均由编者加拟。

本篇大体可视为札记。"实例"，为随时的教育记录；"讨论"，则为选点的生理或心理论析。照说，每则均应有"实例"和"讨论"两项。但是，五、七、九、十仅有"讨论"，十四仅有"实例"；而十二，则是"讨论"与"实例"颠倒。这大约是札记的不太周延所致。

有关《教育杂志》，参见前文《儿童的观察能力及其教育的功效》题解。

这篇文字的用意，想把一个陈旧的方法，也是最简便、最有用的方法，介绍给诸位实际从事幼稚教育的同志们；并且希望诸位读完以后，即日实行试验。在我理想中，诸位所得的结果，必定要比世界名著《爱的教育》[①]（由夏丏尊译成中文，商务出版，定价一元三角，另图15）里所说的，来得亲切、有味。现在我先把方法说明一下，然后再来举几个实例和

另图15 《爱的教育》封面
图片来源：国家图书馆馆藏

---

① 《爱的教育》：是意大利作家亚米契斯（Edmondo De Amicis，1846—1908）的教育代表作。1924年该书由上海商务印书馆出版，其后再版或重印多达30余次。

讨论。

方法。方法名叫观察法（observation），儿童心理学里已经当它是历史上的方法了；但是我们实际教育儿童的人，无论如何难以去做精确的心理试验。当我们感觉到，儿童心理或其他科学不能满足我们的需要时，我们只好凭着平日的经验来解决问题了。

这类经验，都是实地观察得着的，所以称它观察法。这里我要声明两句话：（1）切不可以为，观察法是胜于其他的试验；（2）切不可迷信，教学上所需要的，心理学……上已经有充分的供给。

用品。用品简单之极。纸夹或纸盒一只，小纸头多张，随带笔一支。随时所见到的，都可以记录，就是资料。不过有一件最重大的需要物——教师的勤于记录，持之有恒，并且肯随时随事留心和思考。

实例和讨论：

一、健康与作业

实例

中康初进幼稚园的半年，非常活泼，各种作业成绩都很好。到了第二学期，性子暴燥极了，各种作业往往不知道怎样做。后来据医生查验，患不消化症。

达权是一个很可爱的孩子，可惜有些皮〔脾〕气，后来渐渐加重了。他父亲是研究教育的，知道这事不好，急急请医生去诊断。原来鼻子里生了一个小瘤，施手术后，他就驯良如故了。

讨论

健康是儿童最要的条件，所以蒙台梭利不责罚儿童的做坏事情或不听话，先诊断身体上有没有起变化。我们有时候以为儿童变坏了，其实儿童何尝负责呢？因此我以为，幼稚园应该与医生联络。

二、两性差异

实例

爱莲、光光……一切女孩子,都喜欢各种小宝宝,做种种提抱、穿衣等活动;她们平时的活动,也都来得幽静。只有安琪儿喜欢勇猛的活动,但是她很喜欢做小宝宝的衣、裤之类。

其余一切男孩子,很少去玩小宝宝的,有时候还要打它呢。他们最喜欢拉许多小朋友学兵操,在滑梯上叠罗汉。有一天,俞老师买了一个绍兴小宝宝来,样子很别致的,崇义(男孩,两岁四个月)很喜欢抱他。但是到了下午,就不高兴去接触它了。

讨论

两性差异,在最新的儿童学上说,幼年并没有发现;从另一方面说,幼年儿童,当然没有像青年期的两性差异的表现。但是我们日常观察所得,确乎有些不同。

我想我们的经验,绝不至于像从前人说,在吃奶时抚摩母亲的乳部,就是性的表现的附会罢!至于说是身体强弱的关系,倒也未必。据我所知,我所见到的女孩子,未必弱于男孩子。诸位教师们,以为这个问题应该怎样解决呢?

三、自然进步

实例

鲁还在四岁半的时候,识字的能力几乎一些也没有。过了暑假,大大儿的进步了,非常喜欢读书。到了将近五岁的时候,又喜欢写字了。

中康初来幼稚园时(将近五岁),不喜欢听故事;往往听不到三句,站起来就跑,不跑就闹。到了将近六岁,很喜欢听故事了;非但不闹人家,并且时常拿了《儿童书报》……来,要求教师讲故事。

讨论

强迫儿童做事，是一件最不幸的事。有许多事情，何必去强迫呢？只要等时机到了，自然会办到的。过于强迫，防着发生反动，那可是危险呀！有时候，竟会断送儿童——永远厌恶某件事。

不过，教师不可以此为借口。设法去引起儿童的兴起〔趣〕的工作，还是要努力去做的。

四、家庭教育

实例

德宁初来园时，很能画图画，识字也很多；但是不善于其他的活动（除桌上的活动以外），并且不很能快跑。后来知道，祖母非常钟爱他的；在家的时候，虽坐到椅子上去，也有人代劳的。

讨论

我们知道，儿童的个性是两部分合成的——先天的遗传、后天的习染。我们天天嚷着，教育要适应儿童个性，他的大来源——家庭——非详详细细明了不可的。访问家庭，也是教师责任之一。

五、喜欢户外

讨论

据我个人的经验或参观时所见到的，儿童大都在户外活泼，各能表现他的个性，这是一件最好的现象。我们平时，竟可以不跑到房子里去做事，竟可以模仿些日本人所创的露天幼稚园；我们可以因此把满地铺着的自然物来教儿童，我们可以在草地上做游戏、讲故事。

因此我主张，幼稚生在户外作业的，不论冬夏都可以的，除非有烈日、狂风、大雨。

六、喜欢泥沙

实例

我们的儿童，没有一个不喜欢泥沙。秀霞、光光、莲英等，爬进沙盘（我们有一个很大的无底沙盘，放在院子里），能够很久地玩下去，做糕饼，架大炮，挖洞……有时候，不愿意回家去吃饭，似乎沙泥的饼已经够充饥了。

崇义、福生因年龄很幼，不很能坐下来做事，但是碰到做泥工就很高兴，勇敢地做了。

讨论

置办一个木框子的无底沙盘，很便宜的，放在院子里又很有用。我敢请没有置办的幼稚园里都做一个。

教师千万不要怕儿童弄污衣服，倘若以为要受家庭的责问，或者备一件套衣或围巾倒也不妨。

七、团体游戏之不易

讨论

我从前有一个奢望，想试出几十个团体游戏，作为幼稚园游戏科的参考。但是结果很坏，有时候勉强做了一个，也不中用的。做了一年半了，结果勉强可以用的游戏不到十个。

在读者诸位的经验里，是怎样？

八、儿童的思考

实例

一天大家围着唱歌，敏才忽然一个不小心，鞋子踏着和安的手，和安动也不动。敏才用鞋子踏踏自己的手，立刻皱眉，于是再看看和安。

这天是一鸣值日，当一切东西收拾停当后，忽然看到小朋友的手巾有些不干净了，于是对安琪儿说："我们去洗去，好吗？"安琪儿回答道："手巾是你家的女佣人替我们洗的，每星期一次。""我家的女佣人洗得不好，我们换一处去洗好吗？"一鸣很神气地问着。"到什么地方去呢？"安琪儿很不能决下来的反问。这时候，旁边站着的卓如很活泼地说道："我家的衣服，有时候送到洗衣公司里去的。我们也不妨把手巾送到洗衣公司里去罢！"一鸣、安琪儿齐声称："好，好！"于是，三个人分拿二十几条手巾，到洗衣公司里去了。我在邻室听到他们的讨论，又从窗子里看到他们神气活现地送手巾去。他们回来之后，非常快活，拿着公司的收条来报告。

讨论

哈哈！不满六岁的儿童，也有试验的、推论的精神。我们幼稚教师，不必替儿童多担忧，凡事要去帮助他们了。说句过分的话罢："什么事，应该让儿童自己先去试验一下，教师只要站在旁边指导就是。"

九、机械学习

讨论

有一次，我做了一个儿童观察力的试验。起初在壁上挂了两星期的照相，儿童几乎完全不知道；后来经过教导，几乎每个儿童每张都能背出来了。

我很觉着，有丰富的环境，必须有好的教导；同时又感觉到，机械学习也是可能的。无怪乎许多幼稚园能背诵《圣经》，唱赞美诗和英文歌（参看本杂志《儿童心理》专号下）。

十、读、算哪个容易些

讨论

这句话，在幼稚园里有答案的——读法容易，算法难。

我把几种读法教学法试过，大都可以用；并且用极枯燥的书本诵读，只要稍稍变化一下，儿童也兴趣淋漓的。

但是，算法就不兴〔行〕了。我曾经找到很多的初步算术的教学法，但是左试也不对，右试也不好。总之，儿童没有算的兴趣；或者可以说，没有数的观念。他们能顺数而数至一百，也知道三大于二；但是一加一是八，六也会大于九的。

倘若时局太平，我想做一次大规模的试验，试验算法可否列入幼稚园的课程里去。

十一、儿童无畏物

实例

有一天，我们到中国科学社里去，儿童跑进生物陈列所，真是快乐的了不得。壁上有一条大蛇的标本，几个儿〔童〕聚着叫："某先生来看，多好玩啊。"并且用手抚摩。但是这位先生是怕蛇的，大叫"阿呀……"！儿童都跑开了。

我从对面看见了，很着急。过了一忽儿，慢慢地跑近大蛇旁边，也用手去抚摩。就有儿童说："张先生，摸不得的！"我就乘此对他们说，这是什么，它的可怕在哪里……但是，事情已经遭过了。

过了好几个星期，又去了好几次，又用了好几次的谈话，儿童方才又敢去摸蛇的标本了。现在我们的儿童，个个能跑到鼓楼公园北极阁去找自然物的。他们真不以自然物为可怕的，但是这也应该感谢他们几位伴侣的。

十二、笑

讨论

普通的笑话，如《广笑林》①《儿童笑话》……所载的笑话，很不容易使幼稚生发笑的。不能使儿童笑的故事，很难吸引儿童的注意的。

怎样能够使儿童笑呢？动作的突变，眼睛、面部的表情，表现形状等的

---

① 《广笑林》：中国古代笑话集。其刻本，最早见于宋代；元、明、清三代，该书内容不断得以充实，并出现了几种不同的刻本。

对比，还有事实的变化。从这几方面着想，大约可以得到几分把握。至于要儿童忽然大笑，只要有一件在儿童经验中以为是奇特的事物，就能大笑。

实例

秀霞说："我家捉到了一只老鼠，它的尾巴有这样这样长。"说的时候，展开两臂作手势，听到的儿童就大笑了。

十三、哭

实例

第一天进幼稚园的儿童，有种种不同的样子：有的看到玩具，就撒开母亲的手去玩；有的依依于母亲的膝下，看到母亲去了，也不哭；有的见到母亲去了，就放声大号。有几个儿童，竟会哭到一星期之久的。每天送来必哭，数分钟后不哭，明天来又是如是。

某儿是一个很好的孩子，不过要哭。父母钟爱他，每天不是母亲来陪，就是父亲来陪。某儿做事的时候，频频回顾，看父亲或母亲走了没有。这样有两星期，他的父母以为，可以不发生问题了。哪里知道，回首一看他的母亲不在，就抛了手里的东西，直向大门外追出去，她于是再回来。但是我们以为，这是不应该的。于是对她说明理由，明天叫佣人送来，佣人送到就回去。他当然也哭，哭了好几天，后来终究好了，并且是一个很好的孩子。

韩兰第一天进园，是姊姊陪来的，玩了一个上午。第二天佣人送来，走进屋子，和教师们请早安等，都很好。恰恰我们因为讨论事情，没有和他去玩，他走进里向去，站了一忽儿，又走到院子里去，忽儿呜噎起来了，继之就放声大号。虽经多方设法，全归无效。他是继续的接连哭了三天，家里就不送他来了。

又有一对小姊妹，平时在园很好。每见母亲来园就要哭，非母亲一只手抱一个回去不可。

讨论

至于因身体不舒服而哭，因争夺……而哭，那是愈加多了。

总之，幼稚园里的哭声很难免的，不过这是我们的问题，应当设法去解决。

十四、爱

实例

卓如、卓民在家里时，常会因着抢东西吃而闹的；但是到园里来，从来不闹过一次。卓如之爱护其弟，真所谓无微不至。

据我所观察，大的儿童没有欺侮小的举动，只有帮助的。爱莲爱护自己的弟弟和邻家小朋友青鸾，俨然是慈母看待儿女。

去年的秋天，我的父亲死耗传来，我星夜奔回家去。第二天小朋友见我不到园，很奇怪。吃点心的时候，卓如问吴先生说："张先生哪里去了，怎么我四处都找不到呢？"吴先生说明事故，他们几乎都要哭了。

下午，他们就写了信。当我接到"张先生请你不要哭了"和有图画的信的时候，我的悲哀也因此减少了许多。

我因事忙，星期天也往往去办事。① 邻居的小朋友，也必闻声而至。他们也来做事的，但是常常爬到我的膝上来。有时候，画成一张图画请我鉴赏，有时候要求我弹琴，他们来跳舞，有时候他们来唱歌给我听。这样虽然分我的心，但是没有他们来，我就会觉得留不住的。

研究幼稚教育的同志们呀，儿童的爱，比什么还要来得纯洁、可宝贵。这种爱，只有我们从事儿童教育的人们享受得着。得到儿童爱的人，往往不肯放手的。无怪乎许多大教育家，情愿终身做儿童之友。同志们，我们有这样纯洁、可宝贵的代价，实在可以自傲。就是其他的所得少些，又何妨呢？

十六、一、九，于南京

---

① 此"办事"，指利用休息日，到鼓楼幼稚园里来整理资料、从事研究等工作。

幼稚园的故事

（1927年1月）

【题解】 本篇原载《幼稚教育论文集》一书第52~78页，撰成时间为1927年1月，发表时间为1932年9月。原发表时署名"陈鹤琴、张宗麟"。

值得特别说明的是，该文曾于1927年2月20日，以同名发表于《教育杂志》第19卷第2期"幼稚教育专号"。比较二文可知，本文较《教育杂志》所发表文，又作了较大的调整和补充，因此本书依据《幼稚教育论文集》中的原发表件。初稿撰成时间，当为1927年1月之前；修订稿的完成，当在1930年1月之后。

还须说明的是，在《陈鹤琴全集》第2卷和《张宗麟幼儿教育论集》中所收件，均为《幼稚教育论文集》中的修订稿。

《幼稚教育论文集》，系为"晓庄丛书"之一，由上海儿童书局1932年9月初版，署名"陶知行主编，张宗麟、陈鹤琴、陶知行著"。1930年1月，陶行知专派张宗麟赴上海儿童书局，完成了此书的定稿。全书收录有陶知行《创设乡村幼稚园宣言书》《幼稚园之新大陆》和《如何使幼稚教育普及》三文，张宗麟的《幼稚生应有的习惯和技能表》一文，陈鹤琴和张宗麟合撰的《幼稚园的课程》《幼稚园的故事》《幼稚园的读法》和《幼稚园的设备》四文，另附《幼稚园课程暂行标准》，全书计约9.5万字。

本篇讨论题：（1）幼稚园里为什么要讲故事；（2）怎样对幼稚生讲故事；（3）幼稚生爱听什么故事；（4）每个故事都可以表演吗。

一、幼稚园里为什么要讲故事？

没有讨论这个问题之先，读者自己问问以下几个问题：（1）在我的记忆里，有最深切的故事吗？（2）我为什么记得这些故事呢？（3）这些故事，对于我的行为上、思想上有多少影响？（4）批评这些故事的价值。

"小孩子喜欢听故事，所以幼稚园要讲故事。"这是常常听得到的答复，也可以说是包括最广的答复。把这句话细细地分析起来，对照教育的原理，故事的价值实在很大。现在，把各家的学说归纳如下。

（一）使儿童愉快

教育上的兴趣问题，各家争论了好久。反对兴趣的很多，注重兴趣的也很多。但是，"真的兴趣"可以增加儿童做事和学习的效率，那是谁都承认的。讲故事使儿童引起愉快，引起读书的要求，模仿故事中的人物，改善本身的行为……都是真的兴趣，也是儿童有愉快之后发生的效力。

（二）学习语言

"寻常谈话"是学习语言的大来源。但是有许多语言，不是寻常谈话所碰得着的。故事里各种人物很多，各种动作也很多，形形色色。在当时，儿童只觉得听了有兴趣，哪知道无意之中，就学习了许多语言。

（三）涵养性情

故事里形形色色的人物很多，喜怒哀乐的表情又很多。儿童听了以后，无形中得到许多陶冶。有一个孩子，在幼稚园还肯做事，回到家里不肯动手帮助母亲。母亲来问幼稚教师，这位幼稚教师请她回去讲一个故事《猴子做糕》给儿子听。过了几天，她又来了，要求多多供给些故事材料。因为她的第一次试验，已经完全收效果了。

（四）增进知识

在幼稚园里，要想如大学、中学那样静坐听讲教科书，那是做不到的。各种常识，无论自然界里的花草、虫鸟，社会上的喜庆、丧吊，以及国家大事、世界变动，学校、家庭琐务，都是故事的好材料；也只有用故事，可以使儿童乐于领略这许多知识。

（五）引起儿童想象，并组织这些想象

没有一个儿童没有想象的，只要有适当的刺激。因故事而引起想象，那是很多的。不过儿童的想象，往往会想入非非，变成幻想。幻想于儿童不很好的，倘若常听故事，儿童也常要想讲故事；可以把他的幻想组织起来，成功一个故事。久而久之，他的幻想成了活泼的思想了。

（六）陶冶嗜好

幼稚生时代唯一的嗜好是"吃"。许多父母们只知道给他们吃，弄得儿童积食生病。我们一方面，要免去儿童不良的嗜好；同时，尤其要培养好的嗜好。爱听故事，是好的嗜好之一。故事中的"歌、舞、找东西、爱自然界"等人物的描写、动作的叙述，都可以间接或直接培养儿童嗜好的。

（七）增进友谊

在幼稚生时代，好群的能力还不十分大。但是对于小宝宝、教师、父母，都有热烈的爱情。从这点下手，我们可以增进他对于任何人发生友谊，对于任何物发生感情。尤其是教师，因为讲了故事，可以格外的〔赢得〕爱慕。儿童的爱是真的，获得儿童的爱，在教育上是无上的成功。因为儿童既然爱了，那么教学上的进行就很顺利了。

（八）抑制恶感

儿童很容易惧人的，很容易对一切事物发生恶感的。告诫是很少效力的，赏罚也有时会穷的。只有故事，是无形中来感化的。故事中的勇敢侠义、爱

怜仁慈，都可以使儿童反省的，都可以消灭种种恶劣情感的。

（九）培养发表能力

儿童的情感，常常要发表出来的。在实际上，一个人成功的大小，全靠他的发表能力。幼稚生的思想、情感……都可以在动作上发表出来。对猫也可以表情，对木头也可以发表思想，不必拘泥于写、说、跳舞、游戏、唱歌等动作。

（十）随机应变

幼稚生的急智，似乎是次要。但是怎样应付当时的环境的能力，也应该培养的。故事中，描写人物的应付环境、一言一行，都有相当必需的价值。又有很多故事，随机应变，触发急智的叙述，真会使儿童狂笑、大叫。这时候，就是儿童最能领略故事的当儿。

在儿童的效力上说来，故事已有十件贡献了。此外，还有几点也值得一说。一个幼稚园里，有了一位或两位能说、能讲故事的老师，真可以使儿童变成故事迷；可以使两〔全〕园的空气愉快、活泼，时而歌，时而笑，时而跳，是何等可爱的孩子群呀！这时候全园的生趣、教师的快乐、儿童的努力学习，真是达到极峰了。

二、怎样对幼稚生讲故事？

故事的功效是大的，但是故事是不容易讲的。对幼稚生讲故事，尤其来得困难。关于这个问题，可分"讲的人"和"讲的环境"两方面来研究。

（一）讲故事的人应注意的几点

1. 要精神同化

故事不是物质，乃是情感。充满情感，方才能够表示故事的真意义，方才能够收到故事的真价值。同一故事，甲讲起来，能使听众个个动神；乙讲起来，能够使人睡觉。

怎样能够充满情感呢？讲故事的人，最要紧要守两句诀语："不固执有我，处处要以儿童之心为心。""我是故事中的人物。"例如物语、兽语、重复的句子等等，在成人看起来，往往以为不值一笑的；但是从儿童的眼光看起来，是最有兴趣的。

又如儿童的动作，不是像岸然君子的动作；乃是活泼的、好动的、微笑的、滑稽的儿童动作。教师，当然也不应以教师自居。

又如《木兰从军》，教师讲这个故事的时候，勇敢、侠义、愤激、庄严……要宛如木兰，宛如兵士，宛如北方生活。那时候就是没有教师了，只有木兰，只有兵士，只有单于，只有哭笑的老父母，只有快乐的小兄弟……

如此，方配讲故事，方配对幼稚生讲故事，方有收到故事效果的希望。

2. 要彻底了解与故事"神化"

第一个要诀，是彻底了解故事的内容。得到一个故事，先从头至尾看一遍；然后，把最重要的人物、动作、句子、变化，重来把习一遍；然后，再来看一遍，把全出故事的注重点与连贯的地方贯串起来；然后，把原文放置一边，心领默会的来温一遍。经过这几步手续，这故事就是你的故事了。

最后还要留意："切勿呆板地拘泥于原文，要随时随地变化。"换句话说："这出故事好像出于你自己编的，从心坎里自然流露出来的。"

3. 要有感到十分兴趣的态度

彻底了解，有时还有些机械，还难以"神化"。若要神化，非讲者加上极丰富的兴趣不可。我们知道，兴趣是故事的原动力。没有兴趣，正如小和尚念经，只会催听众的睡眠，断乎引不起听众的兴趣。讲故事者，倘若感到很浓厚的兴趣，那么方才能全副精神做去，不会觉得吃力了，不会支吾、间断了。

怎样能感到兴趣呢？既然熟悉故事以后，在未讲以前，保持自己心地的快乐，把自己变作儿童，自己变作故事中人物，时而哭，时而笑。有了这几条，兴趣也就可以得到十分之六七了。至于突然感到的兴趣，那是不能强求得来的。正如诗兴，来则不能阻，不来也求不到的。

4. 要有自然的姿势与动作

教师讲故事，正如说书人说书，技术上的训练很重要的。善于说书者，一出场来,炯炯的目光,似笑非笑的脸庞,对着听众如电光的一闪。不论几多听众,都能肃然静听。这是听众注意集中的表示。听众既然注意集中了,他就可以操纵自如。

在讲的时候,最重要的当然是言语,下节详论。帮助言语的,是姿势与动作。影戏中的人物,完全以姿势、动作引人注意的。快乐的时候,眉飞目舞,举动轻快;悲伤的时候,垂头丧气,引人生怜。又如左手一拉,右手一扬,马来了;龙钟老态,老年人到了,等等,都是言语所做不到的。

此外,还有"装手势"的一件事,非常重要,在幼稚园里格外来得重要。我们说某件东西的大小,不必说明大到怎样,小到怎样;有尺寸的,有分量的,只要两手的张开和缩小,再加上面上的表情,就已经够了。还有许多动作,言语表示不出来的;用手势一做,就显出来了。也有许多举动,用言语表示起来,有好几句;倘若用手势来表示,也就很不费力地做出来了。

5. **要用适当的言语和音调**

言语和音调,是讲故事最重要的技术,所以〔要〕格外注意。

(1) 字句要文雅。故事是艺术,是学习语言的一道。我们在一方面固然要通俗,要使每个儿童都懂得;在另一方面,我们要极力避去粗俗的字句。用民众艺术的语言来说书,是社会教育的秘诀;用儿童艺术来讲故事,也是儿童教育的秘诀。

(2) 注意句读和段落。读破句[①],是文学上的大忌。讲故事虽然不必如此拘泥,但是不注意于此点,就会失却原意。例如《三只小猫》的故事。开场就说"有一只大黑猫"。这样虽然不是破句,但是已经失却原意了。因为这个故事是《三只小猫》,所以应该开场说:"有一只大黑猫,有一天生了三只小猫;大的叫花猫,二的叫黄猫,三的叫白猫。"一连说到白猫,方才可以停顿。

(3) 字音清晰。口齿清晰,个个字都如珠落玉盘,这是引起快感的第一步。不然,圆舌头、瓮鼻子、曲〔缺〕齿不关风、口吃、含糊的声音,讷讷

---

① 读破句:指在读句中,把应属于上句末了的字,连到下一句的句首;即把下一句句头的字,读到上一句的句末。简言之,便是断句错误。

不能吐的声音，在肚子里讲话的声音，等等，都不是讲故事的天才。但是我们不必怕的，因为口齿清晰是一件容易的事；除非生理上有重大的缺陷以外，都可以练习而得的。

（4）抑扬变化。时针的摆声，清晰无比，但是只能催眠，所以语言声音贵有抑扬变化。悲壮的声音，决乎不是快乐、活泼的声音。在久久低微之后，忽然来了一扬，听者自然愉快。注意：久扬一抑，用极轻微的声音，也有同样的效力。演说家很注意此道。

（5）快慢顿挫。把全个故事的快慢讲得匀整，是一条普通原则。但是，应该有快慢不同的变化；有几处非快讲不可，有几处要慢。例如命令式的语气和病人的口吻，快慢当然不同。

次之是顿挫，每段每句要有停顿，句句分明，段段分明，正如写文艺作品。快慢顿挫和抑扬变化，都是"神化"之技，非一时所能学得到。讲得多，听得多，久而久之，自然会流露出来的。

（6）形容毕肖。戏台上的小丑，一名"开口笑"。就因为他的话，句句能使人笑。他的话，都是模仿人家的。忽而做猫，忽而做狗，须生、花旦，一身俱兼。讲故事的教师，也要这样；猫、狗、鸡、羊等叫声，件件要学会。在正文滔滔不休的时候，忽然加了一两声动物的声音，顿增生色不少。况且，因此可以增进儿童的联想，对于实物格外感到有兴趣。

（7）调息与发音之高低。初做教师的，第一次上台，大声疾叫，不到几分钟，声嘶力竭，不能再说话了。在功用上，除非有数百听众用得着大声以外，寻常上课实在只要寻常声音就好。对幼稚生，愈加不宜用大声。因为刺耳的声音，断乎不能引起快感的。娇嫩的小心灵，哪里禁得起重大的刺激呢？

与发声高低最有关系的，是调息。唱戏、弄管乐器的人，对于调息都非常注意。气息调得不匀，声音就会断续。要想控制语言，已经不容〔易〕，还怎样使听众感到愉快呢？

6. 常常练习

拳不离手，曲不离口。熟能生巧，虽有天才，也要练学。得到了好的故事，不妨独自一个人，或者对着镜子，想象中有许多儿童倾耳静听，照着自己的理想计划，一步一步地说下去。能够练习几次，就练习几次。这是极重要的工作，比知道原理、学理还要来得要紧。

（二）讲故事的环境

"环境"二字，包含很广。教师、儿童以及一切外围之物，都是环境。讲故事的环境，很有几点要注意的。

1. 随时、随地、随事都要留心，以引起儿童爱故事的动机

没有一个儿童不喜欢听故事的，只看教师怎样利用环境，引起动机。环境上可以利用之点，很多很多。例如到郊外去，儿童捉到了一只蝴蝶，要求教师解释蝴蝶的各方面。解释是自然科。倘若依着自然科来解释，未免太枯燥了。教师就用故事来说明。看到邻家生了三只小猪，就来讲《三只小猪》的故事。触景就讲，只要教师平日留心就是了。

儿童最喜欢报告家庭里所遇到的事情。这是一个很好的动机，教师很可以利用的。例如，某儿报告家里生了小猫完毕以后，大家正在那里出神，教师微微一笑说："我曾经听到人家说过，有一只大黑猫生了三只小猫……"只要这样一提，儿童就会拉住你说下去的。这时候，你倘若不往下说，他们竟会伤心到哭呢！

吃点心的前后，是一个极好的机会。大家静坐了，教师对儿童微微一笑，手势一扬，儿童就受到充分的暗示。这时候，就可以开场说故事了。

看图是儿童很喜欢的。最初呢，儿童莫名其妙地翻阅，渐渐儿就会要求教师解释。这也是一个好动机。因图说故事，随你心之所要说的，杂七杂八地凑起来，儿童都是极爱听的。可以利用的机会真多，何必把讲故事当作一课，规定在某时某时呢？

2. 不要强迫儿童听

儿童不是全数喜欢听故事的。年龄太小的儿童，看图画、辨别语言还不能，断乎不可强迫他听的。会听故事的小朋友，也不是每出故事都喜欢听的。有时候，恰恰因为身体不好；有时候，恰恰这出故事不配他的胃口。强迫他坐在那里听，那么他必定不耐烦起来，或者竟会扰乱别人。久而久之，养成了厌恶故事的习惯，那么为害真不小了。

3. 人数不能过多

人数多了，教师的目光、面部的表情，都难以达到全体；儿童的注意力，就不会始终如一。有许多故事用图画来帮助，人数的多寡愈加有关系。人数多了，看不遍，看不全，更是听不清楚。

故事与儿童年龄大小有关系。一群三四十个儿童，年龄相差实在可观。所以起初还好，不久，有的儿童就扰乱了；不扰乱的儿童，或看天花板，或弄手指，不知教师是讲些什么。

每次每个教师可以管的儿童，大约是十五人。儿童倘若愿意来加入，也不可阻止他们。不过有一点应该注意的，切不可让儿童中途退出。教师倘若觉察故事太长了，或机会不巧，儿童兴趣散失了，宁可中途停止不讲，下次再讲；不可养成儿童随便听听、随便走开的习惯。

4. 座位的排列

这是一件很小的事情，但是有时候竟会影响于全体的。最适当的座位如图（原图12）：儿童坐成弧形，教师坐在近圆心点。倘若人数很多，双行、三行都不妨。这时候，要留心儿童身体的高矮。

原图12　座位排列图

我们每次讲故事，都要依着规定的形式坐吗？不，不！太拘于形式，就会减少兴趣。未开讲，先排座位；座位排得不小心，就哭的哭、怨的怨，这是何等扫兴的事呀！所以，我们只要求个大致不错就罢了。

5. 讲故事的用品

说到故事本身，用不到什么用品。但是为着助兴起见，有时候也需要些用品。

图画是一件很好的用品。初听故事的儿童，大都是不能集中注意的。用了图画，使儿童因爱看图画，于是爱听故事。不过，用图画大有研究的价值。我们应该用什么画？漫画呢？精致的画呢？一出故事用一张图呢？还是分段的用图画呢？教师是难以有余暇来画的，现成材料在中国是不多。所以，我们希望讲故事有图画，但是不希望成为"非有图画不讲故事"的教师。

次之，是表演用的材料，这是很值得研究的问题。从前，幼稚园莫不以舶来品为上；现在，渐渐觉悟了。表演的材料，不必买外国的圣诞老人衣，也不必买黑人的衣服。做兔子的用纸，来做兔子头；折一个戴在手指上也好，戴在头上也好。幼稚生可以来动手的，教师也可以来动手的。教师倘若预料这个故事儿童会要求表演，不妨做一二件，来引起他们好表演的动机。

6. 教师的服装

好的幼稚教师，决不穿着极华丽夺目的衣服。讲故事的时候，尤其要注意衣服。讲故事之前，教师切不可突然换一件衣服。因为儿童的注意点，会引到衣服上去的。闪光的服装，大红大绿夺目的服装，都是有妨害于讲故事的。

三、幼稚生爱听什么故事？

本节要讨论故事的组织、故事的种类和最适宜于幼稚生的故事是什么？

（一）故事的组织

我们承认，好的故事是艺术作品，是有规则的艺术作品。这种作品，并没有一定的组织的。但是把许多故事分析起来，可以得到一个比较可靠的公式如下：开场白→正本→转机→结案。

开场白往往都是简短的，例如西洋最通行的儿童故事中有"once upon a time（有一次）"，何等简单！但是也有长的，例如要叙述战争的残酷、悲惨，不妨在开场白中极力描写平安时代的安宁、康乐。但是这种体裁，在儿童故事中不很多见。

正本，是故事的正文。在成人故事，以叙述明晰、事实逼真为上；在儿童故事，有时候往往用重复的句子、相仿的动作，来组成正文的。例如《猴子做糕》，正文中请狗做、请猫做、请鸡做、请老鼠各种事情。

转机，是快到结案的一个波折。例如《猴子做糕》的故事。糕做成了，猫也要吃、狗也要吃、鸡也要吃……是故事的转机。经此一转，故事就可告结案了。

结案，要简明。有许多故事，只有一二句。例如《猴子做糕》，只有"我倒不情愿了"一句,是结案。结案最要紧,不背转机的意思,切不可添加道德训语进去。如《伊索寓言》[①]故事,把故事的寓意很显然讲了出来,使听者扫兴。要知道,故事尽管可以包含至理大道,但必须在讲时隐隐地披露出来,不必在故事讲了之后添一句教训话进去,使儿童觉得你是要教训他,不是讲故事的。

(二)故事的种类

故事的种类很多,但是我们常常讲给儿童听的故事不多。下面所列的几种,大都常常可以遇到的。不过下面的分类,确是没有极对的界限的。

1. **物语**(nature tales animal tales)[②]

这类故事讲得最多。外国儿童故事,物语占大多数的。这种故事,教师倘若看得多了,可以触景生情地来编。有时候,东边的材料移到西边,使听的儿童非常快乐。

2. **有音韵的故事**(rhymed stories)

这类故事并不多见,但是儿童非常喜欢听。因为故事完全是讲的,有时候会发生单调之感的。中途加入几句引吭高歌,或温言软语的唱,儿童不是勃然兴奋吗?我国成人曲很多,儿童曲绝无仅有。外国歌很多,近来翻的人也渐多,可惜都不很顾到儿童的口吻。这是一件美中不足的事。例如《老虎敲门》的故事,可算此类极好的故事了。

3. **神话**

鬼神仙怪,层出变化,使儿童听了还要穷究;穷究不得,又生出几多门道来。变而又变,不可捉摸,才是有趣。例如我国的《西游记》,就是一部最好的儿童神怪小说,可以说是世界上首屈一指的儿童故事书。

---

① 《伊索寓言》:是古希腊民间流传的讽喻故事,相传为公元前六世纪时的古希腊奴隶伊索所纂,其实多经后人补辑、加工或修订,并加入了印度、阿拉伯及基督教故事。现今通行本,共收文 357 篇。

② 物语:日本故事名,特指由口头说唱发展成为的文学作品。最著名的有《源氏物语》《伊势物语》等。

4. 奇异的故事

神话是做不到而想到极有趣的，这类是想不到而人类做得到的。例如《镜花缘》①的多九公奇谈，虽然神怪，但是究竟还是做得到的，又如《鲁滨逊漂流记》②也有同样的性质。

5. 英雄故事

六岁左右的孩子，已经渐渐能崇拜英雄了。我国江南人的崇拜岳飞和关公，几乎家谕〔喻〕户晓。孩子们听到这类，也很喜欢，并且常常以关、岳自比。这类材料很多很多，不过大都没有经过艺术化的。很希望有人来重编，使它儿童化与艺术化。

6. 历史故事

与英雄故事相仿，不过与人类往往有直接关系的。例如《人类的衣》《海滨人》《树居人》等等。③这类故事，是常识的教材。不过幼稚生时代，观念是极少的。所以讲这类故事的，与其是事实的叙述、报告，不若用滑稽、神怪的体裁来描写。

7. 笑话

要说得儿童哈哈大笑，那是一件极不容易的事。对于儿童说笑话，不能咬文嚼字，也不能用前后辞句的破句体裁，是要直接对此〔比〕的。一个大冬瓜④，生在一块小田里，只有这么大的小田（说时用两手一装手势），一个小老鼠来了（又用手做小老鼠的像〔样〕子），一吃二吃。这个故事大小相比，吃与大又一比，儿童就会笑了。

---

① 《镜花缘》：是清代文人李汝珍所作的长篇小说。在该书的前半部分中，讲述了唐敖、多九公等人乘船在海外游历的故事，包括他们在女儿国、君子国、无肠国等国的经历。

② 《鲁滨逊漂流记》：是英国作家丹尼尔·笛福创作的长篇历险小说，主要讲述了主人公鲁滨逊漂流到无人小岛上的故事。

③ 所列诸书，均为20世纪20年代初，由上海商务印书馆所出版的"少年百科丛书"书目。

④ 东瓜：冬瓜的别名，又叫"枕瓜"。

（三）幼稚生故事的特点

"幼稚生往往不愿意听故事的，怎么办呢？"我们一方面要研究讲的方法，一方面要看看故事的内容。下面有几条标准，可以来绳度幼稚园的故事。

1. 富于动作的

静止物体和风景的描写，幼稚生是不能欣赏的，也不耐烦听的。儿童自己是好动的，他也喜欢动的东西，更喜欢有变化的动作。

动作的主人翁是很重要的。有许多故事，只有一个主人翁的。他的经历过去，就演成一出极好的故事。有许多故事，只有一个主人翁的，动作也极单调；但是陪客极多，这个故事也就非常有趣了。例如《老鼠要尾巴》的故事。

有两个主人翁动作不同，一好一坏，对比起来，凑成极有趣的动作。至于多个主人翁的故事，在儿童故事中不易多见，大都是多个主人翁而简单的动作。倘若多个主人翁而又有多个动作，如《十兄弟》《十姊妹》，那就非常难编了。

2. 人物情节要在儿童经验范围以内的

听故事，要儿童费心思去思索，那就减去不少兴趣。例如对儿童说天文、地质，如何能使他领会呢？以愉快为前提的故事，绝不可拘泥于知识之传授。

有人说，故事是想象中来的，不应该只靠固有的经验。这句话，也是似是而非的。我们的想象，都是离不了经验的。利用最熟悉的经验，东拉几点，西拉几点，可以凑成极有趣的想象，也就是极好的故事材料。如果我们讲的故事，儿童听还听不懂，哪里会发生快感呢？

3. 富于本地风光

本地故事，儿童往往喜欢听。这也就因为本地故事中的情节，大都是儿童所熟悉的缘故。例如浙江徐文长[①]先生故事，苏州的吴谚，都是极好的故事

[①] 徐文长：即徐渭（1521—1593），初字文清，后改字文长，浙江绍兴人。能诗擅画，多才多艺，为"明代三才子"之一。然平生坎坷，浪迹天涯，自称"南腔北调人"，身后流传有大量故事或传说。

材料。

4. 切勿带着很多的道德训义

寓言体的故事,在儿童队里不受欢迎的。故事就是故事,儿童听故事,就是为着听故事,不是为着受道德的训诫,失却故事的本义。如旧日学校上修身①课的古圣昔贤的逸事,那是很不应该的。

以上是材料问题,以下略谈组织问题。

(四)幼稚生故事的组织②

1. 全篇一贯

故事是艺术。艺术作品是有主要点的、有线索的。故事中可以东西随便讲,但是不能失去主要点与线索。杂凑的故事,当初儿童很喜欢的。不久,儿童就会问"老师,你讲的是什么"的。

2. 突然变化

全篇一贯,是主要点的一贯;同时这个主要点,可以突然发生变化,使儿童惊奇的。例如《猴子抢帽子》的故事,帽贩到无可奈何的时候,忽然掷帽于地,猴子都掷下帽来了。这一变,使儿童个个称快。

3. 开门见山

"once upon a time(有一次)"的故事,最合幼稚生的胃口。他们听到故事,就愿意立刻知道内容,而耐烦去深深地寻思的。所以,有题前的描写、背景的叙述等故事,大都不容易引起幼稚生注意的。

4. 结果显然

幼稚园故事不愿意没有结果的。虽然不是一定要花好月圆的故事,但是故事中的主人翁或主要事情,必须得一个结束;并且在结束之前,最好有一个转机。这个转机,可以很滑稽,也可以突然发生的。例如《拔萝卜》的故事里,小老鼠衔了一下小猫的尾巴,大萝卜就起来了。这个是很有趣的转机。到结束的时候,除"大家"吃一碗萝卜汤以外;听故事的人,也吃了一碗萝

---

① 修身:清末中小学的课程名称。
② 此标题系由编者加拟。

卜汤。这样一来，结束得何等有趣。有时候，竟会使全体儿童向讲者讨萝卜汤吃的。

5. 富于重复性的

这点是幼稚园故事最特别的一点。所谓重复，不但是语句的重复；就是动作、事物、情节、组织等等，在同一故事里都可以重复起来的。并不是这些重复是完全重复的、丝毫不差的重复。这种体裁，非但不能用于成人，就是稍长的儿童，也会掩耳不听的。但是，幼稚园极欢迎这类故事。

以下，再来略言词句。

（五）幼稚生故事的语言[①]

1. 词句要简短明了

复杂的叙述、冗长的描写，幼稚生是不懂的。所以幼稚生故事，词句的文法要简单，句子要短巧，同时将意义要赤裸裸地表示出来。有时候，也用几许暗示。但是这些暗示，也要容易猜得出来的方才合理。不然，儿童不了解你的暗示，非但失去暗示帮助故事的作用，并且将故事本身都减色了。

2. 词句要合于原意

例如篇中有许多东西，黄雀、猫、老鼠、小孩子、老头儿……诸种人物，各人的言语、行动、性质……都要有特性的。用黄雀来代替老鼠，小孩子来代替老头儿，那是不对的。还有一层，各人在故事中所居的地位不同，有的是主人翁，有的不过是陪衬用的，有的有出奇制胜之功。在词句上，都要经过儿童化而仍有相当适宜的价值的。

3. 插入有音韵的词句

在故事的叙述里，插入有韵的词句，最足以引起儿童的兴趣。可惜这类故事我国不多，以后我们当注意努力于此点。

总之，儿童故事的词句，不要失却"儿童化"。猫也好，狗也好，老头儿也好，不过都要经过"儿童化"。

[①] 此标题系由编者加拟。

四、每个故事都可以表演吗？

读者必定看到过许多戏剧与学生表演的。请先想一想：

(1) 普通戏剧与学生表演有什么分别？

(2) 歌舞剧与普通戏剧有什么分别？

(3) 很小的儿童能够表演吗？

(4) 每见儿童戴着鬼脸、挂着长须，是什么意思？

在没有讨论为什么要有表演以前，我们先下一句极肯定地断案："幼稚园可以有表演的。"那么，我们来讨论为什么要有表演？

（一）从儿童方面说来

儿童从能行动开始，就喜欢表演。儿童是好动的，也是好模仿的。他听了故事，狗呀、猫呀……在他以为，就是自己。于是装起来了，脸也画黑了，脚也跷了，这就是所谓化装游戏。在他呢，是只有"这样做是快乐的"；没有其他的希望，也没有其他的要求。表演爸爸的，看到了好吃的糖果，还是要来争吃的；表演皇帝的，还是自己拿凳子的。所以"得快乐""好动"，是儿童要表演的最大理由。

（二）社会方面的刺激

常见儿童看了戏回来，唱关公了，唱花脸了。这是刺激儿童好动、好模仿的大来源。有时候，爸爸抱孩子、妈妈喂弟弟，在常人看起来是一件极平常的事。孩子们把它当作一件奇异的事来看，于是也来做了。听了故事，加上教师的暗示，安得不极兴奋地来表演呢？

此外，在心理学上分析起来，还有很多的理由。但是，我们只要承认儿童好表演，社会上刺激他们的表演，讲故事的教师又暗示他们表演，那就处处可以表演，事事可以表演了。

其次，我们要讨论，怎样使儿童能够倾力来表演而得到相当的好处？

1. **引起动机**

教师讲了一个故事,看看儿童们很有兴趣,就暗示儿童来表演。暗示的方法很多,在讲的〔到〕只要某人倒很像某某的,这样一来,那几个儿童必定要求表演了;或者请儿童看别人家的表演一次,或者给他们看图画,也可以引起动机来的。

2. **预备材料**

儿童既然要求表演了,那么来计算这个表演里要些什么。帽子、衣服、花……计算好了,就开始来筹备。幼稚生能力虽然薄弱,也觉有几件做得来,就帮着他们来做。这时候的做,必定更加用力;做得成绩,也比普通一般来得好。

3. **分配人才**

这是一件不容易的事。用命令式的分配,必引起儿童不愿意做或嫉妒的事情。到那个时候,这一场表演就不能开始。分派人才的方法很多,不外暗示与自己承认两法。例如拣选故事里主要人才,可以说:"某某(故事里的人物),很像小朋友里的一位。"儿童就会猜出来的,这个人就不致发生问题的肯做了。这就是暗示法。指派其他诸人,可以说:"某某(故事中的人物)哪个愿意做的?"必定有许多小朋友举手,那么就来指定一个。

4. **充分的练习**

"表演容易练习难。"所以在练习的时候,往往容易中断。幼稚生的表演,尤其不容〔易〕使他们维持。在练习的时候,要注意下列几点:

(1) 预告目标。例如这次表演,我们预备在哪个会里去登场的,或这个表演预备同什么组竞赛的。

(2) 分段练习。可以表演的故事,大都比较来得长些。当初,可以来几次整个的练习;以后,就要分段了。

(3) 分期练习。用同样的时间,倘若在一次与分做几次,大有分别的。每天可以练习几次,但是必须相隔几多时,最好是分做上、下午练习。

(4) 因材料而练习。倘若故事里须用材料很多,那么这些材料,切勿一次都买来或做就。许多东西,分做许多次数做成。做成了一两件,就来练习一两次。今天有新东西来练习,明天又有新东西来练习,那就容易引起儿童练习表演的兴趣与努力了。

（5）总练习。练习分三个步骤：第一步，是总练习；第二步，是分段练习；第三步（最后一步），又须总练习。这是很重要的。有时候，可以在分段练习的期内，忽然来一个全部练习，又继续分段练习。到最后，再来几次总练习。

5. 正式表演的机会

给幼稚生在各种会里表演，足以引起他们好表演的兴趣来的。况且幼稚生不应该被人轻视的，所以遇到相当机会，必须让他们正式表演。

末了，我们要讨论，每个故事都可以表演吗？关于这个问题，又可以肯定地回答一句说："不必每个故事都来表演，也不能每个故事都来表演。"幼稚园里表演故事，至少要合于下列几个条件。

（1）故事的本身，要动作多，说白少，甚至用哑口表演都可以。

（2）故事要简单明了，切勿有深奥的哲学意义与道德训诫。

（3）动作、人物要变化出奇，不是呆板的。

（4）每出故事，倘若预备表演了，就应该做一个设计的单元。至少，要用这个来做各种活动的单元。一切做的、画的、读的……都以此为着目点。

（5）每星期，可以讲十几出故事。但是，每星期至多练习一出正式的表演。

附　本章参考书

（1）Bryant：*How to Tell Stories to Children*.[1]

（2）Keyes：*Stories and Story-telling*.[2]

（3）Bone：*Children's Stories and How to tell Them*.[3]

（4）Farbes：*Good Citizenship through Story-telling*.[4]

（5）Cather：*Educating by Story Telling*.[5]

---

[1] 所载英文为作者和书名，可译为布莱恩特：《如何给孩子讲故事》。
[2] 所载英文为作者和书名，可译为基斯：《故事和故事讲述》。
[3] 所载英文为作者和书名，可译为鲍恩：《儿童故事及其讲述方法》。
[4] 所载英文为作者和书名，可译为法布斯：《讲故事培养好公民》。
[5] 所载英文为作者和书名，可译为凯瑟：《讲故事教育》。

（6）Carles：*The Art of Story-telling*.①

（7）Lymon：*Story-telling，What to Tell；How to Tell；How to Tell it*.②

（8）Shedlock：*The Art of Story-telling*.③

（9）St. John：*Stories of Story-telling*.④

（10）《教育杂志》十九卷二号，拙著《幼稚园的故事》；

（11）《我的书》，中华出版，有数十本；

（12）《图画故事》，商务出版，有二十本；

（13）《好朋友》，南京特别市教育局出版，有数十本；

（14）《西游记》，亚东书局出版；

（15）《镜花缘》，亚东书局出版；

（16）《中国故事》，商务出版；

（17）《小朋友》，中华出版，儿童故事很多；

（18）《儿童世界》，商务出版，儿童故事也不少。

儿童故事书随处看得到，大都要经过讲的人的消化，然后再因地、因时、因儿童来讲的。

---

① 所载英文为作者和书名，可译为卡莱斯：《讲故事的艺术》。
② 所载英文为作者和书名，可译为莱蒙：《讲故事・讲什么・怎么讲》。
③ 所载英文为作者和书名，可译为夏洛克：《讲故事的艺术》。
④ 所载英文为作者和书名，可译为圣约翰：《讲故事的故事》。

幼稚教育中文参考书目

(1927年2月20日)

【题解】 本篇原载《教育杂志》第19卷第2期"幼稚教育专号·新刊介绍"栏，发表时间为1927年2月20日。原发表时署名"张宗麟、雷震清"。

有关《教育杂志》，参见前文《儿童的观察能力及其教育的功效》题解。

年来国内教育学者对于幼稚教育之研究，兴趣甚浓；鸿篇巨著见之于专书者、见诸于杂志者不少。本篇即搜集各家所著，列之于后，以备研究者之参考。唯因时间及编者之地方关系，所收不详，敬希阅者指教为幸。

又，本文计分三类：（1）中文专书及论文；（2）儿童用书；（3）西文书籍。余等经一度会议之结果，分类三进行：第一类由雷震清负责；第二类张宗麟负责；第三类由周天冲①君负责。现在周君以事忙未成，故先将此发表。②

第一类　中文专书及论文

本类分专书及论文二项。

---

① 周天冲：生卒年籍贯未详。1925年6月毕业于东南大学教育系，与张宗麟同班同届。1928年赴法国留学，入巴黎大学专攻史学。1931年归国后专事著译。撰有《设计教育法评议》《幼稚园的设计教学法》《阿氏主编〈儿童教育大全〉》等。

② 周天冲所负责编译的"第三类"，随后赶出付印，以《幼稚教育英文书报》为题，另篇发来于同期《教育杂志》。

（一）专书

1.《蒙台梭利教育法》（另图16）

日本今西嘉藏原著，但焘①译，定价三角五分，商务出版。

此书译本，出版于民国三年十一月，为吾国专谈幼稚教育最早之书。内详述蒙氏教法之原理、教具及教法等。

2.《美国幼稚教育》

赵宗预②著，定价一角五分，商务出版。

此书编者一时不能得到，故未述其内容。

3.《家庭教育》

陈鹤琴著，定价八角，商务出版。此书名为《家庭教育》，实为幼稚教师所必读之书。于十四年七月出版。

著者陈鹤琴教授，将其数年之研究及实地经验所得，作有系统之叙述。其中每原则之

另图16 《蒙台梭利教育法》封面
图片来源：国家图书馆馆藏

---

① 但焘（1881—1970）：字植之。湖北蒲圻人。早年肄业于武昌经心书院，1903年赴日留学，先习师范，后入中央大学专攻政法。在日期间，加入同盟会，任湖北支部主盟。1912年中华民国成立后，任总统府秘书兼公报局局长、国务院秘书。"二次革命"时辞职，隐居上海，译出《蒙台梭利教育法》。后历任护法军政府秘书长、参议院秘书长兼宪法会议秘书、中山模范县教育局长、国民政府秘书等职。1949年赴台湾，专事著述。著有《海外丛谈》等，著作有《入蜀集》《台员集》等。

② 赵宗预：生卒年未详，字霭吴，江苏上海人。早年毕业于江苏省立第二师范学校，后任教职，试验设计教学法。加入中华职业教育社，任该社附设第二补习学校主任，撰成《都市的职业补习教育》。推行平民教育，任职《申报》馆发行部，又先后担任商务印书馆、中华书局、世界书局编辑，著述颇丰。编有《儿童文学丛书》《新法故事读本》等，著有《设计教学法》《新著设计教学法》《中国人的交际术》等。

下,则为实例。郑晓沧①教授谓为:"珠玑满幅,美不胜收,有数处神乎其技,已臻乎艺术之范域。"确实不错。

4.《幼稚教育及日、美之幼稚园》

"教育丛书"第七十二种,商务出版。

教育丛书之一,内含论文三篇:

(1)《未入学校时期的家庭教育》,祝其乐②。(a)意义解析;(b)研究过程;(c)未入学校时期家庭教育的要点;(d)结论。

(2)《美国幼稚园述略》,谢天恩③。(a)绪言;(b)美国幼稚教育之起源及其进步;(c)美国幼稚园之制度;(d)幼稚园与初等小学之关系;(e)结论。

(3)《日本之幼稚园》,庄俞④。详述参观日本五所幼稚园之所得。五所幼稚园为:(a)东京女子高等师范附属幼稚园;(b)东京市立朝海幼稚园;(c)东京常盘寻常小学校附属幼稚园;(d)东洋家政女学校附属幼稚园;(e)东京私立实践女学校附属幼稚园。

---

① 郑晓沧(1892—1979):名宗海,后以字行,浙江省海宁人。1914年毕业于北京清华学校,旋赴美国留学。先后在美国威斯康辛大学和哥伦比亚大学师范学院攻读教育学,并分别获教育学学士和教育学博士学位。归国后,任南京高师、东南大学教职,后历任中央大学教育学院院长、浙江大学教育系主任。中华人民共和国成立后,历任浙江师范学院、杭州大学教育系教授,1962年任浙江师范学院院长。著有《教育概论》《教育原理》等,译有《予之教育信条》《人生教育》等。

② 祝其乐(1897—1977):字琴斋,浙江新昌人。早年毕业于南京高师教育科,历任江苏省立六师、浙江省立五中师范部、杭州高中师范部、锦堂师范教职,浙江湘湖师范教务主任。1937年后,长期任教于杭州师范学校,随校内迁并复员,对师范教育和小学教育颇有研究。1955年任杭州市教育局副局长,主管师范与小学。译有《学习之基本原理》,著有《国家主义与中国乡村教育》《乡村教育研究及研究法》等。

③ 谢天恩:生平事迹未详,美国浸信会来华传教士,早年在广东传教,20世纪30年代尚在广西桂林传教,经常在教会报刊上发表文论。

④ 庄俞(1876—1938):名亦望,字百俞,又字我一,江苏武进(今属常州)人。早年自学有成,受聘为武阳公学教习,与人创设体育会、演说会、天足会、私塾改良会、藏书阅报社等,开展教育救国活动。后入商务印书馆任编译,致力于《最新教科书》《简明教科书》《共和国新教科书》等教科书的编辑,又与黄炎培等提倡实用主义教育,提倡职业教育。编有《应用联语杂编》,著有《我一游记》等。

5.《养真幼稚园概况》

民国十五年，定价二角，尚公学校出版部。

养真幼稚园为上海尚公小学中一部分。本概况即此一部分之研究报告。计有课程、最低限度之毕业标准、学历等。

6.《幼稚园恩物教授法》

陈鸿璧[①]。卷一，定价三角五分；卷二，定价五角。商务代售。

此书不能得到，不识其内容。

7.《幼稚园课程研究》

唐毅[②]译，定价三角，中华出版。

此书乃美国世界幼稚教育联合会所研究而出。该会信幼稚园之课程，必须适应儿童之需要。而此种需要，是随地方情形、儿童年龄、儿童经验及父母之期望而定，此书即本乎此。

8.《北京女高师幼稚教育的研究》

北女高师幼稚教育研究会编辑出版。

民国九年出版，为北京女高师对于幼稚教育有兴趣者所作文之汇刊，内容对于幼稚教育之各方面均有论列，并有幼稚园用图画、游戏及恩物制造方法等。

---

① 陈鸿璧（1884—1966）：女，原名碧珍，广东新会人。幼年随父旅居上海，毕业于上海中西女塾。后执教于育贤女学，任《神州日报》《大汉日报》编辑。1912年主持创设广东幼稚园，任园长；后增设小学、中学和女校，并以"广东中小学"名校，继续附设幼稚园。终身未婚，主理该校数十年，直至1953年退休。撰有《幼稚教育之历史》等，著有《幼稚恩物教授法》等。

② 唐毅（1897—1975）：原名荣琛，字现之，又作献之，广西灌阳人。1919年考入南京高师教育科，为陶行知高足之一。肄业之余，热衷著译。1925年担任中华书局编辑，译成并出版了《幼稚园课程研究》。后历任广西省立第二师范学校、四川省立第二女子师范学校、南京东南大学附属中学、广西省立第二女子师范学校、晓庄学校、广州中山大学附属中学教职。1932年任广西省立师范专科学校筹备处主任，1934年任山东省乡村建设研究院研究部导师兼训练部主任；1937年负责筹办桂林师范专科学校，后任该校校长。1941年应聘为广西大学教授。中华人民共和国成立后，历任广西第一图书馆馆长、司法厅厅长等职。著有《近代教育家及其理论》《近代西洋教育发达史》等。

9. 《幼稚园、小学音乐集》

俞子夷①编，每卷定价一元五角，商务出版。

（1）《幼稚园歌初编》，刘吴卓生②编；（2）《共和幼稚歌》，杨李虞贞③编；（3）《静妙园甲乙种琴歌》，亮乐月④编。

10. 《幼稚园与初等小学诗歌》

一九一五，E. S. Stelle⑤编，上海华美书馆印。

此书内容，多为教会所用之诗歌，但末附有手指歌玩法式样，及圈上游戏歌玩法，颇有可取。

---

① 俞子夷（1886—1970）：原名旨一，字逎秉，祖籍江苏苏州，后迁居浙江。早年肄业于上海南洋公学、爱国学社，后历任上海爱国女校、广明学堂、芜湖安徽公学等校教职。1909年被派赴日本考察"单级教授法"，归后在上海参与办理"单级教授法练习所"。1913年被派赴美国考察，归国后先后开展"联络教材"实验、"设计教学"实验，并参与"教育测量"工作；历任南京高师、浙江杭州省立女中教职，为浙江大学教育系教授。中华人民共和国成立后，一度担任浙江省教育厅厅长。著有《小学教材及教学法》《小学教学法漫谈》《新小学教材研究》《一个小学十年努力记》等。

② 刘吴卓生：即吴卓生（1888—1966），女，原名月娥，江苏吴县人。为刘廷芳夫人，故姓名前加夫姓。出生于上海富商家庭，1903年毕业于上海中西女塾，后赴日本广岛师范学校留学。归国后，历任苏州"戴文森纪念学校"教师、苏州英华幼稚园主任、景海幼稚园主任。1911年再赴美国留学，专攻幼稚教育和音乐，获哥伦比亚大学硕士学位。1915年归国，与刘廷芳结婚，后历任苏州师范学校教职、燕京大学教育系教师、北京女高师教师、燕京大学女生总监、江苏省立一师校长等职。为教会学术社团"中国中部幼稚园联合会"的骨干成员，为"全国儿童教育会"副总干事，又为北平妇女社会服务促进会会长。抗日战争期间，移居美国纽约。

③ 杨李虞贞：即李虞贞（1890—1966），女，江苏苏州人。为杨豹灵夫人，故姓名前加夫姓。幼年留学日本，中学毕业于中西女塾，1908年赴美留学，毕业于美国佐治亚州基督教女校，学习音乐及文学，回国后从事儿童音乐教育，历任苏州英华女校、南京汇文女子大学等校音乐教师。所编《共和幼稚歌》，是中国最早的五线谱歌集之一。

④ 亮乐月（Laura M. White，1867—1937）：女，美国来华女传教士。1887年受美以美会差遣来华，在江浙一带传教布道。1908年在南京创办汇文女子大学堂，担任学堂堂长。后任广学会创办月报《女铎》主笔，译著了一批文学、教育文论。1931年6月因病返美，在华工作长达43年。

⑤ 此英文为人名，可译为E. S. 斯特尔，生平事迹未详。

11. 《幼稚园的研究》第一集

张雪门[①]著，定价四角，北新书局。

本书于十五年九月出版，为我国研究幼稚教育最近出版之书。内容计分：(1)《幼稚园的一日》；(2)《幼稚园的课程》；(3)《幼稚园文字教学的研究》；(4)《福禄培尔恩物的研究》；(5)《幼稚园》；(6)《参观三十校幼稚园的感想》。

（二）乙项　论文

1. 教育杂志

(1)《幼稚园之课程》，李大年译，十七卷三号、四号。译自《美国教育局公报》公布之世界幼稚园联合会起草案。

内容：(a) 绪论；(b) 社会生活与自然研究；(c) 手之动作；(d) 算术；(e) 语言；(f) 文学；(g) 游戏；(h) 音乐。

按：此与专书中唐毅所译《幼稚园课程研究》相同，此乃其草案也。

(2)《幼稚园的工作研究》，Hacneg 讲，十八卷十号。

本文系 Kate B. Hachneg[②] 女士在上海幼稚教育研究会之演讲。文中研究新旧方法之异同，着重于设计方法之应用于幼稚园，并附例七则，末归结为七要点。

[①] 张雪门（1891—1973）：原名显烈，字承哉，浙江鄞县（今属宁波市）人。早年就读于家塾，后肄业于浙江省立四中，1912年受聘执教于宁波私立星荫小学。升任该校校长后，于1918年在该校附设星荫幼稚园，1920年主持创设宁波幼稚师范学校。1924年受聘担任北京大学注册课职员，以旁听生身份，肄习北大教育学系课程。1926年受聘担任"孔德南分校"主任，在该校增设幼稚师范科和幼稚园。1930年后，协助熊希龄创设北平幼稚师范学校。抗战期间，迁校至桂林办理。1946年赴台湾，创设台北保育院（后改育幼院），任院长。著有《福禄贝尔母亲游戏辑要》《蒙台梭利与其教育》《幼稚园行为课程》等，著作有《张雪门幼儿教育文集》等。

[②] 所载英文为人名，可译为凯特·B. 哈特内格，生平事迹未详。

2. 《初等教育杂志》

每册三角，商务出版。(1)《幼稚教育面面观》，杨鄂联[1]，第一卷一期，讨论幼稚教育之理论与实际。

(2)《幼稚园的设计教学法》，周天冲，第二卷二期，叙述设计教学法应用于幼稚园之各种问题。

3. 《晨报副刊》

(1)《幼稚园的基本原理》，张雪门译，《家庭》第三号至第五号。E. P. Peabody[2]原著，详述福禄培尔原理。

(2)《幼稚园文字教学之研究》，张雪门，副刊四十期。述国内幼稚园少教授文字之情形，与幼稚园文字教学原理与方法。

4. 《新教育评论》

(1)《介绍一部研究幼稚教育的书籍和著者》，裴文中[3]，二卷二十期。本文即介绍张雪门先生及其所著之《幼稚园的研究》一书。

(2)《创设乡村幼稚园宣言书》，中华教育改进社，二卷二十二期。本宣

---

[1] 杨鄂联：即杨卫玉（1888—1956），字鄂联，上海嘉定人。早年肄业于上海尚贤堂，后毕业于上海理科专修学校。中华民国成立后，历任江苏省第二女子师范学校附属小学主事，江苏省第一师范学校、第二师范学校、苏州女子职业学校教职。1916 年 9 月，在嘉定组织"儿童学会"，研究儿童玩好心理比较、体格及学力比较、群居心理比较。后长期担任中华职业教育社副理事长、总干事。历兼上海大夏大学、上海工商专科学校、中华职业学校、民立女子中学、位育中学、南翔苏民职业学校教授、校长、董事、董事长等职。著有《女子心理学》《职业教育概论》等。

[2] 所载英文为人名，可译为 E. P. 皮博迪，即伊丽莎白·皮博迪（1804—1894），出生于教师之家，1859 年结识福禄培尔的学生舒尔茨夫人，遂决心投身于幼教事业。次年，在波士顿创设美国第一所英语幼儿园，被公认为是美国幼儿园的奠基者。1863 年与其妹玛丽·皮博迪合著的《幼儿道德文化与幼儿园向导》一书出版，初步总结了自己的办园经验。1867 年，停办幼儿园，前往欧洲拜师求道。次年归国后，在她的倡议和支持下，在波士顿开办了美国第一所幼儿师范学校。编有《婴幼儿教育指南》，著有《学校纪录的侧证》等。

[3] 裴文中（1904—1982），字明华，河北丰南人。1923 年考入北大地质系，1927 年毕业后，主持并参与周口店的发掘和研究。后留学法国，获法国巴黎大学博士学位。归国后，历任实业部地质调查所技正、周口店办事处主任、新生代研究室主任，并在北京大学、燕京大学和北京师范大学讲授史前考古学，为我国知名古生物学家。著有《周口店山顶洞之文化》等。

言中，谓现在国中之幼稚园犯三大弊病：外国病；化钱病；富贵病。此刻所要创设之乡村幼稚园，即改革此三病，并建设："一、中国化之幼稚园；二、省钱之幼稚园；三、平民之幼稚园。"

（3）《幼稚园之新大陆》，陶知行[①]，二卷二十四期。内容述女工区域及农村均需要幼稚园，故幼稚园有下乡运动及进厂运动。但必须打破外国的面具，抛弃贵族的架子，并且省钱方可。末又附带说，幼稚园须注意儿童的健康。

（4）《怎样在幼稚园里引导新进来的孩子》，张雪门，二卷二十四期。内容分教师自身的、设备的、训练管理上的、教法上的、材料上的、养成良好习惯的等六种准备。

（5）《一年来南京鼓楼幼稚园试验概况》，陈鹤琴、张宗麟，二卷二十四期。叙述该园从十四年秋季至十五年夏季一年间之实验概况。内分：（a）幼稚园的课程及教材；（b）幼稚园的教学法；（c）儿童的习惯；（d）设备上儿童玩具；（e）今后的计划。

（6）《九、十、十一月幼稚园的工作》，张雪门，二卷二十五、二十六期。内容分：（a）工作大纲；（b）工作的说明；（c）工作单元；（d）工作的材料。

5.《中华教育界》

（1）《南京高等师范附属小学的幼稚园》，薛钟泰[②]，十卷五期。内容有该园的历史及组织和设备，并有详细之课程。

[①] 陶知行：即陶行知（1891—1946），原名文濬，曾用名知行，安徽歙县人。早年受教于教会学校歙县崇一学堂、南京金陵大学。1914年赴美留学，获伊利诺伊大学政治学硕士学位后，入哥伦比亚大学攻读教育学博士学位。1917年归国，任南京高师专任教员、教务主任。1922年任中华教育改进社主任干事，全力推进平民教育。1927年创办晓庄师范，以振兴乡村教育为职志；1932年创办山海工学团，以此推行"现代普及教育"；1939年创立北碚育才学校，致力于难童中人才幼苗的培陶。平生热衷教育试验，并创立了"生活教育"理论。著有《中国教育改造》，著作有《陶行知全集》等。

[②] 薛钟泰（？—1943）：江苏涟水人。早年考入南京高师教育科，师从陶行知、陈鹤琴等名师。毕业后，历任江苏省立第五师范（扬州）、第三师范（无锡）教师。后任江苏省教育厅督学，一度代理徐州中学校长，后任江苏省教育厅第四科科长。抗日战争爆发后，率江苏省中学生"二大队"内迁四川，后组建为国立四川中学，为该校校务委员。后历任江苏省政府驻渝办事处主任、粮食部参事等职。撰有《幼儿的理解性》等，著有《小学地理教学法》等。

（2）《江苏省立第二女师范附属小学蒙养园》，张近芬[①]，十卷五期。略述该园的情形。

（3）《江苏省立第一女师校附属蒙养园教养一斑》，杨效春[②]，十卷七期。记该园一日之工作甚详。

（4）《南京高师、暨南附属小学幼稚园放学的那一天》，杨效春，十卷十期。此文与上文同，亦记该园一日之工作甚详。

（5）《幼稚园中社会生活之设计》，邰爽秋[③]，十一卷七期。此文系从 The Elementary School Journal[④] 杂志中译来，叙述美国诗家谷大学幼稚园之冬天的一个设计，名字为《我们的城市》。

（6）《幼稚师范问题》，张宗麟，十五卷十一期。本篇有两层意思：（a）中国急需有富于国家精神之幼稚教师，所以亟须设立完美的、富于研究试验精神的幼稚师范；（b）办幼稚师范之目标：一解除从前之神秘色彩；二适合我国的国民性；三养成有随时改进、试验、研究之精神。

[①] 张近芬（？—1939）：女，字崇南，江苏嘉定人。早年毕业于江苏省立第二女子师范学校，并担任该校附小教员多年。经常在报刊上发表诗文，为中国近现代儿童文学的先驱。后转上海同德医校深造，并赴德国柏林大学专研公共卫生，获医学博士学位。译有《梦》《纺轮的故事》，著有《游德的观察》等。

[②] 杨效春（1895—1938）：又名兴春，浙江义乌人。早年毕业于金华中学，后任教于小学。1917年考入南京高师，师从陶行知，参加"少年中国学会"，开始发表文论。毕业后，先后在安徽省休宁女子师范学校、安徽省立第二中学任教。1927年后，追随陶行知投身于乡村教育运动，参与南京晓庄师范的创办。后辅佐梁漱溟，参与山东邹平乡村建设研究院的办理。30年代中期，担任安徽黄麓乡村师范学校校长。抗战初期，被国民党当局误杀。著有《晓庄一岁》《乡农的书》等。

[③] 邰爽秋（1897—1976）：字石农，江苏东台人。1914年考取江苏省立第五师范学校，后又考入南京高师教育科，1923年毕业于东南大学（南京高师升格改办）教育系，随即公费赴美留学。先入芝加哥大学，获教育学硕士学位；后入哥伦比亚大学，获教育博士学位。归国后，历任南京中学校长、中央大学教授、大夏大学教育学院院长、河南大学教育系主任，后长期任教于大夏大学。中华人民共和国成立后，历任辅仁大学、北京师范大学教授。著有《民生教育》《教育经费问题》《普及教育问题》等。

[④] 所载英文为刊名，可译为《小学杂志》。

(7)《幼稚园的课程》，文庄①译，十五卷十二期。本课程系美国哥伦比亚大学阪塞博士及顿物幼稚园课程修改委员会几次的讨论决定的。计分新的活动、卫生的活动、身体的活动三种。每种之下，复加以所需要之材料、应得之结果及实施之方法等。

(8)《调查江浙幼稚教育后的感想》，张宗麟，十五卷十二期。著者主张，幼稚教育应当中国化。去岁调查江浙幼稚教育后，觉有极力提倡之必要，乃将所感发身此文。内容计分：（a）办幼稚园之方针；（b）课程；（c）校舍及设备；（d）教师；（e）余论。痛快淋漓。有志幼稚教育者，有子女入幼稚园者，应当一读。

(9)《幼稚园里的几种读法教学法》，张宗麟，十六卷三期。本文罗列七种方法，并为详细说明及举例，均系在南京鼓楼幼稚园实施之结果。

6.《新教育》

(1)《幼稚园之新动力》，一卷三期。Miss Grase Brown② 在纽约根德学校幼稚园大会时演说词。原文在 *Kindergarten Magazine*，*February*③，1919。

(2)《余之幼稚园观》，陈俶④，三卷四期。（a）幼稚园之意义；（b）幼稚园与幼儿之嬉戏；（c）幼稚园之先生；（d）幼稚园之小朋友；（e）幼稚园之一日。

(3)《现今幼稚教育之弊病》，陈鹤琴，八卷二期。罗列现今幼稚教育之四大弊病：（a）与环境的接触太少，在游戏室的时间太多；（b）功课太简单；（c）团体动作太多；（d）没有具体的目标。

---

① 文庄（1898—1927），字临之，广西全州（东山瑶族乡斜水村）人。早年肄业于国立中山大学，是校内中共地下组织一名活跃分子，曾主编过《支部生活》。1927年蒋介石发动"四一二"政变后，于同年6月29日被中山大学以"有证据的共青团分子"为由开除出校，后转入地下活动，加入中国共产党，未久被害。
② 所载英文为人名，可译为格蕾丝布朗小姐，生平事迹未详。
③ 所载英文为刊名和时间，可译为《幼儿园杂志》，二月。
④ 陈俶（1892—?），女，湖南郴县人。早年留学日本，毕业于东京女子高等师范学校。1919年归国，执教于湘、鄂两省师范学校。1927年后，改行任证券经纪人。终身未婚，从事妇女解放运动甚力。撰有《湖南郴县》等。

7.《教育汇刊》

(1)《幼稚园是教育的基础》,王余榘英①,第二卷。内容:(a)幼稚园可以帮助家庭教育的卫生及训练;(b)又为家庭教育与学校教育之介绍者、高等教育之源头及社会之柱石。

(2)《南京鼓楼幼稚园概况》,张宗麟、李韵清,第二卷第三、四期合刊。该园标下列三大宗旨:(a)试验中国化的幼稚教育;(b)利用幼稚园以辅助家庭;(c)将试验所得最优良、最经济之方法,供全国教育界之采择。从事实验,本篇即其初进行之情形,计分:(a)组织及现状;(b)教导状况;(c)各种试验表。

8.《楚怡学校校刊》

(1)《幼稚教育之改进》,黄德安②,二卷四期。此文为楚怡学校附设幼稚园开始时,该校教务主任黄先生发表其试验时之主张。大意为,采取各派之所长,不宗于任何一派。

(2)《幼稚教育之扩大的三方面》,黄德安,二卷四期。幼稚教育之改进上,有三方面之变更可以扩大其效率。此文即列此三方面之趋势:(a)时间的延长;(b)场所的推广;(c)活动的增多。

(3)《幼儿家庭教育》,蒙台梭利女士原著,张怀译,二卷四期。大意觉现在之教学方法太机械、太呆板,应该学校、家庭一致,用极柔顺之方法,保护儿童之天然弱质。

(4)《介绍女蒙氏的教育法》,张怀,二卷五期。蒙氏教育法在法、比各国有人非难,女罗女士即出而为之修正。本篇即介绍修正之大概。

(5)《幼稚组每日活动大概情形》,韩竹筠、黄子艾,二卷五期。本篇大

---

① 王余榘英:女,生卒年籍贯未详,王为夫姓。早年曾留学海外,时任教职。
② 黄德安:生卒年未详,湖南长沙人。早年毕业于长沙师范学校,历任湖南楚怡学校教师、教务主任、副校长,主持在该校附设幼稚园,并在报刊发表有关儿童教育的文论,后辗转任教于省内各中学师范科。南京国民政府成立后,历任国立劳动大学秘书兼讲师、《民报》社社长、农业部简任部秘书、湖南省田粮处处长、湖南省民政厅主任,为湖南省临时参议会参议员兼秘书长。1948年因任田粮处长时贪污事,被判处无期徒刑。另撰有《家庭教育》等。

意，顾其名即可思其义。兹不另述。

（6）《幼稚组请客的设计》，韩竹筠、黄子艾，二卷五期。叙述该园行设计法之状态。

（7）《半年来幼稚教育进行之一斑》，黄德安，二卷六期。从记载及统计中，看出该园半年之教材及教学之情形。

（8）《幼稚园作业中之游戏的动机与实验的方法》，罗黑子译，二卷六期。本篇为哥仑比亚大学幼稚教育训导 P. S. Hill[①] 所编之 *Experimental Studies in Kindergarten Education*[②] 中。据编者言，此文为教师与儿童努力之发现，即由游戏转到自由创作的作业的种类和表出的方法之实验结果。其目的：（a）简单地回溯那些曾经发生过我们在幼稚园作业中所见到的显明变迁的影响；（b）说明由此类影响所产生的意见；（c）指出此意见应用于工艺或作业初步的情形。

（9）《设计组织的幼稚课程》，黄德安，三卷一期。此系楚怡学校幼稚园所用之课程纲要，计分交际活动、探究活动、建造活动、游戏活动四方面。

（10）《幼稚组每日自由活动情形》，黄式仉，三卷一期。此文为该园教学记载中录出之自由活动之经过。

（11）《幼稚生洋姓娃做寿的设计》，宋文殿，三卷一期。一种设计之报告。注：此节所写文中"该园"一语，系指楚怡学校幼稚园。

第二类　儿童用书

这部分的书籍，南京方面特别少。几个大图书馆里，可称绝无仅有。现在只好把我平常找教材的几本书来做资料（限于中文的）。其中有一部分，又详于雷、周二君。至于下列诸书，请幼稚生自己来用，要发生困难的。所以，只好称幼稚园、小学低年级的教师的参考资料的一部分。读者诸君看了以后，

---

① 所载英文为人名，可译为 P. S. 希尔，即帕蒂·史密斯·希尔（Patty Smict Hill, 1868—1946），美国幼儿教育家。早年毕业于路易斯维尔幼儿教师培训学校，后任哥伦比亚大学幼儿教育系主任，"希尔大积木"的发明者。

② 所载英文为书名，可译为《幼儿园教育实验研究》。

也可以反省了。中国自己的资料也不少了。我所知的，当然是全国的一小部分。倘若全国计算起来，必定很可观，不必再说《创世纪》里的故事，唱赞美诗了。

（一）杂志类

(1)《小朋友》，周刊，中华书局，每册三分。

(2)《儿童世界》，周刊，商务印书馆，每册三分。

(3)《儿童画报》，半月刊，商务印书馆，每册六分。

(4)《小朋友画报》，半月刊，中华书局，每册六分。

(5)《儿童教育画》，出了九十三期绝版，商务印书馆，每册七分。

(6)《好孩子》，商务印书馆，每册一角二分。

注：《儿童画报》与《小朋友画报》里的材料还好（虽然有几部是抄袭的，大致很好），可惜到年底，才可以看到中秋或国庆的材料。所以要找教材，应该预先买就一年。又，《好孩子》我只看到六期，材料也不错。

（二）故事书类

(1)《我的书·小说》，黎锦晖[①]等，中华书局，自六分至二角，已出十册。该集中，《十姊妹》《人鱼公主》《猫弟弟》《虎友》等甚佳。

(2)《我的书·故事》吴翰云[②]等，中华书局，自五分至一角半，已出十五册。该集中有《驴车》《小鸡哥哥》，用诗歌做故事是很好的体裁。据我的经验，故事中夹着可以唱的句子，真与〔会〕使儿童发生兴趣。该故事好的材料居多数，很可采用。

[①] 黎锦晖（1891—1961）：湖南湘潭人。自幼热爱民族音乐，学习民族乐器。1912年长沙师范毕业后，历任音乐教员、职员、编辑；1928年后，创办中华歌舞专科学校，组建"中华歌舞团""明月歌舞团"，创作了一批歌曲、舞剧。

[②] 吴翰云（1895—1973）：湖南安化人。1922年任中华书局《小朋友》编辑，1926年接任主编职，使该刊有名于时。后又主编多种儿童读物。

(3)《儿童故事》，严既澄①，商务印书馆，每册五分，已出十四册。

(4)《图画故事》，宗亮寰②，商务印书馆，每册五分，已出四册。

二〔四〕部用意相仿，后者更新些，兼可做儿童自己的读物。

(5)《儿童小说》，严既澄，商务印书馆，每册五分，已出二册。

(6)《伊索寓言》，林纾③译，商务印书馆，每册三角。

(7)《儿童世界丛刊》，一泓等译，商务印书馆，每册八分至一角，已出五册。

(8)《故事》，赵宗预等，中华书局，每册七分，已出二十三册。

(9)《小说》，赵宗预等，中华书局，每册七分，已出十九册。

这六〔五〕种书，良莠都有。有许多，或者可以用于年纪大些的儿童。倘若要用于幼稚园或低年级，非经过教师重新组织不可。

(10)《中华故事》，潘式等，中华书局，每册一角，已出十二册。

(11)《中国故事》，朱鼎元④，商务印书馆，每册一角，已出十册。

(12)《中国寓言》，周服，商务印书馆，每册八分。

(13)《中国寓言》，沈鸿德⑤，商务印书馆，每册二角。

(14)《中华童话》，陆费煌等，中华书局，每册五分，已出三十册。

---

① 严既澄：生卒年未详，名锲字，字既澄，广东肇庆人。历任上海大学、北京大学、北平师范大学、中法大学、北平大学女子文理学院教员、讲师、教授等职。译有《进化论发现史》，著有《初日楼诗》等。

② 宗亮寰：生卒年籍贯未详。早年任教于江苏第一师范附小，1922年任商务印书馆编辑，主编教材和儿童读物多种，为张宗麟著《幼稚园的演变史》的编校。1943年3月任基本书局代总经理。撰有《小学形象艺术科教学法》《欣赏教育的研究》等。

③ 林纾（1852—1924）：字琴南，号畏庐，福建闽县（今福州市）人。光绪举人，1900年在北京任五城中学国文教员，后兼京师大学堂讲席。中华民国成立后，曾任教于正志学校，后在北京专以译书、撰文、卖画为生。推重桐城派古文，书画俱佳。著作有《畏庐文集》等。

④ 朱鼎元（1906—?）：后更名建章，江苏海门人。早年毕业于通州师范学校，任教于家乡小学。1939年后，历任上海私立秀实学校、海门聚星小学教职。中华人民共和国成立后，历任平潮中学校长、如皋师范副校长、如皋江安中学校长等职。

⑤ 沈鸿德（1896—1981）：笔名茅盾，字雁冰，浙江嘉兴人。从小接受新式教育。后考入北京大学预科，毕业后入商务印书馆工作，走上文艺救国的道路。著有《子夜》《林家铺子》《霜叶红似二月花》等。

(15)《小小说》，中华书局，每册五分，已出一百册。

这六种，可以称得纯粹是中国故事。本国故事应该占重要地位的。从这六种里，可以找得原料，不过要教师加以制造工夫的。

(16)《世界童话》，徐傅霖①，中华书局，每册五分，已出五十册。

(17)《童话》，孙毓修②等，商务印书馆，自五分至一角半，出一百二册。

(18)《京话童话》，唐小圃③，商务印书馆，每册八分，已出十二册。

(19)《童话大观》，世界书局，每集一元〇零八分，已出二集。

(20)《安徒生童话集》，赵景深④编，新文化书社，二角半。

(21)《家庭童话》，唐小圃，商务印书馆，每册一角二分，已出十二册。

以上童话，有世界有名的童话，也有中国著名轶事，值得一看的。又，世界书局之《童话大观》，内容分为三种：物话、故事、神话。又，该书局为便利购买者省钱起见，每种材料多方引用，所以甲书中有的材料，在乙书中往往找得到。

(22)《俄国童话集》，唐小圃译，商务印书馆，每册二角五分，已出六册。

(23)《托尔斯泰儿童文学类编》，唐小圃译，商务印书馆，自二角至二角半，已出五册。

(24)《儿童戏剧》，文明书局，每册二角，已出六册。

---

① 徐傅霖（1881—1958）：又名卓呆，号筑岩，江苏苏州人。早年留学日本，肄习体育。归国后，于1908年参与创设"中国体操学校"于上海。又热衷文学艺术，后任商务印书馆编辑，编辑了一套儿童读物。撰有《中国最早之体专》《论体操书籍》等。

② 孙毓修（1871—1922）：字星如，江苏无锡人。光绪秀才，后肄业于江阴南菁书院。1907年入上海商务印书馆编译所，编辑中小学教科书。后任涵芬楼负责人，主持影印《四部丛刊》等典籍。还先后主编《少年杂志》《少年丛书》等，为著名目录学家。

③ 唐小圃：生平事迹未详，为著名童话翻译家。译有《俄国童话》《托尔斯泰寓言》《家庭童话》等。

④ 赵景深（1902—1985）：曾用名旭初，笔名邹啸，祖籍四川宜宾，生于浙江丽水。1922年毕业于天津棉业专门学校后，入天津《新民意报》编文学副刊，提倡新文学。后历任湖南一师教职、上海大学教授、开明书店编辑、《文学周报》主编等职。1930年起，任复旦大学中文系教授，致力于中国古代戏曲和民间文学的研究。著有《曲论初探》《中国戏曲实考》等。

（25）《儿童剧本》，计志中①，商务印书馆，每册五分，已出六册。

（26）《戏剧集》，儿童报社，中华书局，每册六分，已出三册。

上述三书里的戏剧，虽然多半不是幼小儿童所能表演，但是很可以作为故事讲。

（27）《笑话》，黎锦晖等，中华书局，每册六分，已出五册。

（28）《儿童笑话》，计志中，商务印书馆，每册五分，已出六册。

（29）《小笑话》，在《绘图小学生》里，世界书局，每册一角六分，共二册。

（30）《儿童笑话》，在《新儿童乐园》里，世界书局，每册七分。

说得儿童笑，是件不容易的事。有许多事，我们以为好笑的，并且笑得要叫肚子疼的，但是幼稚儿童一些不以为好笑。以上诸书中的笑话，大都不是幼稚儿童的材料。幼稚儿童以为可笑，恐怕我们或大些的儿童以为平淡了。

（31）《蒙养寓言》，陈毓梅选译，广学会，每册一角。

（32）《孩训喻说》，刘学义选译，广学会，每册一角二分。

（33）《小公主》，亮乐月等译，广学会，每册一角。

（34）《故事集锦》，亮乐月等译，广学会，每册一角半。

（35）《我的故事书》，福幼报社，广学会，每册七分。

（36）《孩童故事》，福幼报社，广学会，每册五分。

（37）《我的老狗》，福幼报社，广学会，每册一角。

（38）《狗的自传》，梅益盛②译，广学会，每册一角半。

上海广学会，是我国出版基督教书局的一个大书局。其中译的书很多，并且大都是在西方很有价值的。所以我们对于该书局，应当有相当的感谢。

---

① 计志中（1889—1971）：字剑华，江苏吴江人。早年毕业于江苏师范学堂，任教于故乡和上海。1920年任宁波旅沪同乡会第三公学校务主任，次年任上海商务印书馆编译所编辑，参与"儿童文学丛书"的编辑和出版。创办新中国书局和沪江图书社（公司），主要出版教材和儿童读物。中华人民共和国成立后，任人民教育出版社"小语室"编辑。还编有《谜语》等，校订有《中山故事》等。

② 梅益盛（Isaac Mason，1870—1939）：英国公谊会传教士、皇家地理学会会员。1892年来华布道兴学，驻四川重庆，嗣奉派至射洪开拓教区。1917年后，致力于向中国穆斯林传播基督教，著译汉文宣教文献及教育读物等。

但是多数的书，尤其是儿童用书和故事书，很富于基督教精神的。我们于摘取材料时，要特别留意。

（三）音乐歌谣类

(1)《幼稚园、小学校音乐集》，俞子夷等，商务印书馆，每册一元五角，已出三册。

(2)《新学制初小音乐教科书》，傅彦长[①]，商务印书馆，每册八分，共八册。

(3)《幼稚唱歌》，胡君复[②]，商务印书馆，每册二角，共二册。

(4)《新唱歌》，胡君复，商务印书馆，每册二角，共四册。

(5)《唱歌游戏》，王季梁[③]，商务印书馆，每册二角半。

(6)《儿童新歌曲》，潘伯英[④]，商务印书馆，每册一角，已出一册。

(7)《月明之夜》，黎锦晖，中华书局，每册一角半。

(8)《葡萄仙子》，黎锦晖，中华书局，每册一角半。

(9)《小学用歌谱》，广学会，每册二分，已出九册。

---

① 傅彦长（1892—1961）：名硕家，字彦长，原籍江苏武进（今属常州），生于湖南宁乡。早年毕业于南洋公学，任教于上海师范学校和务本女学。1917年留学日本，后又留学美国。1923年归国后，历任上海艺术大学、中华艺术学校、中国公学、同济大学教职，同时为自由派作家，主编《雅典月刊》等。抗日战争中投敌，成为汉奸。著有《西洋史ABC》等。

② 胡君复：生卒年未详，江苏武进人。早年任职于上海商务印书馆，宣统年间便出版过三本唱歌集，致力于音乐教育。其后编辑出版了一批民国课本和儿童读物，又以楹联搜求和创作名世。编有《小学作文入门》《近代八大家文钞》《古今联语汇选初集》等。

③ 王季梁（1888—1966）：名琎，字季梁，浙江黄岩（今属台州市）人。光绪秀才，研习科学。1909年参加第一届庚子赔款留学考试，赴美攻读化学工程，参与发起成立中国科学社，矢志科学救国。1916年归国后，历任湖南工业专门学校、国立南京高师、国立东南大学教职，为中央大学教授兼理学院院长、《科学》杂志编辑部部长，同时热衷于音乐和科普工作。著有《中国古代金属化学》等。

④ 潘伯英（1900—1978）：号缦操，江苏江阴人。早年肄业于中国体操学校、上海艺术专科师范学校，擅长声乐和器乐。后任上海美术专科学校音乐教师，1926年参与创设上海新华艺术专科学校，历任音乐系主任、教务主任。课余致力于音乐教材的编纂。编有《开明唱歌教材》（1—4册）等。

(10)《公民诗歌》，刘湛恩①，青年协会书局，每册一角半。

(11)《幼童喜乐歌》，苏慈德等，直隶山西教育会。

(12)《幼童诗歌》，K. S. Stelle，② 美华书局。

(13)《儿童唱歌游戏》，蒲爱德③等，广学会，每册一元二角半。

(14)《雅乐集》，杨荫浏④等，无锡群乐公司，每册九角。

以上诸书，都是有歌有谱，可以用乐器的。我于音乐是外行，但是据朋友们的传闻和个人参观所得的经验，可以批评一下。《葡萄仙子》和《月明之夜》，我国最通行，编得实在不错，幼稚园里可以节录用的。《幼稚唱歌》是一部好书，可以和游戏联络，又很简单，在初会说话的孩子唱起来，真顺口。《幼小音乐集》在东大附小里试验过的，当然很好的；不过据内行人说："有许多错误，并且有很多犯音乐学上的规律的。"不知道批评得对不对。其他诸书，都可找得相当的材料。

(15)《儿童诗歌》，严既澄，商务印书馆，每册五分，已出六册。

(16)《儿歌》，计志中，商务印书馆，每册五分。

---

① 刘湛恩（1896—1938）：湖北阳新人。早年毕业于东吴大学，旋赴美留学，先后入芝加哥大学教育系、哥伦比亚大学教育学院，1922年获博士学位归国，历任东南大学教授、中华基督教青年会全国协会教育部总干事、上海职业指导所主任、光华大学校董兼教授。1928年任上海沪江大学校长。1938年遭日伪当局暗杀。撰有《公民教育运动计划》等，著有《公民与民治》等。

② 所载英文为人名，可译为K. S. 斯特尔，生平事迹未详。

③ 蒲爱德（1888—1985）：美国传教士之女，生于中国山东黄县（今属烟台市）。毕业于美国哥伦比亚大学教育学院，后于麻省州立医院学习新兴医学。1921年受雇于美国洛克菲勒基金会，在北京协和医学院建立社会服务部，并任主任18年。著有《在中国的童年》《汉家女儿》等。

④ 杨荫浏（1899—1984）：字亮卿，江苏无锡人。早年肄业于江苏省立第三师范、辅仁中学，酷爱音乐，精通民族乐器。后肄业于上海圣约翰大学、光华大学，1926年辍学回乡，先后在无锡、宜兴任中学教师。后受圣公会之聘从事赞美诗译制、编辑工作，兼任燕京大学音乐系讲师。1941年后，任国立音乐学院教授兼国乐组主任。著有《中国古代音乐史稿》等。

(17)《各省童谣集》，朱元善①，商务印书馆，每册二角半。

(18)《儿歌》，黎锦晖，中华书局，每册七分，已出二册。

(19)《歌谣》，吴启瑞②，中华书局，每册一角，已出八册。

(20)《月妈妈》，吕伯攸③，中华书局，每册七分。

(21)《黄猫》，吕伯攸，中华书局，每册七分。

(22)《训鸽》，陈醉云④，中华书局，每册一角。

(23)《诗》，吕伯攸，中华书局，每册七分，已出四册。

(24)《歌谣周刊订本》，北大歌谣研究会，每册三角。

(25)《童谣大观》，世界书局，每册六角。

幼童的诗歌，第一个条件是，要读起来顺口，儿童能懂得；不论新旧，更没有韵式的。我国诗歌，可以给幼童读的实在不多。上面的几本书里，可以摘些材料。

(26)《小谜语大观》，世界书局，每册三角。

(27)《谜语》，吴翰云，中华书局，每册五分，已出九册。

(28)《儿童谜语》，计志中，商务印书馆，每册五分，已出四册。

猜谜子是儿童最喜欢的事。幼稚生中大的，大概渐渐能了解。不过最要紧的条件是，物件要儿童所熟知，句子要儿童能了解。

---

① 朱元善（1856—1934）：原名郁莘，字味青，笔名天民，浙江义乌人。长期供职于上海商务印书馆，编辑教育论著多种，主编有《教育杂志》《学生杂志》等。宣传新教育，提倡职业教育，推动了教育新思潮。著有《图书馆管理法》《职业教育真义》等。

② 吴启瑞（？—1980）：女，江苏无锡人。毛泽东恩师王立庵儿媳。早年在上海中华书局任美术编辑，后任无锡师范附小教师，为无锡市政协委员。编有《吴启瑞故事画》。

③ 吕伯攸（1897—？）：浙江杭州人。1913年考入浙江一师，为弘一法师李叔同看重，获书赠"至诚"条幅。1918年毕业后，长期担任中华书局编辑，从事小学教材和儿童读物的编纂。儿童杂志《小朋友》，编辑、创作了大量儿童文学作品，其中包括儿童侦探小说"小侦探"系列等。著有《儿童文学概论》，编有《吕伯攸童书》《中华典籍故事》《中国童话》等。

④ 陈醉云（1895—1982）：原名载荣，浙江嵊州人。早年毕业于浙江省立五中（绍兴），到上海中华书局任编辑，校订《新小学高级国语读本教授书》。1922年左右开始创作，投寄报刊发表，渐有文名。1924年兼任神州影片公司编剧主任，开始创作电影剧本。1932年任《剡声日报》总编辑，后基本以著述为生。中华人民共和国成立后，任教于南京大学中文系。著有《乡居随望》《太平天国史》《儿童农场》等。

(四)常识类(图画、手工等亦归入此类)

(1)《少年百科全书》,商务印书馆,二十元,共二十册。

(2)"儿童理科丛书",徐应昶[①],商务印书馆,每册五分,已出三十一册。

(3)"儿童史地丛书",商务印书馆,自八分至六角,已出九册。

(4)《常识谈话》,孙毓修,商务印书馆,每册八分,已出九册。

(5)《事物发明史》,商务印书馆,每册六分,已出四册。

(6)"儿童百科丛书",蒋仪芙等,中华书局,每册五分,已出二册。

(7)"儿童常识丛书",中华书局,每册五分,已出二册。

常识、自然等,必须实事实物,幼稚生方能了解。以上诸书,可以作教师很大的帮助。至于诸书的编法,最后的两种,很合儿童的好尚。

(8)《儿童常识画》,陆依言等,中华书局,每册一角。

(9)《动物画》,商务印书馆,每册七分,已出四册。

(10)《家庭教育画》,庄俞,商务印书馆,每册七分,已出三册。

(11)《幼稚作法》,庄庆祥,商务印书馆,每册一角。

(12)《卫生故事》,张粒民[②],商务印书馆,每册八分,已出四册。

(13)《卫生丛著》等,中华卫生教育会,每套五元,图表书甚多。

(14)《美术的蝴蝶》,施乃著,中华书局,每册一角。

(15)《世界上的爬行动物》,邹盛文,中华书局,每册一角。

上述诸书,很值得作参考资料。

---

① 徐应昶:生卒年籍贯未详。长期供职于上海商务印书馆编译所,编译儿童读物。1923年接手郑振铎主编《儿童世界》,使该刊出版近20年。译有《小彼得云游记·彼得潘》《巴西童话》《阿丽思的奇梦》等,编有《复兴常识教科书》,主编有《民国童子军独立生存手册》《幼童文库》等。

② 张粒民:生卒年未详,江苏昆山人。上海商务印书馆编辑,主编有《小学历史教学法》《小学作文科教材和教法》《乡村小学行政》《私塾改良的组织与教学法》《小学校地理科参考书述要》等。

（16）"儿童艺术丛书"，王人路①等，中华书局，每册六分，已出五册。

（17）《幼稚园画》，施泳湘，商务印书馆，每册五分，已出六册。

（18）《幼稚手工》，施泳湘，商务印书馆，每册八分，已出二册。

（19）"儿童手工丛书"，林履冰，商务印书馆，每册八分，已出四册。

（20）《形象艺术教科书》，宗亮寰，商务印书馆，每册一角二分，前期八册。

怎样教图画、手工，虽不可一言语尽；但是依着教科书教，总非善法。以上诸书，以最后一部为最好，编者大概很费过工夫的。

（五）杂类

（1）《儿童创作集》，吴士农②编，中华书局，每册五分，已出十册。

（2）《阿丽思漫游奇境地》，赵元任③译，商务印书馆，每册六角。

以上二书很好。前者各种材料都有，可以选得很好的来；后者是最有趣的幻想故事。

（3）《幼稚游戏》，胡君复，商务印书馆，每册一角，已出二册。

此书有歌词，可以唱的，很有意思。至于幼稚生的游戏，实在难说。我总觉得，团体游戏没有像个别游戏有兴趣和活泼。我于幼稚生做团体游戏者有些怀疑，所以不敢介绍书籍。

（4）《幼稚识字》，庄庆祥，商务印书馆，每册一角，已出二册。

---

① 王人路（？—1948）：湖南浏阳人。毛泽东恩师王立庵之子。1919年赴上海任中华书局美术编辑，参编《小朋友》周刊，又与其妻吴启瑞合编《小朋友画报》，创作了大量儿童故事、绘本。1926年参加北伐，后回沪任教于中华歌舞学校。编有《分类幼稚画》《王人路故事画》等。

② 吴士农，生卒年籍贯未详。时任上海中华书局图书编辑，主要编著有《新事物》《儿童读物的研究》《普陀游记》《民国儿童创作集》等。

③ 赵元任（1892—1982）：字宣仲，江苏武进（今常州市）人。早年入江南高等学堂预科，1910年第二批庚款赴美留学，先后就读于康奈尔大学、哈佛大学，1918年获博士学位，任教于康奈尔大学物理系。次年归国，任教于清华学校，后被聘为该校国学研究院导师，在语言、音韵、音乐等方面颇有造诣。后长期任教于美国。著有《现代吴语的研究》《国语新诗韵》等。

（5）《看图识字》，高凤谦①，商务印书馆，每册一角，已出二册。

（6）《方字》，商务印书馆，每册五角。

幼稚生可以教读法的。不过，方法要换些有趣味的。这三部书，有它们的特长，图字并列，不过缺点不少。为家庭等便利起见，也可以采用的。

（7）《新学制教科书》，中华、商务、世界三个书局，每册一角，前期四册。

《新学制小学教科书》，好的材料实在不少。我们幼稚园里，可以拿做参考，有时竟可以拿来做学生用书。我们千万不要存小学与幼稚园的畛域。不过，算术教科书不能用的。这因为幼稚生还没有发见算术能力的缘故。至于教授书呢，倒并不要的。我想，还是各人本着教育原理和本人教学经验，自由变化去做来得好些。

---

① 高凤谦（1868—1936）：号梦旦，福建长乐人。1897年开始在《时务报》发表文论，为闽学会译员，展现中西兼通之学诣。1901年任浙江大学堂总教习，次年以留学监督身份率留学生赴日本考察学习。1903年任商务印书馆编译所所长，1909年任复旦公学监督，次年回商务长期任职。译有《日本法规大全》，主编有《新字典》《辞源》。

我们的主张

（1927年3月）

【题解】 本篇连载于《幼稚教育》第1卷第1、2期，发表时间为1927年3月、10月。

题中所言"我们"，系陈鹤琴所代表的"南京市幼稚教育研究会（筹）"，因此"我们"不仅是指陈鹤琴和张宗麟，也不仅是指南京鼓楼幼稚园的同人，还应包括廖世承和陶行知；前者代表东南大学附属小学（正准备恢复幼稚园设置），后者代表晓庄师范（拟议办理幼稚师范和附设幼稚园）。这两者，此时正与鼓楼幼稚园一起，共同发起筹创该会。当然，此文的具体起草者，则为陈鹤琴和张宗麟，这理当视为真正的"我们"。

有关《幼稚教育》（《儿童教育》），参见前文《鼓楼幼稚园课程试验报告之一》题解。

幼稚园这种教育机关，在中国本来是没有的。现在我们既然来创办这件事，就应当先自己问一问：用种什么目标怎样的办？倘是一些主张都没有，仍旧像中国初办教育时候，今日抄袭日本，明日抄袭美国，抄来抄去，到底弄不出什么好的教育来。

我以为，无论对于任何事体要想去办，总得先计划一下，规定哪几种步骤去做。否则只是盲目的效法，哪里会有好的结果呢！至于主张对不对、适应不适应？这个当然是不能一时断定。我们现在办这个幼稚园，[①] 是先有了研

[①] 此"幼稚园"，指由陈鹤琴领衔创办、张宗麟等人具体办理的南京鼓楼幼稚园。

究，再根据着儿童的心理、教育的原理和社会的现状，确定下面几种主张做去。

一、幼稚园是要适应国情的

现在中国所有的幼稚园，差不多都是美国式的。幼稚生听的故事，是美国的故事；看的图画，是美国的图画；唱的歌曲，是美国的歌曲；玩的玩具、用的教材，也有许多是从美国来的，就连教法也不能逃出美国化的范围。

这并不是说，美国化的东西是不应当用的。是因为两下国情上的不同，有的是不应当完全模仿的。尽管在他们美国，是很好的教材和方法；但是在我国采用起来，到底有多少不妥当的地方。

要晓得我们的小孩子，不是美国的小孩子；我们的历史、我们的环境，均与美国不同；我们的国情与美国的国情，又不是一律。所以他们视为好的东西，在我们用起来，未必都是优良的。

比如那个《三只熊的故事》，因为熊在美国是一个很平常的动物，各处动物园里都有；小孩子玩的熊、图画上画的熊，都是非常的普遍，因此熊竟成为小孩子很熟悉的动物。所以他们的儿童听起熊的故事来，是很有兴趣的。

若拿来讲给我们中国的小孩子听，就不免有些隔膜了。因为熊是我们小孩子从来没有看见过的，玩的熊也从来没有的；就是关于熊的故事，也从来未曾听过。以这样未见过、未听过、未玩过的动物，做了故事对他讲，当然是不能引起他的兴趣，不能使他领会了。若是我们将这种好的故事稍微改变一下，将熊变为虎，那小孩子听起来就容易懂得多了。

又如外国的圣诞节，在外国是一个很重要的节期。在这个节期里，人人心目中只有圣诞节。街上看见的、家庭里所预备的，都是圣诞的礼物；并且在这个节期，时有一种使人忘记自己、顾念别人的趋向。有钱的送礼给没钱的，使他快乐；大人送礼给小孩子，小孩子送礼给大人；什么亲戚、朋友，都预备相当的礼物互相赠送，表示大家相敬相爱的意思。像这种节期的风俗，确是可以唤起人民的一种敬爱心，一种舍己为人的观念。在外国幼稚园里，当然要遵守、要举行的。可是在中国，素无此等风俗，就没有举行此等礼节的必要。不过这种舍己爱人、使人快乐的精神，我们却应当采行的。我们不妨采用这种精神，去庆祝我们的国庆，庆祝我们的新年。那么我们的国庆、我们的新年，不将更加有意义了么？

总之，幼稚园的设施，总应当处处以适应本国国情为主体。至于那些具世界性的教材和教法，也可以采用，总以不违反国情为唯一的条件。

如此，则幼稚园的教育可收事半功倍之效，可充分适应社会的需要了。

二、儿童教育是幼稚园与家庭共同的责任

幼稚教育是一种很复杂的事情，不是家庭一方面可以单独胜任的，也不是幼稚园一方面可以单独胜任的；必定要两方面共同合作，方能得到充分的功效。现在试看中国的幼稚园，有几个是与家庭合作的。

有的父母把小孩子送到幼稚园里去，并不是为小孩子要受教育，乃是为自己的方便。因为小孩子在家里吵得很，没有功夫去对付他，所以把他送到幼稚园里去使他收收心，其他并没有什么目的。所以把教育小孩子一切的任务，都置之不闻不问。

有的父母则不然，他们对于儿童的教育非常注意。但是因为对于幼稚园的情形不十分明了，不晓得小孩子在幼稚园里究竟做些什么事情，所以在家里所教的与幼稚园里所学的，常不能相融合，甚至于两方面发生冲突。像这样的父母，本来是可以帮助幼稚园的；无奈幼稚园不去同他们合作，竟以为儿童的教育是幼稚园可以单独担任，不必同家庭去商议的。

并有以为，小孩子在幼稚园是教师的责任，在家里方是父母的责任，所以只要问自己教得好不好，而不必问儿童在家里的情形怎么样。这种态度，真是大错而特错！不知道儿童教育是整个的、是继续的。为教师的，应当知道儿童在家里一切的情形：吃的是什么？做的是什么？玩的是什么？学的是什么？做父母的，也应当知道小孩子在幼稚园里做些什么？学些什么？如此，则两方所施的教育就不致发生冲突，而所得的效果也必定很大。但是有什么方法可以使这两方面了解，使这两方面合作呢？

我想，合作的方法很多，现写出几条。

（1）恳请〔亲〕会。幼稚园每学期至少要开一次或二次的恳亲会，一方面展览儿童的成绩和表演的能力，使其做有目的的活动；一方面，教师可以借此与儿童的父母相认识。

（2）讨论会。幼稚园的教师可以每月集合各家的父母一次，讨论儿童身心发育之种种问题；并可以报告儿童最近的缺点，请他的父母到家里注意纠正。儿童的父母，也可将儿童在家里的不良习惯，随时报告教师，请教师设法诱导。如此双方交换意见，庶可容易了解、容易合作。

（3）报告家庭。我们不但应用讨论会，探究小孩子的种种心身问题；也应将小孩子在幼稚园里所做的工作和一切关于品性上、习惯上的种种举动，都应当详细报告家庭。如此可以使父母知道，在家里怎样教导他们的孩子了。

（4）探访家庭。幼稚园教师应当时常去探访儿童的家庭，由此可以知道儿童在家里的生活状况，而且借此可以增进两方面的感情。遇见困难的问题，两方面就容易浃洽了。

若能实行以上所说之方法，那幼稚教育的进展殊未可限量呢！

三、凡儿童能够学的而又应当学的，我们都应当教他

什么东西是幼稚园应当教的？什么东西是幼稚园不应当教的？这种问题，是我们办幼稚园的人首先要注意的。

对于这个问题，有人主张，幼稚园不过是小孩子玩玩的地方，只要有点可以玩的东西，使小孩子快乐快乐就是了，不必教什么东西。有的主张，幼稚园应当用一种有系统的教材去教小孩子，什么读法、写字、理化常识，都在必修之列。

我们现在要问：究竟实际上小孩子应当学些什么东西？有什么标准？我觉得，下面三种有讨论的价值。

第一个标准是，凡儿童能够学的东西，就有为幼稚园可能的教材。比方一个小孩子能够识字了，不论他是两岁还是三岁，我们就应当设法去教他识字。但是"能学"的这个标准还不够，假使这个小孩子字虽能识几个，然而学习的时间要非常之长，教师所费的精力又要非常之多，在这种情形之下，

倒反不如用这些时间、精力去学别样东西来得妥当而有效力。所以在"能学"的标准之下，也要有点限制才好。例如有些东西，小孩子虽然学是能学，不过学了或足以妨碍他身心的发育，那就更加不必勉强他学了。

第二个标准是，凡教材须以儿童的经验为根据。我们从前私塾里读书的时候，天天念《三字经》《千字文》和"四书五经"等书。虽然能够背诵得很熟，但是觉得毫无意义。因为书上所讲的，与儿童的经验隔离得太远了，所以我们应当以儿童的经验，为选择教材的根据才好。

第三个标准是，凡能使儿童适应社会的就可取为教材。我们选择教材的时候，不但要问：这种教材小孩子能学不能学？与他们经验有没有衔接？我们还要问：这种教材同他现在的和将来的生活上发生什么样子的影响？如这种教材和他现在或将来的生活上有不良影响的，那么就是小孩子能够学的，又与他经验衔接的，也不能教他的。譬如偷桃子这件事，偷是小孩子能学的，吃桃子是小孩子的经验里有的，教他去偷桃子来吃，他是很高兴的。但是这种行为与他生活上是有妨碍的，而且为社会上所不许的，所以我们总不能拿他来做教材教他们的。

我们若根据以上的三个标准去选教材，那所选的教材就不致〔至〕于大错了。

四、幼稚园的课程可以用自然、社会为中心的

小孩子能够学的与应该学的东西，本来是很多的，但是我们不能就这样茫无限制地、毫无系统地去教他。总必定要有一种组织，在相当范围内使其成为一个系统，并使各科目中间互相连接起来，发生关系。

因为儿童的生活是整个的，所以教材也必定要整个的、互相连接，不能四分五裂的。我们不能把幼稚园里的课程像大学的课程那样独立，什么音乐是音乐、故事是故事的，不互相发生影响的。我们应当把幼稚园的课程打成一片，成为有系统的组织。

但是这种有系统的东西，应当以什么为中心呢？这当然要根据儿童的环境。儿童的环境，不外乎两种：一种是自然的环境；一种是社会的环境。自

然的环境就是,各种动植物的现象;社会的环境就是,个人、家庭、集社、市尘等类的交往。这两种环境,都是与儿童天天要接触的。

所以,我们应当利用这两种环境,作幼稚园课程的中心。

五、幼稚园的课程须预先拟定,但临时得以变更的

普通幼稚园的教法有两种:一种是固定的;一种是自由的。

固定的教法,就是教师把一日间所做的种种工作,按照一定的时间去支配;什么时〔间〕做什么工作,都是刻板不变的。不管小孩子所做的这件工作有没有做好,时间一到,立时就要停止。这种注入式的教法,有好处也有坏处。好处呢,是容易见效,学得不久即学会了;坏处呢,是小孩子不能独自创造,不能独自发表意思,以致好的或有天才〔资〕的小孩子,不能积极地向上进取。这种教法,在我们中国的幼稚园里还是很通行的。

还有一种教法,是"自由教法"。自由教法是让小孩子各人自由去工作,小孩子喜欢做什么,就做什么。不过在这种自由工作之中,也有点相当的限制;不然随意妄动,就要妨碍别人的动作了。而且这种教法非常之难,一方面幼稚园的设备要充分,一方面教师的知能要丰富。设备不充分,则小孩子终日只做一二种工作,玩一二种玩具,甚至缺乏兴趣,不是生厌偷懒,就是妄动胡闹,对于真正的工作并没有学到。若是设备充分,而教师没有相当的学识去指导儿童的动作,那么儿童也学不出什么东西来。

但是这种自由的方法能够运用得当,儿童所得的益处实在是不可限量哩!由此,儿童的能力可以加强,儿童的思想可以发展得很充分。天资特别的儿童,不致为全体所牵制而不能上进;其他儿童,也得以各人尽量的发展。

这两种方法,在运用上都是各有利弊。我们无论采取哪一种,或者两种都采取,我们总应当把每日所做的功课预先拟定出来。谁去拟定呢?教师呢,还是儿童?那也不必拘泥。有了这种拟定的功课,教师就可以有相当的准备。不然临时仓皇,就不容易应付。倘使临时发生一种很有兴趣的事情,那不妨就改变那拟定的功课,以做适时的工作满足儿童的需要。

六、我们主张幼稚园第一要注意的是儿童的健康

我们中国人素来是不注重卫生的,所以身体羸弱、精神萎靡,故外人称我为"病夫"。要知道强国先强种,强种先强身。要强身,先要注意幼年的儿童,儿童的身体不强健,到了成年也不会健强的。所以幼稚园首先应当注重的,就是儿童的健康。

不但为要强身、强种、强国,我们应注意儿童的身体;就是儿童目前的问题,也非得有强健的身体不能解决的。因为他的智力、他的行为,都是跟着他的健康走的。身体不强,就不容易学。常看多病的小孩子,对于他的学业发生许多的妨碍;就在病后,也常常不愿意动作、不肯听话,又容易发脾气。

身体强健的儿童则不然,他的举动活泼、脑筋敏捷、作事容易、乐于听从。比较有病的小孩子,真是大相径庭呢!所以幼稚园为儿童的将来与现在,都应极力注意儿童的健康。

还有一层,办幼稚园的人应当特别注意的,就是小孩子常有患传染病的,如百日咳、沙眼、癣疥等类,都是很容易传染给别人的毛病。倘使幼稚园对于这些疾病平时不加注意,那么一传二、二传三,不久就要一起传遍了。一个好好幼稚园,将成为一个传染疾病的机关了,这不是很危险的么?

所以,幼稚园一方面要常常注意儿童的健康,检查儿童的疾病,以免传染;一方面要有充分的设备,使儿童每日有相当的活动,以强健他们的身体。

七、我们主张幼稚园是要使儿童养成良好习惯的

人类的动作,十分之八九是习惯。而这种习惯,又大部分是在幼年养成的。所以幼年时代应当特别注重习惯的养成。但是习惯不是一律的,有好有坏。习惯养得好,终身受其福;习惯养得不好,则终身受其累。

譬如某孩子少时非常放纵,娇养惯的;他的父母也没有什么知识,不去严加约束,反而时常叫他去拿人家的东西来玩。到大来,偷窃的习惯已经养

成了，一看见人家的东西，有时就要起盗心。

又如某幼稚生，在某幼稚园上学，开始执笔，就用四个指头执的。他的教师没有留心，不去矫正他，过了一载，这种执笔的姿势，差不多变成一个牢不可破习惯了。后来他换了一个幼稚园，那园里的教师发觉了他的坏姿势，费了四个月的功夫才把他矫正过来。倘使这个教师也是如前的教师一样忽略过去，没有替他矫正，那恐怕到后来还要难改呢。

所以，我们应当特别注意，儿童所要养成的种种习惯，以期建筑健全人格之巩固基础。

八、我们主张幼稚园应当特别注重音乐

音乐是儿童生来喜欢的。三四个月的小孩子，就能开始咿咿呀呀的唱了；到了八九个月，他就能发出唱歌的声调了。快乐的时候，格外要唱得起劲；等到一岁的时候，就差不多一天到晚不歇地唱；再大一点，只要一听见别人唱歌的声音，就要跟着唱起来。虽然所唱的并不是一样，但是总像一种曲调的样子。到了三四岁的时候，小孩子好唱的能力，格外发展得强大；而喜欢音乐的兴趣，亦格外来得浓厚。

所以幼稚园为满足儿童的欲望起见，就应当特别注重音乐，以发展他们的欣赏能力，养成他们唱歌的技能。若是儿童生来虽然喜欢音乐，但是环境没有什么音乐的表现，以适应他们的欲望，这怎样可以有音乐的才能呢？

试看中国虽有种种的乐器，但是会玩的很少；各处虽有戏剧的流行，但是除了几个戏剧家以外，会唱的又是很少。一般普通的人民，差不多全然没有唱歌的能力。比较欧美的情形来，真是愧煞！

欧美人民之家庭、社会，大半都充满了音乐的环境。中等以上的家庭，差不多都有相当的乐器；或是钢琴，或是留声机，每日都有一些时候家庭团聚，弹弹唱唱，以资娱乐，并且由此可以陶冶性情。小孩子于不知不觉间，受了这种影响，慢慢地就养成一种音乐的兴趣、音乐的技能了。这不但他们的家庭是如此，他们的社会方面，也很提倡音乐的。如音乐会是常常举行的，乐剧则各大城市都有。至于学校方面，格外是注重的。所以他们随便什么公

共聚会，都有一唱百和之势。固结团体的精神，发扬国家的光荣，从音乐中很能表现他们的情感。

转过来看看我们中国的情形，简直可以说，要找一个大家能唱的公共歌曲也找不出来；甚至于连一个国歌，也不能普遍的会唱。在这种情形之下，个人的情感、团体的精神，如何可以充分地表现出来呢？

所以，为满足儿童个人的欲望、需要计，为唤起团体爱国的精神计，我们不得不特别注重音乐的一科。

九、我们主张幼稚园应当有充分而适当的设备

经验是发展儿童个性的工具，经验也就是学问。无论在家里或在幼稚园里，我们应当给小孩子一种充分的经验。经验的来源有二：（1）与实物相接触；（2）与人相接触。这两种接触的机会，都要靠着充分的设备为转移的。

假使小孩子在幼稚园里没有什么可玩的东西、可做的事体，那么就是有许多小孩子团聚在一起，也不能做出什么有用的事体来。若是有了可玩的东西、可做的事体，那么所学的就多了。

但是现在我们中国的幼稚国呢？设备都是非常的简陋，大概有几盒恩物、几块积木、几把剪刀、几张纸头、几盒蜡笔、几个皮球、几张桌椅与其他少数事物而已。试问，在这种情形如〔之〕下，怎样可以丰富儿童的经验、发展儿童的个性呢？

幼稚园要求发展、扩张儿童的经验，非有充分的设备不可。有了充分的设备，小孩子就可以随意玩弄；不但不致生厌，而且由此可以得到许多知识。比如此一刻，画图画或做衣服；等一刻，又去作游戏、骑车、跳绳种种动作，以及关于发展儿童各方面个性，都应当有充分的设备。

不过在设备的充分之下，也要有一个条件，就是设备不但要充分，而且要适宜。假若设备专是充分而并不适宜，那么他的效力也就有限，并没有多大的用处了。比如：像球形的恩物太少，便不能达到发展儿童肌肉与思想的

条件；秋千太高、太大，小孩子不易玩弄；滑梯每每的太恹①、蠢直，使小孩易遭危险。这都是设备上所急应注意到的。

所以，我们筹备幼稚园的种种设备，都应当顾到他们的数量问题、适用问题才好。

十、我们主张幼稚园应当采用游戏式的教学法去教导儿童

游戏也是儿童生来喜欢的。儿童的生活，可以说就是游戏。儿童既然有这种强烈的本性，我们就可以利用这个动机去教导他。比方教他识数，我们不能够呆板地教他这个是一、那个是二，我们可以叫他做各种识数的游戏去识数。识数的游戏，比较用呆板的方法容易学得多。

又比如识字，我们也不应当用呆板的方法去教他认字，我们也可以用种种游戏的方法，如识字牌、缀法盘等去教他。

因为儿童总是喜欢游戏的，而且他游戏的时候会忘记了自己，用全副的精神去作他的游戏。名义上虽说是游戏，但所学的确是很好的学问、很好的东西。不但如此，还有许多别的游戏，如玩"小宝宝请客"等，都可以学了许多的东西。

因为游戏的直接用处虽只是寻求快乐，然而间接的用处则甚大。因为他可以发展儿童的身心敏捷、儿童的感觉，于儿童的生活有莫大之助益。

所以，幼稚园应当采用游戏式的教导法去教导儿童。

十一、我们主张幼稚生的户外生活要多

"幼稚园"这个名词的意思，本是一个花园，让小孩子在里面自由活动、随意游玩，吸收新鲜的空气，享受天然的美景，不是像大学生拘在一间教室里面的。

但是中国的幼稚园并不是一座花园，简直是几间房子；小孩子从早到晚，

---

① 恹（yān）：义平缓。

差不多都是在那里生活。有的幼稚园只有一间房子，没有什么空地可以自由娱乐。这种幼稚园，简直是一个监狱，把一般活泼的小孩子关在里面，过一种机械式的生活。像这种幼稚园，真是还不如不办得好。

还有一种幼稚园，园内有许多的空地，或者邻近也有很好玩的地方。但是教师不知道儿童的需要，不晓得利用这些空旷的地方；只一味地把小孩子关在室内，不出去活动，不肯变更他们的教学方法，不晓得小孩子是顶喜欢野外生活，什么飞鸟走兽、野草闲花种种东西，都足以引起他们的注意。至于新鲜的空气、明亮的日光，都是小孩子强身的要素。

到了这种野外的地方，做教师的就可以随地施教，看见什么就可以教什么。小孩子看见了这些野外的景象，就得了一种深刻的印象。若是教师在这种适宜的地方教小孩子唱歌、作游戏、画图书、讲故事等功课，这样小孩子学了许多天然的实物，又可以学到普通所教的功课，并且可以增加儿童的快乐，活泼儿童的精神，强健儿童的身体。像这种户外的教学，比较室内的生活来，不知道要相差多远。

还有一层意思要说的，就是我们因为有他种原因，不能领小孩子天天到野外去生活，也应该让小孩子多得些庭院的生活，不应把他天天关在房子里面的。因为教室的功用有限，只有在天气寒冷的时候或下雨下雪的时候，应当在室内工作。在好的天气，总应当让小孩子常常出去玩耍。

十二、我们主张幼稚园多采用小团体的教学法

幼稚生的年龄是不齐的，智力又各人不同，兴趣又不能一致，所以幼稚园不能够把他们归在一起，叫他们做一种同样的工作。

常看见幼稚园讲故事的时候，一起的；小孩子团团坐着，听教师讲。其实，真真能听教师讲的只有几个；其余的，都不留心听，不是玩弄这样，就是玩弄那样。就使教师讲得很动听，还是不能引起全体人的注意，这不是很不经济的事么？

最好把故事分开来讲，大的为一班，小的为一班。小的，可以多用图画来帮助教学，使他容易领会。教音乐的时候，小孩子也应当像这样分开来教。

如此，程度高的不至于受程度低的牵累，可以直往上进，程度低的也不至于赶不上。这个情形，不但对于故事、音乐是应当如此，就是其他功课也应当照样的分。

如此，教学的效力可以增加，儿童的兴趣可以格外浓厚。

十三、我们主张幼稚园的教师，应当是儿童的朋友

幼稚园的教师不是私塾的先生。私塾的先生是很有尊严的，儿童对于先生是很害怕的，因此儿童大半不愿意进馆去受这种拘束。由此，师生之间就有许多的隔膜，以致先生教起来不容易教，学生学起来也不容易学。

反过来说，若是教师如同学生的朋友一样，与学生非常的接近，同玩、同学，那么教师就容易明了各个学生的性情、能力，教起来就容易引导，学起来也容易听从了。

所以我们主张，幼稚园的教师应当做儿童的朋友，同游、同乐地去玩去的。

十四、我们主张幼稚园的教师应当有充分的训练

小孩子是不容易教的，幼稚园的教师是不容易做的。因为幼稚园的教师要善于唱歌，要善于弹琴、善于绘画、善于讲话，及其他种种技能；并且要熟悉自然界的现象与社会的状况，要有很丰富的常识，要明了儿童的心理。想要满足以上这许多的标准，非要有充分的训练不可。

为什么幼稚园教师要有这样的训练呢？这里面的原因很多：

（1）因为儿童是很难教的。各个儿童的年龄，看起来相差很少，但是他们的智力确相差很远。三岁的儿童，比两岁的儿童晓得的多；五岁的儿童，又比四岁的儿童晓得的多。幼稚园的儿童，有的三岁，有的五岁；有的智力很弱，有的智力很强。做教师的，不能用一律、呆板的方法去教导他们；必定要有充分的学识、高深的技能，方能因才〔材〕施教，满足各个儿童的需要。且儿童的注意力很薄弱，教导不易，非有特别训练的教师，实在不能胜

其任。

（2）儿童开始学的时候，应当学得好。我们都晓得，无论学什么东西，第一次学坏，第二次就更容易学坏，所以我们要谨慎学习的初步。有许多小孩子，因为当初学的时候学得不好、学得不对，后来改起来就非常困难。譬如小孩子写字，十居七八没有正确的姿势，或是笔拿得不好，或是坐得不正，或是头歪在一边，种种坏的习惯，都是由于开始学写字的时候，他们的教师没有留意去指导他们的缘故，以致后来一误再误，成为第二天性。

所以，要教小孩子教得好，必定要在第一次的时候教得好。这样子说来，教师非得有充分的训练不可。

十五、我们主张幼稚园应当有种种标准，可以随时考查儿童的成绩

幼稚园究竟应当教些什么东西？小孩子究竟应当做些什么东西，做到什么地步？幼稚园毕业的程度究竟是怎样的？要解答这种种问题，非得有种种标准不可。

幼稚生应当在幼稚园里养成什么样的德行？什么样的习惯？什么样的技能？得到什么样的知识？我们都要研究的。所以我们考察品行，应当有品行标准；甄别习惯，应当有习惯标准；检验技能，应当有技能标准；测验知识，应当有知识标准。知道幼稚生的成绩，就可以施相当的教育。成绩好的，可以格外鼓励他上进；成绩坏的，设法补救。这样一来，好的坏的，都有相当的教育。这样说来，标准是实行优良教育的根据。

不过，标准虽然是怎样重要，做起来也很不容易。一个标准，常有费一二年功夫始得做成的。不但编制的功夫是〔很〕长，而且编的手续也是很繁。但是我们不能因为编制之麻烦，就不去进行呢！

总起来说，我们在上面所主张的十五条信条，当然不是金科玉律、尽善尽美的。但从现在中国幼稚教育的情形看来，这十〔五〕条信条，也须〔许〕是治病的良方呢！

改进儿童教育的一个重要提议
——整理儿童用书
（1927 年 4 月 14 日）

【题解】 本篇原载《新教育评论》第 3 卷第 20 期，发表时间为 1927 年 4 月 14 日。

有关《新教育评论》，参见前文《一年来南京鼓楼幼稚园试验概况》题解。

一、缘起

这篇文字，是我的经验要求我写的。我到幼稚园里来服务将近两年了，这期中最感困难的是，我一部分的教材——书本上的教材，最不满意的是儿童用书。

现在各书局最赚钱的是儿童用书，但是最不留意的也是儿童用书。他们几乎是无目的、无组织的竞争出版，国内又没有专门机关来整理、研究、指导，所以弄得我们实际上要找些教材来供教师们的参考，困难之极。

寒假多暇，与师友们时作此题的讨论，并读了几部关于儿童用书研究、儿童图书馆的专著和杂志等。本篇不过把各方面材料汇集起来，向国内留心此道者进一言。倘日后能得些许之效，非但全国儿童之幸，亦数十万儿童教师之大幸。

二、理由

没有说明所以要整理儿童用书之先，把儿童用书的定义来谈一下。

（1）本篇所指儿童，从襁褓起至小学毕业止。

（2）本篇所指儿童用书，包含下述数种：（a）教科书。如商务、中华、世界三书局出版的小学教科书。（b）儿童课外用书。如中华出版的《我的书》、商务的《图书故事》之类。（c）杂志。如《小朋友》《儿童画报》等。（d）教师参考用书。如各教授书和各种丛书等等。（e）家庭母亲或父亲用书。此类书籍我国极少，如《家庭教育》《儿童保育法》《儿歌》之类。

以上五大类之中，当然又有若干小类。此处不细分。这五类中，（a）为应该全国统一的书籍，用的人数最多、关系最大。我国政治一旦上轨道，必有一番改革。（d）的一部分，与（a）同行。（b）（c）两类最杂，最需要整理。（e）类似乎不重要些，但是急需有人来研究。

现在，来列举所以要整理的理由。

（1）照现有儿童用书的数目，已经值得做整理工作。我国在二十年前，断乎谈不到这个问题。现在书的数目一天多一天，我虽然没有详细统计，但是据我所知，这类书的总数当有四五千本。这许多书，在出版者说起来，没有一本有丝毫之弊的。他们的广告是真话吗？我们暂且不管，就是这一大堆的书缺少系统，各本又是杂货店的一点，已经是应该有整理的必要。

（2）为改进儿童教育计，必须先做整理工作。书的影响之大，谁都承认的。照现在这样缺乏正当目的竞争出版状况之下，贻害不知有多少。其中教科书的影响，尤其来得大。所以急需有人来做整理的工作，将各种书中的材料详详细细地来分析。某种材料可以保留的，某种材料应当重新做过的，某种书应该用什么方式的，并且研究出一个系统来。

（3）整理的结果是，儿童、教师、父母的昏夜明灯，在这样乱七八糟的书堆里，没有哪个可以得到好书读的。偶而得到了一些好东西，也不知要费了几多力，实在太不经济。况且小学教师和父母，能够鉴别的又是少数，儿童愈加不用说了。照教育原则说起来，儿童用书有年龄、环境、个性三方面的关系。倘若有了几条指示的路径，哪种儿童应该看哪种书，有了几多能力可以读那种书。分类明晰，需要的时候检查便利，应用起来就不致有大困难了。许多人批评中国小学教师懒惰，不肯找参考教材；家庭父母没有能力，不能谋儿童幸福；儿童愚蠢，不能多读书。我以为未免一笔抹煞，太冤枉了，社会上没有指导要负一部分责任。

（4）为师范教育效率起见，必须有整理儿童用书的工作。"教学做"是最近师范教育的重要原则。但是所谓"做"，最需要有指导，方才可以免去浪费。从前师范毕业生，大都不明了国内共有教科书几种（其他儿童用书，愈加不必说了）。现在奉行"教学做"的，或者不致蹈此故辙。但是，要防着"只知其一，不知其二"的危险。所以有人说，此后师范学校的指导员非常难做。其实并不难做。因为他的一部分教材，要从乱堆里去寻觅，那么自然难了。不但是难，并且危险百出。倘若有了整理儿童用书的专门机关，指导员可以节省东寻西觅的精神、时间，师范生又可获得寻觅一部分教材的宝钥，绝不致再有随便教儿童之弊。

三、办法

虽然只有四五千本儿童用书，要想好好儿整理起来，着实要费些力。我拟了三种办法，要请三种机关做的——专做、各大学做、各大书店做。

（一）专做的办法

在没有头绪，想把历来的儿童用书都整理、研究、分析一个系统出来，非有专做机关不可。办法如下。

（1）工作。先搜集国内的儿童用书的全部分，并选择搜罗外国儿童用书和研究儿童用书的书报若干份。把国内的材料分析、分类、试验，得到最普通的纲要后，然后根据已得的纲要，再去研究各种材料，希望做出一个有系统的纲要出来。这个纲要，里面有各项原则、检查表（Index）、量尺（Scale）等等。详情将来可以请专家讨论，不过总希望所有结果，能一目了然，便于检查的。

（2）人员。因工作的重要，所以做事的人，要学识、经验、勤奋三全。名额：研究员二人、助理一人，资格如下：（a）研究员，要大学教育科毕业，从事小学教育（最好是实际上的教师，不是行政人员）一年以上，本国文精通，能阅读两种外国语文，富有常识，做事能实事求是，勤奋不虚伪者；（b）

助理员，要有教育常识、最普通统计技能、本国文精通，略能阅读外国文者。

（3）期限。要把从前的儿童用书整理完毕，非有两年不可。继续整理的责任，可以请国内大学教育科分任。

（4）经费。每年二千元，两年合计共四千元。因为国内所有儿童用书，可以设法请各书店捐助；国外的，也可以廉价买到。开支，以薪给占大部分。

（5）经费来源。在目前状况之下，国内没有一个大学可以出此巨资，此事又是改进小学教育最重要的事，不可稍缓，所以各国退还庚款①中，可否设法补助兴办？

（6）整理地点。整理的时候需要很多的参考，所以这个机关，应该在大图书馆附近；并且与该馆订立特别条约，研究员可以有特别借书的办法。据我所知，上海东方图书馆（另图17）②里儿童用书很多很多，中华书局也不少。同时，与国内各大学有极可靠的接洽。因为在进行的时候，固然需要帮助，将来继续的工作，尤其需要他们做。办法详下节。

另图17　上海东方图书馆之外观

图片来源：《图画时报》第299期（1926年5月2日）

（二）各大学做的办法

据我所知，现在国内各大学的教育科，太注重于介绍外国材料、各种理论，实际上的工作做得太少了。本节就是要求，各大学做对于小学教育有实地贡献的工作，并且希望是着实的、耐着心的、继续不断地做去。有几种

---

① 庚款：全称庚子赔款。系农历庚子年"八国联军"占领北京后，于次年签订的《辛丑条约》中所确定的赔款。总计4.5亿两白银，分39年还清。自1909年起，美国率先退回余款本利，作为发展中国教育文化的基金，其后各国亦先后仿效。

② 东方图书馆：系商务印书馆附设的图书馆。其前身为涵芬楼，1924年建馆于上海。当时藏书达46万余册，为当时国内之最。1932年"一·二八"事变中被焚毁。

办法。

（1）创设便教物①陈列所。便教物当然不止书籍，但是为容易着手计，应该从书籍着手。从这所陈列室里可以看出：便教物的演进；教育与时代潮流的关系；今后应该改进的方针；目前最适用的便教物。可以作本校师生研究材料，可以为附近教育机关、家庭、社会之模范。如何办理，异日再讨论。

（2）教育系或全校图书馆内，有儿童用书专室。吾国最近出版书籍，用分类计算起来，没有再比儿童用书多了。他的关系又如是大——关系于全国儿童教育，实在值得有特别注重之价值。当便教物陈列室没有完全成功或难以举办的时候，可以在教育系阅书室里或全校的图书馆里，另开一室作为师生研究之所。好在这种书籍价值很便宜，比较外国书要便宜几百倍。倘若团体、机关去买，书店里又有一个特别折扣。我深愿，国内许多专注意于西籍的大学图书馆，替我国小学教育界里种些福田。

（3）改进附小的图书馆。附小图书馆，是实验儿童用书场所之一。应该要办得儿童能不假管理员的力，自由拿书看，又能很顾公德地保护书籍。至于增多书籍，那是最紧要的问题。有人以为这是高调，办不到的。我不愿意举例子，只用最诚恳的话，来劝各附小主任去试试看，究竟做得到吗？要想找些参考材料，可以询问杜定友②先生，或看下面的几本书：

Powell：*The children's Library*；③ Hazaltine：*Library work with Children*。④

---

① 便教物：也称"教便物"，即教学辅助用具，包括模型、标本、挂图、幻灯，以及教学参考资料等。

② 杜定友（1898—1967），广东南海人。早年肄业于南洋公学。1918年赴菲律宾大学学习图书馆学，1921年获得文学、图书馆学、教育学三个学士学位和中学教师资格证书归国，担任广州市立师范学校校长，受命改组广东省立图书馆。其后受命筹组上海市图书馆，主持广州中山大学图书馆，成为中国图书馆事业和图书馆学的大家。著有《图书馆学概论》等。

③ 所载英文为著者和书名。可译为索菲·H.鲍威尔著：《儿童图书馆》。该书由纽约海尔希·威尔逊出版公司于1917年出版。

④ 所载英文为著者和书名。可译为爱丽丝·黑泽汀：《图书馆与儿童在一起》。该书由纽约海尔希·威尔逊出版公司于1917年出版。人物生平事迹未详。

（三）各书店亟须改良的办法

目前各书店对于儿童用书，只知道竞争出版，不知道改良内容，又缺少统盘计算。所以出版得太多，非常不经济。没有科学方法的贩买术，销路当然不广。但是各大书店关于儿童用书所做的工作实在不少，又很肯投资，正如一位壮汉力气不小，可惜缺乏拳术的训练，角斗起来终究要失败的。所以书店为本身计，亟须改良；为社会、国家计，尤其要改良。现在有三种方法，亟须举办的。

（1）改良编辑部。最近据友人报告，我国各大书店，都没有儿童用书的专部。以如此重要的工作——儿童用书的销数与印刷，几乎占其他各书之半——附属到其他部分里去（有的附设于国文部，有的附设于哲学组，有的附设于教育组），岂不是笑话吗？所以各书店亟须增设儿童用书部，专任编辑，并托专门教育机关试验。那么各种出版物，可以有统盘计算。新出版的，固然可以极力慎重；旧有的书，请专家批评，以定继续出版与否。这样做起来，好东西的出版必能大大的增加，销路当然可以增多，社会上也就得到很大的利益。

（2）改良营业部。要想营业的发达，改良书的内容是质的增美。倘若不会做生意，营业不能发达，社会上也不容易受影响的。美国购书有"儿童月"，在这月中买儿童用书，可以特别便宜，这是一法。但是根本办法，是指导买书的人。最简便的方法，莫如很诚实地定出几种表来，这是极妙的广告，也是很好的指导。

（3）以顾主手头所有的钱来配货的表。例如顾主有五块钱，照现在的图书目录，不知买哪几本好。于是买得零零落落，难以应用。书店里倘若能做出一张表来，从一块起到一百块钱止，详列有几多钱可以买某种性质的书几本，某种性质的杂志几多，等等，顾主一目了然，岂非便利。同时顾主觉得，还有某种书籍还没有买，急急设法去筹款，书局生意又可以源源而来了。

（4）依儿童年龄可以读的书籍表。儿童用书与儿童年龄，虽无极精确的关系，但是在大处是有区别的。例如三岁的用书和六岁的用书，很显出不同来。这张表虽然不容易做，但是大致不误的表，比完全没有好得多。

（5）书籍性质表。此表最容易做，但是最需要诚实，不可专以广招生意为目的。又，其中分类尤很明晰、准确。此事可以与专家讨论，免得因此贻误全局。

以上三表，可以合成一表。但是为便于检查起见，不如分列。

（四）慎重出版

现在所有的儿童用书，好材料固然很多，不好的也着实不少。此后书店里，要从质的方面着想，不要偏重于量的增加。还有一点亟须注意，儿童用书也应该与其他书籍一律看待，再版时应该要修改；书店千万不要惜小费，随便过去。

幼稚园及低年级指导的研究和计划

(1927年10月)

【题解】 本篇原载《张宗麟幼儿教育论集》一书第 722~729 页,撰成时间为 1927 年 10 月(编者推定),发表时间为 1985 年 8 月。

撰成时间推定的理由是,张宗麟担任南京特别市教育局学校教育科指导员的时间,虽是在 1927 年 6 月,但南京市各区实验小学附设幼稚园的时间则是在同年 9 月下旬,并于 9 月 23 日成立"南京市教育研究会",并在其下分设"幼稚教育组"。此后,才正式将幼稚园及小学低年级的指导任务分配给张宗麟,因而才有了这份计划的撰写。

《张宗麟幼儿教育论集》,教育论文集。由张宗麟之女张沪主编,湖南教育出版社 1985 年 8 月初版。全书 63 万余字,收录张宗麟有关"幼稚教育"的专著和文论 43 篇(本)。书前收有严济慈所作"序"和张劲夫所撰《忆念张宗麟同志》一文。

导 言

在没有讨论计划之前,先来说几句极平常的老生常谈,作为普通解释的代替。

(一)为什么要有教育指导?

关于这个问题,讨论的文字很多。尤其是改视学制为指导制的时候,几乎全国的教育刊物都登载这类讨论文字。

归纳起来有五个要点：

(1) 引导全体教师向同一条路上进行；

(2) 集合教师作有系统的研究；

(3) 讨论困难问题；

(4) 指导实施教育方针；

(5) 考核教师之勤惰。

（二）教育指导员是什么？

教育指导员是教育行政人员之一，但是他的性质应该是教师化的，他的责任就是实行前节所说的目标。他的人格和态度要怎样呢？

(1) 富于教师化的态度，脱去政客化的恶习；

(2) 明了当地最近的情况和世界潮流；

(3) 熟悉当地教育的历史和现状；

(4) 能沟通教育行政当局和各学校，按照计划切实进行；

(5) 有诚恳、耐劳、研究、和蔼、勇敢的态度；

(6) 有详细确切的计划；

(7) 有相当专门知识和经验。

（三）本市的幼稚园和低年级为什么需要特别指导？

本市学校教育事业，因历史的关系，大部分是小学教育。在小学专科指导员不能完全设立以前，特设幼稚园与小学低年级指导员。理由有三：

(1) 本市幼稚园都是新办的。我国幼稚教育方在改造期中，倘不加以指导，要想和改造的潮流趋向同一，在事实上是不容易的。

(2) 近几年我国小学教育的方法，进步得很快，其中低年级的成绩格外可观。但是这许多新方法，还不能普遍，还只是小规模的试验。我们一方面想，一般教师都受这种训练；另一方面，也希望这种试验范围扩大。

(3) 幼稚园应该和小学低年级打成一片的证据，早就有人给我们看过了。在这许多新的幼稚园出世的时代，应该来做个试验；并且希望今后小学的各方面，如教法、教材、课程、训育等，都变成幼稚园化，打破种种形式训练和只做"预备成人"的教育，建设自由的、向前的、实际生活的教育。

分 期

教育指导不是一朝一夕所能收效的，也不是全部工作可以同时并举，更不是漫无系统，见东说东、见西说西、随感录式地进行。所以必须有计划，又必须分期来实现这个计划。本市幼稚园、低年级指导计划可分三期。

第一期：训练期——打破从前许多不合理的旧习惯，讨论新方法；

第二期：试验期——分组试验新方法；

第三期：实施期——汇集前期的试验结果，全市实施。

以上三期，不能有极严格的界限。因为在第一期中，也羼着二期的工作；第二期中，脱不了一期的指导。大约第一期以短时期为原则，暂定一年；二期暂定一年，三期以后不定年月。怎样进行，下面逐期说明。

第一期——训练期

1. **目标**

（1）引起教师对于现代幼稚园和小学低年级的组织、课程、教材、教法、设备等的怀疑态度；

（2）引起教师寻找新方法和努力做新试验的动机和兴趣；

（3）指示教师根据时代继续修养的途径；

（4）考察各教师的能力和态度。

2. **事项**

（1）宣传本局教育旨趣。

（2）考察教育实施的进程。

（3）改良旧式的组织。如幼稚园的圆周组织、低年级的年级组织皆当改良。

（4）重组课程。如跑圈子等课程一概须废除或改进，完全以生活为中心。

（5）改进教法。废去分科教学，采取整个活动的辅导法。

（6）整洁学校内部，改造学校环境，用极省钱的方法使学校整洁，使学校的小环境艺术化。

（7）搜集教材。儿童教材不是只限于教科书，幼稚园与低年级实在不应该有教科书。一切教材应该根据儿童的兴趣找来的。

（8）经费的预算。幼稚园和低年级往往无预算，这是进行中的大障碍。教师们应该要有预算，最好能经济独立。

（9）沟通幼稚园和低年级。

（10）指示参考书。

（11）请专门学者讲演。

（12）团结各教师作互助的讨论。

3. **方法**

（1）组织研究会。团结全市教师讨论一切工作，每两星期举行一次。会场无定，各校轮值。

（2）组织展览会。各校开全校展览会，全市或全区开联合展览会。

（3）实地指导。根据本节"2"事项所列诸节，实地到各校指导。每次不能笼统全做，要分组指导，注意一项或二项就可以。倘某校对于某项需要特别指导，就可以特别提出来。大致有下列几个步骤：（a）视察——用极虚心、极诚恳的态度视察全校的各部分，考核各教师努力的状况。（b）谈话——与校长说全校提纲挈领的事项，与教师说局部的问题。有时候倘若某种问题以为不便与教师直接说的，可以由校长转达。（c）讨论困难问题——各校必有种种困难问题，指导员遇教师们提出时（指导员应当询问各教师有无困难问题），应当尽力讨论。可以代为解决的，当场解决；不能立刻解决的，指示解决的途径与方法。参加学生实际活动。每次统计各校情况，作第二次指导根据——到了第一期完毕的时候，统计全部的成绩，作第二期试验的根据。

第二期——试验期

1. **目标**

（1）根据本市社会及自然界环境，儿童发育状况，作有系统的试验，确定中国化的小学教育；

（2）建设首都小学教育特殊的风气，为全国开试验精神的先端。

2. **事项**

（1）全市共同试验的：（a）设计组织的课程；（b）省钱的、合乎儿童的设备；（c）沟通幼稚园与低年级的办法，注意组织方面。

（2）各校因历史的关系，以及当地的需要和能力，单独特别试验的：（a）故事、语言、文字、表演和其他发表的技能；（b）图画、音乐、手工、表演和其他发表的技能；（c）游戏、音乐；（d）数目、读法和个别的游戏；（e）常识、自然界；（f）儿童动作、技能、习惯和个别的游戏。

2. **方法**

（1）指导员会议。根据第一期所得成绩，决定进行方针与方法。

（2）准备试验时应用之物品，或通知各校自备或由教育局分发。

（3）开主任、校长、指导员、研究股联席会议，决定各校试验事项，讨论试验规则。

（4）专科指导员与各个教师合拟试验计划，分头搜集材料与方法。

（5）做假试验。

（6）根据假试验的成绩，讨论真试验的进行方法。

（7）开始试验时注意几件事：（a）详细的记录，填写表格；（b）精密的统计；（c）耐心地向前进行；（d）忠实的报告。

（8）指导员定期与各教师直接谈话，负答复问题、研究问题、考察试验工作之全责。

（9）定期汇集报告。各种试验时期各个不同，不过指导员应该依照各种试验预定的日期，汇集各校的报告。

（10）聘请专门学者研究试验的结果，作为第三期的资料。

第三期——实行期

1. **目标**

根据前期试验所得的结果，本着继续试验的精神，循序前进，并唤起全国小学、幼稚园之猛省，确立吾国根本教育之基础。

2. **事项**

（1）训练全市教师；

（2）实行新方法；

（3）宣传全国。

3. **方法**

（1）举行长期讲演会六星期，以前期试验所得结果为主要材料，各校教师和指导员互为讲师与学员。

（2）颁发新材料与新方法。

（3）厘定教师应做的工作，如记录、报告、研究工作。

（4）考核各校实施的成绩。

（5）解决随时遇到的困难。

（6）刊布全部试验工作的进行与材料。本期各区各组织研究会，各教师互相指导。本局指导员，倘能加入教师队伍里去做一个当然领袖，效力更大。

结　论

这篇计划是写成了，但是不免太抽象，又近于原理的讨论，这是我初意所料不到的。

篇中方法项内所列诸端，都是大纲。各部详细的办法，本篇因为篇幅关系不能列述。将来可以逐步讨论计划，尤其希望与各教师共同来讨论。

要想把这个计划实现出来，不是难事。不过我们最后的希望是，第三期的实现和继续。所以对于本市教育界有几个诚恳的愿望：

（1）愿教育行政人员有确实的保障；

（2）愿全市教师们耐苦耐劳、安于其位；

（3）愿全市教师们自动地团结起来；

（4）愿本市教育能开一个新纪元，将来成为有组织的新发明；

（5）愿本市教师们能分工研究、互助前进；

（6）愿本局指导员能团结一致，并且都是教师化，富于研究的精神。

幼稚生的常识

(1927年11月14日)

【题解】 本篇原载《儿童教育》第1卷第3~10期，撰成时间为1927年11月14日，发表时间为1928年10月。

"常识"为幼稚园的科目之一，系当时鼓楼幼稚园课程试验的项目之一。在1929年10月颁布《幼稚园课程暂行标准》中，将此科定名为"社会和自然"，即社会常识和自然常识。

有关《儿童教育》，参见前文《鼓楼幼稚园课程试验报告之一》题解。

一、常识科的意义

（一）常识科是什么

常识科是人生必需的，并且是日常最容易遇到的活动。在幼稚园里，就是幼稚生最容易遇到的最有兴趣的活动。

（二）它的目标

不希望给儿童极多的知识，在脑子里堆积着；只希望儿童看到了，手也做到了，有时候能用到、吃到——就够了。换一句话，就是希望儿童能注意环境、利用环境。

（三）它的方法

有许多方法，有时单独用，有时联合用：

（1）观察法——如观察天象、气候；（2）采用法——如采集自然物来利用；（3）分析法——如分析日用物来解释；（4）模仿法——如婚丧仪式的模仿；（5）表演法——如国庆、国耻等表演；（6）锻炼法——如养成卫生习惯；（7）神话法——如想象古代的龙、凤等；（8）制造法——如制造糖糕等吃的东西；（9）种植饲养法——如饲养家禽、家畜，种植园艺。

（四）它的内容

用工作来分，大概有下列几种：

（1）自然界的生物——一切动植物；（2）自然界的无生物——水、石、煤、铁；（3）自然现象——天象、乞〔气〕象；（4）日帝〔常〕卫生——一切饮食、起居；（5）社会习惯风俗——婚丧礼节；（6）社会职业——工、商、农……（7）公民习惯；（8）社会、国家、世界大事。

二、常识与其他活动的关系

（一）幼稚园的活动有多少类

幼稚园的活动是整个的。勉强可以分为下列几种：

（1）音乐——听、唱、节奏动作、弹弄简章〔单〕乐器；（2）游戏——个人游戏、团体游戏；（3）故事——听、讲、表演；（4）图画——自由画、写生画、临画；（5）手工——纸、木、泥、珠子、缝纫；（6）读法——认字，短句故事；（7）常识。

（二）幼稚园的中心活动

幼稚园的活动，都是以某项材料做中心，然后一件一件地做下去。中心活动材料的来源，大都是常识，请参看《幼稚生活月历》（表23）。

表 23 幼稚生活月历表

月份\活动	节期	气候	动物	植物（花草）	农事	儿童玩耍	风俗	儿童卫生
一	元旦	冰、雪、西北风	金鱼、鸽子	芽、腊梅	葱、韭、胡萝卜等	新年锣鼓	新年礼	冻疮、伤风
二	立春、旧历新年	冰雪融化、东风	猫、狗、鼠	水仙、葱、大蒜	菜、麦地、除草	迎灯、放炮竹	迎春	伤食、曝日害
三	中山先生周年纪念、黄花岗烈士纪念、百花节	春分植树	燕子、蜜蜂	梅花、嫩叶兰	孵小鸡	放鹞子	赛会	喉症
四	清明扫墓	春雨	蝴蝶、蚕	桃花、笋、桑、豆花	种瓜、做豆腐	斗草	扫墓	牛痘
五	岳飞诞辰、国耻	换季	蛙、黄莺	蔷薇、野生植物	收麦、布谷、养蚕	草地跳跃、翻筋斗	竞渡	灭蚊蝇种子
六	端午、立夏	黄梅雨	萤火虫、牵牛虫	石榴、牡丹	除草（耘）、插秧	寻贝壳	送礼（？）	洗澡
七	暑伏	雷雨、虹、大热	蝉、蚱蜢	荷花、牵牛花	收瓜	寻藏、寻瓜游戏	丧葬（？）	受暑
八	立秋、林则徐禁烟	流星、凉风、露	蟋蟀、纺织娘	茑萝松、凤仙、鸡冠	种荞麦、收稻	车子	乞巧	受凉、疟疾
九	中秋、孔子诞辰	明月、大潮、秋风	蜗牛、蚌	菱、桂花	收山芋、玉蜀黍、棉花	滚铁环	赏月、观潮	痢疾
十	国庆、重阳节	换季	蟹、虾	菊花	种豆、麦、拔萝卜等	旅行、踢毽	登高	目疾

续表

月份活动	节期	气候	动物	植物（花草）	农事	儿童玩耍	风俗	儿童卫生
十一	中山先生诞辰	露、霜	鸦、皮虫、鹰	红叶、野果	做各种腌藏货、耕田、收白菜	赛果子、跳绳	做寿（?）、结婚（?）	感冒
十二	蔡锷恢复中华共和、大除夕	西北风、冬至	羊、牛、麻雀	月季、干草	修理农具、修茅屋	踢球、拍球	吃腊八粥	龟裂、冻疮

说明：（1）百花节为阳历二月十二日；（2）本表系根据江浙两省情形所拟的，他处风俗或有不同，故用"?"表明之。

三、搜集常识材料的方法

（一）幼稚园常识材料在什么地方

（1）自然界；（2）家庭里；（3）街路上；（4）儿童自己发生的；（5）图画和书籍上的记载。

（二）怎样搜集材料

（1）实吃〔地〕观察——到野外、田园、街市、家庭、工厂等地方去；（2）制作标本——与儿童同做标本，或做装饰品；（3）调查内容——教师先调查一次，然后与儿童再去调查；（4）分析问题；（5）查参考书；（6）做一度或数次的试验；（7）将材料变成有系统、有兴趣的材料。

（三）搜集材料应有的态度

（1）好问。看到一件事物必须问：（a）这是什么？（b）内容是怎样的？

(c)为什么是这样的？(d)有什么用？(e)可以改良吗？(2)分析。热烈的态度去寻找，冷静的头脑去分析，这是研究科学的秘诀，也是幼稚园常识科最重要的方法。(3)实验。试试看，学学看，做做看，这是项有趣味的方法，也是最重要的态度。(4)搜集材料时必需要的几件事：(a)必须有几件工具——如昆虫网、药瓶、小剪刀、小锄等。(b)事事必需与儿童同做。但是教师要先去调查一下，以免临时与儿童同错。(c)切不可讨厌儿童发问，应该鼓励儿童发问，养成儿童好问的习惯。(d)搜集了相当的材料后，开一次小小的展览会，鼓励儿童的兴趣。(e)用过的材料必须收藏起来，以备将来应用，有时候可以因此引起后来儿童工作的动机。

四、关于自然界的常识材料（一）

（一）儿童最容易接触到的自然物

(1)关于动物的：猫、狗、猪、羊、马、牛、驴、鼠、猴子、兔、鸡、鸭、鹅、燕、雁、麻雀、黄莺、鹰、鸦、鸽、喜鹊、金鱼、鲫鱼、蟹、虾、鳝、蚌、蚶、螺蛳、蝴蝶、蜜蜂、蚕、蛾、蟋蟀、甲壳虫、萤、蚱蜢、蝉、纺织娘、蜗牛、蚯蚓、蛇、蜈蚣、蝎、蝇、蚊、蚤、臭虫、蜻蜓……(2)关于植物的：韭、麦、米、桑、玉蜀黍、青菜、萝卜、蕃薯、南瓜、葫芦、茄、棉花、茶、桃、梅、李、枇杷、石榴、樱桃、香蕉、苹果、荷花、藕、橘子、百合、梨、柿、葡萄、竹、观赏花……(3)关于非生物的：煤、炭、水、火、石子、泥土、沙、铁、铜、银、金、铅、锡、火油。

（二）幼稚园应该有的生物设备

(1)小菜园一方，大约三十个小孩子可以种一亩地；(2)盆花，每人一盆或二盆；(3)花畦，每人约有花木二三棵，要四季继续交换有花的；(4)小动物院，养鸽子、鸡、兔子等；(5)鱼缸，饲养金鱼（极难养）、小鱼、小虾、螺蛳等；(6)雀笼，芙蓉鸟、叫天最容易饲养；(7)昆虫扑捉器，应有扑虫网、药瓶、展翅板、平针、洋樟脑、蟋蟀罩等；（8）养蚕用具，蚕笾①、蚕山等等；（9）农作用具，手锄、阔嘴锄、四锄、水桶、镰刀。

（三）几种自然物材料的制作法

（1）蝴蝶。小朋友能用大拇指、食指捉着的，可以捏出它的脑浆，然后用平针插在展翅板上。（2）甲壳虫、蜻蜓等昆虫，必须放入氰化钾的药瓶里。二三小时就死，然后用针插起来（氰化钾很毒，注意）。（3）蚕。每逢春季必须养蚕。不可贪多，大约一百条至一千条就够。养蚕，只须不断的饲桑叶（眠时不可给它吃叶），就可上山。山用稻草做的。保茧很难，要用烈日晒，晒三四日。不然茧子都成飞蛾，小朋友会伤心的。（4）农事园艺多不及讲。参看《晓庄学校农事历》及《乡教丛讯》二卷廿三期。（5）花草栽培法。参考大陆图书公司出版的《中西花草栽培法》或商务的《造庭园艺》。（6）保护叶的颜色。用毛纸吸收水分，然后涂以既熔的白蜡；又用毛纸一印，叶色就可保至二年。（7）装饰房子的花草。室内以扁柏最合用，次之棟树果、野红果等都好。不过要记着，不可用容易失去水分的花木。如月季花叶、杨柳叶等，都不能用。（8）废物利用。自然物没有一件东西是废物，都可以利用来做儿童用品的。如蚕沙做豆囊，桃核、杏核做珠子，谷糠装字，落花片做镜框等。附：

徐世璧女士谈乡村幼稚园的材料

"你们真像破布烂棉花的，什么东西都要的。"这是燕子矶小学教师王先生说的。的确，我们做幼稚教师的，无论什么废物，都要设法来利用。来乡三月，得到许多可以利用的东西：

（一）香甜的土货的点心：蕃薯、蚕豆、豌豆、大豆、红豆、面粉、玉蜀黍、萝卜、芋头、藕、菜头。

（二）上等的废物——手工材料：玉蜀黍的榜〔秆〕子、麦秆、豆秆、荷叶、花片、牙粉袋子，葡萄干、糖果等袋子，果的核、栗壳、破

---

① 蚕笾（biān）："笾"，古代祭祀宴飨礼器的一种，通常用竹编成，扁平状，用于盛果脯之类的食品。"蚕笾"，指盛桑叶喂蚕的容器。

铁罐子、破袜子、破布片、旧报纸、广告纸、鸡蛋壳、鱼骨、鸡鸭骨、旧邮票、木屑、木头、谷壳、贝壳、鸡毛、兽毛。

（三）可爱的自然物，溪沙、江泥（如盐水）、石子、松针、芦苇、棉花、楝果、野红果、松果、野菊花。

小鱼、虾、小雀子、小鸡、鹅、螺蛳、河蚌、蝴蝶、蜜蜂、野鸡、野鸭、獐子、猪。

我们三个月利用过的，就是这么几件。我们自己相信，倘若再向前干去，必可得到许多。至于每种东西的利用，那是千变万化，在乎教师的活用了。

（《乡教丛讯》二卷四期）

五、关于自然界的常识材料（二）

（一）最易引起儿童注意的自然现象

风、雨、太阳、月、星、露、霜、雪、雾、雷、电光、云、虹、大冷、大热、潮汐（海边儿童）、瀑（山居儿童）、日蚀、月蚀。

（二）儿童生活中最注意的日用物

布衣、绸衣、皮衣、帽子、鞋子、袜子、房子、砖、石、火车、轮船、飞艇、帆船、马车、小车、轿子、钟表、铃、剪刀、石磨、石臼、瓷器、纸、油、盐、醋、颜色、乐器、灯。

（三）儿童怎样会注意自然界现象

（1）教师指示。自然界现象与自然物不同，儿童同处于自然界现象变化之中，竟会绝对不觉得的，所以要教师去指示。（2）儿歌、故事的提醒。在儿歌中提醒自然现象很多，故事中亦间有遇到的。教师有时可以有意地提出来的，如《葡萄仙子》一类故事歌，是极好的材料。（3）自己发现的。在自然界现象中，要儿童自己发现，非有强烈的刺激不可。例如雷声、电光、流星、狂风、暴雨、厚雪、浓雾等，儿童才会注意。但是这种注意是很淡薄的，常常和别种情感同时引起来的。教师于此，应该设法引他们的注意。

（四）儿童怎样注意日用物

（1）好问的儿童，没有不对日用物发问的；（2）好动的儿童，没有不拿日用物来玩的；（3）健康的儿童，没有不喜欢研究日用物的。他们有时候拆破它，毁灭它……都是研究的方式。

（五）怎样使儿童明了自然界现象与日用物

（1）引起儿童的注意。儿童日处其中，常常会不注意的。教师第一步手续，引起他们的注意来，例如用图用实物来给他们看。（2）鼓励儿童的发问。教师先发问，见到无论什么东西都问。东也问，西也问；知道的也问儿童，不知道的也问儿童，那么儿童也好问了。（3）破除儿童的迷信。雷公、电母，在故事中可以偶一用之；在常识谈话中，实在不应该用。虽然不应该有高深的解释，但是浅近的试验，不妨如变戏法一玩，例如电话、电铃等。（4）可以给他们看的，不妨全部拆开来给他们看，例如钟表、风琴等不妨拆开来。（5）带他们到来源地去看。工厂不妨去参观，但是要管理得好，不然容易发生危险。（6）利用他来玩。例如堆雪人、吹肥皂泡等。（7）利用他来做东西。例如用石磨磨粉，做糕吃，做豆腐、酱油等吃。（8）引入艺术之途。"艺术与科学不冲突。"这句话，至少在幼稚园里是用着。所以《月明之夜》的歌剧、《冬夜姐姐》的故事、《踏雪》的名画，都是艺术的上品，也是常识科的好朋友。

（六）教师应有的态度

（1）事事留心，物物注意；（2）随时、随地、随事指示儿童注意；（3）喜欢接受儿童的问句，回答问句时要有"知之为知之，不知为不知"的态度，不能欺骗说谎；（4）不知道的赶快去研究、询问；（5）不怕一切，并且勇敢地去做试验；（6）轻快活泼、富于滑稽态度，不是冷冰冰地照书直讲。

六、关于社会的常识材料（一）

（一）幼稚生最容易获得经验的地方

1. 属于家庭的

（1）家人：父母、兄弟、姊妹和一切最近的亲属；（2）家人在家庭中的职务：母亲做饭，父亲种田等；（3）小孩在家里的事务；（4）房屋：间数、式样、分配；（5）房子里的陈设：桌、椅、字画等件；（6）用具：厨房用具、灯、寝具等。

2. 属于邻近的社会的

（1）住的地方：名称、道路、位置……（2）邻人的生活；（3）邻近的小朋友；（4）邻近的公园、植物、道路……（5）学校：到学校去的路、学校的情形。

3. 属于邻近的事业的

（1）食物铺子：一切干货店、鲜货店、吃食店；（2）衣服铺子：布店、衣店、成衣铺；（3）工厂；（4）农场；（5）医院；（6）邮局；（7）博物院；（8）戏园子、游戏场；（9）学校。不是儿童自己入学的学校。

4. 属于交通事业的

（1）陆地交通：有动物、人力车、脚踏车、汽车、马车、火车、小车、大车；（2）水上的交通：小船、大帆船、汽船、兵舰、木筏；（3）空中的交通：汽球、飞艇；（4）交通的设备：桥梁、马路、铁路、码头、飞机场。

（二）怎样带着儿童做着这许多活动

（1）丰富儿童的环境。幼稚园应该置备：沙箱、小宝宝、积木、餐具、车子、乐器、碎布、砖石、纸张和一切废物。（2）实地参观以引起儿童好研究的兴趣。不但工厂、商店应该去参观，就是家庭也应该去参观，做一次做客的活动。儿童于家庭的观察更精，研究也更有兴趣。（3）表演。有许多事情，儿童看了回来自己会，并且教师也要做其中演员之一。（4）在其他活动中表现出来。这在上面已经说过了，幼稚园一切活动，都可用常识做中心的；反之，常识若没有他种活动来做表演的方式，也会变成干燥无味、缺乏继续性的。最可以表现出来的：（a）游戏：开店、跑马、开汽车、做爸爸……（b）音乐：既歌且舞，儿童印象既深，兴趣又好。（c）故事：叙述各种活动的内容，非此不可。这三科，几乎每种活动都要借重的。此外，如手工、图画、读法，也有相当的借重。

七、关于社会的常识材料（二）

（一）儿童对人对己应有什么习惯

《幼稚生习惯表》已见（《幼稚生应有的习惯和技能》，参考本刊一卷四期），现在再把它分类一说。

（1）对一般人的：如不说谎、让人先走等；（2）对家人的：如帮父母做事、爱兄弟等；（3）对农工的：如尊敬劳动者等；（4）对小朋友的：如有东西大家玩、大家吃等；（5）对学校的：如尊敬师长、按时上学等；（6）对自己的：如认识自己的东西等；（7）生活习惯：如起卧、清洁等；（8）对公共的：如不涂墙壁、不折公园花木等；（9）普通习惯：如靠左〔右〕走等；（10）旅行的：如上船、下车等；（11）对物的：利用废物、爱护玩具等；（12）对团体的：如爱护本园小朋友的游戏团，或猫物、狗队等。

（二）儿童对于社会、国家、世界应有的观念

（1）明了本街或本村的极简单的事情，如村名、位置、户口等；（2）明了邻近的行政机关，如警察局等；（3）明了社会进步的极简单的原则，如发火的演进等；（4）明了全世界的人种，如与世界各国小孩子通信等；（5）有开会、选举等能力；（6）会登台当大众演说、讲故事；（7）明了国庆、国耻的大意；（8）会崇拜本国或外国的伟人；（9）知道国家和立国的大意，如见党国旗会行礼等等；（10）爱一切人类，不分贫富、不分种别，一切都爱；（11）会讲本国历史上名人故事十则；（12）会讲世界名人故事十则；（13）地

形的略识,此事英国罗素(另图18)[1]试验自己的儿子,说是可能的,我们不最深信,但是不妨一试。

(三)怎样养成儿童有这许多习惯和观念

(1)故事中的讲述。非但历史、地理等可以用故事体,就是养成听话、爱人爱物,没有一件不可以用故事来培养的,例如《猴子做糕》《石匠王二》等故事。(2)图表的标识。养成儿童习惯,图表是很有帮助的,方法详《幼稚生应有多少习惯》篇。(3)用奖励的方法。大概习惯培养初期,开始做的时候要用此法,这种方法比消极罚好些。不过要注意:(a)不能用金钱或食物来做奖品;(b)不能常常用此法;(c)用符号或用品做奖品。(4)不断地练习。有许多习惯,只有不断地练习,才有养成的可能。如靠左〔右〕走、清洁、起卧等,绝不能有一次例外。(5)先有详细确切的说明,然后再用罚则。罚是要用的,但是要预先有说明。儿童干〔敢〕再犯,方才可罚。(6)表演。此法可以与故事联做。倘若有表演,于各种观念上必定可以明确得多。

另图18 罗素像
图片来源:《民铎杂志》第2卷
第3期(1920年10月)

八、关于卫生的常识材料

(一)幼稚园卫生常识的要求[2]

要幼稚生有卫生常识,幼稚园要首先注意卫生。下列几点尤须注意:

---

[1] 罗素:即伯特兰·罗素(Bertrand Russell,1872—1970),英国哲学家、数理逻辑学家,诺贝尔文学奖获得者。1893年获剑桥大学三一学院数学学士学位,又获得伦理科学学士学位,其后留校担任研究员,不仅对数学、伦理学多有研究,而且还对哲学、政治学、社会学和教育学颇多创见,成为蜚声世界的学者。著有《西方哲学史》《心的分析》《罗素论教育》等。

[2] 此标题系由编者加拟。

（1）房子里打扫得片尘不染，与小朋友每日共同洒扫、拭揩两次；（2）洗手间最容易藏垢，每日打扫干净；（3）教师的身体、衣服收拾得干净，以身作则；（4）草地上，路上收拾得不留碎纸片、碎石子等；（5）幼稚生最容易乱丢碎纸、乱放用过的浆糊，要预备字纸篓与浆糊碗；（6）做过手工、吃过点心，即刻与小朋友共同收拾好；（7）小朋友痰极少，所以痰盂不是急需品。但是老师不可随地吐痰。

（二）幼稚生应有的卫生常识

（1）知道清洁的好处，不清洁的不好；（2）知道几种重要染疫病的昆虫。如苍蝇、蚊子、〔臭〕虫等；（3）知道几种要传染病的公共〔用具〕，如公共手巾、牙刷等；（4）知道几种重要公共卫生应注意之点，如不随路丢污物与大小便等；（5）知道冷暖与人体之关系；（6）知道疾病的来源与极简的治疗法；（7）知道避免疾病传染的简单方法，如避癞头、疥癣等；（8）知道日光与空气与卫生的关系，如多开窗、多吸新空气等；（9）能辨别饮料的清洁。

（三）幼稚生应有的卫生习惯

（1）能洗脸、刷牙、洗澡；（2）能打喷嚏、咳嗽等用手帕掩口，〔不〕吐痰在草地上；（3）能不多吃糖果，吃东西不过量，不是吃的东西不放入口；（4）会扫地、揩桌，收拾用过的废物；（5）慢慢吃，不抢东西吃；（6）大小便、吃东西、起卧，都有一定时间与方向；（7）养成好的姿势。如看书、作画、走路，身体挺直；（8）能穿、脱衣服；（9）能扑灭、驱除传染疾病的东西。

（四）养成儿童有卫生的习惯与知识的必需条件

（1）每日做去，没有一次例外；（2）教师以身作则，也没有一次例外；（3）立信条的时候，不妨与小朋友同来，信条既立，就继续不断地做去；（4）倘家属能合作，尤为有效；（5）用图表来鼓励儿童；（6）必须备的清洁用品，绝不能省的，如扫帚、抹布、每个儿童一条手巾等；（7）遇有病人，除慰问外，不可令儿童亲近；（8）定期举行大扫除，但是希望儿童做的，希望不可过奢；(9) 教师不可轻视儿童，也不可希望儿童过重，初做的时候工作分量以少为要，尤须分队、分组的训练。

九、关于常识的杂项问题

（一）幼稚园加添"常识"的困难点

（1）没有适当的书籍。中国大学、中学的数、理、化、生物、卫生等书籍很多，小学的常识书籍也不少，独有幼稚园用的绝无。所以教师搜集材料时，不是失之太深，就是失之太简单，有时还有找不到之虞。（2）没有相当教师。大家都以为，幼稚教师难找。其实最难找的，是有相当常识的教师。这里有两种困难：(a) 只有走圆圈子、唱赞美诗观念的教师，断乎想不到可以放儿童到野外去，想不到烧点心给他们吃，更想不到做人的一切一切。(b) 有了应该教常识观念的教师，没有相当能力，例如不会捉蚕，怕蚯蚓、怕昆虫等等，也不能教常识的。（3）没有相当的设备。例如上海都市上的幼稚园崇楼高阁，哪里谈得到自然园艺的设备；又如乡村幼稚园孤陋寡闻，也谈不到社会、世界应有的知识。环境使然，经济困难，教师也只得有心无力！（4）社会上的误解。社会上对于幼稚园的观念，是玩玩的场所，或者是关关儿童的场所。看到儿女黄莺般会唱了，是欢喜的；看到教师带着儿女出外旅行，就极力反对。爱子心切，人具同情，然而幼稚生受影响大了。（5）教育家的误解。一般教育家对于幼稚教育的重视程度，当然不及大学教育。有时候，他们竟会发生幼稚生无须教常识的奇论。有一次，我与国内某著名的小学专家讨论幼稚园常识问题，他初意竟以为，不必有此科。经我解释，他始说"教教也不妨"，这种态度实在失当。

以上各困难点，以第五点为最难解决。我们不怕没有钱、没有书、没有研究材料、没有……只怕半内行的人，倚老卖老的来反对。但是我们既然相信此事应做，就应该本着不怕一切的精神向前奋斗做去。

（二）幼稚园常识材料和方法要不要统一的？

研究这个问题，就要先解决关于常识的一切问题，如气候、社会等问题。我敢武断地回答如下。

（1）不论任何机关及书局，不应印全国统一的常识材料。因为中国地域很大，气候、物产、社会情形……都不相同的。垄断之举，绝不容于此科。（2）不论任何机关及教师，可以提出相当材料与方法，来供他人的参考。素来缄默的幼稚教师，老不肯发表研究心得，不免要受人欺侮。发表是义务，我们必须做的。不要以为不成熟就不发表，试问怎样算得成熟？（3）当地的教育机关应该有大体的规定，例如大学院[①]有全国的大纲，省教育厅有全省的大纲，市教育局有全市的大纲；甚至还没有举办幼稚园的县教育局，也应该分些时间来干此事。不过有一事要注意——就是所定的，不可有金科玉律的态度，尤其要各方周到，如大学院应该顾到南北不同的情形等等。

（三）幼稚教师自己可以研究吗？

当然可以研究的，不过要有些科学方法。约略举几端如下：

（1）要有记录。方法很简单，每日做过的东西，用小卡片记录下来。然后分门别类的收藏起来（分门法见前几次讲演），一年或一季来整理一次，几年以后就有成绩。（2）要买书看。常识可从日常生活中得来，但是参考的资料非看书不可。此点是一般幼稚教师的缺点，不肯看关于常识科的书籍。（3）分工合作的进行研究。在同一市区或同一县区里，大都应该有一个研究会。这个研究会里，除讨论、研究其他问题，本科当然是一个重要问题。不过笼统的研究是无用的，所以应该将问题分开，然后来分担，定期缴成绩来讨论。几年以后，至少可以把该地的常识材料与方法研究出来。

---

① 大学院：全称中华民国大学院，为1927年10月1日成立的掌管全国学术及教育行政之最高行政机构，由蔡元培出任院长。该制系模仿法国的教育管理模式，是教育相对独立的尝试，然而试行结果远非理想。1928年10月24日，大学院裁撤，恢复教育部制。

（四）最近几年里应该做哪几步工作？

中国幼稚教育还是洪荒时代，断赖我们坚信的人们来开辟。我们来定一个五年的工作计划（只属于常识科的，其他各科不在此列）：

（1）搜集材料。本科材料不怕没有，只怕散慢，只怕没有系统、没有想到。所以教师要有"有闻必录，有见必搜"的精神，"破帛败布，兼收并蓄"的手段，不要怕人笑，也不要怕难。（2）搜集参考书。本科没有教科书，也不希望有教科书；但是参考书是要有的，多多地搜集，量力供给教师们，这是间接地供给儿童们。（3）请专家帮助。本科包括最广，应该特别要多请专家帮助；教育家固然要帮助，其他如物理、化学、医药……都要请他们帮助。（4）谋自己的振作。不要再抱"只有玩玩的主义"了，试验几种方法出来，做几件儿童实际的成绩出来。究竟可以行得的吗？全靠我们自己的努力！

附 幼稚教师应备的常识书籍

（1）唐毅：《幼稚园课程研究》第二章（中华）；

（2）《幼稚教育专号》关于"自然""卫生""社会"三篇；

（3）"教育丛著"第五二、五三、五四三本（商务）；

（4）《设计协动教学材料纲要》（中华）；

（5）《校外教授实施法》（商务）；

（6）Parker：*Types of Elementary Teaching and Learning.*[①] IX，X，XV；

（7）Temple：*Unified Kindergarten and First-Grade Teaching.*[②] Ch，X1，X1V；

（8）中华、世界、商务三书局的自然、社会、卫生、公民、各种教科书及教授书；

（9）"儿童理科丛书"（商务）；

（10）"儿童百科小丛书"（同上）；

---

① 所载英文为作者和书名，可译为帕克：《基础教学和学习的类型》。

② 所载英文为作者和书名，可译为坦普尔：《幼小衔接教学》。

（11）《我的书》……卫生常识（中华）；

（12）中华卫生教育会的卫生丛书与插图；

（13）"少年百科丛书""自然界""奇象""常见的事物"；

（14）A. B. Comstock：*Handbook of Nature Study*.

南京市幼稚园课程参考

（1928年2月）

【题解】 本篇连载于《南京特别市教育月刊》第1卷第6期、第8期、第9期、第10期，发表时间为1928年2月、4月、5月、6月。原发表时题为《幼稚园课程参考》或《课程参考》，今题系编者所拟。

此"课程参考"系由张宗麟草拟，经南京特别市教育局研究会幼稚教育组讨论、审定并通过，并作为南京市幼稚园开设课程的参考，因而具有"准法规"性质。此课程大体为一学期的课程，唯独缺3月6日至3月18日两周的课程。此二周课程，理当在教育组第7次研讨会上通过，只是见载于《南京特别市教育月刊》者，仅为二月二十日至三月五日课程参考，特此说明。

《南京特别市教育月刊》，教育月刊，1927年9月创刊于南京，由南京特别市教育局主办、编辑并发行。旨在推进地方教育，"研究教育学术，传布教育消息"。主要栏目，有论坛、研究、报告、教学参考、文牍、规程、记事、消息等；主要撰稿人，有陈剑修、陈鹤琴、陈泮藻、李静安、钱希乃、李清悚、张宗麟等。1928年12月终刊，共出14期。

一、二月六日至十九日课程参考[①]

（一）做什么

（1）熟悉——教师熟悉儿童的个性，儿童熟悉幼稚园的环境、教师等；（2）整理——把旧有儿童的各方面，都做一番温习的工作；（3）新年——旧式新年未过，着实可以引来做活动；（4）布置环境——布置环境一事，教师切不可看轻儿童，应该请儿童大家来合作做。

（二）怎样做

（1）从全校行开学礼的时候，就可以引起各动机来；（2）上述四项活动，可以当作一个大活动，以"新年"来做中心，那么布置、整理、熟悉，更加有意义了。（3）新年里，可以做"闹年""敲年锣鼓""赛灯""玩具比赛""新年游戏"等活动。

（三）参考材料

《小朋友》的"新年号"（每年有的，今年的很好），中华赛船图、旅行图、合家欢图、秘密珍藏图等（商务、中华、世界都有）。其他布置环境，最好是利用废物。如葡萄干的袋、小花纸片等，都可以做成很雅观的装饰品。

（四）附告

课程日记务须继续。格式如下：
（1）年、月、日、星期、天气；（2）本日的活动；（3）儿童的反应；（4）材料的来源；（5）特殊事项。

[①] 这份课程参考，是由张宗麟草拟，在南京特别市教育局研究会幼稚教育组第6次研讨会上，经讨论、审定并通过的。开会时间、地点未详。

二、二月二十日至三月五日课程参考①

（一）做什么

除试验工作以外，做下列的几件活动：

（1）迎春；（2）百花节（旧历二月十二日）；（3）芽；（4）地菜；（5）水仙花；（6）放纸鹞等。

（二）怎样做

（1）图画读法的试验，可以做一个设计的单元，用看画引起动机。怎样下去，随故事的内容来活用。（2）"（一）"项所列各种活动，可以用"迎春"一个活动来做线索，把各种〔活〕动打成一片最为要紧。

（三）参考资料

（1）材料——鼓锣、香烛、鞭炮、水仙花、大算〔蒜〕、葱，狗、猫、老鼠，老鼠阱、小枷（或小刀）、剪刀、旧报纸、旧杂志、岁寒三友图、春嬉图，竹、纸、线；（2）图书——《甜歌七十首》（商务）、《形象艺术教科书》（商）、《动物与人生》（商），《我的书》《有功的牛大哥》《孙猴子的剃头店》（中华），《幼稚游戏》（商）、《三蝴蝶剧本》（第一、二、三首）、《儿童画报·风筝图·种草的方法》（中华）。

（四）附告

（1）本市幼稚园皆为全天的，下半天，也要有工作的；（2）朝会可以有的，但是走朝会圈可以废除了；（3）多让儿童自由活动，不必处处都在教师命令之下讨生活；（4）课程日记务须逐日记录，格式详前次印刷品中。

---

① 这份课程参考，是由张宗麟草拟，在南京特别市教育局研究会幼稚教育组第7次研讨会上，经讨论、审定并通过的。开会时间、地点未详。

（五）附本学期最低限度的读书目录

（1）杂志——每园至少须定〔订〕阅关于教育的杂志一种，例如商务的《教育杂志》、中华的《中华教育界》或英文的；（2）儿童用书——每园定〔订〕阅《小朋友》一份，其中有很好的教材，《我的书》十本（中华）；（3）教育书——《教育杂志》十九卷二号"幼稚教育专号"（商）、唐毅译《幼稚园课程》（中华）、郑宗海译《设计组织小学课程编》；（4）普通书——涉猎《少年百科全书·自然界·奇象·常识》《动物与人生》（商务）。

三、三月十九日至四月一日课程参考[①]

（一）做什么

（1）春分；（2）燕子（到了吗）；（3）换衣服；（4）兰花（继续）；（5）小鸡（孵出来了吗）；（6）苜蓿（母鸡头）；（7）荠菜；（8）豆花；（9）牛痘；（10）天花；（11）苍蝇（发现了吗）；（12）蚊子（发现了吗）。

（二）怎样做

（1）春分——春天的讨论、春分祭祀、植树（浙江已改春分为植树节）、植树的故事；（2）燕子——找燕子到了没有、预备欢迎燕子、做燕子（剪贴）、找燕子图、燕子的故事；（3）小鸡——鸡蛋的研究（谈话）、孵小鸡、养小鸡（画）、小鸡的图画与手工；（4）苜蓿、荠菜——采苜蓿、荠菜，装饰作业室，烧苜蓿或荠菜来吃，研究苜蓿与荠菜，苜蓿的故事（班超通西域载苜蓿归来）；（5）苍蝇、蚊子——找苍蝇与蚊子、做苍蝇拍、苍蝇害（谈话）、蚊子害（谈话）；（6）兰花、豆花——兰花、豆花的研究——猜花游戏、豆子

---

① 这份课程参考，是由张宗麟草拟，在南京特别市教育局研究会幼稚教育组第8次研讨会上，经讨论、审定并通过的。开会时间，为1928年3月18日。开会地点列为"郊叙"。

研究（预卜吃豆子）、兰花故事；（7）牛痘、天花——牛痘与天花之比较（谈话）、请校内卫生教员种痘、牛的功用。

（三）参考资料

（1）书籍——《可怕的蝇（中）》《万知博士（中）》《鲜花（中）》《谈天（中）》《种花的方法（中）》《养鸡浅说（中）》《小儿病治疗法（中）》《小朋友》（最近的）、《奇果》（商）、《中国寓言》（商）、《自然研究》（商）、《小谜语》（世）、[①]《儿童理科丛书》（蚊、蝇、蜜蜂）；（2）材料——炊具、小剪刀、鸡蛋、小鸡、竹、铁丝网、兰花，其他如手工纸及材料等不计。

本期材料，函约各幼稚园分头寻找，本次必可得极好材料。

（四）附告

（1）杂志订了没有（《小朋友》、关于教育的杂志）？（2）参考书看了几多？有困难吗？（3）试验的情形如何？（4）本学期举行过恳亲会吗？（5）全园分班吗？（6）各位教师备有《儿童问题簿》吗？（7）派值日生担任整洁及其他园务吗？（8）儿童早到园或迟回去做些什么？（9）以后每次开会，各位教师每人用书而提出两个问题（至少）。（10）下次讨论题，为课程编制与读法二种，请各位老师多多预备材料。（11）下次又须讨论蚕的饲养法。倘天气已热，在本期课程活动内，可加"孵蚕子"一种活动。

四、四月二日至四月十五日课程参考[②]

前次的教料〔材〕做了几多？还可以继续做吗？

---

① 此"世"，指世界书局出版。

② 这份课程参考，是由张宗麟草拟，在南京特别市教育局研究会幼稚教育组第9次研讨会上，经讨论、审定并通过的。开会时间，为1928年3月30日午后三时；开会地点，在后湖昆明小学。

（一）做什么

（1）儿童种过牛痘吗？（2）几番春雨，园里的笋长得几许？草加〔叶〕嫩吗？（3）桃花开了吗？杏花还有码〔吗〕？菜花正当时了？豆花快落了？（4）燕子到了，小朋友的家里有多少？幼稚园里有多少？黄莺、百舌……的声音听到了吗？（5）野花开得正好看，蒲公英、卷耳、毛茛、野紫罗兰。（6）清明节种树未免太迟，不如踏青、扫墓去。（7）蚕可以孵子了。本年，希望每个幼稚园至少有一百个茧子，预备来开展览会（大约在五月里，全市开一个小学生蚕茧展览会）。（8）桑树发叶了。

（二）怎样做

本次教材，可以分几个单元做。

（1）踏青去——看菜花、豆花、桃花……开了没有。回来以后，就做手工、游戏、读法、唱歌……活动。（2）扫墓——这是追念先人的好动机。一方面，练习社会上的礼节；一方面，可以使儿童知道，为什么要迅〔追〕念先人。这个，可以用谈话来行起的。（3）蚕桑——买蚕子来孵，着桑树发芽没有。定买桑树〔叶〕的手续，预备养蚕的器具，预祝蚕宝宝的出头。

（三）材料

本次材料，已函约各位老师寻找、试验。

以下所述，不过指示来源：《有毒的植物》（商务"平民丛书"）、《养蚕》（商务"平民丛书"）、《桑树》（商务"平民丛书"）、《中国故事》（商）、《人类的衣》（商）、《儿童新歌曲》（商）、《甜歌》（商）、《幼稚园小学唱歌集》（商）、《自然界》（商务《少年百科丛书》）、《自然研究》（商务《少年百科丛书》）、《种菜的方法》（中）、《儿歌》（中）、《胡氏儿歌》（中）《小朋友·鲜花》（中）、《唱歌表演集》（大东）。[1]

---

[1] 此"大东"，指大东书局出版。该书局是20世纪上半叶总部设于中国上海的一个重要民营出版发行机构。

此外，应用品很多，以利用废物为要。

（四）附告

（1）参考书看了多少？有困难吗？以后每次将提出问题讨论。（2）你的园里有几个孩子有沙眼的？癞头呢？（3）有问题吗？平时感觉到的，请记录在簿子上，抄一份给我，当设法代为解决。倘临时想到的，多多地提出来。（4）本次的问题有几多？（5）注意养蚕的一事，切勿儿戏、等闲过去。

五、四月十六至廿九日课程参考①

（一）候〔做〕什么

（1）园里各种草都发了，斗草是一件极好的材料；（2）豆好吃了吗？麦有穗了吗？（3）瓜要种了，黄豆也要下种了；（4）蚕非赶快饭〔饲〕养不可了，每幼稚园至少养一百条；（5）蜜蜂、蝴蝶等昆虫飞舞于花间；（6）小蝌蚪捉到了几多？（7）开过恳亲会吗？（8）展览会的成绩品怎样？

（二）怎样做

（1）养蚕——用故事体的谈话，使儿童爱护蚕宝宝。（2）采桑——这件工件，有几所幼稚园不容易做到，但是可设法去买的。编一种蚕的歌谣，可以在换叶出沙的时候唱的。（3）旅行去——可以捉小蝌蚪，寻野草来斗草。（4）找新豆子来吃。（5）预备一块小地种黄瓜——此事不能每个儿童都做到，但是要使他们都知道已经种瓜了。所以可以再做一个游戏——种瓜游戏。（6）筹备开恳亲会——用野草、鲜花来布置教室，不要只用红红绿绿的色纸，也不多花钱去买盆花。（7）恳亲会的成绩陈列品，可尽量预备，将来就可移到

---

① 这份课程参考，是由张宗麟草拟，在南京特别市教育局研究会幼稚教育组第10次研讨会上，经讨论、审定并通过的。开会时间，为1928年4月14日午后三时；开会地点，在南京中区实验学校。

全市学生成绩展览会里去的。

六、十七年四月三十至五月十三课程参考①

（一）做什么

（1）养蚕到什么时期了？（2）国耻纪念——"五九"纪念可以做，其他如五一、五四等纪念；（3）幼稚园是否能做不敢说？但是也不妨试做试做；（4）吃桃子、豆子、桑椹、萝卜；（5）薇花、杨花、灭蝇。

（二）怎样做

（1）养蚕的支配法怎样？儿童负责的吗？倘若蚕不够支配，可以把儿童分组的。大约以三人为一组，每天要饲。到成茧时，可以开一个展览会。（2）国耻纪念——应当做一个极重要的设计，可以和小学联络起来。这次可以做日本人的横暴举动，可以做一个表演，可以开一个极痛心的纪念会。千万不要有快乐的跳舞与唱歌，更不可把礼堂布置得像结婚的喜堂。（3）有一次旅行——倘若能与低年级合起来举行，可到后湖去玩一次，在本期自然科的材料，都可以相机而做了，而且可以带许多材料回来做。（4）杨花如雪——可以做装饰品。（5）杨花、萝卜、蔷薇——都是极可爱的东西，大可利用做玩具和儿童的奖品。（6）日本、满洲、山东、福建的地域观念，可以用东西或故事引起来的。如日本人的木屐鞋、日本人的席地而坐的故事等。又，山东的珠料多么可爱，福建的漆器、茶盘和假山等，都很可爱。在举例时，要留心下列诸点：（a）中国的东西可爱，不要先下了一个"凡是中国都不好"的观念。（b）外国东西与人不是都可恶的，不过他们在中国的举动，很使中国人切齿的。（7）灭蝇——做苍蝇拍，实行拍蝇。

---

① 这份课程参考，是由张宗麟草拟，在南京特别市教育局研究会幼稚教育组第 11 次研讨会上，经讨论、审定并通过的。开会时间，为 1928 年 4 月 28 日午后 3 时；开会地点，在南京夫子庙小学。

（三）参考资料

《小朋友》（国耻号）、《姣艳的蔷薇》（中）、《美丽的蝴蝶》（中）、《跳蚤与苍蝇》（中）、中群教育卫生会"挂"、江苏昆虫局《灭蝇》、《治蝇要览》（商）、《儿童世界游记》（商）、《食物卫生》（商）、《平民小丛书·有毒的植物》（商）。

此外，函约各园分头搜集。

七、五月廿八日到六月十日课程参考[①]

（一）做什么

（1）蚕茧；（2）梅子、杏子、桃子；（3）玫瑰花、蔷薇花、石榴花；（4）麦饭、麦秆；（5）黄莺、蚱蜢、蜻蜓；（6）藕、荷叶；（7）蚯蚓；（8）小鸭、牛；（9）"五卅"国耻。

（二）怎样做

（1）茧——开茧子展览会；搜集出蛾的茧壳做玩具；搜集浮丝做壳；蛾与蝶的分别，做〔作〕歌。（2）梅子、杏子、桃子——训练儿童的味觉，可以做一个游戏；各种核都可染色，又可做玩具；孙猴子偷桃子，可以做表演……（3）玫瑰花、蔷薇花、石榴花——采花去，考察花；利用落花做手工、画图画；搜召〔求〕无敌牌牙粉袋子等，捩转来做材料；三种的歌谣，可以在画图等时间内唱的。（4）麦子——收麦子、买麦子、洗麦子；煮麦饭吃；麦秆编织玩具，不要太难，使儿童扫兴。（5）荷糕——荷荷〔花〕之分别；荷花、荷身做小囡囡；初夏的植物，考察与搜集。（6）黄莺——初夏鸟类的

[①] 这份课程参考，是由张宗麟草拟，在南京特别市教育局研究会幼稚教育组第12次研讨会上，经讨论、审定并通过的。开会时间，为1928年5月26日下午2时，开会地点未详。

观察；听莺声；其他如画、手工、读法等，都可以做的。（7）蚯蚓、蚱蜢、蜻蜓——取〔初〕夏在田园中常见的虫；搜集取〔初〕夏常见的虫类；他们的功用和利用。（8）养小鸭吗——与养小鸡的做法同。（9）牛——耕田，因此做秧田、农忙程〔诸〕事。（10）"五卅"国耻——与"五九"的方法同。

（三）参考书

《形象艺术教科书》（商）、《儿童理科丛书·牛》（商）、《卫生故事》（商）、《玫瑰仙子》（我的书）（中）、《故手〔事〕画阔嘴先生》（中）、《鸭蛋壳》（中）、《自然研究》《"五卅"专号》（《东方杂志》）。

五月份整个月的：《京报》（济南惨案）、《小乐园》（文较）、《模范中人》（商）。

幼稚教师谈话

（1928年2月）

【题解】 本篇原载《幼稚教育》第1卷第2期，发表时间为1928年2月。

1928年2月，《幼稚教育》在刊出第1期将近一年后，接续以南京市幼稚教育研究会名义刊出第2期，张宗麟依旧为该刊执行编辑之一，并专门负责新辟"幼稚教师谈话"的组稿和编辑，因而专门撰写了此文。文前，还专门刊发了如后编者按："本栏专载幼稚教师谈话、通信以及研究，讨论各种问题，我们商请专门人才担任此事。国内同志倘肯惠赐问题或研究事项，本栏同人非但竭诚欢迎，并且尽力来研究、讨论、参加，以尽答复之责。——编者识。"

有关《幼稚教育》（《儿童教育》），参见前文《鼓楼幼稚园课程试验报告之一》题解。

一、幼稚教师的责任真重大

因为幼稚教育不为世人所重视，所以从事幼稚教育的人们也被轻视了；还有一般人们，戴着轻视女子的顽固眼镜，也言之斤斤〔凿凿〕的来藐视幼稚教师。诸位，难道这样高贵的职业，真的如此不足轻重吗？我随便说几条理由出来，勉励勉励同志们。

（1）"教儿婴孩"。幼稚教育是一切教育的基础，这步教育可以铸定儿童终身的休咎①。

（2）今日的小孩子，就是异日卫民保国的国民，幼稚教育就是为国储才。

（3）幼稚教育如花草的嫩芽，摧残是很容易的，保护、培植倒是不容易的。做这样困难工作的人，责任不重大吗？

（4）我国今日的幼稚教育，还在外人的掌握中。② 要想创造出中国的幼稚教育来，非实地做教师的人来努力不可。

我不敢说，幼稚教师的责任比别人来得重大；但是有了上面的四条理由，或者可以说得"责任也不轻"罢！

二、幼稚教师应有的目标

怎样做教师？应该抱什么主旨？……做教师的大都明了，不过知与行常常会不符合。

据我的见闻，幼稚教师至少应该抱定二种目标。

（1）决心。幼稚教师是职业的一种，决不是过渡船、避难所。既然从事于这个职业，就是要决心终身从事于此，无论什么都不改变态度。诸位不要误会，人是多方面的，职业以外的事，倘若没有妨碍，仍旧可以做的。不过不要做了别种事业，把职业当做敝屣。

（2）研究心。职业的功用，维持生活是极小的一部分。人们倘若只为物质报酬而做事，那么教师的职业便不是正当职业。无论做什么事业，都应该抱着为事业而做的目标，实事实地地去做。"不问异日的收获，只问今日的耕耘。"这是我国幼稚教育界开国元勋应有的态度！

---

① 休咎：吉与凶、善与恶。
② 此"外人的掌握"，系指当时的幼稚师范和幼稚园，大多由外国传教士来中国所办理的。

幼稚园的设备

（1928 年 5 月）

【题解】 本篇原载《幼稚教育论文集》一书第 105～168 页，撰成时间为 1928 年 5 月，发表时间为 1932 年 9 月。原发表时署名"陈鹤琴、张宗麟"。

该文于 1928 年 5 月，曾作为《幼稚园教育丛刊》第四种出版。

有关《幼稚教育论文集》，参见前文《幼稚园的故事》题解。

本篇讨论的问题：(1) 幼稚园为什么要有相当的设备？(2) 怎样置办幼稚园的设备？(3) 怎样运用设备？(4) 一个比较完备的幼稚园设备表。(5) 一个幼稚园最低限度设备表。(6) 几十张幼稚园重要设备图。

一、幼稚园为什么要有相当的设备

我们跑进任何一个幼稚园，第一件使我们感到奇异的，就是一切的设备。矮矮的小椅子、小桌子，一堆堆的积木，在小学里是找不到的。因此无论哪个都以为幼稚园的设备优于小学。这样情形，非但中国如是，外国也是这样的。这是什么缘故呢？难道社会上对于未及学龄的幼稚教育，比全国命脉所系的小学教育还要注重吗？还是别有缘故呢？

中国所有的幼稚园，可分为三类：(1) 政府办的，往往附设在小学里，有试验性质的；(2) 私人捐款办的，大都是独立的幼稚园，或含有慈善性质，或专为自家儿女设的；(3) 教会办的，他们的目的，除传教而外，大都为训练师范生而设的。

这三类幼稚园的经费来源，当然远胜于寻常小学，这是幼稚园有丰富设备的大原因。其次就是一般人的迷信了。幼稚园在中国教育界里，算是新兴的事业，普通出资的人不知道它是怎么一回事，许多提倡的人，往往带着几分鼓吹的口吻，说西洋幼稚园的设备怎样丰富，怎样完备，于是新设的幼稚园里也就多买了许多东西。其三是社会上的诱惑。我国社会上虽然找不到多少玩具，但是比起十岁以上的儿童玩具来，四五岁的儿童幸福得多了。幼稚园的经济既然比较来得宽裕，又有现成东西买，所以泥人、铅刀可以摆得满架了，但是仔细的考察起来，幼稚园如此陈设又转变而为社会的诱惑物了。他们所备的东西，能够为儿童实际应用的，为数无多。琳琅满架、光耀夺目的，不是为儿童着想，反为博得一般参观人几声赞誉，那未免太可惜了。

办幼稚园要有丰富的设备，这是幼稚教育自杀政策。所以有许多真的提倡幼稚教育的人，矫枉过正地说："我们有了这样灿烂完备的自然界，包罗万象的社会状况，已经够用了，不必另添设备。"这也未免太甚了。在可能范围以内，置备为儿童用的东西，那是不可省的。为什么需要设备，也有他的相当理由的，下列数条就是最重要的理由。

（一）刺激儿童

我们可以反对本能学说，可以反对教育为发展天性的学说；同时我们深信一个健康的儿童，看到好玩的东西是要去抚弄的，更可以深信儿童与环境有密切关系的。生长在某种环境里，对于某种环境特别熟悉，并且有特种适应的技能。幼稚园希望幼稚生能够普遍地适应环境，能够对于任何刺激，有极普通的反应技能。到了田里，能够拔菜、种豆。有了朋友，能够共同玩耍。离开父母，可以独自寻快乐的事情做……这些都是儿童能够做得到的，只要平时有相当的教育，有相当的刺激，使他有适宜的反应，所以布置种种环境，这是幼稚园要有相当设备的第一个理由。

（二）强健身体

幼稚儿童除了睡觉，只有游戏是他最重要的工作。不很喜欢游戏，不很活动的儿童，身体必不健康。幼稚教育最重要的目的，是培养有强健身体的儿童。所以幼稚园最重要的课程就是怎样能使儿童多做游戏，多活动他的身体，并且使娇嫩的心灵多得到快乐。但是怎样能够办到这些呢？有了相当设备，放在他的面前，只要稍加以指示，他们就会游戏。这是要有相当设备的又一点。

（三）便于教学

自然界和社会状况，固然是很可爱，并且也很丰富的。但是他们或者有地域的限制，或因时机的限制，往往只能碰机会，难以支配裕如的。幼稚教师一方要利用自然界和社会状况，一方尤须能够设法把它们化为幼稚园可用的，那么教学上方才可以便利。至于怎样指导儿童游戏，怎样可以和几十个儿童活泼泼地过生活，都非有相当的设备不可。

总之，幼稚园的设备是要的，倘若能够置办得丰富，那就格外好。至于置办什么东西，怎样利用丰富的设备，那是另一问题，与设备的本身无涉。以下数节讨论这许多问题。

二、怎样置办幼稚园的设备

本节讨论幼稚园应该怎样设备、用什么方法去置办、教师自己可否制造等诸问题。

（一）置办幼稚园设备的标准

自然界是幼稚园最好的教室，也就是幼稚园一个大设备；玩具店耍货铺里的东西不是件件无用的，也很有许多可以采取的。在这样丰富的事物里面，做教师的漫无限制，或随便想到什么就给儿童买，那是不应该的。勤力的教师必定要感到劳而无功的痛苦，正如成人们读书，到头来会发生"生也有涯而知也无涯"之感的。所以必须有相当的标准，然后依照着这个标准去采办，那么才不至于浪费。近代最值得注意的设备标准，约略如下。

（1）儿童化。儿童与成人在身体上是不同的，在心理上也是不同的；成人以为可爱的,儿童竟以为这是不值一看的。嵌镶宝石的龙座,在儿童看起来,远不及可以自己搬动的小凳子、小椅子。所以幼稚园的设备,不在乎钱的贵贱,倒在乎合乎儿童的需要与否。

(2) 坚固耐用。希望儿童对于玩具珍藏宝玩,在事实上是做不到的,并且也不应该的。但是儿童无意打破了一件玩具,虽然成人极力安慰他,他还是极伤心的。还有从经济上说来,买了一件玩具,用了不久,就不能玩了,那也未免太浪费。所以为着实用起见,为着儿童起见,为着节省经费起见,都应该置备坚固耐用的东西。

(3) 合乎卫生。有许多东西,很坚固,儿童也很爱它,但是不合乎卫生。例如,皮毛制的玩具,不能洗涤的玩偶,容易腐败的标本,高矮不合乎儿童身体的桌椅……,都不应该置办。所谓合乎卫生条件,除普通卫生条件以外,尤须合乎儿童的。例如便桶,除清洁外,尤须合乎儿童能自己去清洁的条件。

(4) 艺术意味。儿童艺术与成人艺术略略有些不同。幼稚生玩具上所着的色彩,所画的图画,都要以能够引起儿童欣赏为原则。

(5) 本地风光。本地出品,儿童接触得多,熟悉了,当然很爱的。并且除了在幼稚园玩耍以外,在社会上,家庭里可以常常遇得到,可以免去幼稚园与家庭隔膜的弊病。还有本地产品,在价值上,必可较廉,所以本地的土货比洋货好。有时候以为非购买别处产品不可的,当地教师们应当极力从速设法仿制。

(6) 安全。有许多危险性的玩具,例如有尖棱的洋铁刀剑、要落色的、容易吞下肚子里去的、容易爆发的和种种引火燃烧品……,在幼稚园里都不应该置办。

(7) 多变化。固定的东西,只可以看看,至多只可以手摸摸,或者只可以做出一二种玩法的,都不是最好的儿童用品。例如固定在地板上的桌椅,相连的桌椅,瓷制的假山,木偶,洋铁的轮船,汽车,蜡制的玩偶……,虽然花了很多的钱,但是远不如极简单的桌椅,几块木匠舍弃的竹头、木头或一个皮球来得有意义。

（二）用什么方法置办设备

有了设备的标准，置备东西起来不至于有大误了。但是方法倘若不好，也往往会弄得不对的。大约有下列几种条件必须遵守的。

（1）计算经费。规定全园预算的时候，就应该顾到这层。初办的幼稚园，第一次的购置费，倘若不是因为特别情形，不必定得太多。在必须置备的东西以外，能够以后陆续添配，乃是最好的方法。因为儿童很喜欢看到新东西进门的。

（2）规划必需品。有了相当的经费预算，就可以在此范围以内来计划应该买些什么。这步工作比较要困难些，因为一时难以知道这所幼稚园里的儿童需要些什么。所以这个计划可以分做几步：第一步计划购置普通幼稚园的必需品，如小椅子、小桌子、小黑板、积木……；第二步可以在两个月或半年以后来置办；第三步，以后可以随时考察儿童的需要和他处试验所得的结果来置办。到了经费还有余裕的时候，可以自己来做试验。

（3）考察物名式样。这步工作在中国非常难做。我曾经碰到许多幼稚教师要想置些东西，因为得不到参考，有的就不敢做，有的随便做了些。其实我们很可以在日常用具里去找式样，在许多书局发行的目录里可以得到些物名，各种关于幼稚教育的刊物上登载得很多。不过缺乏有系统的指示罢了，东鳞西爪倒也很可以找到些材料。得了物名，当然要看式样，看到式样，还必须运用过方才可去购置；倘若先拿来试验一下，那么更加好了。

（4）探听购买处。有许多东西，知道它是必需品，也知道最好是某种，但是不晓得购买处。例如穿的珠子，中国山东料珠比外国的木头珠子好，价钱又极便宜，有许多幼稚教师不知道买处。其实在旧式的中国杂货店里买得到，向规模宏大的洋货商店里去反而买不到。幼稚园所用的材料，要购买的很多，所以这层很重要。

（5）请当地匠人试做。有许多东西，不必到别处去买的，只要知道式样的大小，可以用当地的材料，请当地的匠人来做的。例如积木非但可以照样来做，并且可以改变式样做的。关于本节的理由，在本节"（一）"之"（5）"项内说过了。

除上述五项以外，还有几点教师应该注意的：

（1）与其多买现成的东西，不如多买原料品和工具。教师自己做的东西，对之格外有感情，倘若儿童也能够参加，那就格外好了。例如壁上，房子里的装饰品，不必去买许多东西来的，只要教师和学生同做许多手工，画许多图画，也就非常有意味了。

（2）利用废物。竹头木屑，破袜旧布，放到幼稚园里都可变成极好的材料。例如破袜子、旧手巾可以做玩偶。废弃的杂志报纸可以做剪贴的材料。碎纸、麦秆可以做室内装饰品。木匠用剩的碎木片可以做积木用。利用废物，可以增加许多设备，并且都可以成为很好的材料。

三、怎样运用设备

有许多教师只有很少的设备，可以使全园的儿童都享到设备的好处；又有许多教师，花了许多钱，办了很多的设备，但是束之高阁，每天还是叫没有材料教。我曾经看到某处幼稚园有许多的东西，放在玻璃柜里，非但东西上已经积尘，并且玻璃柜上也积了很厚的尘。这些东西，虽然大半是泥人陶器，但是她们许久不用那是可以断定的。又有一所幼稚园，也有很多的东西，教师也极愿意利用，不过东做做，西做做，到头来，有许多东西，儿童还是享受不到好处，徒然养成儿童奢侈的习惯，随意乱放物件的习惯。像这几位教师的做法，都是教育上的损失。我们一方面固然希望要有相当的设备，尤其希望能运用这许多设备。

有了很多的东西，完全陈列出来，儿童对之如入洋广货店，是得不到多大利益的。所以应该把许多东西，分期地陈列出来，或者分地域地陈列出来，那么儿童可以得到利益了。

（一）分类陈列法

此法在房子很多，儿童数很多，教师也有三五人的幼稚园里可以行得。把所有的东西——一切玩具，材料，书籍——分为七类，每类陈列在一处，或每室一类或二类。每处皆有教师的，儿童随时可以去做活动。不过当某种工作没有告段落以前，不能离开到别地方去的。所以儿童到幼稚园里来，没有一分钟不做活动的。大概可分下列几类。

（1）手工处。又可分为七桌：做泥工的场所；做纸工的场所；做轻便木工的场所；关于玩偶的场所；纺织缝纫的场所；订书的场所；印字的场所。

（2）图书处。又可分为三桌：水彩画桌子；蜡笔画、粉笔画、铅笔画桌子；看图的桌子。

（3）积木处。大号和中号积木场所；小号积木，彩色积木场所；排纸板，排金属圈场所；细竿积木场所。

（4）识字识数处。这处暂不分桌，把各种设备，陈列在很矮的书架上，用的时候，就是教师和儿童玩。

（5）自然常识处。这处的规模可大可小，大概以小规模的容易做得到。其中多做儿童搜集标本的用具，分别陈列；倘若儿童搜集了标本回家，先陈设在公共作业室里，过了几多时拿回来了，还是要标记姓名分别保存起来的。在东西不多的时候不必再分类；东西多了，可以分类；贝壳矿物架；动物植物架；搜集标本器械处；各种自然常识图书架。

（6）音乐、故事、集会处。这三种活动，非但有密切的关系，并且所有设备放在一处，只有便利没有妨害的。不过教师对于节制儿童活动方面，要用些技术，不然，跑来十数个儿童，几个要唱歌，几个要听故事，还有几个要表演，那是不成功的。

（7）游戏处。游戏的设备最多，玩的地方也各各不同，车子、木马、皮球、秋千等类，非在室外玩不可。珠子、玩偶等可以在室内玩的。不过我们终希望儿童到室外去玩的。所以每天在幼稚园开门的时候，把各种游戏用具，都放到室外去；到了儿童将回家去的时候，凡是可以拿进屋子里去的东西，一件件由教师帮着儿童拿进屋里去。

（二）设计陈列法

前法非有大规模的幼稚园，不容易办到。此法在小范围的幼稚园亦可做到。当某种设计已经决定要做的时候，教师和儿童来视察园中需要某种东西，某部分还应该增加什么，某某几种东西暂时可以不用等等，然后大家来动手置办，装置。

此法也可以采取前法之精神——分组，不过不必如前法分得这样细。前法倘能采取此法之精神，那末各部分可以不至于只有陈列的功用，而能有了儿童希望做的功用了。

此外关于设备上还有两点应该特别注意的：

（1）教师的指导。"只要布置环境，不必加以指导，儿童自然会去做的。"这是教育上不完全的话。我们曾经做过一个儿童壁上图画的试验，在最初没有指导的时候，挂了两星期，测验结果，几乎百分之九十九是不知道挂的是什么。后来用了故事、表演等方法指导以后，再测验了一次，结果就和从前大不相同了（参看《儿童的观察能力及其教育的功效》一文）。所以教师对于设备的最大责任，还是要抱着"这许多设备要和儿童发生关系的目的"做法。

（2）儿童自己管理设备。这是一个养成好习惯的方法。有了东西，用过以后，必须照原样放好。用公共东西，要极力地爱护，可以省的地方，当极力设法节省。幼稚生有许多恶习都是幼稚园里养成的。因为幼稚园里有工役、值日生、教师，许多东西可以代为收拾。这件事实在是最不应该有的习惯，教师们应当注意此点。

四、一个比较完备的幼稚园设备表

（一）普通设备

1. **普通用具**[①]

（1）校牌一块；（2）国旗大小各一方；（3）校旗，长方形的一方，三角形的（可以拿在手里的）一方；（4）旗竿一根，竖在游戏场里；（5）小桌子十六张（原图13）；（6）小椅子四十张（原图14）；（7）小凳子二十条；（8）小书架五个；（9）洗面架一个；（10）小面盆三个；（11）便桶椅，男孩用二个，女孩用二个；（12）清洁用具，如扫帚、畚箕、抹布、喷壶，大约每四人

---

① 此标题系编者加拟。

合用一套，拖地帚二把。

原图 13　小桌子

说明：（1）名称：幼稚园桌子。（2）功用：用质地坚固的木料制成，在桌面上不见钉痕，其色为淡黄。（3）大小：桌面厚一寸，横板宽三寸，厚 7/8 寸，桌脚方 1 1/2 寸，余详图中。（4）价目：每张二元四角。（5）出品处：南京鼓楼幼稚园。

原图 14　小椅子

说明：（1）名称：幼稚园椅子。（2）功用：作业、会食及休息等用。（3）制造：用质地坚固之木料制成，在椅面上不见钉痕，其色为淡黄；椅背向后稍斜，背心向内稍凹，以便倚靠；椅面向后稍斜，并有凹凸，使坐时身体舒服；椅面脚干均去棱角，不致触痛。（4）大小：椅面坐型处，宽 1 尺，靠椅背处，11 寸，椅面厚 6 分，脚长 10 寸，脚方 1 寸 2 分，背高 1 尺 11 寸。（5）价目：一元三角。（6）出品处：南京鼓楼幼稚园。

2. 饮食用具

（1）茶壶二把；（2）茶杯四十个；（3）小盆子四十个；（4）大盆子十个（各种式样）；（5）小碗四十个；（6）水缸二只；（7）水壶一把；（8）大小锅子各一个；（9）灶一；（10）煤油炉子一；（11）锅铲、锅盖全套；（12）其他厨房用具。

3. 教师用具

（1）床、桌、椅；（2）参考书架二个；（3）办事柜一个；（4）其他办事用具；（5）小黑板三块。

（二）儿童玩具和材料

1. 营造的材料

（1）大号积木，详图中（原图 15）；（2）中号积木，详图中（原图 16）；（3）小号积木；（4）五彩小方木，二盒计百块；（5）排色板二盒；（6）六面图一套，有交通、动物等等；（7）插木板二块；（8）Tingle toys（译名木杆玩具二副）。

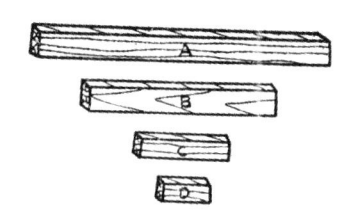

原图 15　大号积木　　　　　　　　原图 16　中号积木

说明：（1）名称：第一种积木。（2）功用：可以在地上搭成各种形状。（3）制造：用轻重适中木料制成。不必着任何颜色，全数在一百五十块以上（大小各种）。（4）最大的长三尺，宽三寸，厚一寸又 1/8，次之长二尺，长一尺，又次长半尺，宽厚一律。（5）价目：全副一百五十块，约二十元。（6）出品处：南京鼓楼幼稚园。

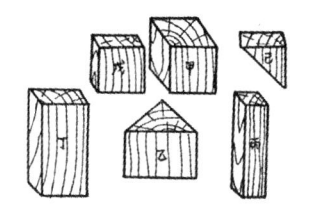

说明：（1）名称：第二种积木。（2）功用：可以与第一种同玩，又可以在桌上玩。（3）制造：同第一种，其数当在二百以上。（4）大小有数种形式：甲二寸立方；乙为甲之对角平分体；丙长四寸，高厚均一寸；丁长四寸，高一寸，厚二寸；戊长阔各二寸，厚一时。（5）价目：（略）。（6）出品处：南京鼓楼幼稚园。

2. 手工材料

（1）关于木工的：工作凳二；小槌十；小锯五；老虎钳一；钳砧一；墨尺一；小钉；胶木；砂纸；木片及木条等。（2）关于纸工的：剪刀（原图17），大约二人合用一把；色纸；条纹纸；厚纸；图画纸；纸的玩偶；纸的轮廓；针；线；打洞器；裁纸器；浆糊；浆糊刷子；旧杂志；牛皮纸的簿子。（3）关于缝纫工的：软布；粗线；大眼针；剪刀；刺片（原图18）；玩偶的印图，有种种形状，猫、狗、鸡、玩偶等都有，印有正反两个图，缝成一个袋，装了棉花，就可以成为玩具。（4）塑像用具：沙盘（原图19），室外一个，室内一个；沙盘用具，如小铲、小耙（原图20），及一切小碗，废罐都可以放进去；粘土，粘土盆；颜色油漆等，粘土板或漆布；模型器；贝壳；套衣或围襟。（5）关于穿织的：珠子，山东料珠极合用；木珠，织带机；粗线，打绳用具。

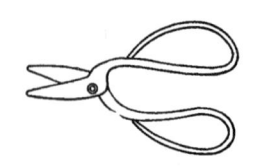

原图 17　剪刀

说明：（1）名称：剪刀，针。（2）功用：缝纫剪贴工等用具。（3）制造：钢铁制，剪刀头须圆而阔，以免儿童之危险。针之穿线眼大，其尖头稍钝。（4）大小：剪刀全部长五时，针之长短不一，图中为一时又 3/8，颇合于用。余详图中。（5）价目：剪刀每把二角四分，针每枚约一分。（6）出品处：剪刀：杭州张小泉定制。针：南京天一公司出售。

原图 18　刺片

说明：（1）名称：刺片。（2）功用：缝纫工的初步。（3）用法：用大孔针，加着彩色绒，照着小孔缝刺过去，就能刺出一个形状来的。（4）大小：全片约长五寸，宽四寸，图形居中。（5）制造：用硬纸片画成图形，然后依最紧要的地方，用打洞机打小孔就成。（6）价目：刺片价值极便宜，打洞机每具约三元。

原图 19　沙盘

说明：（1）名称：室内沙箱。（2）功用：挖掘也可以做常识教具。（3）用法：箱内多放小铲、小耙、小碗等，以便多变化。（4）大小：应该与所放的房子成比例。（5）制造：全部木箱木架。箱与架以能分拆为佳，不能分拆者亦可。箱之内部须包铅皮，接缝处最须注意，勿使漏沙漏水。（6）价目：每具约六元。（7）制造处：普通木匠可以仿做，南京鼓楼幼稚园可以代做。

原图 20　小铲、小耙等

说明：（1）名称：大铲子、小铲子、手锄。（2）功用：可以弄沙挖地。（3）大小：如图。（4）制造：柄与铁的接榫处，须特别注意，最好用铁箍。铲子边缘须圆，不要有锋棱。手铲亦如是。（5）价目：小铲每把二角，大铲四角，手铲二角。（6）出品处：南京鼓楼幼稚园。

3. 图画材料

（1）蜡笔，以手指同样大小的为佳；（2）颜色；（3）铅笔；（4）图画纸、新闻纸；（5）颜色粉笔；（6）毛笔；（7）涂鸦轮廓图两种，挖孔的和实体的；（8）图画板、写生架；（9）提篮、小凳；（10）水碗、墨、砚。

4. 游戏材料

（1）皮球，有色的一，陈嘉庚出品大中小皮球各三个；（2）摇马二具（原图21、原图22）；（3）滑梯一（原图23）；（4）双木滑梯一；（5）秋千二；（6）椅子秋千一（原图24）；（7）浪船一；（8）荡绳二；（9）跷跷板一；（10）梯子二，可以搬动和不可以搬动的各一；（11）双兔六（原图25）；（12）小汽车六（原图26、原图27）；（13）三轮车一（原图28）；（14）雪车二（原图29）；（15）手推车，大号中号各二；（16）小推车六（原图30）；（17）黄包车一（原图31）；（18）单柄拉车一（原图32）；（19）小鸭（原图33）、小鹅五；（20）细圈一；（21）投珠器一；（22）弓箭（原图34），约四人合用一具；（23）木刀，约四人合用一具；（24）竹剑（原图35），约四人合用一具；（25）木枪，约四人合用一具；（26）小手枪，约四人合用一具；（27）独木桥，用十寸、八寸、四寸三种各一具；（28）绳梯一；（29）木棍，长短不一，约四人合用一根；（30）水枪（原图36），肥皂泡用具；（31）豆袋；（32）跳绳的软绳子；（33）地鸽子。

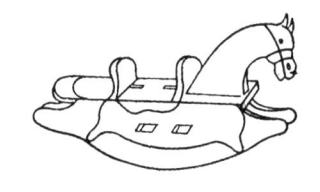

原图21 摇马

说明：（1）名称：摇马。（2）功用：儿童好动，此马之功用，即在可以模仿真马之动作，凡二岁以上之儿童皆可玩。（3）用法：两手扶着扶手，两脚踏蹬上，背靠后面靠背，前后摇动。因重心域甚大，所以不论前后左右摇动，不致倾跌。（4）制造：全部木制，各种颜色相配，如马身白色，鞍与缰为棕色，蹄为黑色。（5）大小：扶手高八寸，宽六寸半，厚3/4时，握手处较厚，座板厚一时，靠背加高一时；马腹半圆板，厚3/4寸，余详图中。（6）价目：五元半。（7）出品处：南京鼓楼幼稚园。

原图22 小鸭椅

说明：（1）名称：小鸭椅。（2）功用：室内摇动坐椅，用具之一，主要功用与摇椅相同。（3）用法：儿童坐在其中，前后动摇。（4）制造：全部木制，底面木条要长（此为重心域），不然儿童容易倾跌。（5）大小：坐板前宽一尺，后宽十寸，坐板至地平线九寸，靠手板厚5/8寸。余详图中。（6）价目：约二元。（7）出品处：南京鼓楼幼稚园。

原图 23 滑梯

说明：(1) 名称：滑梯。(2) 功用：儿童可以爬，可以滑溜下来。(3) 制造：板要整块的，两边也要整条的木条，这两部分要上等木料，梯子，每格不能太大，隔条都要向里倾斜些，平台上扶手，用铁条，要钉得极牢靠。(4) 大小：平台高 9 寸，下档宽 4 寸，上档宽 6 寸，板长中宽 1 寸。(5) 价目：每具十三元。(6) 出品处：南京鼓楼幼稚园。

原图 24 双木滑梯、秋千、椅子秋千等

说明：(1) 名称：游戏架：独木桥、斜梯子、绳梯、双木滑梯、椅子秋千、秋千、平台。(2) 功用：多数儿童可以同时游戏。(3) 大小：如图（尺寸略）。(4) 制造有几点要注意的：大柱要粗，入地一段须涂柏油，并须有小横木穿在地中；横梁须粗，与柱子接榫处，须用铁条钉住；平台上扶手（栏杆）需用上等钢铁，与平台接榫处，须用螺旋钉住；双木滑梯的两条木竿中间不能有接的，向上部分须圆而光滑；一切绳子须用粗的白麻绳；椅子秋千须略略向后；绳梯横木须用极坚固的木头；椅子用篷布，其骨用钢铁。(5) 价目：每具约五十元。(6) 附注：本图系依照南京鼓楼幼稚园画的。

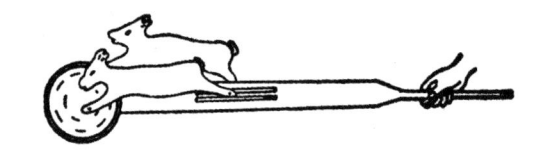

原图 25 双兔

说明：(1) 名称：双兔。(2) 功用：利用儿童好竞赛的心理，使双兔奔逐，儿童也跟随赛跑。(3) 用法：手握圆柄，两轮着地向前推行，两兔即能向前追逐。(4) 制造：全部木质，有几粒螺钉，两兔钉在轮上，须有不同之位置，两兔的距离处要相等。(5) 大小：柄长三尺一寸半，握手处宜圆，其径为 3/8 寸，兔身厚约 1/4 寸，长七寸，双轮直径约 2 又 1/8 寸，余详图中。(6) 价目：约计六角。(7) 出品处：南京鼓楼幼稚园。

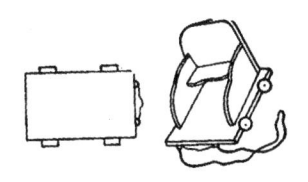

原图 26　小汽车

说明：（1）名称：小汽车。（2）功用：该车具有汽车之形，可以载物坐小宝宝。（3）用法：放物于车上，用绳拉之而行。（4）大小：大小种类甚多，图中乃适中之件。坐板长三寸半，阔二寸半，轮径一又二分之一时，余详图中。（5）制造：有绳可拉，全部木制，钉轮轴可用洋钉代之。另图详明。（6）价目：约洋四角。（7）出品处：南京鼓楼幼稚园。

原图 27　脚踏汽车

说明：（1）名称：脚踏汽车。（2）功用：可以模仿开汽车的动作。（3）用法：坐在鞍上，两手把龙头，两足踏地而行，转弯时，旋转龙头。（4）制造：前轮与龙头连，直轴为铁质，三轮均木质。（5）大小：轮径四寸半，后轮横轴九又1/4寸，龙头轮约七寸，直轴约一尺半，余详图中。（6）价目：约一元半。（7）出品处：南京鼓楼幼稚园。

原图 28　三轮车

说明：（1）名称：三轮脚踏车。（2）功用：此为手足互相合作之运动，为户外运动用具之一。（3）用法：与驾二轮脚踏车同，坐鞍上，两手把龙头，两脚互相上下踏着向前进。（4）大小：大小种类甚多，本图所示可以为三四岁儿童玩弄。前轮径约一尺，后轮八寸，轴长一尺四寸，余详图中。（5）价目：十元。（6）出品处：脚踏车厂有出售。

原图 29 雪车

说明：(1) 名称：雪车。(2) 功用：为溜滑动作用具之一。(3) 用法：一脚踏在板上，一脚着地，两手把住龙头，着地之脚向后一蹬，车即向前进。(4) 大小：大小种类有二。图中为大号。(5) 翻造：除脚板为木质，余均铁质，前轮与龙头相连。(6) 价目：约三元。(7) 出品处：上海先施或永安公司。

原图 30 小推车

说明：(1) 名称：小推车。(2) 功用：此物功用与小车同，专为年岁更小的儿童用。(3) 用法：与小车同。(4) 大小：柄长一尺一寸半，轮径三寸，轴长四寸，余详图中。(5) 制造：全部用轻质木料制，轴须铁质。(6) 价目：三角。(7) 出品处：南京鼓楼幼稚园。

原图 31 黄包车

说明：(1) 名称：黄包车。(2) 功用：模仿社会上实际活动，且可以做实际坐车、叫车、拉车诸动作。(3) 用法：与实际车夫拉车同。(4) 制造：车轮用铁制，其轴必须上等钢铁，不然易断；图中甲、乙等处，各加些相当的图案的雕刻与油漆，较为美观。(5) 大小：车底约长二尺六寸，两旁夹板约一尺二寸，轮轴之长为二英尺又 1/2 寸，轮之半径为九又 1/2 寸；脚高九寸，靠手板之长约一尺三又 1/2 寸，轮心直径约三寸，全体木板之厚约 3/4 寸，余详图中。(6) 价目：约十元（大小有数种，价目不一）。(7) 出品处：南京鼓楼幼稚园。

原图 32　单柄拉车

说明：（1）名称：单柄车。（2）功用：可以做推拉之动作并可以做坐车，叫车，拉车之游戏。（3）用法：与普通拉车同。（4）制造：此车之注意点，轮子须橡皮，轮轴须钢铁；坐板后面之柱最须注意，也要用钢铁；靠背要能前后翻动的。（5）大小：坐板长一尺二寸、宽十一寸、厚一寸，两轮径十寸，靠背板长一尺、宽四寸半、厚3/4寸，车柄长四寸，小横木约六寸半，轮轴长一尺半，余详图中。（6）价目：约四元。（7）出品处：南京鼓楼幼稚园。

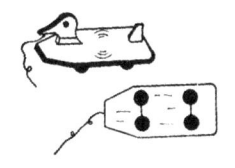

原图 33　小鸭

说明：（1）名称：小鸭。（2）功用：拉纤玩具之一。（3）用法：儿童拉着绳子前进，鸭子就摇着头跟来。（4）制造：鸭头能摇动，鸭尾也能动。底轮用圆轮嵌在底板里，轴用铁条，钉轴的也用铁条。（5）大小：如图。（6）价目：每具四角。（7）出品处：南京鼓楼幼稚园。

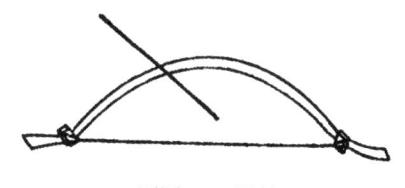

原图 34　弓箭

说明：（1）名称：弓箭。（2）功用：养成尚武精神。（3）用法：一手执弓，一手执箭，学射箭，倘能悬锣为靶尤佳。（4）大小：弓弦长二尺四寸半，弓竿长三尺八寸，箭长一尺七寸半，大小有数种，此其一。（5）制造：箭后无镞，而须有凹，竹制，弦用普通麻绳。（6）价目：二角。（7）出品处：南京鼓楼幼稚园。

原图 35　竹剑

说明：（1）名称：竹剑。（2）功用：养成尚武精神。（3）制造：与普通宝剑同而微，用竹或木制成。（4）大小：详图中。其柄与如意头，须留意全体之比例，勿过大或过小。（5）价目：约一角半。（6）出品处：此图依南京鼓楼幼稚园玩具而绘。

原图 36　水枪

说明：（1）名称：水枪。（2）功用：使儿童可以有目的地玩水。（3）用法：如抽水筒。（4）制造：小竹筒一个，小竹竿一根，碎布一块，线一根。（5）大小：无一定。图中式样颇合用。（6）价目：铜子数枚（若园中有现成之废竹即可一文不费）。（7）出品处：各处可以自制。此图依南京鼓楼幼稚园的玩具画的。

5. 表演用的

（1）玩偶二个；（2）布做的鸭、猫、熊等，五个；（3）玩偶用具——床（原图37）、被、衣服、帐子和小家具一套；（4）木制的小碗小碟，一套；（5）小屏风（原图38），一架约五扇；（6）小车子，专为玩偶坐的三；（7）小船，蜡制的走兽飞禽；（8）铁制的人物；小商店的用具；（9）小工厂的用具；假面具；（10）手杖；纸衣服。

原图 37　玩偶床

说明：（1）名称：玩偶床。（2）功用：为玩偶玩法用具。（3）用法：整床叠被使玩偶安寝。（4）大小：四柱见方一时半，余详图中。（5）制造：床身木质，藤绷，四柱有铁轮。（6）价目：三元。（7）出品处：南京鼓楼幼稚园。

原图 38　小屏风

说明：（1）名称：小屏风。（2）功用：儿童表演用的。（3）用法：全套六扇可以折成一叠，用时展开，可以隔成小房间。（4）大小：每扇高三寸阔一尺。（5）制造：每两扇交接处，须用铰链插钉。有时可以将插钉拔去减少扇数，木料以梓木为佳，窗隔处可以糊彩色布。（6）价目：每具四扇约计价六元。（7）制造处：普通木匠可以仿做，南京鼓楼幼稚园可以代做。

6. 音乐用品

（1）琴，最好用钢琴，不然也要极讲究的风琴一架；（2）留声机一架；（3）唱片，如"三蝴蝶""葡萄仙子""小麻雀""月明之夜"等，十五张。（4）跳舞片（节奏片）；（5）中国乐器，如小鼓、小锣、小钹（原图39）、小钟、小磬、十二角音叉、小笛、木鱼、摇鼓、节拍板（原图40）等全套；（6）音乐书，十部（书目附书籍项内）。

原图39 小钹

原图40 节拍板

说明：（1）名称：小钹。（2）功用：敲的乐器之一，且可为节奏之用。（3）用法：可以单独敲，可以与他种乐器合敲。（4）制造：此与市上所购者有一不同之点，即改绳子为木的圆柄。（5）大小：全体大小可以随意定之。柄以不失与全体相称者为度，本图全体之圆径七寸，木柄之高一时又1/4，其内圆径为一时半。（6）价目：约四角。（7）出品处：南京鼓楼幼稚园。

说明：（1）名称：节拍板。（2）功用：做音乐中节奏拍子用。（3）用法：两手按板，前后移动，即能拍拍子。（4）制造：全体用木板与木料。中心之圆木条三根，须成一直线，不得稍有偏差。（5）大小：如图。（6）价目：约两角。（7）出品处：南京鼓楼幼稚园。

7. 读法材料

（1）缀法盘三架（原图41）；（2）缀法牌五百块；（3）缀法板三架；（4）小圆球五百个；（5）木戳子二百个；（6）铅字三号二号的，一千个；（7）印刷机（小的）二副；（8）轮廓图五十套；（9）歌谣讲义一百套；（10）填图用纸五十套；（11）儿童用书二百本（书目附后）。

8. 识数材料

（1）陀螺盘一架（原图42、原图43）；（2）骰子（大号）六粒；（3）数目牌三副；（4）图画识数片；（5）动物故事、儿童游戏一套；（6）旋珠盘二副；（7）得赏盘一具（原图44、原图45）；（8）滚珠盘五架；（9）绳圈二套；（10）豆袋。

原图 41　缀法盘

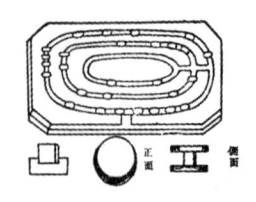

说明：（1）名称：缀法盘。（2）功用：为读法教具之一，其功用可以复习，可以教新句子。（3）用法：图中有沟三圈，有字珠四十颗，字珠可以在沟内自由通转。用时先将字珠均放在外边的两圈，留中间一圈的空地，教师任说一语，如"一只猫捉老鼠"，儿童即开始找字，依次放在中间圈内，此为分组竞赛，谁寻得快，即谁为胜者。每组至多三人，其中必须一人识字较多。（4）制造：全部木制，有门可以出入，字珠盘中有沟，其大小与字珠之沟相称。（5）大小：详图中。（6）价目：每具四元，字珠每个三分半。（7）出品处：南京鼓楼幼稚园。

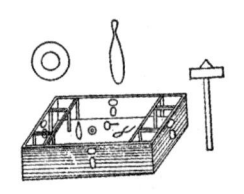

原图 42　陀螺盘

说明：（1）名称：陀螺盘。（2）功用：利用儿童好竞争，做识数的工具。（3）用法有二：一为个别比赛，先将小圆锥体竖立陀螺盘中的空格内，用绳缠住陀螺，放入甲乙孔内，将绳头用力往外一拉，陀螺即自由转动，东碰西撞；凡撞倒小圆锥体一个，作为一分；撞倒对面空格内的，作二分；撞倒自己空格内的，减去一分。二为团体比赛，二人或三人或四人同时玩，谁把陀螺撞倒得多，谁是优胜者；或陀螺先停者为负，后停者为胜。（4）制造：陀螺木料要极坚固，四周的上下两孔里外缘有分别，里线要大而向外，以便陀螺易于旋转。（5）大小：如图。（6）价目：每具四元。（7）出品处：南京鼓楼幼稚园。

原图 43　陀螺珠盘

说明：（1）名称：幼稚园陀螺珠盘。（2）功用：可以利用游戏教数学。（3）用法：将木珠放于盘的中间，然后用手旋转木陀螺，木珠遇之即滚入边缘小孔内，陀螺停止，乃计算其数，同时有五人可玩。（4）制法：全部皆为木质珠子，须用轻质木料。（5）大小：盘之直径为六寸，中间凹入，在近缘边处挖小圆凹八个，其径为半寸，木珠八颗，其径约 3/8 寸，有木陀螺一，全部长一寸又 3/4，其圆盘直径一寸又 1/8，厚约 3/8 寸。（6）价目：约五角。（7）出品处：南京鼓楼幼稚园。

原图 44　得赏盘

说明：（1）名称：得赏盘。（2）大小：盘直径一尺四寸，余详图中。（3）制造：下图系装成之形，上图乃拆之形。接榫处倘若放进洞去能转。极坚固。柱与臂亦可分拆。臂两上端须加重锤，不然不易转动，钓丝下端须有针，不能与盘相接触。

原图 45　得赏盘

说明：（1）名称：得赏盘。（2）功用：可以作识字识数等教具。（3）用法：此盘同时可以有许多人可玩，盘内每格上部写数字、下部写名辞，如牛、羊等。玩的人在钓臂上用手一拨，臂转圈，钓臂停止在某处时，就得某种东西，并记数于黑板上，数周以后，统计各人所得分数之多寡，以定优劣。（4）价目：二元半。（5）制造处：南京鼓楼幼稚园。

9. **常识材料（旅行用具附）**

（1）捕虫网一架；（2）展翅板一套；（3）药瓶一个；（4）小花园一处；（5）盆花、小菜圃一处；（6）小锄、小耙、小锯各五套；（7）灌花壶，约五人合用一件；（8）菜筐两只；（9）蚕匾二张；（10）金鱼缸一；（11）鱼缸一；（12）兔笼一；（13）鸡埘一；（14）狗一头；（15）芙蓉鸟；（16）其他家禽家畜；（17）秤一；（18）斗、升各一；（19）尺、英尺各一；（20）旅行用藤篮一件；（21）热水壶一个；（22）采集剪刀一把；（23）摄影机一件；（24）望远镜一；（25）凹、凸镜各一；（26）三棱镜一；（27）电铃一；（28）磁铁一；（28）日历一；（30）时钟一；（31）中国伟人像一套；（32）世界伟人像一套；（33）各国孩子图一套；（34）卫生挂图一套；（35）动植物标本数十种，要拣得有地方性的，教师倘能自己动手做，那是更妙了；（36）贝壳、石子，由儿童自己去搜集来。

10. **书籍图画（在民国十七年一月以著者所看到，认为值得购备的）**

（1）教师参考书：《前期儿童教育》，董任坚译，上海人文社，定价八角；《家庭教育》，陈鹤琴编，商务，八角；《幼稚教育专号》，教育杂志十九卷二号，商务，八角；《幼稚园课程的研究》，唐毅译，中华，三角；《幼稚园教育概论》，张宗麟编，同上；《幼稚园的研究》，张雪门编，北新，四角；《小学设计组织课程论》，郑宗海译，商务；《明日学校》，朱经农译；关于教育的杂志三种，如《教育杂志》《幼稚教育》等。

（2）故事参考书：《我的书》，故事小说都很好，已出五十余册，中华，每册一角；《图画故事》，已出二十册，商务，每册五分；《儿童世界丛刊》，同上，每册一角；《中华故事》，已出二十册，中华，一角；《中国故事》，已出十册，商务，同上；《儿童文学读本》，已出十册，同上，每册一角五分；Bailcy：*once upon a time*；*Animal stories*；① Bryant：*how to tell Stories to Children*；Keyes：*Stories of Story-telling*.

（3）音乐参考材料：《幼稚唱歌》，胡君复，商务，定价八角；《小学唱歌表演集》，大东，七角；《幼稚园小学校唱歌集》，俞子夷，商务，每册一元五角；《雅商集》，杨荫浏，中华，九角；《月明之夜》，黎锦晖，中华，一角半；《葡萄仙子》，黎锦晖，中华，一角半；《三蝴蝶》，黎锦晖，中华，一角半；《甜歌七十七首》，商务，四角；Baker and others：*songs for little children*，Abingdon Press.② Brawn：*One and Twenty Songs*，C，1，Anderson publishing Co；③ Burchenal：*Falk Dances of Singing Games*，G. Schifmert（Clayton）；④ Hyde：*Rhythms for the Kindergarten*，C. F. Summg Co；⑤ Daynay：*Folk Games of Gymnastic Play for kindergarten Plenary and playground I*，Sank Brothers Publishers.⑥

---

① 所载英文为作者和书名，可译为贝利：《很久以前：动物故事》。
② 所载英文为作者、书名和出版处，可译为贝壳和其他人：《给幼儿的歌曲》，阿宾顿出版社。
③ 所载英文为作者、书名和出版处，可译为布朗：《21首歌》，安德森出版有限公司。
④ 所载英文为作者、书名和出版处，可译为帕奇纳尔：《民间舞蹈中的歌唱游戏》，G. 舍默尔（奥拉顿）。
⑤ 所载英文为作者、书名和出版处，可译为海德：《幼儿园的节奏》，C.F. 萨米有限公司。
⑥ 所载英文为作者、书名和出版处，可译为戴娜：《幼儿园集会、操场中的民间体操游戏》，桑尔兄弟出版商。

（4）歌谣参考材料：《幼稚游戏》，胡君复编，商务，每册一角；《儿歌》，黎锦晖编，中华，七分；《月妈妈》，吕伯攸编，中华，七分；《黄猫》，吕伯攸编，中华，七分；《歌谣周刊订本》，北大歌谣研究会，每册三角；《各省童谣集》，朱元善编，商务，二角五；《童谣大观》，世界，六角；《儿童谜语》，计志中编，商务，每册五分。

（5）图画、手工、常识参考材料：《形象艺术教科书》，宗亮寰编，商务，每册一角二分；"儿童手工丛书"，林履冰编，商务，每册八分；《儿童常识画》，陆衣言编，中华，每册一角；《少年百科全集》，商务，定价二十元；"儿童史地丛书"，商务，每册自八分至六角；《卫生故事》，沈百英，商务，每册自八分至六角；Ladies Home Journal，商务书馆代订，每年二元七角；《儿童画报》，商务，每年一元四角四分；《小朋友》，中华，每年一元五角六分；《常识谈话》，商务。

五、一个幼稚园最低限度设备表

（一）普通设备

1. 普通用具[①]

（1）校牌一块；（2）国旗、党旗、园旗各一方；（3）二人合用小桌子十张；（4）小椅子四十张；（5）小书架二架；（6）洗脸架一架；（7）洗脸盆二个；（8）便桶二个；（9）清洁用具，如扫帚、畚箕、抹布等大约每十人合用一套。

2. 饮食用具

（1）茶壶一把；（2）茶缸四十只；（3）小盆子十只；（4）水壶一把；（5）小锅子一个；（6）锅铲等，全套；（7）炉子一个；（8）其他厨房用具。

3. 教师用具

（1）床、椅、书桌、书架；（2）其他文具；（3）小黑板两块。

---

① 此标题系编者加拟。

（二）儿童玩具和材料

（1）摇马一；（2）双兔二；（3）秋千一；（4）小车子三；（5）滑梯一；（6）中号积木一副；（7）小号积木一副；（8）剪刀二十把；（9）皮球二；（10）山东料珠五百粒；（11）玩偶，用旧手巾等做的，四个；（12）木剑、竹刀；（）跷跷板一；（13）小鸭（拉的）一；（14）水枪三，教师自己可做；（15）沙箱一（室外的）；（16）沙箱用具，小铲、耙、耙等都可以的，全套；（17）小乐器，小锣、小鼓、小钹等，全套；（18）小农具，小锄、小耙、小灌花壶等。（19）蜡笔，不拘何种，但须粗如手指的方合用；（20）铅笔、毛笔，颜色数种；（21）新闻纸、颜色纸、小簿纸；（22）琴，在现代的幼稚园里，琴是唯一的音乐用具，似乎非备不可，但是价格实在太贵了。买了次等货，音又不准确，于儿童是害多利少，所以只可列为酌办。（23）留声机，功用比琴大，可以教节奏，跳舞，唱歌。价亦不低，酌量购办。（24）家禽家畜，酌量饲养。（25）小菜园、小花园，酌量开辟数处。

（三）图书

1. 教师用的

（1）《前期儿童教育》，董任坚译，上海人文社，定价八角；（2）《家庭教育》，陈鹤琴编，商务，八角；（3）《幼稚教育专号》，教育杂志十九卷二号，商务，一角；（4）《明日之学校》，朱经农译，商务，一角；（5）杂志，二种，如《教育杂志》《幼稚教育》月刊等。

2. 儿童用书（只有极少数儿童可以自读的，大多数还是教师的考参书）

（1）《我的书》，已出数十册，购买二十册，中华；（2）《图画故事》，购买十本，商务；（3）《儿童画报》，购买二十本，商务；（4）《幼稚唱歌》，胡君复编，商务；（5）《小学唱歌表演集》，大东；（6）其他如《月明之夜》《葡萄仙子》等购买两本，中华；（7）《幼稚游戏》，胡君复编，商务；（8）《儿歌》，黎锦晖编，中华；（9）《形象艺术教科书》，宗亮寰编，商务；（10）《儿童常识画》，中华；（11）《常识谈话》，商务。

幼稚生应该有多少习惯和技能

(1928年10月)

【题解】 本篇原载《儿童教育》第1卷第3～10期"幼稚教育专号",发表时间为1928年10月。

该文其后还刊载于《广西教育》1929年4月的第15、16合期、《河南教育》1930年2月的第2卷第13期。

该《幼稚生应有的习惯和技能表》,首先参考了美国幼稚园相关的研究结果,然后依据张宗麟在鼓楼幼稚园的试验结果,又经过晓庄幼稚园、燕子矶幼稚园的检核,然后综合编订而成。在1929年教育部颁布《幼稚园课程暂行标准》时,还特别将该表作为附录,以供全国幼稚教师作为试行的参照。

有关《儿童教育》,参见前文《鼓楼幼稚园课程试验报告之一》题解。

幼稚教育的名辞,已经发明了百余年。办幼稚园的人们,虽然不及小学、中学、大学的多,每代也有几个。但是到现在,我们还不知道幼稚园毕业的标准,更不知道幼稚生能做些什么,每件事情都能够做到怎样程度。

我们知道皮内-西门的测验(Binet Simon Test)[①]供给了许多材料,来鉴

---

① 皮内-西门的测验:通译比纳-西蒙测验,即比纳-西蒙智力测验。比纳(Alfred Binet,1857—1911),法国心理学家;西蒙(T. Simon,1873—1961),法国医生、心理学家。1904年比纳接受巴黎教育局的委托后,与西蒙合作制定智力的测量方法。1905年制定并出版了第一个"比纳-西蒙量表",成为世界上第一个按智力年龄来计量的智力量表,并成为智力测验运动中的里程碑。

别儿童应有的智慧。但是仍然不完全的。其他如霍尔氏（G. Stand Hall）① 的儿童观察记录，桑戴克（E. L. Thorndike）② 的儿童个性的研究，华真（John B. Watson）③ 的儿童情绪研究，都有相当贡献。蒙得梭利对于幼稚生应有的习惯与技能也有相当研究，不过她都从低能儿童演绎出来的。所以在她的著作里（Montessori's Methods），找出许多不是寻常儿童所有的例子来。

  关于这个问题，最有贡献的要算洛耦（Rogers）④ 的试验（*Tentative Inventory of Habits of Children from Four to Six*⑤ 原文载在 *Teachers College Bulletin*，14 Series，⑥ No. 4，1922.）和卢氏（Ruth Andrus）的试验（*A Tentative Inventory of the Habits of Children from Two to Four Years of Age.*⑦ 原文为一九二四年美国哥伦比大学师范院博士论文之一）。他们先后

---

  ① 霍尔：格兰维尔·斯坦利·霍尔（Granville Stanley Hall，1844—1924），美国心理学家，是美国第一位心理学哲学博士、美国心理学会的创立者、发展心理学的创始人。长期担任约翰·霍普金斯大学教授，为儿童心理学研究的先驱。著有《心理发展与教育》《青春期》等。

  ② 桑戴克：通译桑代克，即爱德华·李·桑戴克（Edward Lee Thorndike，1874—1949），美国心理学家、动物心理学的开创者和教育心理学体系的构建者。早年在哈佛大学师从詹姆斯，进行实验心理学研究。后转学哥伦比亚大学，师从卡特尔，获心理学博士学位。其后，终生在哥伦比亚大学教育学院执教，为行为主义心理学派的重要人物。著有《教育心理学》《学习心理学》《奖赏的实验研究》等。

  ③ 华真：通译华生，即约翰·布罗德斯·华生（John Broadus Watson，1878—1958），美国心理学家、行为主义心理学派的创始人。早年师从杜威、安吉尔、洛布，1903 年获芝加哥大学哲学博士学位，旋即留校任教，并专注于动物行为实验。后任霍普金斯大学教授，提出"行为主义心理学"主张，力求心理学研究的客观化。著有《从一个行为主义者的观点看心理学》《行为：比较心理学导言》《行为主义》等。

  ④ 洛耦：通译罗杰斯，即卡尔·罗杰斯（Carl Ranson Rogers，1902—1987），美国心理学家，应用心理学的创始人之一。早年获威斯康星大学文学学士学位，后获哥伦比亚大学临床心理学和教育心理学硕士学位、哲学博士学位。1930 年担任纽约罗切斯特市防止虐待儿童协会的儿童研究室主任，之后成为俄亥俄州立大学临床心理学教授；1945 年在芝加哥大学建立了一个咨询中心，1947 年当选为美国心理学会主席；1956 年因提出心理治疗客观化的新方法，而获得美国心理学会的卓越科学贡献奖。著有《咨询和心理治疗：新近的概念和实践》《自由学习》等。

  ⑤ 所载英文为论文名，可译为《四至六岁儿童的生活习惯初步调查》。

  ⑥ 所载英文为刊名，可译为《师范学院公告》系列 14。

  ⑦ 所载英文为博士论文题，可译为《二至四岁儿童生活习惯初步调查》。

都用观察试验和统计二种方法来做的，因此各各都发现了许多很精确的儿童习惯和技能。

在四年以前，我们也就感觉这个问题的重要。因为我们那时候就觉得，幼稚教育必须有相当标准。好的标准，当然是具体的、一件一件都可以做得到，决非几句理论、几条"修身教科书"式的原则了事的。所以根据前人的试验，假定了几种习惯表。数年来，虽然因为经济等问题不能得到极精确的统计，但是从二岁到六岁的儿童习惯，倒也觉得大体已具了。现在把这张表录在下面。

第一表　卫生习惯

（1）不吃手指；（2）不是吃的东西，不放进嘴里去；（3）落在地上的东西，必经洗濯后再吃；（4）不用手指挖鼻子、耳朵；（5）不用手指擦眼；（6）常修指甲；（7）每天脸洗得干净，洗脸时不哭；（8）每天至少刷牙二次；（9）吃东西以前洗手；（10）大小便以后洗手；（11）不流口涎；（12）不拖鼻涕；（13）常带手帕；（14）打喷嚏或咳嗽时，用手巾掩着嘴巴、鼻子；（15）慢慢地吃东西；（16）不沿路大小便；（17）坐的时候，胸膛挺直，头也端正；（18）内外的衣服都很干净；（19）不吃生水；（20）运动出汗以后，不是即刻脱衣乘凉；（21）不带食物到幼稚园里来；（22）不多吃糖果；（23）不随地吐痰；（24）嘴里有食物的时候，不说笑话；（25）到外边去，知道穿衣戴帽；（26）知道远避传染病的人；（27）会拍苍蝇、蚊子；（28）果壳不抛在地上；（29）起卧有一定的时间；（30）每天大便一次；（31）不用手抓饭菜吃。

第二表　做人的习惯——（甲）个人的

（1）乐于到幼稚园来；（2）听见铃声就去上课；（3）不容易哭；（4）不容易发脾气；（5）喜欢听音乐；（6）喜欢唱歌；（7）起坐轻快；（8）开关门户轻快；（9）走路轻快；（10）用过的东西放好，并且放得很整齐；（11）说话不怕羞，又能说得清楚；（12）衣服等物能够放在一定地方；（13）不说谎；（14）能够独自找快乐；（15）离开坐位，桌椅放好；（16）爱惜玩具和纸笔等；（17）爱护园里的花草、动物；（18）拾起地上的纸屑等件，放到纸篓里去；（19）能够预猜极简单的结果，如放碗在桌边,知道要落地打碎的等;(20)知道自己做的事情的好歹;(21)不怕雷;(22)不怕狗、猫、鸡、鸭;(23)不怕昆虫,如蚕、蝶之类;(24)一切事情,能够自始至终地做,得到一个段落方才息手;(25)不狂吼、乱跑;(26)做错的事,直捷爽快地承认;(27)知道储蓄;(28)不乱涂墙壁、地板和桌椅;(29)认识自己的东西。

第三表 做人的习惯——(乙)社会性的

(1)行礼时,见国旗、党旗及总理遗像能致敬礼;(2)每天第一次见到熟人,能招呼;(3)爱爸爸、妈妈,听爸爸、妈妈的话,帮助做家事;(4)爱老师,听老师的话,帮助老师做事;(5)爱哥哥、弟弟、妹妹、姊姊,有东西和他们同玩、同吃;(6)爱小朋友,有东西同玩、同吃;(7)知道亲戚,会相当称呼;(8)不和人相骂、相打;(9)至少有一个极要好的朋友;(10)对新来的小朋友不欺侮,又能帮助他;(11)玩具不是独占的;(12)进出门户,能让人先进出;(13)做事、游戏都依照次序,不争先;(14)对贫苦的孩子没有轻视的态度;(15)会说"早""好""谢谢""再会"等话;(16)做值日生很尽职;(17)能赏赞他人之美,不妒嫉;(18)走路靠左边走;(19)知道最常用的手势意义,如点头、招手等;(20)知道同学的姓名;(21)知道老师的姓名;(22)能模仿别人可爱的动作;(23)不讥笑人;(24)能同小朋友合做一件事;(25)对不幸的儿童能表示同情;(26)对客人有礼貌;(27)不虐待佣人;(28)能慷慨拿出自己的东西来,和小朋友同玩;(29)不抢东西玩,不抢东西吃;(30)不得到别人允许,不拿他的东西;(31)人家说话,不去中途插入;(32)不在人家面前抢过;(33)到公园里去,不损坏任何花草、物件。

第四表 生活的技能

(1)会自己吃饭;(2)会自己喝茶;(3)会戴帽子;(4)会穿脱衣服;(5)会穿脱鞋子、裤子;(6)会洗手;(7)会洗脸;(8)会刷牙;(9)会揿〔擤〕鼻涕;(10)会自理大小便;(11)会快步跑;(12)会上下阶梯,互换左右脚;(13)会关门窗;(14)会拿碟子、碗杯,不打破;(15)会端流动物,不泼翻;(16)会上下船车;(17)能辨别盐、糖、米、麦、豆、水、油等;(18)会搬椅子、凳子;(19)会洗澡;(20)会洗涤碗碟；(21) 会扫地；(22) 会抹桌；(23) 会拾石子；(24) 会拔草。

第五表　游戏运动的技能

(1) 会拍球；(2) 会打秋千；(3) 会上下滑梯；(4) 会驾三轮车；(5) 会溜雪车；(6) 会玩跷跷板；(7) 会走独木桥；(8) 会掷球、接球；(9) 会滚铁环；(10) 会爬梯子；(11) 会爬绳梯；(12) 会摇木马；(13) 会拉小黄包车；(14) 会推小手车；(15) 会玩小双兔；(16) 会做最普通的团体游戏五种（如猫捉老鼠、捉迷藏、种瓜、三公子、老鹰捉鸡等等）；(17) 会做竞赛游戏五种，如掷石、传花、占座位等；(18) 会跳绳；(19) 会舞木剑、竹刀；(20) 会射箭；(21) 会掷石子。

第六表　发表的技能

(1) 会说日常方言；(2) 会说简短的故事；(3) 会叙述简单的事情；(4) 会认识日常字二百到三百；(5) 会背诵歌谣三十首；(6) 会唱歌二十首；(7) 会写自己的姓名；(8) 会读一两句的故事；(9) 会听故事明了大意；(10) 会念，依琴声击拍；(11) 会独自唱歌娱乐；(12) 会涂色；(13) 会画简单自由画；(14) 会画有意义的故事画；(15) 会剪贴；(16) 会剪贴成有意义的故事；(17) 会搭积木成有意义的东西，如屋、车等；(18) 会替小宝宝组织家庭；(19) 会抚爱小宝宝；(20) 会替小宝宝穿脱衣服，睡到床上；(21) 会表演简单故事；(22) 会记日记。

第七表　日用的常识

(1) 辨别红、黄、青、白、黑、紫的颜色；(2) 辨别光暗的色彩；(3) 辨别冷暖的来由；(4) 识别植物二十种；(5) 识别动物二十种；(6) 辨别动物的雌雄；(7) 知道花种子、果实的用途；(8) 会数一至一百；(9) 会做十以内的加减；(10) 辨别东、南、西、北的方向；(11) 知道月、日时间；(12) 知道寸、升、斗；(13) 知道钱币（大洋、角子、铜板）的价值；(14) 能买玩具；(15) 知道水的三种变态；(16) 会养护蚕；(17) 知道青蛙、蝴蝶、蛾等变态；(18) 知道国庆纪念、国耻纪念等日子；(19) 知道当地地名；(20) 知道当地名胜三处；(21) 明了身体各部的组织与用途；(22) 会种豆子……，又会掘蕃薯、萝卜等；(23) 知道开会的仪式；(24) 会保护盆花，不使干死。

附告：这几张表上的习惯和技能，一部分，经过鼓楼幼稚园的试验；另一部分，经过晓庄幼稚园、燕子矶中心幼稚园的试验。特此附告，并致谢这几个幼稚园的老师们。

幼稚园和小学低年级联络教学法

（1928年10月）

【题解】 本篇原载《儿童教育》第1卷第3～10期"幼稚教育专号"，发表时间为1928年10月。

有关《儿童教育》，参见前文《鼓楼幼稚园课程试验报告之一》题解。

一、书名：Unified Kindergarten and First Grade Teaching.[1]

二、著者 S. C. Parker and A. Temple.[2]

三、出版处：Ginn and Campany.[3] 一九二五年出版。

四、价目：约国币五元半。

五、内容摘要述：全书分三卷，共二十一章。

第一卷共七章，叙述幼稚园与小学低年级联络的历史、目标、课程和设备。我们知道，这种联合运动发生于美国的，所以很可以看得出种种经过情形和目标来。

第二卷共九章，报告各种教学法的试验经过情形，大多数是 Temple 的经验说。他们的试验场所是 The University Elementary School the University of Chicago.[4] 他们有一个研究会，会员众多。书中许多材料，从研究会里找来的。

---

[1] 所载英文为书名，可译为《幼小衔接教学》。
[2] 所载英文为人名，可译为 S. C. 派克和 A. 坦普尔，生平事迹未详。
[3] 所载英文为出版社名，可译为吉恩和坎帕尼。
[4] 所载英文为学校名，可译为芝加哥大学附属小学。

第三卷共五章，普通教学法以教学经验为根据，参照普通教育原理拟出种种方法来。这卷大部分是提议性质，很有试验价值。

六、读后感想：美国近三十年来很有许多人注意幼稚园，最近十几年又起了一种运动"幼稚园与小学低年级打成一片"。这件事在理论上是有根据的，在实际情形上行得通否，还不知道。所以他们都从事试验，这本书可以说是试验的结果。这样鲜红香甜的果实，是试验的好成绩。因此我很想信〔？〕，在中国也不妨来试一试。不过试验时候，要小心，又要有决心、肯努力，方才可以得到正确的成绩。

无论哪种方法，都有时间性与空间性的。例如小学训育标准，英国的与美国的当然不同。我国几十年来的教育家，最喜欢"原货贩卖"，所以日本卖完，美国来了；美国过时，英、法来了。

我介绍这本书，不希望大家完全都去模仿他，尤其不是想"挽狂澜于既倒"，替美国人来撑场面。我们应该看看他们已经走过的路来做前车，不过千万要顾到自己的地位，不要忘记我们的对象是"黑眼睛、黑头发、黄脸孔……"的儿童。

从前有一本 *A. Conduct of Curriculum of Kindergarten*，① 也是试验幼稚园方法的报告，很负盛名的。方法上不及派克所编的一本来得多，可以参照阅读。

最后我有一个提议：据我几年来经验，小学低年级生不应该在小学，应该划入幼稚园的圈子里去，于教法上、设备上、训练上……都便当得多。

我们可以约几个学校，同来做一个大规模的、严格的试验。将来竟可根据这个试验结果，来变更学制系统，竟可以把小学改成四年，幼稚园也改成四年，入学年龄可以改为四岁。到那时候，一般批评幼稚教育是玩玩的人们，或者也可以觉悟幼稚教育也有得之贡献。

---

① 所载英文为书名，可译为《幼儿园课程实施》。

介绍三本幼稚教育参考书

(1928年10月)

【题解】 本篇原载《儿童教育》第 1 卷第 3～10 期"幼稚教育专号",发表时间为 1928 年 10 月。

有关《儿童教育》,参见前文《鼓楼幼稚园课程试验报告之一》题解。

一、书名与出版处等

(1)《幼稚园课程研究》,唐毅译,中华,十一年;
(2)《幼稚园的研究》,张雪门编,北新,十五年;
(3)《幼稚园教育》,王骏声[①]编,商务,十六年。

二、内容摘要

(一)《幼稚园课程研究》(另图 19)

此书原著是美国"世界幼稚教育研究会"的研究报告。全书共八章,除

---

① 王骏声(1895—1951),字亦文,浙江乐清人。1917 年省立十中毕业后,赴日本留学,毕业于东京高等师范学校。归国后,历任浙江十中师范部教员兼附小主任、省立严州中学校长、杭州高级中学师范部主任、江苏省教育厅督学、江苏省立镇江中学校长、永嘉济时中学教导主任、乐清乐成中学校长。倡行幼稚园教育,并投身于乡村教育运动。著有《晚近教育学说概论》《教育中心中国新农村之建设》《小学教育法》等。

第一章为绪论外，其余七章详述社会生活及自然研究、手工、美术、语言、文学、游戏、音乐。每章都分目的、教材、教法、标准四项。

全书第二章最为重要，标题是教材，内容是说明社会生活和自然研究。这两者实在是各科的中心，可以做设计的中心，也可以做全园生活的中心；里面有几段极略的生活历，并且都有相当的说明。其余诸章，大都注意于教法——方法，有很好的例子和解释。

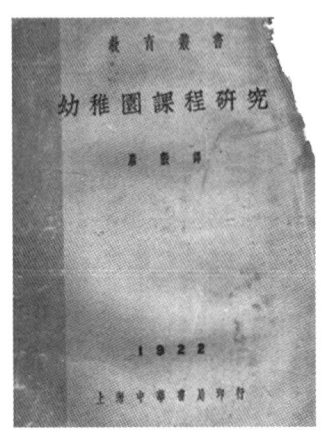

另图19 《幼稚园课程研究》封面
图片来源：国家图书馆馆藏

另图20 《幼稚园的研究》封面
图片来源：国家图书馆馆藏

另图21 《幼稚园教育》书影
图片来源：国家图书馆馆藏

（二）《幼稚园的研究》（另图20）

此书是张雪门君九年来研究幼稚教育的论文集。全书叙述事实的地方占得很多。《幼稚园的一日》，除去几句感想话外，完全是叙述事实；《参观三十校幼稚园后的感想》，也是事实多；其他《幼稚园的课程》《幼稚园文字教学之研究》《福禄贝尔恩物的研究》《幼稚园》诸篇，有的是作者编集、研究之作，有的是译文，但是还是事实占得多数。

（三）《幼稚园教育》（另图21）

全书共三编：第一编，幼儿教育的历史；第二编，幼儿教育法；第三编，幼稚园改善的意见和方法。各编分若干章，详略不同。其第二编，占全书三分之二。本书叙述前人之学说，介绍外人关于幼稚儿童教育的各种目的，特别占长,即方法论亦注重目的的列述。第一编的古代史与第三编的近代史,也大都着重于理论方面。惟一二三页起,中国模范幼稚园举例一节,采取许多幼稚园的报告。

三、我对于这三本书的感想

在这年头里,大家都在那里谈大问题、干大事业,哪里有人来真真的研究,更没有一个人吃了饭,闲到住在另一世界整天和儿童玩,把儿童来想,读儿童教育的书。现在殊〔居〕然也有人来谈、来写,这是我对于唐、张、王三位最钦佩的一点。我们写述任何作品,似乎都有一个目标;就是随感录的漫谈,也有相当的目标。这三本作品,除唐译一本一部分的责任是原著者负责以外,其余两部,都要两位著者负完全责任的。

张君的环境,虽然家贫难养妻子、难教幼儿,但是在字里行间表露出来意义,着实可以使人羡慕。我未曾见过张君,也不知其身世。但是我想,张君至少有一位研究的伴侣,[①] 有一个可以研究的环境,更有观察的机会。所叙述的事实,虽然还不能十分把儿童的自由交给儿童,但是已经有了不束缚儿童的表示。至于叙述事实以后,应该要有相当的批评,这是个人意见的表现,是研究上必要的手续,张君于此点似乎欠缺。倘若没有最后一篇《参观三十校幼稚园后的感想》,读者竟会猜摸不着他的主张,更无从知道他为什么要出这本书呢!

王君的搜集材料,似乎费了许多工夫。(不晓得他有唯一的蓝本否? 因为他没有说出参考书目来,在序里只说:"大部分的材料取于日本书籍。")可惜并没有多大的整理工夫,并且本书太注重理论和目的的讨论。其他各章不必说,即如第二编第五章"幼稚园的教育方法",从标题上看起来,应该是一个一个的方法了;但是内容,依旧是方法的哲学、方法的目标。同章第七节

---

① 此"伴侣",指张雪门的第二任妻子张琼英,她早年曾任教于浙江鄞县星荫幼稚园,此后张雪门在北京研习幼稚教育时,她曾记录他们幼子的成长日记,作为张雪门研究婴儿心理的切实资料。

"中国模范幼稚园举例",列举三个幼稚园概况、一个学则、一张调查表,著者并没有加以说明,这样写法也欠负责。

幼稚教育虽然少有人注目,但是其中已经渐渐有派别了。张君虽然愿意兼收各派之长(一三二页),但是读完《福禄贝尔恩物的研究》一篇,我敢武断说一句:"张君雪门倾向于福氏的。"

大家都闹着革命了,区区的幼稚教育也革命了。髫龄稚子是不会做政治革命的,请一般严防反革命的大人先生们放一千个心。一般从事幼稚教育的人们,倒着实会替幼稚儿童革命的。他们是顺着教育革命的潮流,不必战战兢兢担着杀头、枪毙的戒心,大着胆子向前进,不受前人的迷信,不媚今世的大人先生,只向着真理方面走,这是社会上不注意幼稚教育之赐。所以从事幼稚教育者,近年来很有革命的成绩,蒙台梭利是一个;美国最近与小学一年级打成一起的提议又是一个革命,唐译的"课程"就是一例。

"革命"与"是非",似乎不必混在一块儿的。所以蒙氏的革命,已经有很多人批评他的立足点错了,唐译的"课程"也太小学化了。最近美国流行的变换环境的幼稚园,如某期入乡、某期进城;日本以自然界为教室的露天幼稚园,又是革命。但是能否说它是对的,我们也不敢断定。我终以为,幼稚教育是习惯未深的教育,也是没有变成一般人口头禅的教育,所以容易做的。不过应该向着儿童路上做,尤其要向着一般普通儿童去做的。所以我希望,唐、张、王三君努力来干,将来竟可推翻今日自己的主张;更希望读者努力的探求真理、是非,不必拘泥于"外国人是好的,有名人物是对的"。

幼稚园应用字汇

(1928 年 10 月)

【题解】 本篇原载《儿童教育》第 1 卷第 3～10 期"幼稚教育专号",发表时间为 1928 年 10 月。

1925 年 10 月,张宗麟在南京、苏州等城市的幼稚园进行调查时发现,大部分幼稚园非常重视儿童的生长,一般通过游戏、音乐等活动性的课程来增进儿童应有的快乐和幸福,但有一些幼稚园没有识字课,似乎为教育之缺憾。张宗麟根据鼓楼幼稚园的课程试验结果认为,通常情况下,满 4 岁的儿童便可以教他们识字;在幼稚园识过字的儿童升入小学,比没有受过识字教育的儿童确实要强些。不过,关键的问题是教些什么字,用什么方法识字,于是他根据鼓楼幼稚园识字读法的经验汇总了三百个汉字,编成《幼稚园应用字汇》,以作为幼稚园识字教学的参考。

有关《儿童教育》,参见前文《鼓楼幼稚园课程试验报告之一》题解。

本表是在极短时期内造成的,没有经过有组织、有系统的试验。是否可以作为幼稚园读法教材,还要看试验的结果。现在我把造成此表的说明,写在下面以备参考。

(1) 本表字数,预定二百字以上、三百字以下。

(2) 先把商务、中华、世界三书局新制《小学国语教科书》第一册,及商务《儿童文学读本》第一册中所有生字摘出。

（3）再参照陈鹤琴先生所造"字表"百次以上之字，① 酌量采用。

（4）又参酌半年来读法试验之字数与经验，再加一番增删。结果得下列三百字：

快 里 点 子 上 九 十 中 绿 黄 黑 青 五 六 七
欢 好 老 白 红 这 大 小 只 个 下 一 二 两 三
四 缝 从 爬 变 成 动 行 烧 道 知 把 能 用 见 抱
喜 减 骑 想 敢 游 戏 找 过 跟 搬 唱 向 倒 跌
踢 拿 张 教 造 咬 爱 切 睡 要 给 发 遇 怕 可 以
抓 加 吹 打 没 同 问 落 放 回 游 哭 种 丢 写
画 举 得 去 拍 出 进 耍 听 话 拿 踏 煮 买 卖 洗
读 学 玩 看 跳 歌 捉 是 到 来 有 跑 做 逃 说
坐 站 起 走 国 火 山 春 虫 街 雪 秋 冬 旗 叫 唱
开 吃 笑 飞 工 鸽 蝴 蝶 蚂 蚁 气 图 时 候 狐
狸 钱 船 豆 角 地 鱼 纸 剪 刀 田 车 脸 食 筷 蜜
蜂 秋 千 鼓 锣 太 阳 天 屋 内 书 家 饭 事 朋
友 孩 叶 竹 鸭 河 雨 手 门 儿 园 头 脚 眼 睛 耳
朵 嘴 身 衣 服 花 鸟 草 水 马 树 羊 猪 猫 鸡
风 兔 牛 狗 人 球 不 受 付 东 栽 鹤 姊 养 鼻 炉
午 笋 妹 提 西 万 百 冰 南 农 刷 夫 北 茶 妇
川 只 筒 旧 鞋 流 恨 扶 梯 败 胜 琴 稻 奶 夏 帘
鹿 新 紫 狮 窗 虎 妈 忙 聋 伞 袜 肚 冷 楼 发
棉 希 奇 翻 捲 雄 雌 英 割 钓 摆 摇 杯 抢 赶 牵
弹 日 灯 桌 椅 肉

---

① 此"字表"，指陈鹤琴于1922年12月发表的《语体文应用字汇》（《新教育》第5卷第5期）。该字汇是在陈鹤琴率领南京高师教育科学生进行了广泛调查的基础上编制而成的，陶行知曾依据此字汇编成《平民千字课》4册。

大江滨的乡村幼稚园
——一周岁的燕子矶中心幼稚园
（1928 年 12 月 30 日）

【题解】本篇原载《乡教丛讯》第 2 卷第 24 期"幼稚教育专号"，发表时间 1928 年 12 月 30 日。原发表时署名"张宗麟、王荆璞"。

本文此后又刊载于《广西教育》第 1 卷第 15、16 合期"幼稚教育专号"（1929 年 4 月 21 日）。

合撰者王荆璞（1907—1984），女，江苏武进人（一说福建人）。早年毕业于南京第一女子师范学校，曾短期任职于小学。1928 年夏，转任晓庄学校"幼稚教育指导员"。1930 年夏，与张宗麟成婚。后随张宗麟赴厦门集美幼师、四川乡村建设学院、湖北教育学院等地，均从事与幼稚教育相关的工作。中华人民共和国成立后，长期担任新闻出版总署托儿所所长。

燕子矶中心幼稚园，系晓庄师范附属机构之一，创设于 1927 年 11 月 11 日，位于南京远郊燕子矶；先后担任该园"指导员"者，为徐世璧、王荆璞。该园为中国的第一所乡村幼稚园，是乡村教育运动的重要成果之一。

《乡教丛讯》，乡村教育半月刊，1927 年 1 月 1 日创刊于南京，先为"乡村教育同志会"会刊，后为晓庄师范、晓庄学校校刊；主编陶行知，张宗麟一度担任执行主编。该刊旨在推进乡村教育，报道办学实况。主要栏目，有论著、演讲、调查、试验、报告、通讯等；主要撰稿人，有陶行知、赵叔愚、杨效春、邵仲香、唐毅、张宗麟等。1930 年 3 月 1 日终刊，共出 4 卷 75 期。

"先生，贵园有印刷品吗？"当我们对参观客报告概况以后，常常得到这样的问句。我们久久想来印一本概况，终究不成功。一来因为我们忙得没闲，二来实在太穷了，印刷费太贵。听说本刊有"幼稚教育专号"的编辑，我们就趁此机会作一个简单报告，并且可以应付将来参观客的需要。

一、咿哑学语的生命史

从有导师、儿童到现在，阿燕①不过十二月多些，正是初脱襁褓、咿哑学语的时代。回想这个孩子的经过，很值自家人的寻味！

（一）在母胎里的阿燕

翻开本刊二卷四期陶先生的《燕子矶中心幼稚园开学演说词》可知道，这孩子在母胎里就多磨难的，大要有五：

（1）陶先生听到宋调公②先生的农家妇女爱婴孩的苦况，又看到田头孩子的啼哭，因此发生宏愿。

（2）找地点、找人才、筹经济的困难。

（3）找到燕子矶，又找到陈鹤琴、张宗麟、陆慎如③诸君，又得到陈陶遗④先生的援助，得到五百元。

---

① 阿燕：对燕子矶乡村幼稚园的昵称。

② 宋调公：生卒年籍贯未详，名宋鼎，字调公。时任南京尧化门小学校长，该校后为晓庄师范的"特约中心小学"。

③ 陆慎如（？—1927），女，生卒年籍贯未详。筹办燕子矶乡村幼稚园时拟聘的指导员，在该园开学前病逝。

④ 陈陶遗（1881—1946）：名公瑶，号道一，江苏金山（今属上海市）人。早年留学日本早稻田大学，并加入中国同盟会。不久受命回国，在上海和高旭等创办中国公学、健行公学。后参与同盟会机要工作，接办《民报》和《醒狮》月刊。清宣统二年（1910）受命去南洋执教，并为同盟会募集革命经费。次年武昌起义后，携款从南洋适时赶回，被选为临时参议院副议长。1912年被推举为国民党江苏省支部长，1925年出任江苏省省长，两年后辞职。抗日战争爆发后，日伪多次威胁利诱，要他出任伪江苏省长或上海市长，都被拒绝。抗日战争胜利后，不满蒋介石打内战，拒绝出任上海市参议会会长，在贫病中去世。

(4) 国民军到南京，孙传芳①几次来扰，又不幸陆慎如女士去世，因而停顿。

(5) 十六年十月，张宗麟、徐世璧②等下乡来，遂举办此园，到十一月十一日正式开学。

（二）睡在阿哥摇篮里的阿燕

谈何容易！一所茅屋也不是倚马可成的。因此不得不借燕子矶小学（是本校的特约中心小校）的房子来用。在该校的最后一进借了一间房子，用板壁隔成一大间、一小间；大间是工作室，小间是储藏室。

这时候一室空空，真是有意思。不久，得到市教育局的补助，得到几张小椅子、小凳子；又向鼓楼幼稚园（也是本校特约中心幼稚园）借了一架小风琴，到师范部里借了几个破镜架，用树叶子点缀起来；买了几个小面盆、小便桶，整个的幼稚园完成了。

那时候有三十个儿童，有一个指导员，就是徐世璧女士。又有三位艺友，③又有张宗麟，也是时常去的。那时候在我们初下乡的人，真有些不惯（参看宗麟《教育荒岛》序文），但是在乡村中已是哄〔轰〕动四方了。

（三）初试新衣的阿燕

到了十七年春天新屋落成（另图22）。这新屋地居大江之滨、燕子矶麓，式样之佳如皇宫、如宝塔，虽然茅舍泥墙，但是既切实用，又极美观。全屋长方，东南向，中分一大间、一中间、二小间，门前一片绿草地，装了一架极质朴的秋千架和滑梯，挂了一副门牌〔联〕："谁说非学校，就是非学校；

---

① 孙传芳（1885—1935）：字馨远。江苏泰安人。1902年免考保送陆军速成武备学堂，后留学日本，入东京振武学校学习。1909年归国，授予步兵科举人。后历任长江上游警备总司令兼第二师师长、福建军务督理、闽粤边防督办。1925年11月15日，在南京宣布成立浙闽苏皖赣五省联军，自任总司令，成为直系后期最大军阀。北伐战争失败后，避居天津，皈依佛门，远离政治。

② 徐世璧：参见后文第329页《一个山村幼稚园——十个月的晓庄幼稚园》题解。

③ 此"三位艺友"，一位是时任燕子矶小学校长丁超的夫人，两位是家住附近的、年龄稍长的燕子矶小学女毕业生。

彼且为婴儿，与之为婴儿。"是陶先生的手笔。①

另图 22 燕子矶中心幼稚园外貌
图片来源：国家图书馆馆藏

里面大间是活动室，放着积木、玩具、风琴等工具；一小间是导师研究室，另一小间是清洁室。中央一间用布幔分为二部；前部是小图书馆；后部是指导员卧室。这时候学生多了，足足有四十多个；艺友又增加了一个，共四个。暑假以后，因为徐世璧女士调任本校园指导部主任，阿燕交给荆璞了。这个未满周岁的孩子着实活泼，虽有淘气之处，倒也着实可爱！

二、阿燕的生活

这个真是"摸黑路"，有什么地方可指示办乡村幼稚园呢？因此我们本着自己来创做〔作〕的勇气，向前"猛干"。猛干不是"蛮干"，所以也有步骤。

（一）草订《生活纲要》

《生活纲要》分全年、一月、每周和当天的四种：

（1）全年的。这张表名为《幼稚生生活历》，是今年春季由宗麟与徐世璧女士共同拟订的。其中分节期、气候、动物、植物、农事、儿童玩耍、风俗、

---

① 此"陶先生"，即时任晓庄师范校长的陶行知。

儿童卫生九〔八〕项（详见宗麟编幼稚园教育报刊"课程"号）。

（2）每月的。《幼稚生生活历》是按月编的。因为那张为着大多数幼稚园起见，又因环境上的需求起见，所以在"每月表"开始之先，有一个预算会议，决定下月应注重哪几项。

（3）每周的。每年、每月都是大纲之又大纲，每周的又要详细些了。在预算每周生活的时候，要把每件活动进行步骤分析、判断一下，并且讨论找材料的地方。

在预算下周的材料的时候，我们又讨论过去的一周工作，看看进行的成绩如何。关于草订《每周生活纲要》的方法和实例，可以参考《幼稚园教育》[①] 月刊第一期的课程试验报告。

（4）当天的。每天导师、艺友到幼稚园的第一件工作，就是估定当天的工作。怎样估定呢？一来参看每周的纲要或每月的，二来根据昨天儿童提出来的兴趣与问题。

这件事不是容易做的，往往会出乎预料的。所以当天的活动，最重要、最大的根据，是当天的环境和儿童的兴趣。这件就在导师的临机应变，不能细说了。

（二）寻找生活材料

关于这层，我们不愁没有，只怕不能充分利用。环绕我们的大江小山，四季新鲜的花草、农产，遍地的废物，都是好材料。不过因为东西太多了，一时不能完全吃下去，所以我们抱多吃不如细吃〔的态度〕，宁可一件一件地吃，一口一口地吃（请看徐世璧女士所写的《一堆乡村幼稚园的材料》，可以得其概要）。

（三）生活法

有环境，有指导，有材料，没有方法也是难有成绩的。教育整个的改进，

[①] 《幼稚园教育》：当为《幼稚教育》，"园"字当为衍字。参见前文《鼓楼幼稚园课程试验报告之一》题解。

就是方法的演进。说到幼稚园的方法，这一年比起来要好得多了。因为已经吃了许多亏，碰了许多钉子，同样的错误我们不至于再尝的。

总说一句，我们所用的方法，还是继续试验第三期"设计组织"的方法。此法详细情形，请参看幼稚教育丛刊《课程》篇十三页以后。但是还有几点是特别的，来举示一个约略。

（1）户外生活多，室内生活少。乡村儿童来自农家，倘若关在房子里，那简直是害儿童，不是教育儿童。所以我们形式上有一幢房子，实际上还是常常到外面去的。日本的露天幼稚园，实在合乎乡村，可惜我们一时办不到。

（2）注意卫生。老实说一句，在富贵城市的幼稚园里，不必十分注意儿童卫生。因为那许多小天使，家庭里已经替他收拾得十分干净、极卫生。乡间的孩子，鼻涕、沙眼、秃子等都是居多数，所以我们特地替每个儿童备了手巾，又备了一面大镜子。规定吃点心的时间（点心当然只有山芋、豆子等土货），不使〔便〕多吃；有时还替儿童剪发、洗外衣，送小鞋给他们穿，又借了许多药品。后方师范部医药卫生股来的时候，① 替小朋友医秃子、沙眼等疾病。

（3）加紧工作。唉，说来可怜：乡村儿童到了七八岁，便要废学的；在家里看小弟妹呀，放牛呀，不但受不了小学教育，甚至不能进小学的。在幼稚园时代，还不能十分帮助做家事，所以我们应当特别加紧些工作，使这般无机会升入小学的儿童多得些益处，所以我们对于"读法"一门是很注意的。这是乡村间特别情形，请城市里不要看样！

（4）看护极小的儿童。这也是乡间特有情形：一只手牵着初学步的小弟妹，一只手拉着自己没有扣好的衣服，一步一跳的进幼稚园来。这些孩子大都在二三岁之间，是蒙养园的孩子，② 在我们也非一肩兼挑不可。

我们不再举了，怕会太琐碎、太占篇幅。我们三个，徐世璧女士、宗麟、荆璞——正在讨论写《乡村幼稚园》，读者请将来看那本书罢。

---

① 此"后方"，系指晓庄学校本部，即"师范部"。当时该校师生，分"前方"和"后方"两部分。前方重在教育实践，即办理幼稚园、小学和其他各种教育设施；后方重在教育理论，即集中传授相关的专业知识，并进行理论研究。前、后方学生定期轮换。

② 此"蒙养园"，实为托儿所之意，即收容3岁前的小儿施以保育。

三、家常琐事

诸位读者，阿燕每年用多少钱？是什么人家的？他的兄弟是哪个？他的姐妹是谁？知到〔道〕吗？

（1）阿燕是晓庄的。燕子矶中心幼稚园，是中国第一个出世的乡村园，也就是晓庄学校唯一的中心幼稚园。他现有兄弟三个，晓庄、万寿庵、和平门；① 结义兄弟一个，② 鼓楼幼稚园。

（2）每年的费用。每年费用很难说。照经常费说，每年只一百二十元，加上六十元的临时费，共需费一百八十元。还有指导员的薪俸，实在不是阿燕用的。因为指导员的工作，大部分是指导艺友与师范生，在幼稚〔园〕工作的时候，也为着他们。指导员的薪俸，全年四百五十六元。究竟算在什么人上，请读者鉴定。

（3）艺友。本园的另一目的，是训练艺友，本园现有艺友四人。怎样训练艺友？详于《怎样指导中心幼稚园教学做》一文。

（4）与燕子矶小学的关系。燕子〔矶〕小学，是江宁县立的实验小学，又是晓庄的特约中心小学。所以在系统上，与我园很有关系；在实际上，他们帮助我们的地方也不少。此后，我们还要做进一步的工作，希望该校低年级和我们联络起来，做一番乡村小学上更有效的工作。

四、愿阿燕强健长大

今后的阿燕，究竟怎样长养，我们不得而知。但是依照我们的理想，下列三〔四〕个方向不会变了：

（1）燕子矶中心幼稚园的研究，是乡村幼稚园的事业；

---

① 此"兄弟三个"，指晓庄学校计划其后办理晓庄幼稚园、万寿庵幼稚园与和平门幼稚园。

② 此"结义兄弟"，指晓庄学校特约的"南京鼓楼幼稚园"。

(2) 燕子矶中心幼稚园，是晓庄学校幼稚园教学做的中心事业；

(3) 燕子矶中心幼稚园的试验，是中国教育上艺友制的事业；

(4) 燕子矶中心幼稚园，是为燕子矶小朋友谋幸福的事业。

末了，我们记起陶校长的话来："生而不为，为而不恃。"我们愿意尽我们的力向前干，更希望今后全体同志都向着上述四个目标干，使阿燕壮壮实实的成人长大。〔这〕不但是阿燕之福，也就是中国幼稚园教育的无量幸福！

一个山村幼稚园
——十个月的晓庄幼稚园
（1928年12月30日）

【题解】 本篇原载《乡教丛讯》第2卷第24期"幼稚教育专号"，发表时间为1928年12月30日。原发表时署名"张宗麟、徐世璧"。

合撰者徐世璧（1898—？），女，江苏江都人。江苏省一女师第二届保姆传习所毕业生，早年任教于小学。1927年9月，受聘担任晓庄师范"幼稚教育指导员"，先后主持创设了燕子矶、晓庄等多所乡村幼稚园。1929年秋，任"蟠桃学园"园长。1930年9月，任扬州中学附小教员，为中华儿童教育社社员。

有关《乡教丛讯》，参见前文《大江滨的乡村幼稚园———周岁的燕子矶中心幼稚园》题解。

一、晓庄的环境

名闻全国的晓庄，没有到过的人，必以为晓庄是锦绣天堂、世外桃源。哪知道到了今日，周围数里除了我校有十几幢整齐的草房，依然是山中的散〔户〕农村（另图23）。周围三里户口不满三百，村子倒有十几个。北固乡是地瘠的贫乡，又加以洪杨劫后犹未复元，[①] 秃山淤河，满目荒凉。

本校社会改造部正着手改造，农家经济在此环境中，当然不很富裕。至

---

① 此"洪杨"，系指洪秀全、杨秀清，亦指太平天国之战乱。

另图 23　晓庄师范礼堂"犁宫"

图片来源：《环球画报》第 21 期（1930 年 5 月 7 日）

于晓庄，在去年三月以前，本为"小庄"，只有农家四户。我校犁宫①所在地人迹罕到，本有"狼窝"之名。

二、晓庄幼稚园成立之史

四周散〔户〕农村，本身是狼窝，所以初办小学的时候，小学生都很少。哪知道半年以后，不但学龄儿童来的很多，并且带了小弟弟、小妹妹来了，这是乡村小学必有的现象。

因此创办一所幼稚园。是师范部学生李楚材②君等办起来的。后来世璧从燕子矶跑来，宗麟也从城里回来，③ 把这所幼稚园整个的交给幼稚师范院的同学。这是今年二月里的事。

三、十个月的经过略情

从幼稚师范院接收后，由世璧常驻指导者约一月。这一月中，最初有四

---

① 犁宫：系晓庄师范礼堂的名称，为一别致的竹架、茅草顶之建筑。
② 李楚材（1905—1998），江苏张家港人。为晓庄师范的第一期生，当时正受命创办晓庄中心小学。为解决小学生带弟妹来上学、影响他们上课的问题，特在小学班之外，又开设了幼稚班。
③ 此"回来"，系指辞去了南京市教育局普通教育科"指导员"之职，而专门任职于晓庄师范。

个师范生共做，约一星期。然后交给第一组两个学生做。又一个星期，换第二组做。以后第一组做一个月，第二组做一个月。在每月开始的时候，必有世璧与宗麟共同来指导一个星期。

到了五月里，忽然有一位男同学黄志成君，转到幼稚师范院，当然就到幼稚园里来。黄君非但有浓厚的兴趣，并且有慈母的心肠与儿童领袖的态度，所以在幼稚园里增加了不少生气。

不久在指导会议上议决，本校以后女同学，必须到幼稚园教学做三个月至半年，男同学可以选做三个月或半年。这样一来，于是小学师范院的女同学，也到晓庄幼稚园里去做了，这是暑期内的事了。因为我们不放暑假，所以与平时无异。

九月以后我校组织变更，世璧因承乏幼稚指导部主任，所以到晓庄来了；宗麟因为担任生活部事，所以减少到幼稚园去的时间。从此以后，每次教学做需要同学二人，时期三个月。到现在，恰恰是第一次"调防"。

四、全园概况

本园的产生是出乎我们意料之外的，所以我们只好借用别种房子。现有樱花村，本来指定做男生宿舍的，哪知道改做幼稚园倒也合用。一间大的，可以做儿童活动室；一间小的，做导师宿舍；另一间，做导师研究室；几间储藏室，就来做清洁室或储藏室。将来搬场，以前那间又可以做指导部办公室，并且离儿童运动场极近，所以环境上实在不错了（诸位切勿以理想幼稚园的建筑来比拟）。

幼稚园本来无所谓组织。两位同学交换做主任，交换做助手；园务，一位担任会计，一位担任庶务与保管；招待参观与伴着儿童玩的两件，每人每日轮值一件。

全园经费，十七年度经常费七十二元，特别费六十元，共计一百三十二元。大部分的用度，是添置工具与家具，儿童完全免费的。

儿童数不很多，只有三十几个，并且常常缺席的；常到的，只有二十个小朋友。

五、几种方法的释疑

本园是晓庄学校中心幼稚园之一,所以一切办法有统一性的。例如,怎样指导在园的师范生的方法,详于《怎样指导幼稚园教学做》一文;又如儿童生活状况,与《大江滨的乡村幼稚园》里的"阿燕的生活"一段相仿佛。这种情形,当然不必多重复了。现在有几种方法,大多数的参观客问的,不妨来说一下。

(一)为什么不放暑假与忙假

暑假是普通学校所有的,忙假是乡村学校特有的。这两种假,是乡村幼稚园都没有的。

农忙时所以不放假的理由,在本刊二卷四期陶先生《如何使幼稚教育普及》一文内,说得极透彻。暑期呢?一来也是农忙;二来暑期儿童在家里,多吃瓜果,多得疾病,所以不如到幼稚园里来。

不过暑期的活动稍稍改变,每天七时半开始,到十时半就散学(因为此间农民,习惯暑天十时半吃午饭)。儿童往往十一时半就来。从这时候起,到下午三时止,开消夏会。其中有午睡一事,买了几条起码草席子,铺在地上来睡的。还有随意唱歌、开留声机等快活工作。三时到五时,又继续做上午未了的活动,大约六时散学。

(二)为什么要有读法

我们也知道,四五岁的儿童以体力的活动为重,知识的活动次之。这几句话,在乡间就要变动了。

乡村儿童体力的活动很多,一切都是儿童自己动手,决没有个人代做的。到了八九岁,就到田里做农事工作去了。老实说一句,在现在中国人民经济状况之下,还谈不到四年的义务教育。

我们为着补救农村儿童不能入小学缺憾起见,所以在幼稚园里特设"读法"一门,并且有相当的重视。至于用什么方法,请参看《幼稚教育丛刊》

"读法"。

（三）为什么要注重故事

讲故事给儿童听，是训练儿童最妙的方法；请儿童讲故事，是练儿童发表能力最好的方法。乡村儿童讲话的能力，在组织上、语气上、成语上……比较要差些。讲话不流利，不能达意，不能使听众乐听，是人生最吃亏〔处〕之一。农友们忙于田间工作，当然少注意于这层，因此我们来注意。

我们所用的方法，可说是谈话。有时候没有蓝本的，不过把日常的活动拿来讲，讲得儿童快活、爱听。请儿童讲呢，也是请他们报告日常所遇到的种种。方法欲知详情，请参看宗麟等所做的《故事》。

（四）为什么注重音乐

幼稚园的材料，最缺乏的要算音乐。乡村中音乐材料极多，田里山上的农夫农妇，手中工作，嘴里高歌，是极好的音乐，但是往往不切乎儿童的。因此我们近来正着手搜集民间儿歌，搜寻到了就拿来试验。

这样一来，不是在表面上看起来极注重音乐吗？其实我们到现在，还不过一架风琴和几件中国乐器。好在唱山歌，倒并不在乎乐器之有无；山间采野花的时候，在草地上做工的时候，都可以唱的。

关于乡间儿歌，我们也有一个疑问，就是要不要有谱？因为我们所得的儿歌，大都是没有谱的；偶而得到一个谱，都是极好极好的。例如本校的《锄头歌》[①]《镰刀歌》[②]，真是人籁的绝响。但是搜集民间乐谱之难，比搜集儿歌不知难到几倍。这步工作倘若做出来，不独于幼稚教育有贡献，于纯粹音乐上或者也有不小影响。

[①] 《锄头歌》：亦称《锄头舞歌》，系陶行知作词，调寄流传于南京、溧水、金坛、江宁一带的栽秧民歌调而成。1929 年春，"晓庄剧社"在金陵大学礼堂演唱了这首歌曲，很快便流行于国内。

[②] 《镰刀歌》：亦称《镰刀舞歌》，系陶行知作词，调寄流传于南京郊外的山歌调而成。1927 年 12 月的歌词仅一段，1935 年百代公司将此歌灌制唱片时，由陶行知又增补了两段。此歌与《锄头歌》一样流行于全国。

次之是表情动作的问题。有歌必有舞，这大概是人类的普遍性。山歌也可以舞的（可以做表情动作的），儿歌大都可以与游戏联起来的；同时每个游戏，都可以缀上儿歌的。这步工作，我们也着手做了。游戏材料，除出随时搜集当地通行的以外，就用宗麟三年前搜集各省的游戏材料，一个一个的来试验。倘若以为可用的，就把他用文字写出来，将来或可成为幼稚教师的一助。

六、结论

只有十个月的历史，当然没有什么大不了的成绩。诸位要希望这个孩子长得好，还要大家都来帮助。现在我们把今后努力的方向，再来郑重说一下：

(1) 为晓庄附近的农家小孩子谋幸福！
(2) 为便利晓庄学校诸同志幼稚园教学做的地方！
(3) 创造试验中国乡村幼稚园的方法和材料！

前途如何，我们毫无把握。只有摸一段黑路，再来回想一段，再来向诸位报告一段。

怎样指导幼稚园的教学做？

（1928 年 12 月 30 日）

【题解】 本篇原载《乡教丛讯》第 2 卷第 24 期"幼稚教育专号"，发表时间为 1928 年 12 月 30 日。

有关《乡教丛讯》，参见前文《大江滨的乡村幼稚园———周岁的燕子矶中心幼稚园》题解。

本校到现在，有特约的幼稚园一所、[1] 自己办的幼稚园二所、[2] 幼稚班二处。[3] 有了这许多幼稚教育的事业，所以特设指导部。该部分职分部〔能〕，与小学指导部相仿。小学指导部的详情，已于本刊二卷第廿一期遗尘[4]先生一文内说得很明白，本篇不再多说了，请读者先参看那篇文字。

---

[1] 此"特约的幼稚园"，系指陈鹤琴主持办理的南京鼓楼幼稚园，张宗麟曾在该园工作、研究了近两年。

[2] 此"自己办的幼稚园"，一为燕子矶中心幼稚园；二为晓庄中心幼稚园。

[3] 此"幼稚班"，一为万寿庵中心小学附设幼稚班；二为和平门中心小学附设幼稚班。

[4] 遗尘：即潘遗尘（1902—?），亦作一尘，江苏人。早年任无锡开原第一小学校长。1925 年陶行知参观该校后，撰写了《无锡小学之新生命——开原乡立第一小学一日生活记》，发表在《新教育评论》上，因而名声大噪，该校后列名为"中华教育改进社特约乡村学校"。1927 年晓庄师范创设后，受聘担任该校小学指导部主任。1931 年任教于福建集美乡村师范学校，1933 年受陶行知之荐，担任广东百侯中学校长，将生活教育春风吹到岭南。次年回上海，协助陶行知办理"山海工学团"。抗战期间，任浙江云和县县长，为生活教育社理事、浙江分社负责人。著有《小先生制》，主编有《一个南方的普及教育运动》。

本篇只就指导的方法来说。本校现有幼稚园教育指导员二位又四分之一，① 因为宗麟大部分时间都费在生活部。有艺友四人、女同学九人、长期参观女同志三人、教师夫人一人，都是直接受指导的。其他男同学愿意赴幼稚园的，也有数人。如万寿庵、和平门二处，都是男同志办的。

鼓楼幼稚园是本校特约的幼稚园，她供给我们材料和研究方法。我们在相当时期也去工作，并且是学生实地教学做的场所之一。晓庄和燕子矶，都是女同学实地教学做的场所；男同志愿去的，得指导部主任的允许，也可以去的。这两处，都有指导员常驻的。

以上是本校幼稚园的事业概说，以下分几段来说明方法。

一、怎样指导艺友

（一）艺友是什么

中国什么行业都有徒弟的，无论医生、木匠、瓦匠……都通行。独有穿得文气十足的教师，因为耍架子、要面子，不肯〔从〕师做徒弟。这是教育界最大的弊病。

本校的艺友制，老实就是徒弟。因为徒弟不好听，所以改成此名。但是我们平日的名称，还是这样叫的。

（二）艺友制有什么好处

从做上学、从做上教，就是艺友制。从前师范生，在师范学了一大堆不相干的东西，毕业期到，出去做教师。在他做教师的第一天，就是他真真学习的第一天。所以从前学习的历程，不免是浪费。

本校"教学做合一"的学说，就是艺友制（另图24）的原则。她们不来

---

① 此"二位"，一为徐世璧女士；二为王荆璞女士。此"四分之一"，是指张宗麟自己。他此时担任晓庄学校生活指导部主任、晓庄教育局局长、《乡教丛讯》执行主编，所兼任的晓庄幼稚教育指导员，只是此四职之一。

晓庄过生活，只在小学或幼稚园过生活；她们除出自己看书以外，大部分时间就是与小朋友过生活。

艺友制最大的好处，就是一切生活都是教师生活。今日所做的，即是实际的技能，就是将来要用的。我们教育上最怕的，是所学非所用；社会上最不经济的，是所用非所学。艺友制最小限度的好处，可以免去"学""用"分家的弊端。

艺友制做了没有几天，就有人反对。理由是"教师工匠化""教师只有技术而无学识"。这两种说法，都有误会的。

另图 24　晓庄招收艺友广告

图片来源：1928 年 1 月 18 日《新闻报》

"工匠化"就看轻教师吗？人生长了双手，不会动、不会做，才是可耻。做工难道可耻吗？老实说，教师就是职业之一种，从事职业的人都是劳工。教师原本是工匠，还有什么化不化呢？"劳工神圣"之论，大概我们不至于否认罢！

次之是，"只有技术而无学识"之论，似乎也不是艺友制之弊，从前的徒弟制确有此弊。细考徒弟制所以有此弊之故，因为师傅对于他的技艺，是知其然而不知其所以然，因此也就不告诉徒弟以所以然了。例如做中国旧式雨伞的人，终是这几根骨子，不肯加多或减少，那就拘束起来了。教师到了这个地步，那真是"教书匠"。艺友制决不会发生此弊，导师与艺友，事事用研究的态度，处处是平等的精神，常常讨论为什么要这样这样的。不过所讨论的，限于某种职业（教师技能），不及旁技。换一句说，就是减少了许多课堂生活与中学化的师范课程就是了。所以对于某种职业上，只有研究得愈加细、愈加精、愈加彻底，不会有"知其然而不知其所以然"的弊病。

（三）本校指导艺友的步骤

本校自从决定招收艺友以后，就想方法做。先后收到幼稚园艺友四人，拨在燕子矶幼稚园里。这样前无古人可以参考的方法，做起来不免要特别小心。我们分下列几步来做的。

第一期——这期况〔以〕实地参加幼稚生各种活动、做一个儿童的领袖为主。初来的艺友，不问他怎样，给他一个座位，叫他做幼稚生；唱的时候同唱，游戏的时候同游戏，吃点心的时候同吃，认字的时候也同认……这样做了一个月，才做第二步。

第二期——初进幼稚园的艺友，真是像初到外国一样，什么都是新的。给他这样做了一个月，他知道幼稚园活动是这般如此的，那么他需要了解为什么要这样了。这时候，指示他几种极简单的方法。例如讲故事的简明点，认方块字的变化法，带小朋友在地上玩的应注意诸点。他得了方法，就看时机，给他一群小朋友去试做。试做以后，当天或几天来讨论一次，问问有什么困难，应该怎样改进。

同时有几种基本技能也开始了，例如唱歌、布置室内等工作。关于这步工作，与原有的能力大有关系。我们这次所收的艺友，都是小学毕业生，所以训练的时候很费力。但是因为他们有急切的需要而练习，所以进步也很快。这期时期〔间〕至少有半年。

第三期——这期里，还是继续做各种基本技能的练习，一面又在幼稚园里实地做。这个时期的做，与前期有些不同了。就是导师常常放手，只和他们定一个活动的大纲，给他们找材料的方向。他们找到材料，依着预定的大纲，在那里自己作主地干，导师在旁边看。

干了以后，再来开会讨论。只有做，不去对照别人，会变成孤陋寡闻的，所以这期有一个重要工作是参观。参观，有本校各中心幼稚园互相的参观，到庄外去参观。在参观去以前，导师有一次谈话，指示某处可以看到什么，这次大家集中看什么。参观回来以后，有一次谈话，用对比的方法来讨论，我们幼稚园应该改进诸点。

第四期——我们艺友制才做到第三期，本期不过是预定计划。

在这期里，每两个艺友，担任整个幼稚园工作二个月，导师完全处于旁观地位。每星期开讨论会三次：其中一次是预定下周活动大纲，指示材料所在地、方法所在地；其余二次，都是讨论做过的情形。

没有轮到的艺友，做搜集材料的工作。因为我们知道，将来出去实地做教师的时候，没有充分的材料，是一件极窘的事，所以就在这个时候搜集。搜集得以为好的，就在幼稚园里去试验。好在我们幼稚园不止一所，晓庄和各处都可以去的。

在这期里，我们预备多谈些原理上的话。这些话，当然是依着当时发生的事实而演绎出来的，所以读书的分量也要特别加多。

总共四期合起来，大约要一年半以上，或者延长至两年。四期以后，我们还不给凭证，要看她出去做事的成绩，经过半年或一年以后，我们去考察实地情形如何，再给以凭证。

二、怎样指导师范生在幼稚园里的工作

本校"教学做合一"的原则，是广义的艺友制，所以一切指导方法与前项相仿。不过因为师范生要在师范本部过共同生活，所以初来的时候是"校务教学做"，然后是"幼稚园教学做"。

（一）幼稚师范院教学做草案

该草案共分二十四项，其中文牍、编辑、整洁、会计、庶务招待、烹饪，都是校务教学做，都在师范里做的。[①] 不过每人因为兴趣的关系，除规定必须做的以外，其他如文牍、编辑、庶务、会计可以选择的。竟有选了一件，可以做半年的。此外一切教学做，都在幼稚园里做的。到幼稚园里去做的很多，他的大纲如下：

（1）儿童活动。如故事、音乐、游戏……

（2）园务。如设备、整洁、材料采办、银钱出入、招待……

（3）社会活动。如社会调查、妇女运动等。

（4）儿童养护。如医药、卫生等。

---

① 此"师范"，系指晓庄师范校本部，也称"后方"。后文所言"幼稚园"，也称"前方"，即实习、实干之处。在晓庄师范的学习，即通过前后方的定期轮换来进行的。

（二）怎样分配时间

女同志初入校，先在师范部过三个月以上的共同生活，做校务教学做，然后依着前方幼稚园的需要分配出去，大都是二人合办一个幼稚园。

初到园的时候，由指导员担任儿童活动，他们做小朋友一切的活动。除此而外，担任园务与社会活动。这样过了两星期，然后指导员退在旁观地位，他们来做导师。这时候，当然更加忙了。

如是做三个月，作为第一期满期。再退到后方来，经过半年或三个月，再到前方去。这样合起来，至少有一年的时期在幼稚园里。

（三）让她们蛮干吗

不是的。我们虽然指导员少，又加以别的工作太忙；但是于实地在前方工作的同学，极力注意的。和她们共同工作的有下例〔列〕数事：

（1）讨论会。每星期有二次以上的讨论会。其中一次是预定下星期的活动大纲，并指示参考材料；其他数次，讨论教学做的实地情形，并介绍新方法，讨论后方交来的新材料来做试验。

（2）教学做示范。有许多新材料与方法，往往要示范的。这时候并不是学生与指导员、小朋友分离的，是合在一块儿干的。有时候，指导员站在小朋友队伍里；有时候，同学站在小朋友队伍里；有时，竟以同学为小朋友来做，再翻转来请指导员做小朋友、同学做导师来做。

（3）指示读书。"做什么事，用什么书"，这是本校读书的信条。在"前方"的同志，当然要读书。所读的书分两类：一类是预先规定的；一类是临时指导的。书单详后。

（4）做试验。后方同志或其他机关研究所得的，我们往往拿来做试验的。这种试验，都是指导员与同学共同来做的。

（四）做些什么

他们在前方是极忙的，每天朝晨七时就要到园，讨论当天的活动；八时左右，小朋友来了，于是带着小朋友做整洁工作；以后做种种设计活动，直到十一点半，都是带着小朋友共同工作的。下午一时开始到四时半，也是如此。小朋友回家去了，他们就来写儿童日记，搜集应用材料，有时候还要开讲座会，余下来的时间来看书。

（五）一段经过的事实

上方所讲的方法，不是一跳就干到这样，其中经过好几个时期。

最初有四个人同时到园，同做幼稚园一切活动。过了两星期，感觉到不分工、不专责，效率小极了。

第二期，是每二个人担任一星期，比较好些了。但是其他二人有些不方便，并且做的人只有一星期，也做不出什么来。于是再来变。

三期是每二个人担任一个月，此法好得多了，同学的兴趣也增加了许多。大家都有在此一月中，必定做些成绩出来之努力，所以那期的成绩很好。

最近变为三个月为一期，在时期上或者还嫌太短。不过因为幼稚园数不够分配，到此已不能再变了。将来幼稚园增多的时候，又可以延时期。不过无论如何，他们在园的总时期至少有一年。

我们无论怎样变方法，从来没有变过分科担任，[①] 这是一个幼稚教师最重要的秘诀。幼稚教师实在要件件拿得起来的，尤其是乡村幼稚园，哪里请得起几个导师来分科呢？

三、参考书

这几本书，是幼稚园方法上的一部分的参考书。至于搜集儿童活动的材料参考书，本节不及写。

（1）《幼稚教育丛刊》十二本，已出版四本，张宗麟、陈鹤琴；（2）《幼稚教育概论》，张宗麟；（3）《幼稚教育专号》，《教育杂志》；（4）《儿童教育月刊》，本校等；（5）《幼稚园课程之研究》，唐毅；（6）《幼稚园的研究》，张雪门；（7）《幼稚园教育》，王骏声；（8）《实际幼稚园学》，陈华；（9）《家庭

---

① 此"分科担任"，指实行"科任教师制"，即由一位教师专门担任一门课程。

教育》，陈鹤琴；（10）《前期儿童教育》，董任坚；（11）《近代教育家及其理想》，唐毅；（12）《爱的教育》，夏丏尊；（13）《明日之学校》，朱经农；（14）《美国幼稚教育》，赵宗预；（15）《蒙得梭利教育法》，但焘；（16）《一个小学努力十年纪》第一段，东大附小；（17）《鼓楼幼稚园概况》；（18）《乡教丛讯·幼稚园专号》。

此外，杂志上文字临时指导。又有二本英文书，极浅近，亦极重要，所以也希望大家都能用的：（1）Parker：*Unifying the Kindergarten and First Grade Teaching.*① （2）A Canduet of Curriculum in Kindergarten and First grade.②

---

① 所载英文为作者和书名，可译为帕克：《统一幼儿园和一年级教学》。
② 所载英文为书名，可译为《幼儿园和一年级的课程实施》。

幼稚园课程暂行标准

（1929年3月）

【题解】 本篇原载《教育杂志》第31卷第10号"附录栏"，撰成时间为1929年3月，发表时间为1929年10月20日。原发表时题下标明"十八年八月教育部公布"。

1928年6月，应陈鹤琴约请，张宗麟参与《幼稚园课程标准》的起草工作。由于该标准是以鼓楼幼稚园前此所进行的课程试验成果为基础，所以在制订中张宗麟致力尤多。其间，对其提交的标准草案进行了多次讨论、修订。1929年3月23日下午，在教育部召集之"中小学课程标准委员会"会议上，受命对《幼稚园课程暂行标准》进行"总整理"。同月底，将草案定稿油印分送"课程委员会"各委员，再提交教育部审定。

在1932年9月出版《幼稚教育论文集》中，附录有此"暂行标准"，并专附《为幼稚园课程标准尽力的人员》（以姓氏的笔画的多少为排列的次序）。具体内容为："起草者：甘梦丹、胡叔异、张宗麟、陈鹤琴、葛鲤庭、杨保康、郑晓沧；参加意见者：金海观、俞子夷、马客谈、蒋息岑；总整理者：吴研因、胡叔异；审查通过者：中小学课程标准起草委员会；鉴定者：教育部部长、次长。"在起草者中，无疑以陈鹤琴、张宗麟致力为多；若依该标准的内容而论，大多则为张宗麟在鼓楼幼稚园的试验成果。

发文单位教育部，为中华民国中央教育行政管理机关。设立于1912年1月。首设于南京，后迁北京。首任教育总长为蔡元培，其后范源濂、汪大燮、汤化龙、张国淦、汤尔和、傅增湘等相继担任是职。南京国民政府成立后，一度改行大学院制。1928年10月废止大学院制、恢复教育部制，并将"教育总长"更名为"教育部长"。

有关《教育杂志》，参见前文《儿童的观察能力及其教育的功效》题解。

第一，幼稚教育总目标

(1) 增进幼稚儿童应有的快乐和幸福；
(2) 培养人生基本的优良习惯（包括身体、行为等各方面的习惯）；
(3) 协助家庭教养幼稚儿童，并谋家庭教育的改进。

第二，课程范围

（一）音乐

1. **目标**

(1) 满足唱歌的欲望；(2) 启发并增进欣赏音乐的机能（包括口唱和乐器的两种）；(3) 发达节奏的感觉，并训练节奏的动作；(4) 发展亲爱、协同等的感情；(5) 引起对于事物（如猫、狗，耕田、洗衣之类）的兴趣。

2. **内容大要**

(1) 以下各种歌词的听唱、表情：(a) 关于家庭生活的；(b) 关于纪念和庆祝的；(c) 关于时令和节日的；(d) 关于自然现象的；(e) 关于习见的动植物；(f) 关于日常工作的；(g) 关于爱国的；(h) 关于社交的；(i) 关于表演用的；(2) 节奏的听和演作；(3) 通常乐（小锣、小鼓、小木鱼等都可应用）、音的欣赏和演作（如听音起、坐、立、行等）；(4) 歌的试行创作。

3. **最低限度**

(1) 唱歌的声音清晰，拍子大致无误。(2) 对于简单的律动（如快、慢、高、低等），有辨别和反应的能力。（3）明了四首以上歌词的意义，并能表情。(4) 有独唱两首简单的歌词的能力。

（二）故事和儿歌

1. **目标**

（1）引起对于文学的兴趣；（2）发展想象；（3）启发思想；（4）练习说话，增进发表能力；（5）发展对于故事的创作能力，培养快乐、高尚和爱等的情感。

2. **内容大要**

（1）以下各种故事的欣赏、演习（如口述、表演、发表、创作等）：(a) 神仙故事；(b) 民间传说；(c) 物话〔语〕；(d) 历史故事；(e) 笑话；(f) 寓言。（2）各种故事画片的阅览。（3）各种有趣味而不恶劣的儿童歌谣、谜语的欣赏、吟唱和表情。

3. **最低限度**

（1）能述说四则最简单的故事，而意思很明了；（2）能创作一则最简单的故事，而有明显的内容。

（三）游戏

1. **目标**

（1）顺应爱好游戏的自然性向，而与以适当的游戏活动；（2）发展粗大筋肉的连合作用，并训练感觉和躯肢的敏活反应；（3）训练互助、协作等社会性。

2. **内容大要**

下列各种游戏的练习：（1）计数游戏（如抛掷皮球等，可兼习计数）；(2) 故事表演和唱歌表情的游戏；（3）节奏的（例如听音而作鸟飞、兽走等的游戏）和舞蹈的游戏；（4）感觉游戏（如闭目摸索、听音找人等，练习触觉、听觉、视觉等的游戏）；（5）应用简单用具（如秋千、滑梯等）的游戏；(6) 模拟游戏（如小兵操、猫捉老鼠等的模拟动作）；（7）我国各地方固有的各种良好的游戏。

3. 最低限度

(1) 能参加群儿的集合，成行成圈而觉协调；(2) 能使用园中所设备的三种以上游戏器具；(3) 知道游戏的简要规则。

（四）社会和自然

1. 目标

(1) 引导对于自然环境和人民活动的观察，并培养其兴趣；(2) 增进利用自然、满足生活、组织团体等的最初步的经验；(3) 引导对于"人和社会、自然的关系"的认识；(4) 养成爱护自然物和卫生、乐群等的好习惯。

2. 内容大要

(1) 关于衣、食、住、行等生活需要、卫生方法，以及家庭、邻里，商铺、邮局、救火组织、公园，交通机关等社会组织的观察、研究。(2) 日常礼仪的演习。(3) 纪念日和节日（如元旦、国庆、总理忌辰诞辰，五九、五卅，以及其他令节）的研究、举行。(4) 身体各部的认识和简易卫生规律（如不吃担上的糖果、不吃杂食，食前必洗手、食后必洗脸，不随地便溺、不随地吐痰，不吃手、不用手挖耳揉眼，早睡早起、爱清洁等）的实践。(5) 健康和清洁的查察。(6) 党旗、国旗、总理遗像等的认识。(7) 习见鸟兽、虫鱼、花草、树木和日月、雨雪、阴晴、风云等自然现象的认识、研究。(8) 月、日、星期、日子和阴、晴、雨、雪等逐日天象的填记。(9) 附近或本园内动植物的观察、采集，并饲养或培植。(10) 集会的演习（以养成公正、仁爱、和平的态度、精神为主）。

3. 最低限度

(1) 认识自己日常生活所用的主要衣、食、住、行各项物品；(2) 略知家庭、邻里、商铺、工场、农田以及地方公共机关作用；(3) 知道四肢、五官的机能、作用；(4) 认识家禽、家畜及五种以上植物，并太阳、风雨的作用；(5) 认识总理遗像和党旗、国旗；(6) 对于师长、家长有相当的礼貌；(7) 有爱好清洁的习惯。

（五）工作

1. 目标

（1）满足对于工作的自然需要。（2）培养操作习惯，增进工作技能，并锻炼感觉能力：（a）发育粗大的基本动作，以为后日精细动作发育的基础；（b）使身心的各种动作常常有表演的机会。（3）训练关于群体的活动力。例如：（a）自信、自重、坚忍、专心、勤奋、互助、热心、服务等的精神；（b）自动的能力；（c）领袖才能和服从领袖的精神；（d）批评能力和接受批评的度量；（e）不浪费时间和材料的习惯；（f）遵守秩序的习惯。（4）发展智力：（a）锻炼思想；（b）培养发表、创造、建设的能力；（c）发展欣赏能力。

2. 内容大要

由儿童各随所好，实做以下范围内的任何工作：（1）沙箱装排——在沙盘、沙箱等中，利用各种玩具、物品，堆装、观察、研究过的许多立体的东西。如村舍、城市、山景、园景、江河、动物场、植物园或其他模型等。（2）恩物装置——用大小积木，装置成房屋和其他建筑物等。（3）画图——自由单色画或彩色画。彩色画，可用各种现成图物，使儿童自己设色；或用自己所制的图物，施以彩色。（4）剪贴——用剪剪各种图形，或以纸折各种物件（如桌、椅之类）；或将剪的、摺的、撕的图形，用浆〔糊〕粘在纸上；或用纸条织成各种花纹。（5）泥工——用泥做成模型。如桃李、杯盘、糕饼等类，并研究泥的性质等。（6）缝纫——缝纫的动机，大概由玩弄玩偶而来。如装饰玩偶的房屋，或为玩偶做小衣服、小被、小窗帘等。这种工作，应由年龄稍大的担任；年龄较小的儿童，可用硬纸刺孔，成为苹果、萝卜或猫、狗之类，让他们用颜色线穿编。（7）木工——用简单木工器具。如锤、锯之类，并能计划做成几种简单的玩具模型（如床、桌、椅、秋千架等）；而且知道，做的方法和顺序（例如做一桌，知道四脚应一样长，桌面和脚的比例应相当，四脚应钉在桌面之下等）。（8）织工——能用最粗的梭织线带等。（9）园艺——种菜、种豆、种普通花卉等。

附注：以上各种工作最好都有，但可视环境的情形而选择，并可视儿童的需要而增设其他工作。

3. **最低限度**

(1) 能独做简单的工作而不求助于人；(2) 能爱惜工具和材料；(3) 能整理工具、材料、作品和安置工具、材料、作品的地方；(4) 能保持地上的清洁；(5) 能不弄脏身体和衣服；(6) 能用铅笔、毛笔或蜡笔；(7) 能用剪刀；(8) 能选择颜色；(9) 能排列图形；(10) 能种活一两种蔬菜或花卉。

（六）静息

1. **目标**

(1) 直接的，满足精神康健；(2) 间接的，增进精神活动的效率。

2. **内容**

(1) 静默——仿照蒙台梭利的办法，举行定时的静默。听得某种声音符号后（或振铃，或用某种音调的声音），都须端坐。教师指导值日儿童，取静牌（灰色黑字牌）竖在黑板边上；同时观察，有无不静默的儿童。等到大家静了，然后叫大家闭起眼睛来。这时：(a) 或合掌把头垂下，支颐休息；(b) 或隐几而卧；(c) 或就桌而睡。教师退处一隅。两三分钟后，再作一种声音符号，使大家仰起头来。声音符号行了一两个月后，也可以变换。有时可参入游戏的意味，时间可逐渐加长。例如：教师于一室人静后，退到别一室去。隔二三分钟后，以和悦的声音叫一个儿童的姓名。被叫到的儿童，便飞也似的跑到她的怀里，然后再叫另一个儿童的姓名。一一如法跑去，直到人走完了为止。这点游戏，或者可称为《飞燕归巢》。事前可向儿童说明。静息功课，在蒙氏儿童院中，每天不止一次。如定一天一次，以在十时左右（吃小点者，可在十时后）为最相宜。(2) 静卧——凡行全日制的，最好为各个儿童备卧具。午饭后，退休静卧。凡小儿童，应睡二小时以上；年龄较大的，睡一小时半。醒时，不当扰及他人（按：英国新式幼稚园，对于此点极为注重）。

（七）餐点

1. **目标**

(1) 适应需要——儿童食量小，所以进食时间的距离须短。自早餐至午刻，有五时之久。中间，一定需要少许饼饵之类充饥。(2) 练习饮食时所应有的礼节。（3）养成饮食应有的清洁习惯。

2. **内容**

每日上午十时左右，每儿食适当的食品（山芋、饼干之类）和饮开水一杯（经费宽裕者，可用牛奶代水，或吃水果少许）。

第三，教育方法要点

（1）以上所列各种活动（音乐、游戏、故事和儿歌、社会和自然、工作等），于实际施行时，应该打成一片，无所谓科目。打成一片的方法，应该以一种需要的材料（应时的，如三月的植树节、十月的国庆、秋天的红叶、冬天的白雪等；在环境内发现的，如替玩偶做生日、公葬某种已死的益鸟、开母姊会等），做一日或两三日内作业的中心。一切活动，都不离乎这个中心的范围。

（2）幼稚儿童每天在园的时间，全日约六小时。在都市有特殊情形的幼稚园，可用半日制，每日上午约三小时。中间，除定时餐点、静息，和全日制的中午停止作业、进午餐和定时静卧外，各种活动，不可呆板的分节规定（如每时应教何种功课）。但是，教师应该胸有成竹，在繁重作业之后，引导儿童作轻便的活动；在桌间作业之后，引导儿童作户外的运动……并可相机在某种活动之后，间以几分钟的休息，以调节儿童的身心。

（3）各种作业，可由儿童各从所好，自由活动。但是团体作业，每日也应有一次。由教师用暗示法，吸引儿童共同操作。当团体作业时，如有少数儿童不愿参加，不必强迫。

（4）故事、游戏、音乐、社会和自然，大部分都可由教师引导，施行团体作业；工作，则大部分应该由儿童个别活动，由教师个别指导。——此等活动，可将全部作业，分为若干项目（例如图画、剪贴、积木……），由儿童分组合作，分工活动。

但须注意二事：（a）分组，以两三人为一组，合作一事为最有效。（b）分工，儿童往往未做完这事，又去做那事，或半途而废，或苟且塞责。教师应该训练他们，使他们有责任心。训练的方法，或用表记录：能做完成的，与以奖的符号，否则与以戒的符号；或对做完成的表示好感，对未做完成的表示冷淡。

（5）教师应该充分的预备，以免临时困难。预备的事项，应该随儿童活动的趋向而定。例如，在国庆纪念的活动之前，教师对于儿童在国庆纪念的活动中，预料应有若干问题和事实发生，就应该向这一方面搜集材料、准备技能……以便应付。

（6）教师所提出以引导儿童活动的材料和指导儿童活动的方法，以及一切进行……都须体察儿童的心理，切合儿童的经验。

（7）幼稚教育所用的材料，不是空话；而是日常可见、可接触，至少可想象的实物、实事。幼稚教育所用的场所，不限于室内；而须以户外的自然界、家庭、村、市、工商业……为最好的活动之地。

（8）幼稚园的设计教学，须注意如后各点：（a）从儿童自由活动中，发现设计的题材（例如一个儿童在沙箱中栽种白菜，教师发现后，便可集合许多儿童设计种菜）。这是设计教学中一个很好的机会，应该利用。（b）在设计中应有的一切活动，应该早就体察儿童的能力，把儿童不能做或做不成功的部分省去；以免儿童因不能做而废止，或因中途失败而懊丧。（c）设计的材料，以易达目的、易得结果的为最好。在一个设计中，又须分为许多小段落。每一小段落，有一小目的，可得一小结果。那么儿童照着做去，得达目的，得有结果，也自然发生兴趣而自肯努力了。万一整个的设计做到中途，而多数儿童的兴趣已转移了，那么教师也可把这个设计放下，便从事于多数儿童兴趣所在的设计。等相当的时机到来，再行设法继续。

（9）教师是儿童活动中的把舵者，要使儿童跟着他的趋向而进行。在未达目的前，不要改变宗旨。所发的暗示，也当一贯而不杂乱。在儿童既反应而未到完成时，不可再有另一种的新暗示。

（10）教师是最后裁判者。儿童的问题，应由儿童自己解决。到儿童的确不能解决时，教师才可从旁启发、引导。

（11）教师应利用奖励，以鼓励儿童对于某种作业的兴趣。幼儿的奖励，以言语和玩具的赠与为最有效，标帜、符号等的奖励次之。奖励所应注意的：（a）奖励不可常用，常用则滥而失效；（b）在群众中优胜，固然当奖；个人前后比较而突然有进步的,也应该奖励。

(12) 有几种技能,应该用"练习"的方法,使儿童纯熟。练习必须顾到的条件如后:(a) 时间应该短,以保持儿童对于练习的兴趣和注意。(b) 次数的分配,应该合于分布练习的原则(开始时,每天在一定的短时间内连续练习;熟后,乃间歇练习;纯熟后才停止)。(c) 练习所用的材料,须估计其有无真正价值;不必练习的,不可枉费工夫。(d) 练习的方法,须查考其是否最优良:误用了方法(例如不用实物,而练习抽象符号),也一定劳而无功。(e) 练习时,不但要注意儿童所表显的成绩;并且要注意,儿童所用的方法是否合宜。不合的,一定要随时矫正。

(13) 园中的事务,凡儿童能做的,如扫地、揩桌子、拔草、分工管理园具等,应充分的由儿童去做。

(14) 每半年,举行"体格检查"一次;每月,举行"体高体重检查"一次;每日,举行"健康并清洁检查"一次(法详小学卫生等科课程标准)。儿童身体上的缺陷和各种疾病,教师应该设法补救。教师不但应有母亲和师长的智能,并且须具有看护的身手、治病的常识。

(15) 教师对于儿童的身体、性情、好尚,以及家庭、环境……都应注意。最好备一本小册子,将观察所得的记录起来,以为研究和施教的资料。

(16) 教师应该常常到儿童家庭去,或请家长到园中来……尽力联络感情,宣传幼稚教育和家庭教育的方法。

(17) 幼稚园除利用户外的自然和社会外,依后列标准设备一切:(a) 要合乎我国的民族性。我国的民族性,是诚朴、坚忍,和欧美、日本不同的。幼稚园的设备,不必过于华美,而须注意坚固;不必多取洋式和舶来品,而须尽量中国化。(b) 要合乎当地社会情形。我国地方辽阔,都市、乡村,南方、北土,富饶地、贫困区……社会情形各各不同。幼稚园的设备,应该多取当地常见的物品,而不和社会的实际情形分离。(c) 要适应儿童的需要,要体察儿童的生理状况、心理状态、生活情形,随其需要而设备;量不宜太简陋,期够用;质应便于儿童,以求适用。(d) 要不背教育的意义。积极方面要:可以发展儿童创造力和激引儿童想象力的;可由儿童自己使用,并自己装置或拆开的;可以引起儿童的兴趣和美感的;可以引起儿童的情爱的;

可以发展儿童的智力的；有益于儿童身体的。消极方面要：有碍卫生的不取；要发生危险的不取；儿童不感兴趣的不取；非儿童所能应用的不取；有损美观的不取。(e) 要利用废物、天然物和日用品。废物如旧书、旧报、破布，无用的玻璃片、玻璃瓶、布片、破碗片……天然物如果核、树叶、花瓣、种子、蛤壳、贝壳、鸟羽、石子……日用品如肥皂、洋蜡……都可利用了，做成教育用品、装饰品和作业材料等。这不但省钱，并可启发儿童的创造力。

随文附录一：幼稚教育课程委员会议

大学院组织之中小学课程委员会，关于幼稚教育课程，议决另组幼稚教育组课程委员会。除原有委员外，并请专家加入讨论研究，委托委员胡叔异召集开会。该会已于二十五日，在南京女子中学实验小学中心幼稚园开第一次会议，出席者杨保康、张宗麟、郑宗海、甘梦丹、胡叔异、葛鲤庭、陈鹤琴（张宗麟代），由郑宗海主席、胡叔异记录。

一件，胡叔异报告大学院委托本委员会之任务及今后之工作。

一件，议决取消前拟之幼稚教育作业四要项（游戏、研究、工作、谈话）。

一件，议决幼稚课程如后：(1) 自由作业，包括形艺及工艺（烹任、缝纫亦在内）的制作和欣赏等；(2) 人生自然，包括社会生活和自然界等；(3) 音乐，包括节奏、欣赏、唱歌、乐器、创作等；(4) 游戏，包括有组织的游戏及自由活动的游戏；(5) 故事，包括读听，有时佐以表演等；(6) 静息，包括闭目静默或安卧，总期全体精神弛缓（例如为全日制的幼稚园，午饭后有一小时之安睡）；(7) 餐点。（关于读法、数目等知能，得于上列各课内有相当机会随时教授之）

一件，议决请杨保康、甘梦丹、张宗麟、葛鲤庭四位先生，预担幼稚儿园课表数种，备将来开会讨论。

一件，议决推定各科起草员：(1) 音乐，甘梦丹；(2) 游戏，余选青；(3) 故事，胡叔异、张宗麟；(4) 人生自然，张宗麟、葛鲤庭；(5) 自由作业，杨保康；(6) 静息，郑宗海；(7) 餐点，杨保康。

一件，议决十一月上旬再集会一次。

原载 1928 年 10 月 29 日《申报》第 11 版

随文附录二：《幼稚园、小学课程标准》编订经过

《幼稚园、小学课程标准》，由教育部聘任专家，组织委员会，主持其事。计自十七年十月起，至二十一年十月，经过下列的四个时期，才得编订完成。

第一，起草整理时期

由教育部聘任各专家，组织中小学课程标准起草委员会。于十七年十月起，约合幼稚园及小学各科研究有素者，分别担任起草、整理、审查、修订。到十八年十月，起草整理完成；由教育部令行各省市，作为"暂行标准"试验推行。计尽力于这时期工作的，有下列诸先生：

幼稚园课程暂行标准（以姓氏笔划多少为序）——甘梦旦〔丹〕、吴研因、金海观、胡叔异、俞子夷、马客谈、张宗麟、陈鹤琴、葛鲤庭、杨保康、蒋息岑。

小学课程暂行标准——

国语：吴研因、施仁夫、孙世庆、陈飞霞、赵欲仁；

社会：任桐君、吴研因、金海观、季禹九、胡叔异、胡宣明、马客谈、盛朗西、赵士法；

自然：王莹若、朱聂旸、吴研因、李鼎辅、金润青、胡宣明、马客谈、徐允昭、张雅焕、赵士法、潘平之、蒋息岑；

算术：沈百英、金桂荪、俞子夷、杨嘉椿；

工作：王华国、尹伯丞、吴研因、周尚志、熊鬻高；

美术：宗亮寰、徐慕兰；

体育：朱士芳、吴蕴瑞、沈寿金、孙征和、杨彬如；

音乐：何明斋、吴研因、程懋筠、陈郇磐、顾西林。

全部参加意见者：朱经农、江景双、吴研因、沈百英、金海观、周尚志、俞子夷、胡叔异、施仁夫、马客谈、张宗麟、高君珊、曹守逸、孙世庆、雷震清、杨嘉椿、郑宗海。

第二，试验研究时期

由教育部训令各省、市教育厅、局，组织研究会，并指定学校，研究试验。限期，于十九年六月以前，开具意见呈部，以供参考。去后，各省、市

都遵令试验研究。

但到了十九年七月，各省、市并无意见呈部，且有请延展试验研究期限的。乃由部通令，延长试验研究时期一年，限于二十年六月以前，将结果呈部备考。到了二十年六月，各省、市把试验研究的结果，呈报到部的，有如下各区：

(1) 浙江省教育厅；(2) 江苏省教育厅；(3) 南京市教育局；(4) 上海市教育局；(5) 广东省教育厅；(6) 热河省教育厅；(7) 吉林省桦甸县教育局。

余如江苏各实验小学，也多有意见送来；浙江省教育厅，并将所属各校试验结果，详细具报，意见尤多。

第三，修改订正时期

教育部以"前中小学课程标准起草委员会"，有变更必要，乃于二十年，另行聘任专家，改组为"中小学课程及设备标准编订委员会"，从事汇集各方意见，研究修订。

计于六月十八日起，开大会及各组审查修订委员会，共三日。将幼稚园和小学各科标准，大致决定。并将未完成工作，分别推员担任。到七月二十、二十一，又开大会及审查会两日，将各项标准议决，交由常务委员整理。

计尽力于这时期工作的，有下列诸委员：

王晋鑫、江景双、朱文叔、朱葆勤、吴研因、沈百英、沈雷渔、李清悚、李晓农、易克樃、林端辅、胡叔异、胡颜立、施仁夫、俞子夷、马客谈、倪祝华、徐逸樵、翁之达、陈鹤琴、张国仁、彭百川、赵迺传、赵廷为、蒋息岑、郑鹤声、薛天汉、戴应观、谢树英、魏冰心、罗迪先、顾树森。

此外，因各科标准的研究问题，并经下列诸先生参加意见：

社会：赵钲铎、蒋子奇；

音乐：王允功、唐学咏、萧友梅。

此次标准的修订，除《幼稚园课程标准》更动极少外，《小学课程标准》和暂行标准不同之点，约述如下：

(1) "党义科"不特设，将党义教材，充分融化于"国语""社会""自然"等各科中。

（2）将暂行标准"社会""自然"两科卫生部分划出，另行订定"卫生"科课程标准。

（3）改"工作科"为"劳作"科，并将"商情"部分删除；"商情估价作业"，纳入于"算术"等科中。

（4）"社会"科中，加入"公民"教材，并修正其内容。

（5）各科内容和文字上，都有所修正。

（6）另定"总纲"，以为各科标准之冠。

第四，编订完成时期

在第三期修改订正之后，本来就可颁行。不幸，部、次长审核未完，而"九一八"事变继至。这项标准，便也只好暂行搁置。

今年朱部长到部后，觉得课程标准关系重要，还须加以整理、编订。因此又重新聘委员，加以审核修改。计自八月一日至八月五日，共开大会五天，将此项标准编订就绪。后来，朱部长觉得，《小学国语课程标准》尤关重要，又聘请文学专家，详为审核。

计自九月二十六日起开会两天，把《小学国语课程标准》再加上一番磨琢工夫（《读书教材分量支配表》，就是在这次审核中拟定的）。

《小学公民训练标准》，八月开大会时，只有一个草案，整理后分发各委员审查；到十月六日，乃集合在京委员，开会讨论。计开会两天，这项标准，也就大致完成了。

尽力于这时期的工作的，为下列诸君：

全部课程标准参加者——

王晋鑫、吴研因、李清悚、易克橒、胡颜立、胡叔异、施仁夫、徐苏恩、马客谈、陈鹤琴、蒋息岑、薛天汉、顾树森。

《小学国语课程标准》审核者：周予同、夏丏尊、赵景深、顾均正、顾树森。

《小学公民训练标准》参加者（除在京各委员外）：王万钟、沈子善。

此次标准，和上次不同的：

（1）增加《公民训练标准》，就是《小学训育标准》。因为小学不特设公民和修身等关于道德训练的科目，所以增加这项标准，以为公民训练的依据。

(2) 删去毕业最低限度。因为原来的毕业最低限度，有的不具体，有的太主观，所以主张暂行删除。将来制定标准测验或量表后，暂行另定较客观的限度。

此项标准编订完成后，并送请部长鉴核。由部长、次长细细地修改过一次。虽不能说毫无缺憾，但由一百多人起草修订，经全国各地方的试验、研究，历时四年之久；又经许多委员的研究、讨论，才得完成，也可以算是近年来初等教育方面最重大的工作了。

可是，课程是应该不断的改进的。所望全国教育界，共同研究，以期于施行几年之后，再行编订出一种更完善的课程标准来！

教育痛哭流涕中，小学课程及设备标准编订委员会常务委员谨志。

二十一、一〇、二〇

原载《浙江教育行政周刊》第4卷第14期，1932年12月3日

解放儿童

（1929年11月中旬）

【题解】 本篇原载《新闻前锋》第4期，讲演时间为1929年11月，发表时间为1930年1月31日。原发表时文前写有："是篇系张宗麟先生领导晓庄同志赴常州参观时，应当地教育团体之欢迎会，在恺乐堂之演讲词，由徐君鸿仪笔记。因事关儿童幸福，特为介绍于此。刘琼瑶附志。"此行由张宗麟带队，所率为吉祥学园师范生10数人，于1929年11月中旬启程，历无锡、常州、武进、丹阳等处，历时10余天。

《新闻前锋》，时政月刊（实不定期），1929年10月创刊于南京，由福建留京学会编辑并发行。该刊宗旨为："研究学术，团结精神，发扬三民主义，促进新福建建设。"主要栏目，有论评、研究、文艺、译述、特载、调查、杂俎等；主要撰稿人，有林作梅、吴子钟、陈烈甫、周必璋、王秀南、陈德煦、吴奠安、陈熙干、李风澜等。停刊时间未详，现存2卷7期。

小学和幼稚园究竟怎样分别呢？六岁以上的儿童是小学，六岁以下的儿童是幼稚园，这是最普通的解释。比如人范小学[①]是小学，恺乐堂[②]是幼稚园

[①] 人范小学：系常州市百年老校，今名常州市解放路小学。光绪年间，盛氏家族长者盛康先生创办了"人范书院"；晚清兴学时，更名为人范小学堂。1929年迁至东直街盛氏祠堂，向教育行政当局呈请立案，定名为"私立人范小学校"。1956年由政府接办，改名为"解放西路小学"，1980年更名为"常州市解放路小学"，为江苏省文明学校。

[②] 恺乐堂：常州市基督教堂，位于县学街17号，初建于1916年，系美国传教士霍约翰牧师筹资兴建。其后，附设了幼稚园、小学等教育设施。

一样。近来儿童教育的趋势，有两种重要的理论：第一是承认儿童是人，不是一种物件，也不是高的成人，是有人格的。要解除他的束缚，而给他完全的整个自由。第二是打破一切社会上阶级而一例看待，在社会上不要分出男女、城乡、贫富、智愚种种不同的观念。

一、承认儿童是人

这句话骤听之，以为很是奇怪的。儿童当然是人，难道是一条狗吗？难道是一个小茶杯吗？这句话太蔑视儿童了。但是我要问，儿童在家庭里有没有地位？家长对儿童抱一种什么态度？儿童关于家事有没有发言权？

这一点，在欧洲宗教——是旧教①不是新教——对待儿童非常苛刻。他们认定，女子及儿童是不祥的怪物，完全剥夺自由权；以为是魔鬼，想出种种方法来压抑儿童。在现在的家庭，仍用锁链把儿童的手脚都锁住了，好比脚镣、手铐一样。还说是美观，不许儿童讲话。如果稍多嘴，家长就很讨厌，所以儿童嘴上常贴着一张膏药。还有小孩子坐的凳子，高得与桌子成水平线，坐上去把横竹一闩，真好是樊笼一样。初生的婴儿，把棉花〔被〕包裹得紧紧的，手脚都没有伸缩余地；稍脱离襁褓，在冬天包扎得如一个大皮球，放在地上踢起来，可以当作足球。

我们知道，小孩儿自出娘胎，就喜啼哭，就好动的。今却反其道而行之，这都是旧式家庭的罪恶。学校里大概总比较好一点，但是我们止有〔只要〕看看那一般普通学校的情形，就可以发生很坏的影〔印〕象：小朋友坐着一动都不敢动，好似庙里泥塑、木雕的菩萨，稍为不守所谓什么校规，老师就把桌子拍得叫天价响；嘴里叽哩咕噜说了大半天的废话，甚至还有用夏楚②来助威，吓的〔得〕小朋友个个战栗无人色。这种牢头、禁子威吓囚犯的手段，如〔比〕《水浒》里解差虐待卢俊义还凶。

---

① 旧教：系指16世纪欧洲宗教改革后，称天主教为旧教；新教亦称基督新教，与天主教、东正教并称为基督教三大流派。
② 夏楚：夏读jiǎ，同槚，楸树或茶树之枝条；楚，荆条。夏楚，原为教鞭，后泛指体罚学童的工具，如戒尺等。

这种教育有什么价值？是否承认儿童有自由、有人格？现在一般所谓自命不凡的教育家编订小学课程，每星期上课总要几千分、几百分。这班儿童都是前生注定，该要受这种监牢式的教育。老师的架子，又似外国政府对待殖民的人民一样。这种是中国读经式、外国礼拜式的教育，是否为儿童所需要，但非此做不兴〔行〕。幼稚园里钢琴捺〔按〕起来，儿童按部就班走上去，做那不知所云的机械动作。唉！儿童的行动是要有自由的，儿童的意志是要有纯洁的，但是都给牧师式的老师，把儿童的个性都埋没了，把聪明都抹煞了。这种不是礼拜、不是读经，有谁来相信呢？

假使有几个学生稍露锋芒，老师就认为大逆不道。在校务布告牌上挂了一张戒条说，某某生侮辱师长，记过一次以示薄惩；倘使多露头角，卖弄聪明，必定大遭学校当局之忌。说不定次数多了，包你老师要出布告说，某某生屡戒不悛，应予斥退，有时候转遭一顿臭打。这种是多蒙不白之冤。请问儿童的自由到哪里去了？

英国以前有个达尔文，小时在学校里，不大高兴念书，他的抽斗，很宝重的不给别人偷开。后来老师以为奇怪，就抽开来一看，阿呀，满抽斗都为乌龟、青蛙、长蛇。别人起先以为他弄什么鬼，原来养了许多生物。他欢喜研究生物，所以老师因势利导，就成进化论的发明者，对全世界有伟大的贡献。

我们知道教育事业，不应该以狭小的课堂来做传递智识；我们要扩大范围，把活动伸张到大自然界去。这伟大的世界，都可以做儿童活动的场所。这种话，连三天三夜都讲不完。我介绍一本人文社[①]出版的书，叫《前期教育》。也许诸位大概多看过了。这本书关于儿童六岁上下的教育的趋势，都有精密的意见发表，诸位可以尽量研究。

---

① 人文社：全称人文月刊社，由黄炎培与袁观澜于1924年创办于上海。该社除主办《人文月刊》外，还出版过一批学术著作。

二、解放儿童的个性①

孩儿的个性，本来欢喜动的，刚生下来就手脚乱动。但是残酷的收生婆，把他包得结实如球，还加绳捆索绑。孩子何罪，受此酷刑。说到御寒呢，谁都知道孩儿是冻不死的。

送到学校里去，一天到晚，关了五六点钟，念那莫名其妙的："大狗、小狗、大狗叫，小狗跳；叫一叫，跳两跳。"而且高声朗诵，音浪很长；写字不论大楷、小字，要印九成〔成九〕宫格来写。还有最可笑的，就是笔算在社会上一点没有用处，但学校里定要拼命教；在社会很占重要地位的珠算、心算，反置之脑后。试问有什么用处？

到后来成什么样子呢？背是驼的，眼睛是近视的，手脚是残废的，走起路来一摇一摆的，讲起话来目空一切的。这种学生无以名之，叫他"小老头子"罢。因为人小话老，所以取这个名词，试问全国中，〔是否〕都是这一班学生？天天叫他扫地抹桌，甚至叫他挑粪桶、倒马子②都可以。城里人以为这种琐屑的事情，很难为情，我以为不要紧。刚才盛先生所说："天天做农事，也是锻炼体魄的好法子。"

总之，儿童要给予充分活动，不要强他枯坐课堂，做那八股式的勾当；放到大自然界里，与全宇宙作伴侣。儿童秉性是好动的，无有不肯活动的。

三、解放儿童的嘴③

从前不大许儿童讲话，好似每人〔口〕贴了膏药一样；但是小孩子从小就会开口，刚生下来的婴儿呱呱一声哭了，不是他喜讲话的老大证据吗？但是他的父母，老大不给他讲话，就个个变成哑巴了。譬如小孩子见了一个茶

---

① 此标题系编者加拟。
② 马子：指男子便溺之器，为江浙一带称谓。原称虎子，据称因避唐高祖李渊祖父李虎之名讳，改称马子。其他各地多称夜壶。
③ 此标题系编者加拟。

杯，为好奇心所鼓动，就问母亲"这是什么"，那母亲就回答是茶杯。他又问这茶杯是什么地方来的，用什么东西制成的，他母亲〔被〕问得不耐烦，就骂你真多嘴，一个小小物件怎得掘根到底来盘问，真讨厌极了。经她一骂，就不敢做声了。

到学校里问老师，假使碰着凶的老师，眼球一扫就不敢再问了；稍为好一点的老师，有气无力的回说："你长得这么大，连一个茶杯都不认识。"这样一顿教训，就没有下文了。为什么老师不给儿童发问，最大的原因是自己修养不充分，倘使给小朋友问倒了，显出原形来，不是脸上下不去吗，所以不给他发问。

现在有许多学校里挂了一个告白说："凡不在课内，不许发问。"〔竟然〕有这样规定！我们知道，生活是整个的，分什么课内课外，不是很奇怪的吗！这样做小学教师，不是太容易了吗！明天要做的事情，本天晚上〔应〕预备一下。国家拿出许多钱办师范，不是太牺牲了吗！

所以我们要解放儿童的嘴，使一个一个都能有发问的能力；问到老师回答不出来，那才是活的教育。比方我在这里滔滔不绝地讲话，我不知道诸位要点什么，我的话能够解决诸位的实质困难吗，这也是疑问。假使老师回答不出，可以很率直地告诉儿童："这个我不知道，让我考查书本或转问别人来回答你们。"这样也没有什么大不了事。

教学生发问，有几种好处。第一是老师很主观的，不知道儿童缺少是什么、需要是什么，做老师的无从知道。一发问就可以完全明白，然后按照需要来回答他。第二是发问以后，师生可以互相长进。本来老师对于某一件事情或问题，或一知半解，或模糊莫辨，没有一个精确或肯定的答案。经小朋友一提醒，要回答这个问题，不得不收采这种材料，不肯等闲放过。这样全体师生的需要，不是都满足了吗？

我这次参观，担任儿童发问。但是在无锡一带看来，儿童发问很少，大概全中国都是这样。所以我希望，诸位教育先进多多提倡。怎样处置儿童发问，用什么方法来解答，这也是很重要的问题。我们要知道，美国克伯屈①的设计教学法，是由发问蜕化出来的。我还介绍一本书，叫《教育方法论》②，也是克伯屈著的。敝校潘一尘先生办晓庄小学，专指导儿童发问。他对于小学经验很富，而对于儿童发问尤特别感有兴趣。诸位如对于发问有赐教时，可与潘先生通讯，一同研究这个问题。

四、须平等对待儿童③

我们承认儿童是有平等地位的，但是街上花花绿绿，哪里有儿童的恩物呢？室内东东西西，哪里有儿童的用具呢？有的说有的，譬如医药一门，特别分出一个小儿科医生，不是很注意儿童的卫生吗！但是请问，府上关于小儿的卫生设备有多少，打了多少预防针，种了几次牛痘苗，检查过几次身体？不要说是家庭没有这种设备，就是在学校，止多费了十个铜板，买一本卫生教科书念念，哪里谈到卫生的设备！先生二个月的薪水还未领到呢，谁耐烦干这种无足轻重的细事。

但是我们要知道，教育二字是"教"与"养"并重；光教好了，也止至〔尽〕了一小部分的责任。因为身体不锻炼好，凭你满腹诗书，弄到后来，只有把所有智识一起埋到棺材里，有什么用处？单是灌输知识，民智是不是能振兴，国家是不是能强盛，不待智者而明。幼时好比一棵嫩苗，稍碰坏，说不定终身不治，所以要从小时要注意。

有许多学校里，把痰沫吐了满地，墙脚、柱上到处都布了鼻涕，尘灰有好几寸厚，学生个个是皮肤肮脏、满嘴牙黄，甚至有几个〔癞〕痢秃头。儿

---

① 克伯屈：即威廉·赫德·克伯屈（W. H. Kilpatrick，1871—1965），美国教育家，杜威实用主义教育思想的追随者及杜威教育哲学的解释者，为"设计教学法"的发明人。陶行知留学哥伦比亚大学时，师从克伯屈，推崇其生动活泼的讲课方式，并建立了较为亲密的师生关系。1917年后，克伯屈多次来中国访问、讲学。著有《教育方法漫谈》《教育方法原理》《设计教学法》等。

② 《教育方法论》：通译《教学方法原理——教育漫谈》，人民教育出版社"外国教育名著丛书"，于1991年曾翻译出版该书。

③ 此标题系编者加拟。

童互相亲热，久而久之，传染到全校，弄得都是秃子。儿童心理很是奇怪，叫他洗脸，总是不肯；叫他刷牙，愈加困难了。一个人一个茶杯，起初也嫌麻烦。但是这一种习惯，要经过长时期方能养成。

还要注意儿童身体的营养怎样，环境的空气怎样。我们对于儿童卫生的统计，乡村地方的儿童空气清鲜、日光饱畅，所以比较强壮。城里儿童适得其反。但是营养方面，乡村儿童却差得多。所以乡村儿童不生重病则已，生了重病，大都除死没有别法，这都是缺少营养的征象。城里孩子苹果色的圆脸、樱桃般的红唇、雪白的牙齿，都是营养充足的特点。这也是值得注意的。晓庄有位陈志潜[1]先生，是供职卫生部的，他兼顾晓庄乡村医院的诊务，平生对于乡村卫生及学校卫生很有研究。诸位对于学校卫生发生什么困难问题，可通函询问，我可担任介绍之责。

要提倡平等观念，首先要消灭世界上一切阶级。而教育界，绝对不许有阶级发生。从前满清时代，政治专制，而教育也异常专制。因为汉满的区别，就分出什么贵族学校与平民学校出来。从前德国教育制度，采取双轨制[2]。平民受得中学程度已很少了，贵族却漫无限制。这种不平等的待遇，大是受分部〔部分是受〕政治的支配；所以平民有天才特出者，也只好碌碌无闻了。

再应该要求乡村与城市教育平等。要解决这个问题，先求经费分配的平等。在美国教育经费的摊派，城市与乡村为二分之一的比例。我国在江南一带地方，每位教员月薪平均为二十元左右；但是在乡村里，月薪平均数只有

---

① 陈志潜（1903—2000）：祖籍江苏武进，生于四川华阳。早年就读于教会中学，后考入北京协和医学院。1929 年毕业后，携新婚妻子王文瑾同赴晓庄学校，创办乡村卫生实验区和"夫妻卫生所"。1930 年秋赴美留学，次年获哈佛大学公共卫生学硕士学位。归国后，又投身于河北定县平民教育促进会的农村卫生实验区建设，构建了农村三级保健网。抗日战争期间，他除组织领导战地救护外，在四川省建立市县公共卫生机构 80 余处，并创办了重庆大学医学院。中华人民共和国成立后，长期担任四川医学院卫生学教授。著有《中国农村的医学》等。

② 双轨制：四年制小学毕业后，将毕业生的升学分流为两部分：成绩优良、有学习天赋的学生进入"文理中学"，为将来升入大学深造作准备；成绩一般、有动手能力的学生进入"实科中学"，为将来顺利就业预作准备。中国于 1915 年颁行的《特定教育纲要》中，曾试图仿行此制。

六七元，约多三倍余。这是何等痛心的事情。我们知道，教育经费多从农民地丁①上出来的。尤其是小学经费，由全国农民负担。但是乡村教师所得浅浅，不供一饱。

我们不平则鸣，大家联合起来，做"平均教费"的大运动，要完全达到城乡平分秋色方才罢手。最好每县有二个教育局，城池〔市〕有城市教育局，乡村也有乡村教育局，把教费划分清楚再行支配。在江南教育发达的地方，有这样不公平的待遇，其他边陲穷乡，"教老爷"更不知怎样把持？世界各国城市与乡村，渐有平等的趋势，总有一天达到这种愿望。

我以为，拿学龄儿童多寡为比例，为最公平的办法。主持教育行政人员，要不违反这个原则，城市是大儿子，乡村是小儿子，有产均析，不分轩轾。倘使要偏袒一方，说不定要闹出家庭革命的乱子出来。

再，要国民受教育机会的均等，城市里一个小学，乡村却应有二个小学；凡是国民，都要有受教育的机会，男女也要均等。在几十年以前，男女界限很是严格，旧道德观念很深。但现在的潮流，好〔女子〕也很觉悟了，女子本身也知道要受教育，否则在社会上没有立足的地位。女子是人，是国民；凡是国民，应受教育，而且机会要均等，这个理由很是明显。难道国家实行的教育，单造就男子而不造就女子吗？在中学里男子〔女〕分校，因为青春期关系，还有可说。但小学里也要分出男女界限来，岂不是大笑话！请问全国女子，受教育占全国民几分之几？怕是很少数。这样我们要为女子喊不平。

总之，我们要顺着新时代的趋势，老师不能像牧师讲经一样，又不能同私塾老师在三家村里教《三字经》一样。我们认定儿童是人，世界上一切儿童都是人，决不是一条狗或是某一个茶杯。希望诸位要为儿童造福，把整个的心献给儿童，与儿童作朋友、作伴侣。

---

① 地丁：系指地丁税。地指土地，丁指人丁，即是按照土地和人丁进行征税。

整理旧事业，实现新理想

——1930年的计划

（1929年12月）

【题解】 本篇原载《晓庄一年计划》（另图25）一书第38～43页，撰写时间为1929年12月，发表时间为1932年。原发表时正题为"十九年的张宗麟"，副题为"整理旧事业，实现新理想"，今题系编者所拟。

在该书中，还载录有《吉祥学园十九年计划大纲》，此计划大纲系由张宗麟主持拟定，其时任吉祥学园园长。该学园虽未附设幼稚园，但张宗麟在计划大纲中，还是罗列了"布置儿童乐园"的园务，研究"解放儿童的口""解放儿童的手脚"等问题；并且计划在本年抽出20％的精力，指导"蟠桃学园"所属的各幼稚园。

《晓庄一年计划》，系由陶知行主编、方与严编辑，由上海儿童书局1933年1月初版。全书收有团体计划7件、个人计划63件。所收计划，大多均曾在《晓庄战报》上发表。晓庄被强令封闭后，仅"保全此半璧计划"。该书共237页，8万余字。

一、努力于十九年的晓庄计划

（1）试验几种可以用数量计算的指导考核的方法；
（2）试干小学教师的职业分析；
（3）筹办教育图书馆；

（4）设计儿童玩具五种；
（5）编辑幼稚园用书一种；
（6）试编乡村师范用书一种；
（7）投稿《乡村教师》① 四十八篇；
（8）每周详细答复乡村教育同志信七封；
（9）主持小学实际问题讨论四十次；
（10）与党部合作，提倡减租运动。

另图 25　《晓庄一年计划》封面
图片来源：国家图书馆馆藏

二、努力于学园的计划

与诸同志共同实现吉祥学园②十九年的计划（计划另详）。

三、整理事项

（1）与陈鹤琴先生共同整理《五年来幼稚园走过的路》；
（2）与母亲、妻子整理家庭事务，并将对家庭所负责任减少到极小限度。

四、用书报

用书报五千万字，种类如下：
（1）中英文的教育新著；
（2）中英文的儿童用书；
（3）日报三种；
（4）杂书如文艺、社会、常识、科学等。

---

① 《乡村教师》：晓庄学校主编的周刊，创刊于 1930 年 2 月 1 日，面向全国的乡村教师和地方教育行政人员，由陶行知担任主编。同年 4 月学校被封后，该刊也随之停办。

② 吉祥学园：前身为晓庄师范吉祥庵中心小学，晓庄师范更名为晓庄学校后，试行过"集团军制""学院制"，最终确定实施"学园制"，遂有吉祥学园之名。张宗麟为该园园长，率 10 余名师范生在此办学。

五、写作

(1) 练习大字一种；
(2) 写报告文字，并努力于创作；
(3) 投稿壁报四十八次；
(4) 写给小朋友的文字一百篇。

六、结交朋友

(1) 结交小朋友五百人；
(2) 结交乡村教育同志一百人；
(3) 结交农友五十人；
(4) 游览中国南部或中部。

七、个人修养

(1) 治疗贫血病；
(2) 限制发脾气；
(3) 努力于"情绪的内流"与"化装发泄"；
(4) 学会拍照；
(5) 学会口琴；
(6) 学游泳；
(7) 练习长距离赛跑；
(8) 每天日出而起，作流汗工作二小时。

八、时间分配

(1) 每周在吉祥学园最少三十小时；

（2）每周用书写作最少十二小时；

（3）每周赴各幼稚园一次，共六小时；

（4）每周主持全庄讨论会一次，计二小时；

（5）每周出游六小时；

（6）每天至少与小朋友工作一次，与师范生工作、谈话三次。

九、讲演

（1）寅会①讲演一百次；

（2）学术讲演二十四次；

（3）练习说书四十八次；

（4）报告、谈话无定。

十、两个新理想

（1）努力打破小学教育里的传统观念，并求出根源，设法创造新教育；

（2）减少家庭负担，努力做一个社会上的人。

---

① 寅会：晓庄师范（学校）的朝会或晨会。不过举行的时间稍早，即于每日寅时（凌晨三点钟到五点钟）黎明时举行。

再论解放儿童

（1930年1月1日）

【题解】 本篇原载《张宗麟幼儿教育论集》一书第820～823页，撰成时间为1930年1月1日，发表时间为1985年8月。原发表时题为《解放儿童》，今题系编者所拟（因前有同题演讲）。

有关《张宗麟幼儿教育论集》，参见前文《幼稚园及低年级指导的研究和计划》题解。

世界上最受压迫的人，除了工人农夫之外，乃是女人与小孩子。女人的三从四德，小孩子的没有任何地位，我们闭起眼来一想，张开眼来一看，社会真残酷呀！但是女人毕竟是有能力的人类，所以渐渐能够自己奋斗，力求自身解放。小孩子呢，一来能力薄弱，二来孩子们过了十年八年都长成了，可以在社会上另有一个地位。因此小孩子永远不得解放，永远受着万重压迫，吃了苦也无从说起，成人方面也就得寸进尺的施行吃孩子的政策。

法国的卢梭（另图26）[①]可算是替小孩子吐了一大口冤枉气，痛骂了一场万恶的成人社会。可惜他是一个理想家，把自己的儿子送进孤儿院[②]去受

[①] 卢梭（1712—1778）：即让-雅克·卢梭（Jean-Jacques Rousseau，1712—1778），法国思想家、哲学家。其著作《爱弥尔》，系统阐述了自然主义教育思想；他的人民主权及民主政治哲学思想，深刻影响了启蒙运动。著有《忏悔录》《社会契约论》《论人类不平等的起源与基础》等。

[②] 孤儿院：最早为近代基督教传教士来华办理的慈幼机构，如"上海蔡家湾孤儿院""广州青龙里孤儿院""昆明圣保禄会孤儿院"等。其后，国人自办的私立慈幼设施，亦有以此名相称者。其功能，与育婴堂无异。文中所言收养孩子的年龄较长，其实并非事实。只因留院时间较长、重视职业技能训练，因而使人们容易产生这种错觉。

罪。裴斯泰洛齐确是一个爱孩子的救星，发明了许多救孩子的方法，可惜他是"理想和方法都好，组织能力太差"。所以弄得后人都借他的招牌，站在孩子们的头上骗饭吃。福禄培尔真是重视小孩子的人，也配称"白发的小孩子"，开了一条小孩子向乐园之路（幼稚园）。可惜他是神秘主义的哲学家，误解了小孩子，弄得效法者一蟹不如一蟹①。蒙台梭利很能体谅到穷苦孩子的心，还出一个小孩子来。但是误于成见，以为儿童与白痴的成人相仿。变本加厉的教师们，因此看小孩子是小萝卜了。

另图 26　卢梭像
图片来源：《教育杂志》第 19 卷第 5 期（1927 年 5 月 20 日）

追溯往古，还看今世，可怜的小孩子依然是一个任人播弄、任人宰割的东西！我们倘若是个小孩子，思想起来，真是好不痛心！家庭的设备有哪些是为着小孩子的？社会的设施有哪些是为小孩子的？法律的保护有几条是为着小孩子的？甚至学校里的生活、教师的工作、教育家的行为，有几分之几是为着小孩子的？家庭以孩子为娱乐品或讨厌的东西。社会和法律，原来是有权有势阶级的专利品，因此认做吃小孩子是正当动作。教师与教育家应该顾到小孩子的，但是社会不要你重视孩子，又只好逢迎社会来站在孩子的头上，高唱别调，虚张门面，把学校变为大人先生们的宴会场所和别墅。他们何尝是办教育呢？不过像和尚住寺院，以小孩子做金装的菩萨罢了。但是小孩子是活的，比不得金装菩萨是泥做的！

好了，好了！吃孩子的事实太多了，改日有机会，再来写一篇《吃小孩子的十字坡》。现在，先来喊一声解放孩子的四条绳子。

第一条绳子是小孩子口上的十字封条。小孩子是到处没有说话的地位的，过旧历年，父母们用红纸包着铜子送给孩子，叫他不要在大年初一说话，名叫"买口"！小孩子的口都值得买，真是好笑！在家庭里，小孩子只应该静悄悄，不应该开口说话；在学校里，教师为着遮掩自己的短处，禁止学生发

---

① 一蟹不如一蟹：流行于浙东地区的成语，喻为一个不如一个，越来越差。

问。多问的孩子，总不得教师的欢心，甚至会得到一顿臭骂。因此好说的孩子，往往眼睛先望望教师的脸，然后才敢发言。教师眼睛一翻，儿童就噤若寒蝉。这是一张牢固的封条，我们应该要揭去的。

怎样揭去封条呢？只有多给儿童"发问"的一个方法。儿童应该可以抽丝剥笋地发问，教师应该切磋琢磨地和他研究。所以学校里有一句"不是课内的不得发问"的教师护身符，应该完全撕破！至于怎样处置发问，因篇幅关系，改日再谈。

第二条绳子是脚镣和手铐。父母爱子女，把他养成少爷和小姐。教师以迎合社会恶习惯，把学生养成双料少爷和双料小姐。他们都以为爱小孩子，只要小孩子毫不费力地读书；以为书读得多，就是小孩子的本职。一年两年过去了，孩子的背也驼了，手也没有力了，脚也不能跑了，眼也近视了，因此弄得孩子们手不能提、肩不能挑，简直是一个废人。这副终身的手铐、脚镣，比最新式的洋镣还要厉害。唉！孩子何罪，紧紧的缚他起来。

要想解去这副镣铐，这是件极容易的事。只要做教师的脱去长衫，穿上草鞋。① 件件事是教师亲手干的，是带着学生干的，扫地、抹桌、烧饭、挑水、挑粪等粗工，都可以干。书本上的东西是干的工具。做一天人，过一天生活，也就是干一天事。老实说，朝代改了，状元没有了，洋翰林②也是过时货了，只有万能的双手才能活命，才是万年不变的好方法！

第三条绳子是成人们钦定的法规。活泼泼的孩子，为什么变成一个小大人？幼稚园里为什么要走朝会圈？小学里为什么要学不相干的笔算？要逼着读"大狗叫，小狗跳"？为什么不放儿童到快乐的自然界里去？为什么要恐吓儿童什么是可怕的？为什么要儿童学走八字步？为什么不准儿童去探寻新东西？为什么不让儿童做心爱的事情？为什么强迫儿童学莫名其妙的音乐？……这种种，都是残暴的成人的钦定法规。孩子们既无反抗的能力，又要仰

---

① 作者原注："长衫和草鞋不只是有形的长衫和草鞋。干也是广义的干，不只是动手的干，阅者注意。倘要彻底了解，请研究'教学做'的理论与实施方法。"

② 洋翰林：清末对游学归来又考取翰林院官职者的俗称。光绪三十年（1904）以后，由考官会同学部，考试游学东、西洋归来之毕业生，中试者给以举人、进士出身；再经廷试，优等者授翰林院编修、检讨等功名，时人称之为洋翰林。

仗着成人的衣食，只好屈服！这时候要谋解放，只好先从学校做起。把小学的课程、教材、方法，都重新来问个彻底，求个究竟。所谓"儿童本位"教育究竟是什么？为着儿童牺牲青年时代宝贵光阴的小学教师们，千万莫受一般站在孩子头上的假教育家的欺骗！千万勿可妄从他人，为小孩子做一件事，千万要问个究竟。倘若真正为着孩子的小学教师，宁可触犯成人的法规而失业，决不吃着小孩子来奉仰残暴的成人。

第四条绳子是斫伐幼芽的快刀。谈到儿童卫生，极其赧颜！其实成人的卫生业不完善，所以难怪。不过有几件轻而易举的事，应该可以做得到的。小学的桌椅在新做的时候，应该可以量一量孩子的身体。共同用的器具如茶杯、手巾等，应该可以改为私有品。给儿童吃糖果的钱，应该可以省下来的。给孩子吃些青菜、豆腐、萝卜，似乎比吃许多腌货、辣椒要省事得多，而且合乎卫生些。但是小学教师是做不到的，家里父母更其做不到。这样幼小的嫩芽，哪里经得起快刀天天的斫伐呢？

陈志潜先生常常说："要想乡村卫生有办法，最要紧的是转移乡人的风俗习惯。"我因此联想到，要去掉这把斫伐小孩子的快刀，只要转移父母们和教师们的成见就得啦。

从前秦始皇怕天下人反抗，搜罗天下兵器铸成金人。哪知陈涉、吴广揭竿而起，楚王、汉高攻破咸阳。小孩子手无寸铁，虽不能起来革命，但是手里的竹马、木枪也有相当的能力！至于我们方才脱离儿童时代监狱，当然是要响应的。"秀才造反，三年不成。""孩子革命，百年可定。"

我因此用两句常常爱说的话来结束本篇："成功虽未必在我；努力倒非我不可！"

幼稚园与小学的实际问题

(1930年3月)

【题解】 本篇首次发表在《儿童教育》第2卷第3期"师范教育专号",发表时间为1930年3月。

中国早期的幼稚园大都附设于模范小学或女师附小,因此幼稚园与小学衔接的问题,从学前教育机构成立之时起,就受到教育工作者的重视。自1925年起,张宗麟先后担任了5年的幼稚园与小学低年级指导员,为沟通幼稚园和小学低年级的合理衔接进行了大量探索。本文即将相关问题提出,以供其他热心研究者继续深入探究。

有关《儿童教育》,参见前文《鼓楼幼稚园课程试验报告之一》题解。

短 引

近五年来,我的生活很有些特别,[①] 似乎是指导员,又似乎是幼稚园和小学的教师,也似乎是师范学校的教师。但是所接触的人倒不外乎是研究幼稚园和小学的。所以大家会面的时候,总是三句话不离本行,拿出教育实际问题来谈。一天两天,一年二年的积下来,问题就多起来了。

[①] 此"特别",系指1925年毕业于东南大学以来。由于此期经历了鼓楼幼稚园、宁波启明女中、南京市教育局、晓庄学校的任职变动,加之还有短时归里从事革命活动等波折,故曰"特别"。

这次本刊总编辑要我把这些问题写出来，我就乘此机会整理了一下，所以下列问题的来源是：（1）幼稚园和小学教师问我的；（2）师范生在幼稚园或小学里发生的；（3）我自己在幼稚园与小学里所遇到的；（4）在书本上找到的。

这四种来源，我因为平时只写问题，不写来源，所以不敢臆说某种占百分之二〔几〕。但是（1）（3）较多，（2）次之，（4）最少。因为我所看到有实际问题的书报不多。

为着整理方便起见，引用分科、分事两个系统。至于小学与幼稚园是否要分科，那是问题的问题，读者请勿误会以为我是主张分科的。

至于每个问题怎样解答，有许多在书本上确能找到些。但是我们知道："尽信书不如无书"。书上的话，只可以作为我们实地干的参考。所以最好的解答这些问题的方法，还是要找一个机会去做一番实际工作。

关于学校行政的

（1）小学应该怎样组织：（a）单级的怎样（指有两个教师的单级）？（b）两级的怎样？（c）有六级以上的怎样？（d）有十级以上的怎样？

（2）怎样支配全校的经费：（a）教师薪金应占百分之几？（b）其他行政费应占百分之几？（c）是否应该逐年节省些，做学校准备金？

（3）"经济公开"是原则，怎样能够做到这个原则：（a）校长是否握支配的全权？（b）支配、稽核等是否应该组织经济委员会？（c）是否应该采取各部预算的制度？（d）"经济公开"是否只对教师公开，还是应该请高年级学生也参加？

（4）私立学校对于筹募经费，往往组织董事会。这种制度利弊如何（关于经费方面的）？

（5）在教育经费支绌的时期，教师往往不高兴，有的校长就从中玩弄手段。这时候怎么办呢？

（6）校长怎样物色教师：（a）如何处置当道要人的荐信？（b）用什么标准来估计应聘教师的能力与品性？

（7）怎样约定教师，要用文字吗？

（8）怎样与应聘教师第一次谈话？

（9）如何支配教师的工作：（a）校长支配呢，教务主任支配呢？（b）教师会议决定呢，教师个别承认呢？

（10）怎样对待有党派的教师？

（11）怎样对待异性的同事？

（12）是否要取级任制①，采取级任制以后，是否应该把全权交给级任教师？

（13）怎样引起教师研究的兴趣？

（14）怎样考核不负责的教师，并且能使他乐于职业？

（15）教师告假的方法怎样：（a）每次出校都要告假吗？（b）每年除例假外，应有几天可以告假的？（c）在告假期中如何处置庖代问题？（d）超过告假期的教师，要受相当限制吗？

（16）全校一切事务，如会计、文书、庶务等，应该请教师分任呢？还是应该请专任人员？还是请各教师总其成，另请助手呢？

（17）选聘会计人才的标准？

（18）选聘庶务人才的标准？

（19）一切讲义是否应由担任的老师自己负责？

（20）一切函件是否应由校长自己亲办？

（21）校舍问题：（a）怎样改中国式的寺、庙、庵、祠堂等为小学校舍（此问题参阅关于对付社会的问题）？（b）怎样支配校舍？校长室在何处？（c）要有总办公室吗？（d）教室的支配如何？（e）对于置放工具等房子，采取分级制呢，还是有全校整个的制度？

（22）怎样建造新校舍（本题分条极多，都从略）？

（23）一个单级小学要有多少校具（最低限度）？

---

① 级任制：亦称学级担任制，与"科任制"相对。即以一位教师担任一个学级全部学科的教学工作，同时担负学级管理责任的教学和教育管理制度。担任此项任务的教师，称"级任教师"。

（24）一切校具向教育局领取呢，还是自己置备？

（25）购办校具，商家往往有回扣。这许多回扣，如何处置，并且如何稽核？

（26）校长最重要的责任是什么？

（27）怎样与教育局周旋（参看关于对付社会的）？

（28）怎样对付教育委员？

（29）怎样利用指导员来校的机会，引起教师们研究的兴趣？

（30）学校行政有主要原则吗？

（31）学历是否要完全照教育局的规定，还是应该随时变通？

（32）图表的功用。（a）要图表、簿册吗？（b）最重要的有几种？（c）有原则吗？（d）时下的会客室里的布置图表，对吗？

（33）怎样主持做统计？（a）怎样拟定表册？（b）怎样定时期？（c）有哪种是值得做统计的？（d）请各教师分任呢，还是全校总其成？

关于国语科的问题

（一）关于读物与读法的

（1）最近坊间出版的国语教科书，哪一部比较完美些？

（2）南京市教育局和大学院所定的审查国语教科书的标准太繁复，不易审查；但是太简单了，又无从下手。应该用什么方法来评定教科书？

（3）近来各个努力的小学，大都自选教材，用油印印刷。于形式上既不美观，儿童也不易保存，怎样办呢？

（4）有许多教师，满心要自选教材，因为学校经济上不允许，只得买教科书，怎样办呢？

（5）全省或全县国语教材要统一吗？

（6）教科书要逐课教授吗？

（7）文言文和语体文可以并授吗？

（8）小学里绝对禁止用文言，但是社会上通行的文件还不完全废去文言，势必发生困难,怎样办呢?

(9) 可以采用民间歌谣吗?

(10) 可以采取神怪故事吗?

(11) 教科书以外的材料,生字上会发生困难吗?

(12) 一、二年级的儿童字汇?

(13) 幼稚生的口语字汇?幼稚生的读物字汇?

(14) 小学应有的阅读能力的标准?

(15) 怎样能引起儿童阅读的兴趣?

(16) 文字练习有几分机械,怎样能维持儿童练习的兴趣?

(17) 到了什么程度可以检查字典?

(18) 生字检查法?

(19) 长篇读物与短篇诗歌教法的分别在哪里?

(20) 诗歌教法应注意哪几点?

(21) 什么材料应该精读的?

(22) 朗读应注意哪几点?

(23) 默读应注意哪几点?

(24) 要背书吗?

(25) 要抄书吗?

(26) 要背书吗?

(27) 高年级有"读书不求解"的趋势,要矫正吗?

(28) 用什么方法可以训练儿童读得快?

(29) 怎样可以训练儿童听的能力?

(30) 国音与土音,应采取哪种?

(31) 怎样范读?

(32) 范读的腔调与句读。

(33) 不是逐课教授,但是儿童有逐课读的习惯,常会发生师生间小冲突,怎样办呢?

(34) 一学期大约可以购买几本教科书?

(35) 怎样复习?低年级、中年级、高年级有分别吗?

（36）默读测验的功效，究竟可靠吗？

（37）黑板上写生字，一个一个的来念，对吗？

（38）把课文放大，课文的图画也放大，挂在黑板上来念，对吗？

（39）用一张有趣的图画，叫小朋友来编课文，可以行吗？

（二）关于写字的

（1）幼稚园与低年级生用什么笔写字？

（2）初学写字有人主张不用毛笔，但又有人主张初学图画要用毛笔（Brush），毛笔与儿童腕力的关系究竟应该怎样？

（3）儿童初学写字要描红吗？

（4）儿童初学写字要用方格、九宫格吗？

（5）倘用描红纸，应该用什么材料（句子与字的笔画）？

（6）要用印格字吗？全部印写呢，还是印写一个字临写一个字呢？

（7）印格子的大小？

（8）到什么程度可以写小字了？

（9）到什么程度可以临帖了？

（10）选帖的标准？

（11）读本上的字可以做帖临写吗？

（12）中国旧教法有扶手写的一段历程，可以用吗？

（13）初学写字要单独练习笔画吗？如"丨""一""丿""捺"等。

（14）怎样教笔顺？

（15）笔顺有一定次序吗？

（16）自由书写是很好的方法，但是容易发生笔顺的错误，有方法补救吗？

（17）中国习惯，无论读与写都是自右而左、自上而下，西洋乃自左而右成横行的。哪种方法有科学根据？

（18）怎样拿毛笔最切于实用？

（19）怎样拿铅笔、钢笔最切于实用？

（20）儿童应该写斗方大字吗？

(21) 初学写字就应该悬肘吗？

(22) 写小字与写大字各有不同的练习方法，究竟区别在什么地方？

(23) 小学里要练习篆字吗？

(24) 变字形的戏法，如一变十、变千、变牛、变朱等，此法可行吗？

(25) 小学应该采用简字吗？

(26) 小学应该采用行书吗？

(27) 儿童喜欢写行书简字，什么缘故？

(28) 俞子夷的小学写字标准的价值？

(29) 怎样批改儿童的成绩？

(30) 写字有速率、正确、美观三方面，应该注重哪方面？

(31) 小学毕业每小时至少应该写寸楷多少，小楷多少？

(32) 儿童字体笔画，往往少力，这是肌肉不发达的缘故吗？

(33) 儿童写字的姿势？

(34) 儿童喜欢咬笔头，满嘴黑的，又喜欢舔铅笔，怎样能免此恶习？

（三）关于作文的

(1) 小学里要有作文吗？

(2) 每星期应该做几篇文？

(3) 日记是作文吗？

(4) 有人主张废去正式的作文，用日记来代替，可以行吗？

(5) 写信与写日记的功用相同吗？

(6) 怎样引起作文的动机？

(7) 什么题目儿童最喜欢？

(8) 有人说"做议论文章可以发展儿童的思想"，对吗？

(9) 教师应该用什么方法批改儿童的作文？

(10) 教师对于儿童初稿只指出不对的地方，发还给儿童自己去修改，然后再交教师来批改，此法对吗？

(11) 要起草稿吗？

(12) "改文以少改为原则"，此言对吗？

（13）小学作文有量尺吗？

（14）教师凭个人意见批改，对于儿童个性会淹〔湮〕没吗？

（15）作文以实用为主，要写官厅文件、买卖契约吗？

（16）可以做韵文吗？

（17）有人主张三年级以上儿童可以写日记，有人主张一年级就写，哪种合理？

（18）日记往往容易流入刻板，怎样补救？

（19）儿童最容易写错的字有多少？

（20）到几年级要练习标点符号？

关于算术科的问题

（1）心算、笔算、珠算在中国社会里哪种最重要？

（2）可以废除珠算吗？

（3）取材的标准？

（4）幼稚园可以有算术吗？

（5）一、二年级算术的最低限度？

（6）小学毕业生应有最低限度的算术常识与技能？

（7）"混学数学""单纯算术"二法，小学应采用哪一种？

（8）小数应采取几位？

（9）加法应有几位？乘法应有几位？

（10）减法应有几位？除法应有几位？

（11）诸等数应采取几多？外国度量衡的制度要采取几多？

（12）分数应采用吗？什么时候教，应教几多？

（13）汇兑有采取的必要吗？

（14）商业常识如合股、分红、契约等要采取几多？

（15）算术可以独立成为一个单元吗？

（16）怎样与各科联络？

（17）算术题里文字的意义，应该采用哪一类的？

(18) 图画在算术科里的功用？

(19) 算术练习的目标？

(20) "系统练习""机会练习"的功效？

(21) 所谓有兴趣的练习怎样？

(22) 每次练习应有一个结果？

(23) 机械练习的几个条件？

(24) 算术练习法的原则？

(25) "计算练习"与"计题练习"的比较？

(26) 自己检查错误的利弊？

(27) 同学互相检查错误的利弊？

(28) 练习要抄写题目吗？

(29) 练习要誊清吗？

(30) "温故而知新"在算术上有功效吗？

(31) 复习的原则？

(32) 算术目标之一为"应用"，怎样才是应用？

(33) 训练思考与演习应用题的区别？

(34) 算术可以训练思考，在心理学上的根据如何？

(35) 记日用账的功用？

(36) 演应用题要演草吗？

(37) 解答要规定形式吗？

(38) 怎样开始教新材料或新方法？

(39) 怎样教位？零字的意义？

(40) 怎样教 1/2、1/3……？

(41) 要教定义吗？先教定义呢，先教例子呢？

(42) 儿童初学算术往往用手指数数的，可以用吗？

(43) 算术有天才，在初学时看得出来吗？

(44) 简乘法？

(45) 算术测验？

(46) 答数要有名辞吗？

（47）"举一反三"在小学算术科里可以利用吗？

（48）最近出版的小学算术教科书，哪一部比较好些？

关于常识科的问题

（一）关于自然研究的

（1）要采用自然教科书吗？

（2）自然科的目的是什么，是否应该偏重于"利用厚生"的？

（3）在环境里没有的东西，如广东无雪，应该要教吗？

（4）教科书上有文字困难，怎样办呢？

（5）实物、标本、图、模型、仪器等，都是自然科的紧要教材，在环境不良的学校里，这许多东西一件也办不到；用什么方法来教呢？

（6）教师只知道对着教科书讲解，此法如何？

（7）怎样教气象、天象？

（8）科学的研究与艺术的欣赏冲突吗？

（9）园艺要备些什么工具？

（10）小锄农具容易脱坏，怎样办呢？

（11）分地种植与合队种植的方法？

（12）儿童不愿种植怎样办呢？

（13）种花的方法可以用盆吗？

（14）城市学校设有空地，怎样做园艺？

（15）怎样饲养鸡、鸭、猫、狗等？

（16）蜜蜂、蚕的饲养法？

（17）种地、养鸟、养蚕等，在城市里容易引起家属的误会，怎样办呢？

（18）对于野生植物，应采取什么态度？

（19）做标本的几条紧要原则与重要方法？

（20）自然研究应该有系统的研究呢，还是应该由儿童任便提出问题来研究？

(21) 用简单科学原理来说明日用品，倘若没有相当仪器与试验学生不信，怎样办？

(22) 儿童提出来的问题，往往有不能回答的，或教师实在不知道的，怎样处置呢？

(23) 家庭设计在城市学校里不容易做，可以想些什么方法，使儿童在家里也有工作做？

（二）关于社会科的

(1) 小学社会科的范围如何？

(2) 公民训练可否归入此科？

(3) 高年级的分科如历史、地理等，合理吗？

(4) 低年级遇到什么就教什么，会挂一漏万吗？

(5) 社会的编辑材料有两种方法，一种是由切身的渐渐到远处的；另一种是随时遇到什么就采取的。小学里应该采取何法？

(6) 低年级应有几多社会常识？

(7) 低年级社会常识是做的还是讲的？

(8) 教科书上面往往有漠不相关的材料，应删还应留？

(9) 当地风俗要采取吗？倘属迷信的，如赛神会；属于无谓的，如旧式结婚仪式；浪费的，如大出丧等，应该怎样办呢？

(10) 表演社会风俗、习惯、礼节，应该切合于社会上实际现状呢，还是应该有改良、改革的态度呢？

(11) 小学历史教材的编制，一方以政治为中心，一方以年代为根据，这种编制，与读纲鉴①无别，今后应该采取什么制？

(12) 以一个发明做系统来编历史，这是发明史，可以代表小学历史吗？

(13) 以一件事来编历史，如国耻，但是限于一部分时间的，往往会上下不接气，有流弊吗？

---

① 纲鉴：明清人采用朱熹《通鉴纲目》体例编写通史方法的简称。"纲"求简略、精要，"鉴"求明断、镜鉴。

（14）以故事的方法来教高级历史，好吗？

（15）法制常识是这科的一部分吗？

（16）小学要采取《违警律》①吗？

（17）乡土志是小学地理的好材料，确吗？

（18）纯粹用乡土志，怎样扩大儿童的地域观念呢？

（19）怎样训练儿童看地图？

（20）要用暗射地图②吗？

（21）要有简单测量的方法吗？

（22）罗素说"幼稚生就有看地图、旅行世界的能力"，有根据吗？

（23）儿童对于世界地理、世界伟人，往往不能鼓起兴趣，这是什么缘故？

（24）世界史地要采用原文的名字吗？

（25）三民主义应该各科都采纳，还要另立一科？还是可以归入此科？

（26）要批评其他主义吗？

（27）社会科用的教科书，训育另行组织成一系统。社会自社会、训育自训育，无形中等于从前的修身，有没有问题，应该改进吗？

（28）经济学浅说，是否在小学里应该有的？又如工会、商会等组织法，小学生应该明了吗？

（29）小学在模仿社会上的团体的时候，应该禁止呢，还是应该乘此指导许多关于此类的常识？

---

① 《违警律》：1908年清廷颁行的第一部治安管理处罚条例，旨在从严维护社会秩序。在此实指从严维护校纪。

② 暗射地图：亦称"填充地图"或"空白地图"，是供学生填图练习用的素图，要求学生依轮廓填色。

关于艺术科的问题

（一）关于音乐的问题

（1）正谱与简谱应该采用哪种？

（2）怎样取材？

（3）怎样引起儿童唱、听琴等动机？

（4）怎样保持音乐课教室里的幽雅、静致的空气？

（5）整篇唱呢，局部唱呢？

（6）要听有名的音乐吗？

（7）先范唱呢，先听琴呢？

（8）怎样练音？

（9）音调——要尽量的高叫吗？

（10）怎样配词句？日前在中央大学听某教授讲演音学，对于中国最通行的《葡萄仙子》《麻雀与小孩》等批评得体无完肤；认为最大的缺点就是，曲的发音部位与词的发音部位不同。

（11）默唱与欣赏的区别？

（12）上课时教师应该多唱呢，还是应该多说话？

（13）音乐的目的？

（14）应该废止音乐科规定时间上课？

（15）废止风琴？

（16）听音（琴）动作？

（17）教师的表情？

（18）怎样与表演联络？

（19）儿童的座位排列问题？

（20）儿童的姿势？

（21）怎样练习独唱？

（22）合唱的利弊？

（23）音乐课儿童也会疲倦吗？

（24）田歌、山歌的地位？

（25）天籁？

（26）中国乐器可以采入音乐科吗？

（27）西洋有四五岁就学钢琴的，对吗？

（28）留声机在小学音乐科的地位？

（29）此后我们应该教儿童唱哪一类性质的歌？应该教《毛毛雨》《妹妹我爱你》的歌呢，还是应该唱慷慨激昂、鼓起儿童为民族而奋斗的精神的音乐〔歌〕呢？

（30）怎样使师范生有充分学习音乐的机会？

（31）乡村音乐有特殊点吗？

（32）怎样随时教音乐？

（33）儿童的声音与乐器的声音合不起来，怎么办呢？

（34）中国乐器如笙、笛之类极伤肺部，还有采用的价值吗？

（二）关于图画的问题

（1）幼稚生要画吗？

（2）爱画些什么？

（3）什么叫自由画？

（4）"临画"，低年级以下的儿童里可以用吗？

（5）写生画呢？

（6）写生有两种，写物与写事，应该注重于哪种？

（7）记忆画是什么？

（8）可以在小学以下的学校里用记忆画吗？

（9）故事画是什么？

（10）故事画要手工帮助吗？

（11）欣赏在图画中的意义？

（12）欣赏什么呢？

（13）怎样欣赏？

（14）欣赏后可以模仿吗，可以批评吗？
（15）图画与道德有关系吗？
（16）图画与人生的关系？
（17）小孩子的语言与图画的关系？
（18）图画的技能？
（19）识别色彩？
（20）蒙氏的色觉恩物是图画吗？
（21）可以绝对放任儿童吗？
（22）每次图画的时间？
（23）可以在一定时间来教图画吗？
（24）自然界的美可以算得是图画吗？
（25）怎样批改儿童的成绩？
（26）应有几种最低限度的设备？
（27）毛笔、铅笔、蜡笔、粉笔在幼儿图画的价值？
（28）可以用木炭油画吗？
（29）图画与他科联络，有普通原则吗？

（三）关于手工的问题

（1）幼稚生与低年级儿童可以做几类手工？
（2）纸工、木工、竹工、金工、豆工……最常用的是哪种？
（3）手工的目标，可以赚钱为目标吗？
（4）手工的色觉问题？
（5）手工与装饰问题？
（6）布置活动室完全要教师动手吗？
（7）挂图的高低？
（8）布置和时季、环境的关系？
（9）手工材料的来源？
（10）利用废物是极好的方法，可以实行吗？
（11）积木是手工吗？

（12）排色板和排色图是手工吗？
（13）怎样利用自然界花草等来做手工？
（14）手工和儿童的兴趣？
（15）做了自己玩的功用？
（16）"特异"与"成功"两种价值？
（17）手工与图画的关系？
（18）故事手工、剪贴旧杂志的功用？
（19）泥工的功用？
（20）展览会的意义？
（21）教师怎样帮助儿童？
（22）沙箱的功用，是手工吗？
（23）手工材料要粗大耐久吗？
（24）缝纫的价值？
（25）有男女之别吗？
（26）"第一次要使他成功的"一语，怎样解释？
（27）珠子的玩具好吗？
（28）玩具与手工的关系？
（29）"自由创作"在手工中有绝对的价值吗？

关于游戏的问题

（1）有人说幼稚生不很喜欢团体游戏，确吗？
（2）有人主张废止游戏的名词、小学整个的活动都是游戏化，对吗？
（3）游戏有民族性吗？
（4）游戏可以训练道德等学说，有几分可靠？
（5）陈鹤琴的玩具标准？
（6）团体游戏标准？

（7）近来冯玉祥①主张废去踢皮球等游戏，以挑水等工作来代替，在小学可行吗？

（8）美国留学生往往主张以游戏代兵操，合理吗？

（9）骑射在小学的功能？

（10）跳舞、表演与游戏的关系？

（11）游戏与唱歌联系起来，到几年级为度？

（12）团体游戏大都是竞赛性的，会暗示儿童赌博吗？

（13）旅行图、竞走图等富于赌博性，可以采取吗？

（14）做游戏的时候，秩序最难维持，有特别方法吗？

（15）拉拉歌可以助兴，确吗？

（16）普通游戏往往做了一二人〔次〕就会生厌，只有球戏等不会生厌，这是何故？

（17）游戏与儿童年龄的关系？

（18）做游戏的时候，教师的神情应该怎样？

（19）"叫子"的功用？

（20）室内游戏为五分钟操、乒乓球等的功用？

（21）中国儿童最普通的踢毽子、跳绳、捉犯人等游戏的教育价值？

（22）骑车、游泳、溜冰是游戏吗？价值如何？

关于表演的问题

（1）为什么要表演？

（2）什么材料值得表演？

---

① 冯玉祥（1882—1948）：字焕章，原籍安徽巢县，生于直隶青县（今属河北省沧州市）。早年入伍，升任管带（营长）。参加辛亥革命，历任团长、旅长、湘西镇守使、陆军第11师师长、陕西督军，成为割据一方的军阀。1924年主导"北京政变"，将清废帝溥仪驱逐出紫禁城。后任西北边防督办，响应北伐，与武汉北伐军会师中原，任国民革命军第二集团军总司令。南京国民政府成立后，历任行政院副院长兼军政部长、军事委员会副委员长等职。著有《我所认识的蒋介石》。

（3）孩子们戴鬼脸、涂红脸是表演吗？

（4）唱歌时装手势是表演吗？

（5）唱戏是表演吗？

（6）表演的心理根据是什么？

（7）儿童好动是表演的大原因吗？

（8）选择表演材料的标准？

（9）中国最通行的几种歌剧怎样？

（10）小学里应该表演《月明之夜》一类的歌剧吗？

（11）《木兰从军》的剧本如何？

（12）淫歌邪曲可以采来做表演材料吗？

（13）"为表演而表演"与"有目的而表演"二语怎样？

（14）表演与年龄的关系？

（15）表演员有性的分别吗？

（16）环境与表演的关系？

（17）表演要布景吗？

（18）表演与化装的关系？

（19）化装游戏是表演吗？

（20）什么是"手势"？

（21）姿势在表演中的地位？

（22）怎样选择表演员？

（23）学校里表演的机会要平等吗？

（24）学生常出外表演，弄得像卖艺戏子一样，对吗？

（25）革命化的表演，与艺术化的表演冲突吗？

（26）怎样维持化装室的秩序？

（27）表演完了以后，怎样收拾化装品？

（28）怎样发起表演的动机？

（29）练习正式的表演是极苦的，怎样维持儿童的兴趣？

（30）儿童往往有"临场病"，怎样解决这种困难？

附注：关于儿童戏剧问题另列一项。

幼稚教育谈

(1930年8月)

【题解】 本篇原载《首都教育研究》第1卷第1期"幼稚教育专号",发表时间为1930年8月。

《首都教育研究》,地方教育双月刊,1930年8月创设于南京,系由南京市教育局主办、编辑并发行。该刊旨在"研究教育学理论,探讨我国教育界存在的问题,以改进国民教育现状"。主要内容,包括教育行政、幼稚教育、学校训育、道德养成、青年问题、社会教育、实验报告等;主要撰稿人,有张宗麟、黄勖成、马客谈、李清悚、李蒸、蒋子奇、甘梦丹、吴研因等。1931年4月终刊,共出5期。

一、幼稚园里干些什么?

幼稚园里干些什么?这是我们时常听到的话,大家不以为奇的。但是仔细一想,好不害怕。幼稚园的活动,虽不如罗素[①]的讥骂(见《教育与人生》[②]),倒也确有愧色。

[①] 罗素:伯特兰·罗素。参见前文第266页注①。他在《罗素教育论》一书中,对现行的幼稚教育有所批评,并创办"比肯山学校",践履自己的教育理念,使自己的子女受教其中。

[②] 《教育与人生》:罗素所著《教育与美好生活》。该书于1926年出版,一年之间重版了6次。全书共3大部分,分19章。第一部分,自述作者的教育理念,包括现代教育理论的基本原理及教育目的;第二部分,论述道德教育,论及诚实、惩罚、交友、爱与同情、性教育等内容;第三部分,论述智育,论及智育的一般原则,从学制、课程、教法、学前教育直至大学教育,均有不同主张。20年代末,陈剑脩便曾有过节译。1931年柳其伟所出译本,名为《罗素教育论》。

教育部新订的《幼稚园课程》①，似乎是详尽了。试问，有哪几个是真实的试验去呢？有许多幼稚园，竟断章取义偏废地干；更有许多幼稚园，为着迎合一般人的欢心起见，只教些如黄莺般的唱唱、兔子般的跳跳，不但不能养成儿童做事、爱物等好习惯，反面〔而〕养成儿童骄傲、懒惰、胆怯、脆弱等恶脾气。无怪乎近来很有许多略知教育的人常常说："附近没有好的幼稚园，还是放孩子在家里吧！"

幼稚教师对于儿童接触的时间很少，不过至少应该每天有四小时以上。这四小时之中做些什么呢？最要紧的，是好习惯。例如清洁、做事勤快、对人有礼貌、爱小朋友、爱物、能发问、肯耐心做完一件事；和生活上必需的习惯，如穿衣、穿鞋、洗脸等。这许多习惯，是必需有指导才能养成的，决不是自由式的好听名词可以养成的。试问，现在的幼稚园能注意于此的有几个？

教育是否为着人生的？儿童是怎样生活的？我们大家都知道，没有生活能力的人，是不能生活的；就是活着，也是行尸走肉之流。我们倘若不指导儿童养成儿童生活上必需的习惯，只教他们许多不相干的东西，使他们成为成人的玩物，就是侮蔑儿童的人格。

二、儿童有本能吗？

我不想在这里谈心理学，不过，"本能"二字，是一切教师的护身符。许多教师，向古旧的心理学里找出许多好奇心、模仿心等奇怪名辞，于是要教儿童跳舞，说这是儿童好动的本能、跳舞是人类的本能。教育上一切疑难，向本能身上一放，万事平安，比"姜太公在此，百无禁忌"的条子还要灵。②

---

① 《幼稚园课程》：《幼稚园课程暂行标准》，由教育部于1929年8月29日公布，包括幼稚教育总目标、课程范围及教育方法要点三部分。该课程标准，是在陈鹤琴和张宗麟在鼓楼幼稚园开展课程实验基础上形成的。

② 此"条子"，旧时多贴在屏门、客厅、堂屋的门楣上，或屋梁、楼楞上；店家，最喜欢张贴在店堂或出入处上方，为岁时风俗之一。旨在杜绝穷神为害，保佑合家平安。

老实说，本能是没有的。一切辩证，可以看郭任远①的《人类的行为》（另图27）②一书。证明儿童没有本能，可以看华真③的《行为主义的幼稚教育》④。

人是有反应的生物，他的反应很灵敏。简单说，有两种反应：一种是直接反应；一种是交替反应。孩子用手指去捉火，被火一灼，立刻缩回，这是直接反应；小孩子点灯睡觉，点灯与睡觉毫无关系，但是养成习惯以后，非点灯不能合眼睡觉，这是交替反应。

另图27 《人类的行为》封面
图片来源：国家图书馆馆藏

直接反应人人都明白，交替反应极复杂。竟有一件极小的事，恰恰养成了交替反应。那么影响于终身的事业极大极大。我们虽然不必尽信，华真在《行为主义幼稚教育》上所说过分的话；但是在儿童时代的一切反应，是极有关系的。我敢说一句极武断的预言，倘若照现在中国一般幼稚园教育的干下去，几十年以后，就可以见出愈加怯弱的国民性来。同志们，我们握着无上威权，应该立定脚跟，不要受许多神秘色彩浓厚的心理学的欺骗。

---

① 郭任远（1898—1970），广东潮阳人。早年毕业于上海复旦大学。1918年留学美国，入加利福尼亚大学攻读心理学，得到新行为主义代表E.C.托尔曼教授的赏识，因坚决主张抛弃心理学中一切主观性的名词术语，被称为"超华生"的行为主义者。1923年获博士学位归国，历任上海复旦大学教授、副校长，中央大学教授，浙江大学教授、校长等职。著有《心理学与遗传》《行为的基本原理》等。

② 《人类的行为》：郭任远著，上海商务印书馆1923年初版。本书系统阐述了行为主义的基本观点，分上、下两卷。上卷总结行为的共通性及其普通原理，下卷分类详述了人类的行为。作者在本书的"序"中提出："要以自然科学的眼光来研究行为。"本书作为中国学者早期自编的一部行为主义心理学专著，具有一定的国际影响。

③ 华真：通译华生，行为主义心理学派的创始人，参见前文第308页注③。

④ 《行为主义的幼稚教育》：华生著，译者未详，上海商务印书馆1923年初版，后多次再版。章益、潘洛基译本，1932年由上海黎明书局初版，分行为主义者怎样研究婴儿和幼儿、儿童的惧怕及如何控制之、母爱太过的危险、儿童的愤怒及如何控制之、行为主义者的声明等7章。

三、两件最重要的事

有一次，有一位极爽直的朋友对我说："某处的幼稚园，简直是疾病传染所……"他的话虽未免偏激，不过也不是完全侮蔑。试问，幼稚园对于卫生设备花了多少钱？极普通的茶杯、手巾、面盆是团体的呢，还是个别的？每年请医生来检查过几次？有传染病的儿童，有隔离的方法吗？上课的时候，还有儿童吃着糖果，扫地是满屋灰尘飞扬；痰是随便吐的，走路拖着鞋子，灰尘扬得很利害（地板房子尤其利害）；落下地的东西，还是可以拾起来吃的；每天只要有点心，不问儿童平时需要水分多少；牙齿是不会教儿童刷的……举起来，太多了！

与卫生问题极相似的，是清洁问题。有许多幼稚园，用许多钱买了很贵的用品，但是脏得不成样子。满房是黑暗积尘，满桌子的垢泥，茶杯的渍痕，墙角满涂着鼻涕渍；孩子的衣服，只有外衣是新而且污的（因为检查清洁而换新衣服，但是久而不洗的），内衣是可以不洗、不换的……教师只捧着几个穿着漂亮的孩子亲吻，不知注意其他。这是一个大问题。

其次是，儿童于日常用品的来源也完全不知道。所以竟有长得三四十岁，不知道麦子是怎样，以为是韭菜的。城里人确是少了许多研究自然的机会，但是室内的发芽是可以做的，盆花、缸鱼、鸡、鸽等更可以做的。还有，桌子为什么是四条腿？风琴为什么会响？水为什么要煮沸？肥皂为什么可以洗衣服？肚子为什么要饿？小鸡从哪里来的？小弟弟从哪里来的？……一切问题，似乎无城乡之别，都可以和儿童研究的。

最近，美国不是有一个"儿童中心教育运动"吗？*Progressive Education*[①]就是主张生活法的。大意可以看《儿童教育》月刊二卷四期（该刊现由开明

---

① 所载英文为刊名，可译为《进步主义教育》。进步主义教育，为20世纪上半期盛行于美国的一种教育哲学思潮。它源自反对传统教育的形式主义，代表人物有帕克尔、杜威等。主要观点，有以儿童为中心的学生观，以生活为内容的课程观，以解决问题为方法的教学观，淡化权威意识的教师观，强调合作精神的学校观等。

书局出版，每年二元）；倘能定份 *Progressive Education*（此刊是 *Primary Education*①改名的）也很好。此法最要的秘决，是在手〔于〕一切活动切合于儿童日常生活，不要乱装许多古董货到儿童的脑袋里去。

---

① 所载英文为刊名，可译为《初等教育》或《小学教育》。

农谚可以做自然科的教材吗？

（1930年11月15日）

【题解】 本篇原载《儿童教育》第3卷第3期，发表时间为1930年11月15日。原发表时署名"张兆林"。

张兆林为张宗麟的化名或笔名之一。在晓庄学校被当局封闭、陶行知遭国民政府通缉后，张宗麟工作无定，也时有危险，因而他到厦门集美幼师工作后，便时用此名发表文章。

有关《儿童教育》，参见前文《鼓楼幼稚园课程试验报告之一》题解。

一、起因

我小的时候很喜欢唱儿歌。当时，只有邻居老农带着我讲"大头天话"——故事。我时时要求他唱"火萤虫，夜夜红。公公挑担卖大葱，婆婆织布糊灯笼。媳妇抽排捉牙虫，儿子打卦做郎中……"等儿歌。他老很和气，因此教了我许多儿歌，我俩就成为极要好的朋友了。直到现在，遇到机会，还时时和儿时的歌曲发联念，儿歌的效力真大。这些儿歌，就是很著名的越谚。

我的孩子元在四五岁时，几乎每晚都要求他的祖母唱歌。什么歌呢？还是"一箩麦，两箩麦，三箩开手打荞麦"等儿歌。

我有许多乡村小学生，尤其是女孩子，他们几乎没有一个不唱儿歌的。有一个时期，我提倡用山歌、童谣来代替国语教科书。孩子对合于地方音的歌曲，真爱呀！

街上的孩子似乎少唱歌，但是有一次我在杭州西大街遇到一件极奇怪的事。这是一个极好的月夜，我从女中分校里接洽校事以后，乘月到西湖上去散步，忽然一阵孩子们的歌声穿出柳丝而来。好熟的歌调呀！我就寻歌声去了。愈走愈近歌声地，歌声也就愈响亮了。约莫离去数十步的柳荫下，我站住了，只看到有百数十个孩子，排着队在那里高歌、高唱！仔细听，唱些什么呢？原来照"打倒列强"一首歌曲翻的。[①] 歌词如下：

烧饼油条，烧饼油条，
真好吃，真好吃。
三个铜板买一条，
三个铜板买一条，
快来买，快来买。

按：该曲是著名的催眠歌，不该比附中国革命歌，当然是另一问题。不过孩子不唱"打倒列强"，而唱"烧饼油条"，一唱百和的热烈，这其中大有意味可以寻索了。

二、为什么要采用农谚做本科的工具之一？

(1) 歌曲，似乎是人人爱唱的。孩子们爱唱歌曲，比成人只为着抒情而唱的，尤其来得有意味。因为孩子学语，是一件极不容易的事。单语、散语之难，我们读外国文时，可以做比拟，韵语就容易得多。

(2) 歌谣的种类很多，青年的山歌、田歌，大都是情歌。孩子们的歌谣，大都是无意义的歌。如"一颗星，格楞登；两颗星，挂油饼；油瓶漏，好炒豆……"一类歌曲，唱起来非常顺口、非常快活，不过没有什么意义。另外还有一种歌，也很顺口，不过含有意义、值得回味的。例如："东虹风，西虹

[①] 此"翻的"，指翻唱。这首歌，是根据北伐战争时期流行的著名革命歌曲《国民革命歌》翻唱的。而《国民革命歌》的曲调，又是根据当时流行欧洲的法国儿歌《雅克兄弟》。此曲调，翻唱得最多的儿歌是《两只老虎》。有关《烧饼油条》的翻唱，还有一种是："烧饼油条，烧饼油条，糖麻花，糖麻花。一个铜板两个，一个铜板两个，真便宜，真便宜。"

雨，南虹北虹卖儿女。""三月鸡，吱吱吱；三月鹅，肩上驮；三月鸭，动刀杀。"这些歌，就是农谚，孩子们也爱唱的。

（3）说到农谚，中国以农立国，到现在至少有四千年。在这过去的几千年里，一般士大夫都轻视农业，不去研究。老农就靠农谚传述他的经验，所以农谚在中国极多极多，并且验之天气、农作物，甚至畜牧、森林、养蚕等，都不爽丝毫。不但农家依之如金科玉律，并且船夫、渔翁也都传习如圭臬。西洋每件农作物与天气，很容易找到诗人的名著。中国诗人的名著，又是一格，很少适合儿童的咏物诗。农谚，可称是最合于儿童的咏物诗。

（4）儿童歌曲最重要条件，是地方性。原因有二：一是语调与音调。儿童长在本地，本地语言接触多；倘另换一个腔调，学起来极费力的，尤其是幼稚园的孩子。二是接触的事物。例如在广东唱咏雪歌，无论如何难使儿童了解的。中国农谚，全国都有，并且各县不同。有许多县，一县里有几种农谚。所以就地方性的一个条件看来，最好的要算农谚了。

（5）次之，农谚富有时间性。例如："春东风，雨祖宗。""春雾雨，夏雾热，秋雾凉风冬雾雪。"都是有关季节。又如："雨落鸡鸣头，行人莫要愁。""日落云里走，雨落半夜后；日落胭脂红，无雨必有风。"这是朝晚晴雨的预计。把这种有时间性的东西，触景生情的教孩子唱，孩子们也就格外喜欢唱。

三、怎样搜集农谚？

我对于这个问题，第一步，想分中国为五大区域，因着纬度分为：（1）寒带，如东三省、蒙古、新疆等省；（2）北温带，河北、山西、陕西、甘肃等省；（3）中温带，如山东南部、江苏、安徽、江西、湖北、湖南、四川、浙江等省；（4）南温带，如福建、湖南南部、江西南部、云南等省；（5）热带，如广东、广西等省。

第二步是尽量搜集。把每区内的农谚，有闻必录地搜集起来。用的方法是：（1）找书籍。如《越谚》《田家五行志》、各县《县志》等书。（2）通信。托各县同志，向当地老农去调查。这件，决不能托教育局做的。因为现在中国教育行政人员实在太忙，又住在城里，不见得会答复这样小问题。即使答复了,也靠不住是真的。(3)实地去调查。实地问老农,是一件极难的事。要先和他做朋友,然后他才肯一五一十地告诉你。

第三步是选择。选择要有标准。下面就是几条极普通的标准:

(1)有音韵的。农谚大都有音韵,偶然有单语,或不成韵,或者是古韵,读起未免拗口。所以不但要有音韵,并且要是联句。

(2)合乎科学的。农谚中迷信之谈很不少,合乎科学的也很多。近来,有竺可桢[①]先生研究气候一部分农谚,用科学来解释。中国农谚倘若记月、日的,大多数是阴历。阴历与阳历,据许多人说阳历好;但是农谚上的阴历,验之事实,也不大有出入。因为他们依据节气而排算的,节气是没有什么阴阳之分的。不过用了阴历的日子,又去用阳历的日子,多加一层负担。

(3)描写景致、形容东西要很逼真的。中国旧诗中咏物句子,都常是要不得的。因为不能逼真;可是农谚中却有逼真的东西,例如"日落胭脂红"这就是真了。

(4)求其多带"孩子气"的。不论什么好的东西,在儿童教育里,不要忘了儿童。正如珠玉虽宝,在肚饥时还是用不到的。怎样算是孩子气呢?例如"清明断雪不断雪,谷雨断霜不断霜",是没有孩子气的;"一场秋雨一场寒,十场秋雨好穿棉",就充满孩子气。又如"二月卖新丝,五月粜新谷",不但没意思,并且太呆板。加上两句:"补得眼前疮,挖去心头肉。"不但不寒酸,并且充满了孩子气。又如"月晕而风,础润而雨",孩子是不愿意读的。"月光生毛,大雨涛涛。""月亮濛憧憧,不下雨就起风。"孩子就高兴读了。"孩子气"三个字,太混合了,请读者在例子中的字里行间求得之。

下面所举的农谚,大都与自然科有关。地点是中国的中温带。至于合不合儿童的脾胃,要请读者自己批评、选择。

(1)一九、二九,伸不出手;三九、四九,冰上走;五九、六九,沿河

---

① 竺可桢(1890—1974),字藕舫,浙江省绍兴人。早年肄业于唐山路矿学堂,1910年公费留美学习,先习农学,后攻气象学,1918年获哈佛大学博士学位。在美期间,参与筹组"中国科学社"。归国后,历任武昌高师、南京高师、南开大学教职。1928年任中央研究院气象研究所所长,创建南京北极阁气象台。1936年后,长期担任浙江大学校长。著有《气象学》《物候学》等。

看柳；七九河开，八九燕来；九九八十一，犁耙一齐出（从冬至后九天起计算）。

（2）一九、二九，扇子不离手；三九二十七，冰水甜如蜜；四九三十六，出汗如洗浴；五九四十五，树头秋叶舞；六九五十四，乘冷不入寺；七九六十三，上床寻被单；八九七十二，被单换夹被；九九八十一，家里造饭田里吃（从夏至后九天起计算）。①

（3）正月甘蔗节节长，二月橄榄两头黄，三月青梅口中香，四月枇杷已发黄，五月杨梅红似火，六月莲蓬水中扬，七月石榴正开口，八月菱花舞刀枪，九月山上采黄柿，十月圆眼②荔子③配成双。

（4）一场秋雨一场寒，十场秋雨好穿棉。

（5）吃过端午粽，棉衣完全送。

（6）夏作秋，没得收。

（7）不冷不热，五谷不结。

（8）晴冬至，烂年边，快快活活去耕田。

（9）清明要晴，谷雨要阴。

（10）清明前，种花园；清明后，吃蚕豆。

（11）春雾雨，夏雾热，秋雾凉风冬雾雪。

（12）雨打伏头，干死芋头。

（13）谷雨前后，种瓜点豆。

（14）处暑不露头，割下喂老牛。

（15）榆钱儿④落，种谷也不错。

（16）七月荞麦八月花，九月收到家。

---

① 此为《夏日九九歌》，从夏至日算起。明代《五杂俎》所载为："一九二九，扇子不离手；三九二十七，冰水甜如蜜；四九三十六，汗出如洗浴；五九四十五，难戴秋叶舞；六九五十四，乘凉入佛寺；七九六十三，床头寻被单；八九七十二，思量盖夹被；九九八十一，阶前鸣促织。"

② 圆眼：龙眼。俗称桂圆。

③ 荔子：荔枝树的果实，即荔枝。

④ 榆钱儿：学名榆荚，是榆树的种子。因其形状酷似古代串起来的麻钱儿，故名榆钱儿。

(17) 四月南风大麦黄，才了蚕桑又插秧。

(18) 桃花开，李花败，李子花开种苔菜。

(19) 头伏萝卜二伏菜，三伏头里种荞麦。

(20) 横挑芋头直挑葱。

(21) 千方百计，不如种地。

(22) 葱怕露水韭怕晒。

(23) 冬吃萝卜夏吃姜，郎中先生①卖老娘。

(24) 家土换野土，一亩田三石五。

(25) 二月卖新丝，五月粜新谷。补得眼前疮，挖去心头肉。

(26) 种得千株松，万株桐，到老不会穷。

(27) 家有千株柳，不用满山走。

(28) 家有千株杨，不用打柴郎。

(29) 栽寻〔松〕点桐，到老不穷。

(30) 你也懒，我也懒，两个蚕儿做一茧。

(31) 鸽子十二窝，热死一窝，冻死一窝。

(32) 三月鸡，吱吱吱；三月鹅，上肩驮；三月鸭，动刀杀。

(33) 桃养人，李伤人，李子树下抬死人。

(34) 东虹风，西虹雨，南虹北虹卖儿女。

(35) 日落云里走，落雨半夜后；日落胭脂红，无雨必有风。

(36) 南闪火门开，北闪有雨来。

(37) 太阳反照，晒得兔叫。

(38) 春东风，雨太公。

(39) 星月照烂地，等不到鸡啼（雨后）。

(40) 早晨下雨当天晴，晚上下雨到天明。

(41) 早红雨滴滴，晚红晒背皮（雨后）。

(42) 虹高日头低，有雨到鸡啼。

---

① 郎中先生：民间中医医生的俗称。后文"卖老娘"，系指无人找他看病，故无法养家糊口。

（43）一雨一个泡，落得没米煮、没柴烧。

（44）月亮濛憧憧，不下雨就起风。

（45）两春夹一冬，夏布好遮风。

（46）雨打百花心，百样无收成。

（47）曲蟮唱山歌，有雨落不多（曲蟮是蚯蚓）。

（48）日枷风，夜枷雨。

（49）桃三李四梨五年，枣树当年就换钱。

（50）蚕豆不用粪，只要八月种。

（51）立夏栽姜，夏至离娘。

（52）云往东，一阵风；云往南，雨涟涟；云往北，一阵黑；云往西，牧牛郎披蓑衣。

关于幼稚园的卫生问题

(1931年3月1日)

【题解】 本篇原载《集美初等教育界》第1卷第4期,发表时间为1931年3月1日。原发表时署名"张兆林"。

《集美初等教育界》,教育季刊,一度改月刊,1930年3月31日创刊于厦门;由集美学校主办,《集美初等教育界》编委会编辑,由集美教育推广部发行。旨在"研究初等教育实在问题,介绍新教育方法,报告实验工作"。主要栏目,有论著、译述、研究、报告、介绍书报、转载等;主要撰稿人,有王秀南、黄则吾、邓锡蕃、王登沂、张宗麟、汪养仁、朱君毅等。1934年12月终刊,共出4卷24期。

第一节 导言

"幼稚生的卫生"范围极广,详细讨论非专册不可,并且是极专门的学问;不但寻常略有医药卫生常识者所不能谈,就是优良的儿科医生,也不能贸然勉力担任。因为幼稚生的卫生,包括生理卫生、心理卫生、教育方法,旁及社会经济、家庭父母教育(Parental Education),所以本篇绝无能力讨论精密详细的问题。

为着幼稚生的卫生问题太专门的缘故,所以本篇也只能举其重要者。下列数项是讨论的范围:(1)幼稚生应有的卫生习惯、态度和卫生常识;(2)幼稚生应有的心理卫生训练;(3)幼稚园应有的卫生设备;(4)现代通行卫生医学法的讨论;(5)实施学校卫生的困难。

一、幼稚生应有的卫生习惯、态度和卫生常识

本节的大概情形,在本书第二章第二节已表列说明。本节复就食物、清洁以及身体各部,对社会等分条列举。

本节材料,系根据 Classroom Teacher Vol 50,[①] 14－28P.P 和 National Society for the Study of Edueation. 28th Year Book,[②] 667－692P.P,并参摘我国社会情形加以增删。

(一) 关于食物的

(1) 认定自己的碗、筷、茶杯,不用别人的,也不给别人用;(2) 吃的食物,不从别人的碗里拿来吃,也不把自己碗里的给别人;(3) 掉下地的食物,不是有壳的不再吃;(4) 吃东西以前必定洗手;(5) 生的食物,必用冷开水洗过以后吃;(6) 食物不给苍蝇或其他昆虫、禽兽接近;(7) 吃的时候,每口分量必少,又经过细细的咀嚼,并且不用汤或茶水送下;(8) 与别人共食,当嘴里有食物时不说话,咀嚼、呷汤没有声响,汤汁等不狼藉;(9) 少吃糖食与酸类的食物。

关于儿童食物,另有详细食单。不过手头所有的参考,尽属西洋食单,中国难以移用。我以为,中华卫生教育协会所分析的食物,如波〔菠〕菜、鸡蛋、肉类等含有成分如何,实际上可以应用;又如卫生部联村医院所订《儿童卫生倡议》,有"我每天必吃青菜、豆腐、萝卜",也极有用。

(二) 关于洁清〔清洁〕问题的

1. 手脸

(1) 吃东西以前、大小便之后或有污泥的时候,能把手洗净;(2) 指甲常剪短,但勿用牙齿咬短;(3) 不用公共的手巾和手帕;(4) 每天早上洗脸,

---

① 所载英文为书名,可译为《课堂教师》50卷。
② 所载英文为刊名,可译为《全国教育研究协会年鉴》28期。

能把耳、脖、颈上也洗干净，并且擦干，擦上油膏。

2. **口齿**

（1）每天至少刷牙二次，并且刷得正当；（2）不流口涎，不留食物屑在口边。

3. **鼻子**

（1）有了鼻涕就哼出，并且哼得正常。（2）鼻涕不用手指拿，也不用衣巾揩，必用手帕揩；当手帕拿出来时，不随便乱摇。（3）喷嚏、咳嗽时，用手帕遮住口鼻。

4. **眼睛**

（1）不用手指揩擦眼睛；（2）不在日光下看图画、字句等。

5. **头发**

（1）头发要剪得像刘海式，以便常洗；（2）梳子顶好是不公用，不然要刷得极干净。

6. **大小便**

（1）每天大便至少一次，最好在早餐后；（2）需要大小便就去，自己能做，并且不以此为好玩的事；（3）大小便后必洗手。

（三）关于衣服的

（1）能知道暖了脱衣服，冷了穿衣服；（2）出了汗不是立刻脱衣服；（3）帽子是冷天或烈日下用的，不是寻常用品；（4）鞋子是常穿的，不肯随便赤脚走；（5）袜子不是冷天，不是必需品，并且脚膝终是露出的；（6）如房子里有火炉，那么进屋之后就得脱去外衣，出门必需穿外衣；（7）遭了雨湿的衣服能知道脱去；（8）知道衣服太紧是有害的；（9）每星期至少洗澡一次，同时换内衣（洗澡习惯在北方是极注意的，在江浙等省，因家庭设备关系，冷天就不洗澡）。

（四）关于呼吸与休息

（1）喜欢户外活动；（2）喜欢开着窗子睡觉；（3）知道六十八度是最好

的温度;^①（4）知道新鲜空气是从清洁的鼻腔、闭着口，又有良好的姿势，才能到肺部的;（5）每晚愿意去睡觉，愿意睡在暗的、面开着窗子的房子里;（6）每晚能睡到十一小时;（7）睡的时候不用被盖住脸;（8）在幼稚园里休息的时候，能听话去休息。

（五）其他

（1）靠左边走路，依着次序走;（2）穿过马路必须看警察的记号，并且要看左右的人，还能知道白线的意义;（3）街上不能随便玩耍，因为汽车等太危险;（4）不玩弄火柴、灯火等;（5）扶梯上不放东西;（6）不是吃的东西，不随便放进口里去尝;（7）刀剪之类能够用得极适当;（8）不怕医生敷药，并且能听医生的劝告;（9）皮肤擦破了，能不使污物进去;（10）不戏弄兽类，如猫、狗等;（11）不走近有警告的地方或薄的冰上;（12）游戏的时候能听教师的话，不会做"恶作剧"的事。

第二节　幼稚生的心理卫生

心理卫生与社会的关系，比较生理卫生格外重要。一个人随地吐了一口痰，或者会传染疾病于人；但是一个自私自利的人，直接给人难堪。生理卫生的习惯养成容易，改过也容易；心理卫生习惯养成容易，改过极不容易。例如，不会用手帕咳嗽的，只要供给手帕，指示几次，就可以成功；又如喜欢咬指甲是不好的习惯，只要有一二次的指示就会改正。但是惧怕是心理卫生最不好的习惯，只要有一次的暗示，就永远不能去掉。

华真（Watson）为着这件事，曾写了一部 *Psychological Care of Infants And Children*，中文译本有数种；其一名为《行为主义的幼稚教育》

---

① 此"六十八度"，系指华氏温度计所测得的数值，刻度方法是荷兰物理学家华兰海特所制定，约为摄氏 20 度。

（另图28），黎明书局出版。佛劳逸特（Freud）[①]的心理分析学，就是着目于潜伏于意识下的心理卫生习惯。从这二例看来，可知心理卫生重要的一斑。

幼稚生已经带着许多心理习惯来的，所以幼稚园里关于此项训练，也应当建设与破坏并进。下例〔列〕是与社会关系最重要的几件心理卫生习惯。

（一）快乐

这是要养成的习惯。与小朋友玩的时候，快活不厌；看到了客人，终是充满了愉快，现出笑容。

另图28　《行为主义的幼稚教育》封面
图片来源：国家图书馆馆藏

（二）惧怕

这是后天养成的习惯，决不是与生俱来的本能，这个习惯是害多利少。普通孩子怕黑暗、怕雷、怕昆虫、怕猫狗等，都是父母养成功的。惧怕的养成极快，结果极离奇，往往因暗示怕甲，于是与甲稍稍相类似的，都发生同样的惧怕。所以非有极重大危险，如传染病等，决不可阻止儿童的行动；并且对于任何可怕的事，不应暗示孩子惊惶。

（三）帮助人

这是爱的一种表现，是要养成的。帮助病人，帮助弱小的伴侣，肯把自己的玩具、书物与小朋友同用等。

---

① 佛劳逸特：通译弗洛伊德，即西格蒙德·弗洛伊德（Sigmund Freud，1856—1939），奥地利精神病医师、心理学家。早年入维也纳大学医学院，1881年获医学博士学位，后担任精神科医生。1895年正式提出精神分析的概念，后创立精神分析心理学，1919年发起成立国际精神分析学会，开创了潜意识研究的崭新领域。著有《梦的解析》《超越唯乐原则》等。

（四）发脾气

这是免不了有的情绪，在身体不健康时常常会发脾气、不快活。不过，教师要教孩子发了脾气立刻会恢复，并且不记宿怨，减少发脾气的次数；对于别人的批评肯虚心接受，做事失败不哭，又去重做等。

（五）礼貌

这是极小的事，但是关系于社交极大。例如"谢谢你""不客气""某某早""再会"等，不是口头禅吗？先敲门后进去，不随便插入别人的讲话等，不是小节吗？没有这些小节，就会遭人讨厌。

（六）正义和诚实

这不是口头的格言，是行为上的训练。例如在游戏的时候，正是训练这个习惯的好机会。

此外还有一件事，一部分是生理卫生，一部分是心理卫生。当孩子问教师说："我的妈妈养了一个小弟弟，先生，小弟弟从哪里来的?"这时候，教师不应该有羞答答的表示，更不应说许多谎话，应当老老实实地告诉他。性的知识是应当公开的，不应守秘密的。因此我在此顺便进一句忠告："幼稚教师应当有性的常识与性的卫生习惯。"

第三节 幼稚园应有的卫生设备

幼稚园一切设备，除该物专有用度外，都要合乎卫生条件。所以从广义说来，一切设备都是卫生设备。讨论设备另有专册，本节不过列举几件特殊物件以及应当注意之点。

（一）清洁室

就是洗手、大便、小便的房子，应备的物件如下：

(1) 这间房子，要有充足的阳光与流通的空气；最好一边通空地，一边通课室，通课室的门要精密。（2）如有儿童四十人，至少要有便桶二个。便桶用磁质，外用椅圈。（3）洗手盆至少二个，用磁质，用小架并备肥皂数方。（4）排水管，装在洗手架的附近。（5）每人有专备的手巾，每星期用肥皂煮一次。（6）如有寄宿儿童，还要备浴室。

（二）饮食器具

（1）每人有专备的茶杯、碟子、筷子、汤匙。（2）茶壶不能使儿童用口去呷。（3）点心可以放在公共盆子里，公共盆的数目不定。

（三）医药用品

（1）药物、药制棉花、纱布、绷带、碘酒、凡士林、硼酸水、蓖麻子油、甘油、枸橼酸铜饮膏、玉树油、如意油、十滴水等，此外如金鸡纳霜、阿斯匹灵等药，在乡村中应备若干（参看陈志潜《小学卫生篇》）。（2）其他：磅秤记录表、量尺、洗涤用具等。

（四）其他应注意之点

（1）窗子要多，总面积应占地板四分之一，窗沿要低。（2）光线要从左手进来，天窗不适宜。（3）温度大约保持华氏六十八度，并要有相当湿度。（4）桌椅应备几种，以便适合于身材高矮不同的儿童。倘经济能力做得到，小椅子较小凳子为适宜。（5）扫帚、抹布等应多备，以便五岁左右儿童共同来扫地、抹桌。（6）有大镜子一面，放在通路上，以便儿童照自己的身体。（7）痰盂不要备，因幼稚生没有什么痰，鼻涕应用手帕拭。

（五）教师用的参考读物

以下书籍限于中文的：（1）《行为主义的幼稚教育》，华真原著，黎明书局出版；(2)《学校卫生概要》，李廷安①著，商务印书馆出版；(3)《看护病人要诀》，胡宣明②著，商务印书馆出版；(4)《医药小丛书》(不必全买，选买有关系的数册)，商务印书馆出版；(5)中华卫生教育会出版的书籍、挂图，可以买一套。

以上所列出大项，实在是极粗率之论，并且不附经济标准，尤觉不完备。这些东西，在经济不裕的乡村里或工厂附近的幼稚园里，或者仍然做不到。不过卫生用具，不必在一时备完全，陆续添办也极好。

第四节　幼稚园里应通行的几种卫生教育的方法

幼稚园卫生教育，最重要在乎养成许多好习惯。怎样可以养成呢？通常有两种方法：一是利用现成的事实；一是利用外物。

（一）利用现成的事实

这是最重要做一种方法，在不知不觉中养成的习惯，也就能处处会用得出来，机会极多。举例如下。

（1）吃点心。这是幼稚园特有的机会，这里有许多习惯可以养成。如各人用自己的杯盆、未吃的时候先洗手、吃的时候的礼貌等。在吃的时候，还可以讲些卫生故事，如食物落地不吃等。

（2）休息。每天必有一二次的短时间休息，这是一种习惯。在休息的时候，保守极静默。教师有时还可以奏极幽静的音乐，或唱儿歌。休息过后，还可以请儿童极老实的报告怎样休息。

---

① 李廷安（1898—1948）：字广文，广东中山人。早年毕业于北京协和医学院公共卫生系，后赴美国哈佛大学攻读研究生。1929年获医学博士学位后回国，历任北平卫生事务所所长、协和医学院教授、上海市卫生局局长、中央医学院教授、中央卫生实验院院长、华西大学医学院教授兼附属医院院长、岭南大学医学院院长等职，为知名公共卫生专家。著有《中国农村卫生问题》《国力与健康》等。

② 胡宣明（1887—1965）：籍贯未详。早年毕业于上海圣约翰大学，考入清华学校，后赴美留学，1917年获约翰·霍普金斯大学医学博士学位后归国，历任广州市卫生局局长、"中国卫生教育会"总干事、上海医学院教授，为公共卫生专家。译有《预防医药与卫生学原理》《遗传与优生学》，著有《中国卫生健康状况的再建设》等。

（3）大小便。大约在上午十时左右，孩子们必有小便一次。小便的卫生、小便后的洗手等，都在这时可以养成。

（4）室内温度。这就是□□：怎样调节室内温度？应该保持怎样的湿度？窗子与空气流通的关系等。

（5）光线。这是正座位。儿童常常喜欢拿着书到太阳光下或屋角暗处看，这是极不适宜的。应该养成在一定的地点、位置看书，并且可以使他们有光线是从左前方来的常识。

（6）风暴。这是心理卫生训练。例如打雷、闪电的时候，教师切勿惧怕，应该指导儿童雷电的常识。遇到蛇等也是这样。

（7）意外之事。例如看到街上汽车碾死人、河里淹死了人、火烧等，这时候可以指导，这些事怎样可以免除，我们应该怎样帮助被灾害者等。

（8）病人。儿童队里免不了有人生病，这时候应该把病人的病状宣布，并且说到是否应去探访、怎样预防、病中应当怎样听医生的话等等。

（二）利用外物

（1）例话。这是卫生检查性质，大都每星期举行二次或三次，或者在每天朝会时作一极简单的询问。有时教师问、学生自己查，有时可以由年长的学生领着头来做。所查的条件如下：手、脸、颈子、耳、鼻、指甲都洗净了吗？牙齿刷过吗？头发梳洗过吗？衣服、鞋子都干净吗？带了手帕吗？朝上大便过了吗？等等。

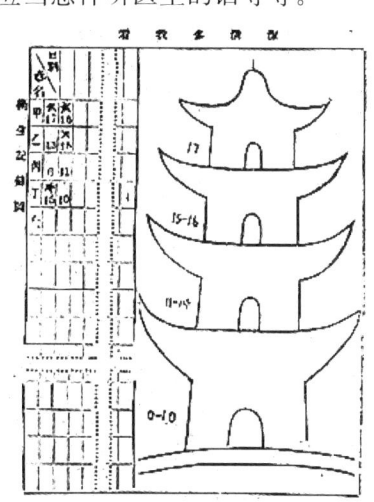

（2）记录。每天检查后的成绩记录下来。这个先要有标准。记录以后，必须用极明显的符号表示出来。下面是一个例子（原图 46、

原图 46　幼稚园清洁竞赛表和图

用法：将上表所得的分数转记到这张表来。这张表是张贴在壁上的。左边是方格，方格里贴得星。超等是金星，上等是银星，中等是黄星，末等是黑星。右边是塔，塔上插小旗，旗上写儿童的名。依着上表得来的等级而插上去。

原图 47)。

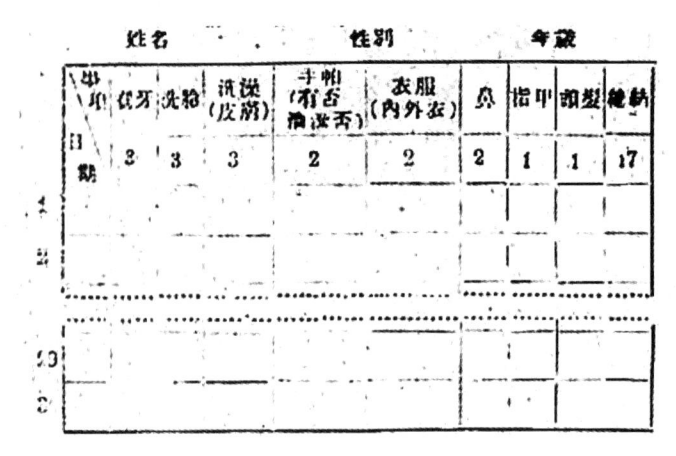

原图 47　幼稚园清洁检查记录表

用法：全表共八项，每项的分数有多有少。记法如刷牙，刷得不干净一分，刷得干净、方法又正当三分；又如手帕，带来一分，清洁的手帕二分。在总结上得十七分的列入超等，十五六分上等，十一至十四分中等，十分以下末等。

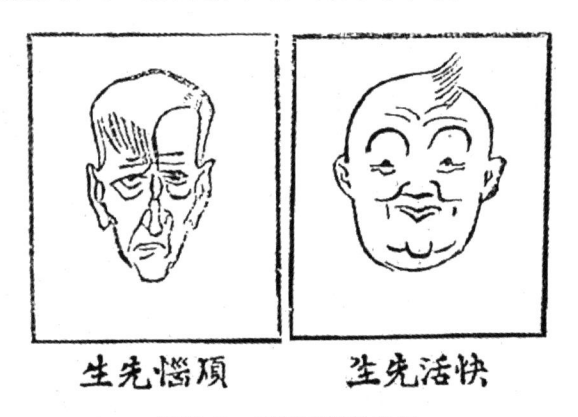

原图 48　不同表情脸孔图

（3）图形。幼稚生于文字还不熟悉，图画已能看，所以有时还可以用图形来标识。上面是二张脸孔（原图 48），可以张挂在极注目的地方，用故事来解释给幼稚生听；同时可以查看谁像是快活的，谁像是苦恼的。碰到孩子发脾气，可以用镜子和图形来对照孩子的脸，孩子也会哑然失笑。

用图的地方很多，如注意牙齿可以画一张大脸，长了牙齿。这个牙齿还可逐日增加。按时做大便与起床、睡觉，可以画钟等，都很适用。

（4）其他。卫生习惯或可单独训练，卫生常识很难单独训练，所以必须与其他工作联起来。例如手工、图画、音乐、故事、文字发表、游戏等，都可以联络；或者那几种作为工具，卫生常识作为内容实质。如何联络或如何设计，请参看拙著《幼稚教育丛刊·课程》一书。

最后讨论卫生周是否需要。卫生周在近年来，似乎是极时髦了。最初用意是引起全体师生的注意，从此继续不断地注意全校卫生（或全市卫生）。但是我们近来看到的卫生周，有大扫除、洗涤、检查身体等，一过了卫生周就不继续，甚至地也不扫。这样举行卫生周，当然可以不必。至于幼稚园的卫生，在乎日积的习惯和浸染，不在乎一时的兴奋，所以卫生周在幼稚园，实在没有这个需要。至于预防传染病、种牛痘、检查体格等，是常有的举动，也不必喊出特殊的名称来。

幼稚教师对社会应有态度与技能

（1931年3月1日）

【题解】 本篇原载《集美初等教育界》第2卷第1期，发表时间为1931年3月1日。原发表时署名"张兆林"。文前的编者按为："幼稚教师干社会活动，在现在的中国是理想中的理想。但是理想总有实现的一天，所以把这篇文字发表出来，或者会有同志以为不是梦呓而去试做的。"

有关《集美初等教育界》，参见前文《关于幼稚园的卫生问题》题解。

幼稚教师在近五年来的中国社会上的地位，可算是增高了许多。这是中国女权运动小见成效的效果，也受着全国幼稚园增多、幼稚教师缺乏的影响。这几年确是一个大转机，因为"幼稚教师只要老妪"的论调已经消灭，美国保姆化的空气也未养成，[①] 倘能大家认清目标，努力地干，那么地位可以一天高似一天；不然社会潮流汹涌起来，保不住仍变为富贵子弟的干奶妈。这是幼稚教师应付社会的问题。

第一节 今日中国妇女在社会上的地位

自从外国人用大炮、兵舰轰开中国的闭关政策以后，在经济上起了一个

---

① 此"保姆化"，实指美国由政府办理的"保育学校"尚未形成规模，不宜视同为民间和教会办理的育婴堂不普遍。

大变化，因此在道德、男女等观念都渐渐掉起头来。"女子无才便是德"的道德观念失去效力以后，女子也进学校去求学，有钱的人也送女儿到外国去。无论办女子教育的人守旧到怎样地步，但是女子既然与世界见面，也就跟着世界潮流而去，这是中国妇女运动发端的一个原因。资本家利用女工，这是有利可图的经济政策。外国人到中国来办工厂，当然利用这个政策。中国农村妇女又因为受着经济平衡崩溃的结果，不能在乡坐家助夫，于是趋向城市工厂做工。做工的妇女多了，又能时时吸收到世界潮流的新空气，当然也起变化。这是中国妇女运动普遍起来的大原因。

有了上面所说的二个原因，中国妇女就不再做家庭的奴隶、男子的附属品了，据陈望道先生[①]研究的结果，中国妇女运动可分为三期：

> 第一期，从一九〇〇年到一九一八年，是妇女参政运动时期。这是民国成立的先后，结果是几个有财产的有公民资格的妇女，得到立法上的男女平权，范围不广。

> 第二期，从一九一八年到一九二六年国民革命前后为止，是女性主义的时期。这时期主张教育、文化、宗教、道德、经济、职业、法律、政治等一切与男子平等，反对一切束缚女子的传统思想。这期范围很大，因实际困难不解决，所以受到实惠的也只限于知识青年。

> 第三期，从一九二七年以后，是女子劳动运动时期。这期不但是知识青年，而且大多数劳动着的女子也参加了。

妇女运动是跟着整个社会运动同时发生、同时解决的，社会组织的变迁，是天天向着普遍化、民众化走的，决不至于退到尊皇后、选宫女的一条路上去。所以中国妇女运动第三期的成功，可以操必胜之券的。

---

① 陈望道（1890—1977）：浙江义乌人。早年留学日本，1919年回国，从事新文化运动和宣传马克思主义的革命活动。1920年春翻译出版《共产党宣言》，同年参加创立上海共产主义小组，并任《新青年》杂志编辑。1923～1927年，任中国共产党创办的上海大学中文系主任、教务长。1934年参加发起"大众语"运动，同年主编《太白》半月刊。曾任浙江第一师范学校教员、安徽大学教授、广西大学中文科主任、复旦大学文学院院长。新中国成立后任复旦大学校长、中国科学院哲学社会科学学部委员、上海哲学社会科学联合会主席、上海语文学会会长，《辞海》编辑委员会主编。

第二节　幼稚教师自身应有的觉悟

做幼稚教师的虽然不限于女子，但是实际上男子任幼稚教师的极少，所以幼稚教师对社会的问题，也就划到妇女问题里去了。中国妇女运动的潮流已经到了这个地步，幼稚教师当然也随着向前去了。现在至少有三点应该觉悟的。

（一）幼稚教师是劳工

因为这是社会上的正当职业，不是支配任何阶级，也不能不劳而获的，所以是劳工。女教师是中国新兴职业，照现状而论，似乎与美国的过渡桥（stepping stone，这是美国人讥笑女教师的名辞）不同，不过稍稍染了中国士子的习气。士子是受人供养的，可以不劳而获的。幼稚教师为着职业起见，为着妇女运动起见，也就为着自身利益起见，应该向劳工一条路上走。

（二）幼稚教师是为着大多数儿童谋幸福的

刚刚从"干奶妈"的束缚里挣扎出来的幼稚教师，当然不会再受少数富贵太太们的支配，去代她们带领孩子。幼稚教育对于任何孩子，当然是一视同仁，不论贫富孩子都是要教育的。做教师的倘若贪着目前少数金钱的诱惑，不愿意向大多数儿童队伍里去，也就违反潮流，结果仍旧做一个富贵人家的干奶妈。

（三）幼稚教师要深入社会去

幼稚园虽然是社会组织的一部分，幼稚教师虽然是社会的一分子，但是目前的幼稚园与社会还是关系较少的，这样又无怪社会看待幼稚园是无关重要的装饰品。此后，幼稚教师对于社会要发生力量，与小学联合起来干社会工作。一切当地的家庭问题、妇女问题，都直接加入。不但欢迎父母们到幼稚园来，并且到家庭里去，到劳工妇女的队伍里去。

第三节　最需要幼稚教师帮助的母亲

"凡是人类，都应该互助的。"这是社会学上最公允的学说。但是有许多只会享受而不做工的人们，就不应该受到别人的帮助（残废、疾病、年老者当然在例外）。同时，一天忙到晚的人，自己没有时间来料理自身事，就应该多多受人帮助。教师是帮助人的事业（在另一方面，当然也受到别人的帮助），就应该为第二种人们多出些力。幼稚教师帮助的对象是母亲，哪种孩子的母亲最需要幼稚教师帮助呢？

（一）农家妇

中国到现在还是农业国，并且是手工的农业国，不是机器的农业国。手工农业国是一家老小终岁勤劳，方得免于冻饿。农村的男子，当然终年不会有空闲的，妇女们也少空闲的。在农忙的时候，帮着丈夫到田里去工作。江南从四月开始到十月的几个月里，妇女们大都在田里的；不到田里去，就在家里料理丈夫从田里收获回来的谷物。这样忙碌的母亲，怎样养护孩子呢？据我三年来所观察得情形如下。

（1）带孩子到田头去。在襁褓的孩子，放在一个木桶里，放在田头或树荫下；会走会坐的孩子，就坐在田头树荫下。母亲工作休息，就给孩子吃一饱。平时也就让孩子在那里，不管冷风烈日的损害，更不管孩子的哭泣。

（2）关孩子在家里。农家喂养牲口，当主妇出门去了，往往把它关在屋子里。有时也把孩子反锁在屋子里，到夜归来，给孩子吃一饱。

（3）由姊姊、哥哥带领。这要算顶好的了，因为有了长大的儿女可以带领幼小的儿女。不过有许多人家，还是不肯有这样大的牺牲，因为长大的儿女可以到田里去帮着做活。

（二）工厂女工

女子进工厂做工，是一件极正当的职业；只要厂主有相当优待，女子也不至于吃大苦的。但是实际上，厂主雇用女工为着容易得利，工作时间可以延长（在上海还有每日在厂工作十四小时的女工，内地愈加不堪设想），工资可以少给（在上海还有每天小洋贰角的工资，内地愈少）。这许多女工，有一部分是结过婚的。中国工厂对于孕妇有优待条件的还极少，至于对待有孩子的女工，那就更不用说了。

我去参观过几个工厂，有一个丝厂的缫丝房里，温度、空气在成人已经是难以抵抗，但是在缫丝锅的旁边，还有襁褓的孩子，也有在地上爬的孩子。工人们每天早上五点钟进厂，晚上七点、八点放工，回家烧饭还来不及，哪里有空工夫带孩子呢？据说，能够带孩子进厂的女工是有面子的，不然还不许带进去。不许带进去怎样呢？关在家里，一直到晚上母亲放工回家才得一饱。

（三）贫民区

失业的小贩的、车夫的以及做短工的家庭，因为经济的关系，大都汇住在一区，就叫做贫民区。这些母亲们为着生活问题，东奔西走，格外忙碌，孩子们就饿一天、吃一顿，格外可怜。

（四）有较好的职业的

如做女招待、女店员、女书记等家庭的，子女大都交给老妪。老妪当然不会好好儿教养孩子的。倘有幼稚园，可以使母子都得到更好的安慰。

以上四种家庭，虽然贫富不等，做母亲的不能专心照顾孩子是一样的。这四种母亲，对于人类都有特殊贡献。照互助的原则，她的子女应该有人替她负责。更就孩子方面说，这些孩子，不见得完全是白痴、弃才，应当教养成人。退一步为着慈善而说，这些可怜的孩子，决不应当活活受罪，应该有人去教养。负整个责任的，当然是政府。然而在实际上帮助孩子的，还在乎幼稚教师。有志于幼稚教育的青年们，倘若都肯牺牲繁华的物质享受，去尽人类应尽的互助责任，到农村里去，到贫民区去，对于孩子们的福利，对于社会的贡献，比办任何幼稚园来得大。我们知道幼稚园是创办在农村里的（世界上第一个幼稚园，在德国的小村子里），也收效在贫民区的（蒙得梭利就是办贫民区的教育而有实地贡献的一人），就是因为这些地方需要幼稚教育，是真实的，不比有些地方只不过是点缀品。

第四节　幼稚教师应有的新鲜本领

以上三节可说是幼稚教师对于社会应有的态度，本节讨论应有的本领。因为从前做幼稚教师的，只要顾到在幼稚园的小孩子。说得过分些，可以关着大门办幼稚园。所以她所有的本领，只要怎样对付孩子。自从学校与社会应该打成一片的学说兴起以后，幼稚教师就要跨出大门找事情做了。这些本领是新添起来的，所以称为新鲜本领。

（一）关于技能与常识的

（1）能说话。说得口齿清清楚楚，语句不文不俗，在本区的任何人都能听得懂，并且能在说的时候，不带着教训口气，是平常说话的语调。

（2）能讲演。有时候遇着人数众多，那么就要改换对众人说话的语调。此中包含说明理由、讲故事、叙述事情的始末，不但要不怕羞，并且要说得老练，精当，使听的人都字字明白。

（3）会算账。社会上有特别算账的方法。例如算会钱，一月一转会与一年一转会的不同。钱粮票是中国政府最麻烦人民的一件事，尤其是许多粮差到乡村里去，更为扰乱。其中有多少项目，每两折合若干，都有特别算法的。此外常常会遇到的工账、货物账、邮局汇款等，虽然是极容易的，但是在实际上都极有用。

（4）会组织合作社。贫民间利息之厚，实在惊人；据我所知，内地按月五分的利息是常事，在上海也有按月三分的。这样剥削是极不正当的。解去这样重的负担，只有组织合作社的一法。合作社有各种方式，最普通的有借用合作社、消费合作社、生产合作社以及购买工具等合作社。前两种，幼稚教师最容易出力帮助。如江苏已经有合作社指导所，只要教师肯留心去询问，就可以减去许多社员的困难。不过其中弊端很多，教师当然也要设法消灭它的。

（5）会写文件、书信。这就是代笔，在农村、工厂附近、贫民区里，日常最需要这类帮助。其中有写信,写会约、借据、婚帖、对联、戏单、契据等,有时会有请求写符咒等。教师不但不要替他写,并且可以乘此做一次劝破迷信的工作。

(6) 会看文件。这与上项相联的,例如信、契据、当票、粮票、捐单等。

(7) 会做账房。这件事或者不很会遇到。在喜庆婚丧的时候做管账等事,其中不但是银钱关系,并且还有习俗关系。

(8) 会医小病。知道极普通的病源与医治的方法。在江南最易犯的病有疟疾、伤风、痢疾、疥疮、沙眼、冻疮、中暑、天花等,这些病都是容易犯也容易治的。所需要的药也不复杂,贫民因为普通医院用费太贵,医生又太轻视贫民的病,所以往往去乞灵神签,结果是十九死去。教师倘能有些许医病能力,于贫民就有莫大利益;并且经过医治的贫民,就会代为宣传,这确是教师加进实际社会里去的一条捷径。

(9) 会做日用手工。妇女们极需要的,如裁缝衣服,打绒线衣帽、描花等。

(10) 会招待。招待是一件极不容易的事,因为各种职业都有各种习尚,对于不同调的举动,就会显出惊讶来。中国社会旧习,尊敬教书先生,实在是教书先生难以与社会相合。幼稚教师到社会上去,格外受人另眼看待。此关打不破,永难干社会工作。

(11) 会发起婴儿会,办民众学校以及各种纪念会。这些事小学教师大都渐能做到,尤其是乡村小学,幼稚教师也应该能做,庶几妇女们也有机会来加入。因为贫民区的妇女受旧礼教的束缚是格外深重,只有男教师发起的事,不见得能来加入的。

(12) 会替妇女抱不平。例如婢女、妓女的虐待,丈夫的无理待妻子,以及现在国法上所定的男女应享同等权利的事。在这个过渡时代,必有人欺侮女子,做教师的除非不听到、不看到,不然就应该拿出侠义的气概来援助。

(13) 懂得本地一切风俗习惯。在这些风俗习惯没有去掉以前,只有设法去改革,决不能和它去碰钉子。因为教师能力有限,不应做犯众怒的事。教育的功能着重在感化,不是用炸药轰的。

(14) 明了世界潮流、国家大势。一方面所做的工作不要反乎潮流;一方面还要把世界潮流、国家现状，介绍给没有机会能够直接知道的人们。

（二）关于态度的

（1）肯吃苦。干社会工作没有一件不苦的。一个人要想得到别人的信任，第一步就是肯吃苦。凡是有职业做劳工的妇女，自己知道做事之难，生活的不容易，所以对于能吃苦的教师也就能格外敬爱。

（2）能动手做。教师自己动手做，才能知道做的难、欣赏做的快活；一切事非万不得已时，决不可请人代做。此外有许多对社会的工作，也就去亲身做，不是假手于人的做。

（3）待人宽大，外表温厚。聪明是受人欢迎的，但是轻佻是遭人厌恶的。精细是成事要件，刻薄也就会败事。对于一般社会，宁可吃亏，勿要占便宜。在服装上、举动上处处厚重，且无骄傲、尖刻的表示。

（4）事事留心。做人做到老，学到老。前条所举十几项，教师决不能在短时期的师范教育中能学得。况且社会实际状况，在书本上更难找到。所以只有处处留心的一法。

（5）终身从事幼稚教育，为社会谋福利。这是一句极空泛的话，但是幼稚教育能否对社会发生效力，全在乎这点。做教师的，一方面要引导孩子到社会上去，为社会谋福利；〔如果〕自己中途躲去，做社会的享受者，这样的教育决没有成效的。因此用这句话来做本篇的总结，也是本篇对于幼稚教师的总希望。

参考资料：

（1）《妇女杂志》第十七卷七号，《妇女问题的经纬》；

（2）《妇女杂志》第十七卷九号、十号，《妇女不平衡的发展》；

（3）《儿童教育》第一卷三期，《如何使幼稚教育普及》；

（4）《儿童教育》第二卷第一期，《小学教师怎样干社会教育》；

（5）《幼稚教育论文集》，《幼稚教育的新大陆》《创设乡村幼稚园宣言》；

（6）《妇女问题十讲》，章锡琛译，开明书店出版；

（7）《妇人与社会》，沈瑞先译，开明书店出版；

（8）《蒙得梭利》，张雪门编，世界书局；

（8）《中华民国开国前革命史》中编第三十七章，冯自由编，新月书店代售。

（10）*National Society For the Study of Educatian. 28th. Yearbook（preschool and parental Education）*①。

---

① 所载英文为刊名及论文题，可译为《全国教育研究协会年鉴》28期、《学前教育和父母教育》。

空谷幽兰
——介绍一个极有研究精神的幼稚园
（1931年3月1日）

【题解】 本篇原载《集美初等教育界》第2卷第1期，发表时间为1931年3月1日。

介绍对象育英幼稚园，创设于1921年，位于漳州市芗城区洋老巷4号。1929年交公办理后，改名为龙溪县育英幼儿园；1958年改名为"振成巷幼儿园"，1984年再次改名为"漳州市实验幼儿园"。现为"省优质幼儿园"，被确定为省级课改实验幼儿园。

育英幼稚园创办者林杏雨（1899—1996），又名许春，福建漳州人。早年就读于漳州华英中学、闽省华侨公学，后赴南京高师进修。1918年在漳州政务所主办公共卫生，不久合股参加"漳浦始兴汽车股份有限公司"，任主任。业余兼办育英幼稚园，热心地方公益事业。中华人民共和国成立后，历任漳州市工商联主委、省工商联副主委、漳州市（今芗城区）副市长、政协副主席等职。

有关《集美初等教育界》，参见前文《关于幼稚园的卫生问题》题解。

在我没有到福建以前，据传闻所知，以为幼稚教育在闽南，除集美幼师以外，再没有人以为是值得研究的了。

前月，我们几个人跑到漳州去参观教育展览会，看到中间有两间房子，尽是展览些四五岁儿童的作品和玩具。在别人看来，以为是无足轻重的；哪知我们竟如在大海中得了宝岛，足足看了一个多钟头，还是依依不舍。

到第二天，又跑到它的出产地——龙溪育英幼稚园里去参观。虽然那天没有孩子在园（恰巧旧历正月初〔一〕）；但是从许多设备与材料上观察所得，我觉得这个幼稚园富有朝气、肯研究，主持的人对于幼稚园，似乎已经有了极重的瘾癖的。

主持这个幼稚园的，是一位没有嗜好的青年（一切烟、酒嗜好都没有）。他姓林名杏雨，在漳州始兴汽车公司任总务科主任。他一生只有一个嗜好，就是办幼稚园。他的妻子、弟妇以及弟弟，都受他的影响，而实地在幼稚园里工作。我最初是极怀疑的。因为在中国现代社会之下，决没有一位普通商人或政客，肯真心干教育事业的。设法打听到这位林先生所以肯这样热心办幼稚园的原因，结果是毫无别的用意，只可以说是他的业余工作，是一种奇特的嗜好。

育英幼稚园是一座极平常的房屋，利用林氏宗祠而办的，所以各间活动室都是极狭隘的。照着教育原理说来，多半是不适合的；但是经过改造的中国式的房屋，对于光线与空气，也会得到相当的合用。所以该园全部房屋都渐能合用，庭间的花木也种得极有意思。在花木丛中，还造了几处动物场，养着兔子、鸡之类。屋后有空地一块，地上有础石、瓦砾，是废屋基，他正想设法改为儿童花园和运动场。在他和我们谈话之中，处处显出细心，而于儿童教育已经摸到门径（另图29、另图30）。

另图29 育英幼稚园小朋友表演"预备放"

图片来源：《南方（福建）》第2卷第2期（1935年10月23日）

另图 30　育英幼稚园小朋友自由游戏

图片来源：《南方（福建）》第 2 卷第 3 期（1935 年 10 月 23 日）

我对于该园内部设备，最欣赏三种东西：一是竹的小椅子；一是铁圈的沙池；一是香烟片子的故事本子。

竹制用具，在闽南是极便宜的。不过据我看过的小学，很少采用竹制用具。这个幼稚园，不但能采用，并且能改良：把不很坚固的小竹椅子，只加二根有十五度角度的支柱，那么靠背就极坚固，可以用到四五年不坏，价值每把不过小洋三角。

铁的沙池，是利用一条废铁，在庭里做了一个极好的沙池。

还有那香烟片，更有趣了。汽车公司里应酬客人以及同事们所吸的香烟，他将壳内的画片收集起来，并且在怀里放着一本小簿子，详记已经有某种画片。例如刀牌香烟有故事画，每个故事有上、中、下等分段。他于这种地方，也记得极详细。这是我亲眼看到的。他是一个不吸香烟的人，为着小朋友而肯搜集香烟画片，又能如此细心，真是一位有幼稚园瘾的人。

幼稚生的工作渐渐有人注意，但是幼稚生的作业成绩品很少有人注意，更谈不到利用成绩品，如布置房间等。因为大家以为，幼稚生的能力是薄弱的，他的成绩也就不值得注意。育英幼稚园对于幼稚生的图画、手工、写字等成绩，都编上姓名、日期以及年岁，保存起来，也就用来作布置品。送到展览会去的，也大半是这些平日的成绩。我们知道，这种幼稚生成绩，可以找出许多好东西出来；许多儿童心理原则，都从这里发现的。倘若利用来做布置用，既省钱，又是儿童最喜欢的，真是唯一妙品。

育英近来也正着手自制玩具，已经初有成绩，有造屋用的积木、识字用的六角亭、计数的掷圈器数种。漳州出产竹木、果品极多，倘若向着利用土货、利用废物的路上走去，育英对于中国儿童玩具的贡献，也必定有极大的希望。

最后我向读者进一言，就是从厦门到漳州，交通极方便，汽车二小时可达。有机会的时候，很值得去欣赏这株幽兰。

儿童最爱玩的游戏

(1931年3月1日)

【题解】 本篇原载《集美初等教育界》第2卷第1期，发表时间为1931年3月。

有关合撰者王荆璞，参见前文《大江滨的乡村幼稚园———周岁的燕子矶中心幼稚园》题解。

有关《集美初等教育界》，参见前文《关于幼稚园的卫生问题》题解。

这是一件极有意义的玩意儿：孩子们在学校里体操课内所学的游戏，到了家里（或者在下课以后）就会不去做的，同时他们整天玩他们愿意玩的东西。这些玩意儿，或者就可以称为民间儿童游戏。这些玩意儿，是否可以采为小学或中学的游戏，恐怕还没有人敢武断。但是小朋友们喜欢玩耍，是千真万确的；并且细细寻味，就是我们成人们玩耍起来，也还觉得有趣。对于孩子，当然富有教育意味。

本篇先来发表几个极普通、最常见的游戏。其中有些名称，是极普遍的，就不再加说明。如有南北名称不同的，略加注明。

一、斗草

浙、闽都叫"吃官司"。过了清明，车前草长得很大，并且有了花梗。孩子们就去找最粗、最韧的花梗，和他的朋友钩着花梗，嘴里唱着："吃官司，进官司，今年吃了官司去，明

原图49 斗草图

年吃得官司来!"唱完,两人都用力一拉(原图49),看哪个花梗断了,就算输了一次。

二、掷茅针

清明前后,草地上的莎草都长了许多嫩苗,江浙人叫做茅针。茅针可以吃的,味道有些鲜甜。孩子们就去找茅针,找得很多,那么坐在草地上玩。一个孩子先拿着一把茅针唱着:"我有茅针哪个要?拿着金针银针向我掉!"(注:掉是换的意思)

唱完,就把手里的茅针向地上一撒。别的孩子看到他已经撒了,就选出相当根数的茅针,唱着:"我有金针真真好,问你要不要?"撒的孩子看看他手里的茅针还不够,就说:"你的金针真真好,可惜还太少。"那么第三个孩子,可以照着第二个孩子做。倘若已经能够满足撒的孩子的希望了,那么就唱:"金针换茅针,请你要小心。"

这个孩子拿着茅针向地上的茅针空隙直放,倘若碰着了地上的茅针,撒针的孩子就说:"金针虽然好,不及茅针牢。"他就可以得着这握茅针。别的孩子再来试做。倘若放的时候不碰着地上茅针,那么放针的孩子就唱得胜歌:"金针换茅针,一根换一根。"撒针的孩子,要照放针的手里所有的茅针数,送给放针的孩子,并且这次游戏算完局。

三、吹肥皂泡

用温水半杯,放肥皂一小粒,等到水里溶化了肥皂,就用麦杆醮〔蘸〕水吹泡。泡有时很大,有时很小。只要麦杆头向上,那么每个泡都能上升;有了日光,泡还能分析日光,七色灿烂。

四、唧水筒(就是水枪)

用淡竹一节,去一个节关,留一个节关作为底,底开一个小洞。另外用竹棒一根，一头扎上棉花、破布，成功一个锣锤形，大小要恰恰能够放进竹筒。这个竹筒，就可以做唧水筒玩，水也能浇得很远。在近水的乡村里，孩子们玩这个玩具，很多很多。

五、掷贝壳

江村海滨，各种贝壳是极普通的东西。孩子们就拾来做玩具。有一种玩法是掷的。可以掷的贝壳，要用蚶壳、蛤壳等。其他如大的蚌壳、小的蛏壳，单壳的螺壳、蠔壳都不能用的。玩法，先在地上画一个国界图（原图50）。

原图50 国界图

一个孩子先放一个贝壳在界里，然后他的右边一个孩子，执贝壳用力一掷。倘若地上的贝壳，被他掷出界外，那么这个贝壳就被他得到；倘若掷不中，自己的贝壳反而弄到外面去了，那么这个贝壳，被地上的贝壳主人所得。他再用另一贝壳掷，倘若掷中了，但是地上的不出界，自己的倒不在界内，那么这个贝壳也要送给地上的贝壳主人。再用别的贝壳掷，倘若掷不中，自己的贝壳也在界内，可以再掷。倘若掷中了，自己的贝壳也在界内，就要让再右边的孩子掷了。这样依着次序掷过去。有时候，一个贝壳恰恰在城的线上，掷的人就要问这个贝壳的主人："你喜欢哪边？"主人说："喜欢右边。"他一掷把它送到右边，那么这个贝壳被他得到；倘若送在左边，那么就算无事。

六、敲棒

用木棒一根，长约二英尺，作为公共棒；每个孩子又有一根木棒，也和这根差不多。玩法，用小砖一块，把公共棒搁在砖上，一头着地，玩的孩子向搁砖上的棒头上轻轻一敲，棒向上跳起来，那么他就在空中用力敲棒。倘若敲着了，可以敲得很远，就用公共棒来做量尺，量敲了多少远，记起数目。这样每人轮流敲了几次，就可以总算起来，计算胜负。

七、结线绷

这个名词通用于江、浙、闽北，到厦门就称为解衫。用线一条，长约十英尺。两头系住，成为一圈（如原图51），然后用两手一转（如原图52），再用中指向对面手心钩出线来（如原图53），这是一个线绷。要挑的人可以用大、食两指在图五的 AB 空隙处夹紧，向 CD 处挑出，就成为原图54。如此继续玩下去，就可以继续挑出各种花样。

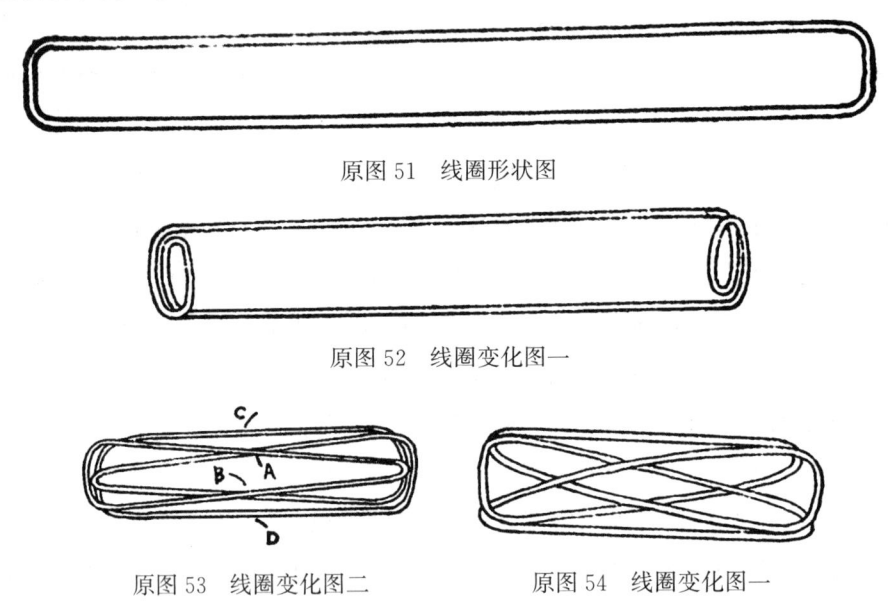

原图 51　线圈形状图

原图 52　线圈变化图一

原图 53　线圈变化图二

原图 54　线圈变化图一

八、抓石子

用小石子七粒，大如桃核。先向地上一撒。拿来一粒，向空中掷上，一面急向地上抓石子。第一次抓一粒。抓住以后，再用同一手接住空中的石子，然后把手里的石子放下，再继续如上次的抓。不过，第二次抓两粒，第三次抓三粒。抓完以后，就有计算的资格（孩子叫翻手）。

倘若有一次接不着空中的石子，或在地上抓石子时碰着不应抓的石子，或所抓的石子数不照应抓的数目，都要取消翻手的资格。翻手的方法，将七粒石子向空中轻轻一掷，急用手背去接，接得愈多愈好，然后再用手背把石子向空中轻轻一掷，用手心接住石子，计算所接到的石子。倘若得到石子，就可以继续再做，做到取消资格为止。

计算的方法有两种，一种是以次数为单位，然后计算共得多少石子；一种是先定一个数目，如五十、一百等，轮流抓玩，看谁先抓到这个数目。

石子的玩法很多，乡村成人，往往在田头中间画地下棋。棋盘的式样，下棋的方法，都和象棋、围棋不相同。虽然方法很简单，倒也极有趣。上海群益书局，已经搜集了几种印售。

九、飞燕

用香烟的画片，夹在两指中间，另一手用力一拍，可以飞得很远。谁飞得最远，谁就跑到自己画片地点，用一只脚跳到次远、三远……最近的一片，那么这许多画片都是送给他了。

十、造房子

在地上画一方格（原图 55）。在"8"格里放小砖一块，然后独脚跳，用脚尖把这块小砖踢进"7"，再踢进"6"，依次踢到"1"，就算房子造成。画一个记号，如"1"格的形式。倘若中途这块小砖踢出小方格的线外，那么停止进行，让第二个人做。但是失败者，倘若第二次轮到时，可以从前次所达到的一格开始，继续进行。凡是第一个达到"1"的人，画记号在"1"；第二个孩子，就只可以到"2"为止；第三个孩子，就只可以到"3"为止。这样，看谁能得到"1"，就算优胜。

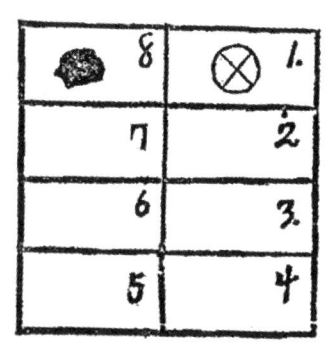

原图 55　房子图

十一、转空中（浙江叫风车）

用铜元或木的圆板，钻两个小孔（原图56），穿一根长的细绳，就成为一个风车。玩法，食指钩住绳的两头，用力把铜元打几个转，乘着这个动力，两手向外用力拉，铜元就能转动，发出震动的声音，如像风轮吹动的声响。

原图 56　风车图

十二、转辘轳

这个游戏至少四人。若要增加，也必定要二的倍数。图里"1"的右手握着"3"的右手，"2"的右手握着"4"的右手。然后"1"左与"4"左、"2"左与"3"左相联。各人的脚，都用力抵住中间的缸片，各人的身体，用力向后仰。大家叫一声"起"，大家用力向右边转过去，可以愈转愈快，好像转辘轳，极好玩（原图57）。

原图 57　转辘轳图

以上十二个游戏，都是江、浙、闽三省儿童常玩的。此外，还有下列几个，因为名称极统一，所以只写一个名称在下面：

（1）打球。江、浙两省儿童多用线球。因为棉线价值极廉。闽南多用橡皮球。因为橡皮价值较廉。

（2）踢毽子。用鸡毛、铜元做的。在冬季玩的很多。

（3）放纸鸢。江苏以清明前后为玩的时期，浙江以旧历二月为玩的时期，福建以秋天为玩的时期。到旧历重九，还有一个祭纸鸢的风俗，把纸鸢烧去，非过明年暑天，不能再放。

（4）跳绳。有单人跳与多人跳两种。也是冬季的游戏。

（5）滚铁环。闽南有滚橡皮环的。但是失去环的响声，就觉减色不少。

（6）骑竹马。各地都配有不同的儿歌。这个搜集工作，本篇不能详了。

（7）拔河。就是拉长绳。不很常见。不过，大多数孩子都知道这个游戏。

（8）射箭。就是用竹做弓箭来玩。不过，大都为成人禁止。

(9)放弹。用短小竹筒，装起竹篾弹簧，放进小石子，也可以弹得极远。

以上所举，可说是极平常的游戏。其他特殊的，如在田野里，还可以见到砍草孩子"掷草刀"的游戏；在家里，还有"排七巧板"等游戏；在旧历新年，又有"耍龙灯"的游戏。总之，儿童的游戏很多，我们继续搜集，更希望读者多多地告诉我们！

关于"鸟言兽语"儿童读物的意见
——复吴研因函
（1931年4月）

【题解】 本篇原载《集美初等教育界》第2卷第2期，发表时间为1931年4月。原发表时题为《讨论儿童读物的信件》，今题系编者所拟。文前编者按的内容为："为着何键提出禁用鸟言兽语做儿童读物，尚仲衣以为有教育价值，于是这个问题已经引起全国注意，今附录三篇如后。"

"三篇"之一题为《尚仲衣在中华儿童教育社讲演词》，之二题为《吴研因给儿童教育社的信》，之三题为《张宗麟复吴研因信》。本文以第三篇为正文，将前两篇收作随文随录，以明相关论争的来龙去脉。

复函对象吴研因（1886—1975），原名辇赢，江苏江阴人。1906年毕业于上海龙门师范学校，后历任江阴县立单级小学教师、上海中华书局编辑、江苏省立第一师范学校教员兼附属小学主任、尚公学校校长、商务印书馆编辑，致力于小学教科书的编辑，开小学使用白话文教科书之先河。其后任职于教育部，为教育方案编制委员会党义教育组委员、义务教育委员会当然委员、国民教育司司长。著有《小学国语新读本》《新学制教科书》《基本教育》等。

有关《集美初等教育界》，参见前文《关于幼稚园的卫生问题》题解。

研因先生：

这几年来，不知为着什么缘故，国内书店东，对于儿童读物很肯出版；一般文人们，对于儿童读物也肯著作，于是引起了许多人批评与指摘。最近我们听了尚仲衣①先生的讲演，第二天就看到独鹤②先生的短评；又在《申报》上，看到先生致敝社的一封公开信（另图31）。不知道还有别的文字没有。因为在旅行中，不能细查许多刊物。现在，我把个人的意见来和先生讨论。

另图31 吴研因的公开信（部分）

图片来源：1931年4月29日《申报》

那天尚先生讲演以后，立刻就有许多人谈论。有的说，从此国内儿童读物有革新的希望；有的说，从此减少了许多儿童阅读的东西；又有的人，是替书店东担忧的。总结出来，对于尚先生的讲演都嫌太略。这正是先生所谓尚先生未将实际的教材举出，更不知"鸟言兽语"的范围怎样？

那天尚先生讲演中，曾举美国Dunn③等的试验。不过他只说试验的结

---

① 尚仲衣（1902—1939）：笔名子钵，河南罗山人。早年肄业于清华学校，1924年留美，先学医科，后入哥伦比亚大学研究院改学教育。1929年获博士学位后归国，受聘为中央大学教育学院教授。后历任浙江省立民众教育实验学校校长、北平大学教育系教授、广东勷勤大学教授、广州中山大学教授。1939年春，任第四战区政治部宣传组长，致力于抗日运动，后因车祸不幸丧生。译有《苏联的科学与教育》《普通教育学》，著有《现代教育问题》等。

② 独鹤：严独鹤（1889—1968），名桢，字子材，笔名独鹤，浙江乌镇人。早年肄业于上海广方言馆，任教职数年后，入上海中华书局、世界书局任编辑。后长期主编《新闻报》副刊《快活林》（《新园林》），声名大噪，后升任《新闻报》副总编。著有《人海梦》《严独鹤小说集》等。

③ 所载英文为人名，可译为邓恩，生平事迹未详。

论，不说用什么方法、什么材料、对怎样儿童试验。我们所要讨论的重点心〔心点〕恰在这点。所以我们只希望，尚先生从速把这篇文字详细发表，并且举出各种根源来，然后让全国同志去寻找、去试验。究竟美国人试验的东西是怎么一回事，是否适用于中国？然后再来审查中国出版的儿童读物究竟怎样，是否有教育价值？

"鸟言兽语"是尚先生引用的成语，或者竟是尚先生故意引用来引起听众的注意。不过鸟言兽语决不是全是神怪的故事，神怪故事也决不只有鸟言兽语。例如 Fabre① 的各种科学故事是鸟言兽语，并不神怪；又如《子不语》②《聊斋志》③ 是神怪，而非鸟言兽语。或者 Dunn 等所用材料，是近乎《子不语》一类的读物，那么当然要不得。不过，不能就说科学故事也神怪而废去。

至于儿童对于鸟兽的态度怎样？据我的经验，在七八岁以下的儿童，除非受到成人的特别影响，对于家禽、家畜，大都看做是朋友；有时，并且以为是能说、能行、能做事、能有……的朋友。不独于家禽、家畜，就是于偶人、玩具，也是如此。不过有时他也会发现，它们是不会说话的。虽然他们时时有矛盾的思想与举动，但是说有多大弊害，我实在找不出。

儿童读物的目的很多，其中有两个目的是极显然的：一是快乐；二是引导儿童与自然做朋友。例如有意义的顺口的童谣，是专为当时的快乐的，我们也不能偏废；又如为着引起儿童爱好自然，使自然物人格化，那也值得欣赏。至于王子王孙发大财、要娇妻等儿童读物，不问是童话，是故事，是诗歌，若犯着现代思想错误的弊病，都在割爱之列，不必问它是否鸟言兽语。这是我个人对于儿童读物的意见，先生以为怎样？

次之是儿童读物的文字，我以为大有斟酌的必要。国内最近出版的儿童

---

① 所载英文为人名，可译为法布尔，即让-亨利·卡西米尔·法布尔（Jean-Henri Casimir Fabre, 1823—1915），法国著名昆虫学家、文学家，毕生从事昆虫研究和文学创作。著有《昆虫记》《自然科学编年史》等。
② 《子不语》：又名《新齐谐》。是清朝中叶著名文学家袁枚撰写的一部笔记小品。其得名，源于《论语·述而》所谓"子不语怪、力、乱、神"，表明所记正是孔子所"不语"者。该书多记述奇闻异事、奇人鬼怪。
③ 《聊斋志》：蒲松龄所著《聊斋志异》。该书为文言短篇小说集，以谈狐说鬼著称。

读物，我虽未能"全豹"，不过在上海四马路①买得到的，我大都涉猎的。有许多儿童读物，我们做儿童教师的都读不懂，尤其是从外国文译来的某某童话，更是中不中、欧不欧，简直难读到极点。说得过分些，这些儿童读物，与四书、五经、诸子等同样的难以直接给儿童读。我们虽然不希望国内写儿童读物都能如 Andersen、Grimm② 等的艺术手腕，至少也要如儿童文学读本样，读得顺口，读得懂！

最后对于先生有一个希望：希望先生把儿童读物问题扩大起来，使全国人都来注意。庶几十几年从古文中夺出来的儿童读物，不再跑进坟墓里去。我此刻的思想中，估计这个问题的重要，不亚于厘订全国学校课程。不知先生以为怎样？

在旅行中找不到参考材料，凭着一时直觉，草草讨论，还请指正！

张宗麟写于无锡

随文附录一：尚仲衣在中华儿童教育社讲演词（《时事新报》）

今日得与诸君讨论儿童读物问题，颇为高兴。我人调查儿童读物，约分为二种：(1) 传达事实的儿童读物；(2) 传达情绪的儿童读物。这种读物的选择，又可分为二方面：(1) 消极的不要的哪几种；(2) 积极的要的哪几种。

前在报载湖南省政府主席何键提议，打破鸟言兽语等神怪读物，采用古今名人名言谠论的材料。此种主张粗视之，以为不合现代的思想；但从教育研究立场上批评，确有可注意之点。我们知道，我们不能把违背自然现象与自然势力的材料给儿童，除非有特别理由。现在的鸟言兽语的读物，莫非是持着兴趣为理由？

以前常以为神怪的事实使儿童发生兴味，但据美国 Dunn 氏研究用分析相

---

① 上海四马路：今更名为上海福州路。自 1864 年西方文化出版机构在此办理后，中华书局、《申报》《新闻报》《时报》等均在此办理。据称，鼎盛时四马路大小书肆达 300 余家。

② 所署英文，为人名，可译为安徒生、格林。安徒生（1805—1875），丹麦童话作家，被誉为"世界儿童文学的太阳"，代表作有《安徒生童话》。格林为兄弟，分别为雅可布·格林（1785—1863）和威廉·格林（1786—1859），德国童话作家，代表作为《格林童话》。

关法，分析各种读物的所有的品质，研究结果，一部分的神怪故事，反使儿童发生反感，大部分不能使发生兴趣。Lade 与 Terman 教授等，亦主张不用不合情理的神怪故事做材料，因为神怪并非引起兴趣的唯一方法。

余以为：（1）我人尽可用合于事实方面，不违背自然势力以内作材料；不够，再用当然范围以内的；再不够，再用可能范围以内的；再不够，始及于不可能的范围内取材料。（2）取名人言行作材料。此说英斯宾塞亦有此主张，但余主张不能用空洞结论，或空洞原则的故事作材料，于儿童不易明了、不易实行。（3）儿童读物中，不应有封建及贵族化的思想，此余同情于教部最近颁布的儿童读物标准。（4）打破采迷信的材料。（5）取缔足以引起儿童心理上变态的材料。（6）淘汰有幸运性质及颓唐志气的材料。

总之，此种材料，对于儿童兴趣上并不能怎样增强，我们尽可用合于自然的势力的事实。或合于社会组织人群生活的材料，用最有兴趣的方法，写述鸟言兽语的故事。儿童智识上尚易修正，而违背人类社会价值的故事，其影响甚大，不可不注意。

现在又有几项选择儿童读物的积极标准一谈：（1）事实当一贯而有严密的接连的故事。（2）有永久兴趣的材料。欲使有永久兴趣，即可取人生基本的事实为材料。（3）语气当诚实，恳切而确当。（4）描写故事当活泼而有生气。（5）事实（张本）与描写当一致的和谐。

有了这种标准，同时兴趣的标准亦不可忘却。所谓兴趣，亦有几项标准：（1）有活泼的动作与材料；（2）低年级读物有动物的故事，但不用鸟言兽语来描写；（3）有优美的人格可表现的；（4）读物当有精美的结构；（5）有非平凡的材料，而使儿童不能直接推知普通材料（此项 Dunn 亦主张之）。

总之，儿童读物当在自然社会现象以内，这是他唯一的目标。

随文附录二：吴研因给儿童教育社的信（《申报》）

诸位同志：

年会以事忙，未能出席为憾。顷读上海各报载尚仲衣先生在年会中所讲的"选择儿童读物标准"，很为钦佩。但有一小部分，很觉疑虑，所以在百忙中写这信给诸位，请诸位注意。尚先生所说"选择教材可用合于自然势力的事实或合于人类社会价值的故事",不必用不合情理的神怪故事。这是我们夙昔所主张,经尚先生一说,而我们更确信的。

但他断定"低年级读物……不用鸟言兽语"。以为鸟言兽语就是神怪,并同情于所谓湖南省政府主席打破以鸟语兽言为读物的主张,则未免令人疑惑万分。不合情理的神怪故事,足引起儿童恐怖、疑惑或迷信,固然不可用;但鸟言兽语是否就是神怪,所谓神怪的界说究竟如何?内容究竟如何?

我以为,某教科书所录的所谓"瓦盆冤"活鬼出现,这显然是"怪";"二郎神捉孙行者"一类的故事,也近乎所谓"神"。但猫狗谈话、鸦雀问答这一类的故事,或本含教训,或自述生活,何神之有,何怪之有呢?

倘以为鸟言兽语本无其事,而读物以无为有,这便是神怪,那么所谓神怪的范围未免太大了。以此类推,不但"中山狼"等一类寓言,都在打倒之列;"大匠运斤""公轮刻鸢""愚公移山"等故事,也该销毁。就是湖南省政府主席所最崇奉的圣经贤传,也应大删特改。因为"介葛卢识牛鸣""公冶长知鸟语"见于左传家谱,"齐人有一妻一妾""众人舜宫"等,也不见得不是"以无为有"呀。

凡是论断,应该列举说明,可惜尚先生所言,未将实际的教材举出,不知所谓"不用鸟言兽语"的范围究竟何如?

现在我提出如下的问题:(1)何谓神怪故事?(2)神怪故事是否应该以合情理不合情理为取舍?(3)鸟言兽语是否神怪而至于不合情理?(4)此类故事教学之结果,究竟有何流弊,或竟毫无关系?(5)尚先生所说鸟兽不言而专述动物生活的故事,又是什么?

我想请诸同志在以后一年内,把这问题试验研究,求出一个结果来。下年度的年会,就拿这些问题做讨论的中心。

最后我要郑重说明的,我并不赞成"纯粹神话"。请看教育部《小学国语课程暂行标准》关于教材选择的一句话:"不取可怕而无寓意的纯粹神话。"我并望尚先生对我的疑虑加以解释,更望尚先生列举他所谓合宜的具体教材见示,俾所观摩。专此,敬颂进步。

吴研因

幼稚园要不要有教科书

（1931年10月）

【题解】 本篇原载《中华教育界》第19卷第4期"教科书专号"，发表时间为1931年10月。原发表时署名"张宗麟、梁士杰"。

合撰者梁士杰，生卒年未详，福建云霄人。早年毕业于师范学校，1927年受聘为福建厦门私立宽裕小学校长，1929年任教于厦门集美幼稚师范学校。次年与张宗麟共事，致力于幼稚教育研究，并支持张宗麟创设集美乡村师范学校。1932年7月，任集美男子小学校长。次年赴上海，任儿童书局编辑，与陈鹤琴合编《分部互用国语教科书》（南方分部）。后归福建，历任福州实验小学校长、福建省立师范附小校长。1947年赴菲律宾，任纳卯市中华中学校长，致力于华侨教育。著有《幼稚园教材研究》《幼稚园的设备》《怎样做幼稚园教师》等。

有关《中华教育界》，参见前文《幼稚师范问题》题解。

一、幼稚园的整个材料是什么？

我们希望幼稚生脱离书本的教育，而接受以人类全部生活为对象的教育；我们又希望幼稚生脱离狭窄的教室教育，而接受满足生活需要的教育。把幼稚生整个的生活，算做是幼稚教育的范围，其力量总比较大；把社会与自然的一切东西，吸收在狭小的书本上，总是容易弄假。其实人类的行为、人我的交接，都有教育的力量。所谓过着好的生活，就是得着好的教育；过着不好的生活，就是得着不好的教育。所以教育的总目标，就是要用优良的生活，去替代不好的生活；要用优良的教育，去替代不好的教育。

书本教育是传递文化的工具，自有他的相当地位；可是在幼稚园的整个材料上，占着什么地位，却有些问题。因为幼稚园最重要的工作，是不是符号知识的传授？幼稚生能否了解符号知识？是否需要符号知识？是否有比符号知识更重要的东西？

据儿童学研究的结果，幼稚生时代能了解一部分符号知识，不过不是他所最需要的。幼稚生时代顶紧要的教育，是身体和心理的养护与许多日常生活习惯的养成。六岁以前的儿童，他的性格的特点、身体的健康、生活的习惯、人格的要素，在那时已经养成。这些性格与习惯，虽然有许多是可以改变的，但是有的已稳定他的趋向了。

近代心理学家已承认，儿童期前几年的经验、所成立的各种习惯，可以做他一生品性当中所决定的要素。我们成人的判断与态度，不知不觉地都受了五岁以前所养成的习惯的深切影响。所以幼稚园的整个材料，是养护与许多日常生活习惯的养成，并不在符号知识的传授。

二、教科书的意义是什么？

生活教育要不要用教科书？生活教育是以教科书为一种工具，过着什么生活，就需要什么书，并不把书来死读的。因为世上尚有教科书所不能登载的世界。这世界，是需要我们的手足、身心去探讨的。至于教科书的意义，大概有下列种种。

（一）为要统一教育目标，所以有统一的教科书

欧战前的德意志，为要称霸欧洲，所以把教科书上的材料，都溶化着他们的教育目标。他们以为不统一教科书，是不能训练个个人都到战线上去的。日本是个岛国，内地求生活不易，所以训练向外侵略的强悍国民。因为要达到这个教育目标，所以亦统一教科书。

（二）教科书是为着教师的便利而产生的

教师一天劳到晚，一年忙到头，当然是没功夫去编他的教科书的。就是编，亦编得没有专家那么精髓〔到〕；假使编得好，也没有多大经济去印刷的。因此，不得不靠赖书局所编印的教科书。

（三）教科书是为着系统学习的便利而产生的

没有教科书给儿童，他就觉得没有学习的系统，而成绩的考查亦觉涣散。这是做教师的常感到的缺点，所以需要有教科书。

（四）为着迎合社会一般人士的心理

社会上一般人士，一送儿童入学，就急切盼望他"能读""能写""能算"。书读得多，就以为教师贤能；书读得少，就以为教师贪懒。因此大家也就拼命的在符号上用功夫，以博得社会人士的欢心。

最后，教科书还有一个特点，就是教科书必用符号，如文字、图画、数字等。这些符号，可以说是教科书的工具了。

就以上所说的，我们就可以默察教科书的"功""能"到底怎样？为着上列理由而产生的教科书，是否适合于幼稚园？是一个很大的疑问。但是儿童教育的对象是儿童，我们所为的亦是儿童，那么我们要不要用教科书，总须以儿童要不要教科书为前提。

三、中国幼稚园用教科书吗？

我国幼稚园教科书的变迁史，没有小学教科书变动的利害。我们要讨论幼稚园要不要用教科书，当然先要知道历史。兹分三段落来叙述。

（一）二十五年前的蒙养园〔学堂〕教科书

当时的蒙养园〔学堂〕，刚从私塾里蜕变而来的，是收受六岁以上的儿童。[①] 所编的《蒙学读本》，亦就有如《千字文》的体式，意思深邃，语句生涩，一切材料多数是教儿童做人道德。其行文，多为文言的。强迫语言尚未流利的儿童，学习艰深的文句，结果还是与读"赵钱孙李"差不多（这种读本已经绝版，但是在旧书摊上还找得到）。

（二）二十年前的幼稚读本

二十年前的幼稚读本，确已较有进步，如纸张加厚、装订耐用等。可是内容多为单字的、助语的画图；亦尚板滞，仍是脱不了"天、地、人"的圈套（这种教科书现在还流行，是戊申年初版的识字等读本，[②] 读者还能买得到）。

（三）近年来的幼稚读物

这几年来，有许多人以为，幼稚园可以教识字，所以幼稚读物就再风行起来。现行的幼稚读物确有他的优点：（1）比较知道用句子、语气较适合儿童口吻，有些材料可供表演；（2）比较有活动的图画，图画亦画得大些。

所可惜的，就是仍打不破"视儿童为具体而微的成人"的观念，与不尊重儿童有整个人格，更不知整个生活是什么，有时还有些违反学习心理的原则。例如要知道单字是最难认识的，完全的句子意思完整、意义明晰，才比较容易读等（上列事项，因限于本特刊编辑条例，不便列举，著者当另文详细讨论，特此声明）。

---

① 此"蒙养园"，既是"收受六岁以上的儿童"，那么便当指 1902 年《钦定学堂章程》中所确立的"蒙学堂"制度。但是，此处又言"二十五年前"，那么便当指 1904 年《奏定学堂章程》中所确立的"蒙养院"制度。但此后的幼稚教材，并非类同于"蒙学读本"。作者在此语焉未详。

② 此"读本"，系指商务印书馆于 1908 年初版的一套"中国文字"（简称国文）教材。

四、幼稚园用得着教科书吗?

教师应该尊重小孩子的,就不该把小孩子当做小大人。一切教育材料倘若是儿童生活的,就是儿童教育。我们要从书本教育的木架上、成人的残酷里,把儿童解放出来,把他放在广阔的、自由的大自然界里生活着。所以我们以为,幼稚园最好的两部知识库,就是"大自然"与"当地社会"。

(一)大自然是不是知识库?

前面说过,幼稚园最重要的,是身体和心理的养护与许多日常生活习惯的养成。大自然,就是给儿童以健康的机会,给儿童以学习的材料。自然界有秀丽的山川、碧绿的翠〔森〕林、冉冉的野花、啾啾的好鸟,更有雄伟的太阳、可人的清风,说不尽的美景、学不尽的万物,可以怡旷人们的神情,可以治疗人们的孱弱。

一切景物,都可以使儿童自身体验过,尚不至于像教室中的书本教育的容易弄假。卢梭重真智,重由感官与心身所得到的实际的体验。卢梭说:"书本有碍于科学的。以著者的理论为满足,视实际的研究为烦苦。须知道读书过多,反足以增加虚伪与无知……又,书本实足以使人们忘却真世界的卷册。"大自然,真的是儿童的好教材呀!

(二)本地社会所发生的事项,是不是获得知识的机会?

儿童很缺乏时间知觉、空间知觉的。所以教儿童做买卖,不如带他去看人家做买卖,或是实地在做买卖;教儿童作文,不如教他报告本地方所发生的事项或讲故事;推而至于欲儿童有良好的生活习惯,赤〔亦〕可由人我间的相互关系,而为他的学习机会。本地方所发生的事项,是儿童耳朵听得到、眼睛看得到、足跑得到的事项,所以是儿童获得知识的机会。如下雪教雪、有龙眼果教龙眼果。

因为有上面的两部知识库,所以我们不赞成,幼稚园以教科书为各科的中心。我们的理由:

（1）教科书没有裨益于儿童的养护及日常生活习惯的。幼稚园教科书里，虽是编着许多做人道德及应遵守的生活习惯，其实这些直接的教训，不但是儿童做不到，就是大人亦做不到。结果养护自养护，教科书自教科书。

（2）儿童对于符号知识，可用机械的记诵，很难用理解的领略。儿童对于新事物学习的效率，必须估计这件事物与他的经验是否有关系。儿童的初步学习，必须完全适合他当时的需要，然后才能养成正当的学习态度。机械的记诵，不是儿童所需要，更不是学习的正当态度。我们宁可迟几时学，不可贪早学而学成不正当的态度。为着这个理由，所以我们实在以为，幼稚园用不得教科书。

但是为着特种的关系，幼稚园或者有编印读物（注意：不是教科书）的必要。可是最少，也须注意下列的几件事。

1. 内容方面

幼稚园用书本，决不是为着符号的强记，是要多供给儿童以欣赏的资料的。例如儿童喜欢看图画、画图画、听故事等，所以不应当以书本当做神秘的事体，应当是一部儿童最爱看的图画。内容应注意：

（1）是整个的活动——断片的事迹、静止的人物画、说理的文字，不是儿童所看得懂的，亦不是儿童所欢迎的。一篇东西，必须有连续的事迹，有声有色的活动着。

（2）有趣的故事——儿童虽然不能看故事书，可是能看故事画，而且是很喜欢看的。

（3）是描写儿童生活的——儿童生活怎样，自己一点不知道，一经人家道出，他却感觉着非常有趣的。

（4）一切描写都是人化的——儿童对于人物的界限不很清楚，也不必分清楚，所以猫、狗、鸟、鱼的讲话，是不足怪的。用儿童的语气来解释真理，才能把一切真理送给儿童。所以我们可以介绍科学给儿童，但是必须经过儿童化的科学，才可以介绍。

儿童读物的内容虽如上所述，但最好是儿童自己编、自己订的。怎样编呢？就是儿童讲、教师写（此法可以参考小朋友书店〔儿童书局〕出版《幼稚教育论文集》，陈鹤琴、张宗麟合著读法篇）。

2. 形式方面

下述几点或可说是比较的重要些：

（1）质料——最好用布做的，最少亦须用八十磅①图画纸或牛皮纸。因为儿童的筋肉运动不能自如、注意不专，不能细心爱护一切用品。若用平常纸张印刷，多不耐用。

（2）装订——幼稚生用书，是要给他以一种欣赏的材料，所以用象形的形式装订的比较有趣。例如《鹅妈妈的故事》，可以教儿童把书订成鹅的形状。倘能利用活页的亦佳，唯教师须特别留心，以免散失。

（3）字体——最好用楷书，大小与头号铅字相仿佛。

（4）印刷——要多用彩色（但彩色不能杂乱）。倘能半图半字、字中有图、图中插字，在印刷上字、图都用彩色，那么更好。

3. 用法

有了书，又不应该老守着旧圈套的用法。应注意的有二：

（1）活用的——应该用书本来适应儿童，不应该强迫儿童去适应书本。所以书本是要活用的，务使儿童对于书本可以得到相当快乐，不要使儿童感到书本是痛苦的。

（2）多本的不是一本的——给幼稚生用的书，要预备多本的。这本书看完了，再去看别一本的。这样流动的看，才比较有趣。

我们虽是希望，幼稚园用书不要蹈着小学教科书的后尘，应该"别开生面"的，真真是为着儿童的生活而编订的；但是我们总承认，人类的全部生活都含有教育价值，不要把儿童教育视为强记符号的教育。因为强迫六岁以下的儿童读他们不喜欢读的书，认识他们不容易认识的符号，犹如强迫处女与一个不相识的男人接吻，这是最不聪明的事哩！

---

① 磅：美国和英国计量纸重的单位，即以每令纸多少磅来区别纸质，通常愈重者纸愈厚。

通信指导幼稚师范生
——致集美幼师四组实习生
（1932 年 6 月 27 日）

【题解】 本篇原载《集美初等教育界》第 3 卷第 4 期，撰写时间为 1932 年 6 月 27 日，发表时间为 1932 年 6 月。原发表时题为《通信指导师范生的实例——给集美幼师四组学生的两封信》，今题系编者所拟。

有关《集美初等教育界》，参见前文《关于幼稚园的卫生问题》题解。

第一信

（1）不要怕新的尝试；（2）拜儿童做老师；（3）调查近况；（4）介绍新的儿童用书。

（上略）

为着倭寇大举犯上海，京沪路断，所以我迟到校二十天。到校第一件听到的事，就是"四组学生都出去了，张先生依然是四组组指导"。学生没有到快毕业的时期就出外实习是新的事，在我的生活中，指导这样在校外实习的学生也是一件新的事。做新的事的另一个名字叫做"新的尝试"。你我都是青年，决不怕新的尝试。从新的尝试中，可以找出新的发现，可以得到新的工作，可以尝到新的工作的滋味，所以我们这次做新事，依然是试验，依然是前进的试验。你们记得胡适的话吗？"自古成功在尝试"，又记得刚刚去世的安迪生①吗？他的一生都是尝试，也就都是发明，人们亦有不断的尝试，不断的做新事业，才会有些许贡献，才不是枉生，才不是人类的蛀虫！

你们大概还记得我的讲演吧，我的笔记里有这样一段："幼稚教育是人类的革命事业，我们要革除人类从前压迫儿童、欺侮儿童的恶习，我们要代儿童打抱不平。换句话说，就是解放儿童。同时幼稚教育自身也需要解放，因为女子受他人的压迫也不亚于儿童……"诸位同学，你们是做两重革命事业的人，为自身解放而革命，为解放儿童而革命。

谈何容易，要想做到你们应做的事业！这次诸位出外实习，虽然有些早熟，但是既然认定这件事是应该做的，就立刻做去，不必有所期待。早熟与否，没什么大关系。诸位想到这点，那么对于这次的出外，是怕呢？还是勇敢的上前去呢？正如十九路军②与日本打仗，既然上了火线，还是后退呢？还是冲上去呢？冲上去吧！后退是无路的，战士们的后路都是断桥！

这几天来收到你们几封信，大都说："在快乐的生活中含着隐痛，就是离去了先生，得不到时时面教。"我对于你们快乐的过新生活，很欢喜；但是对于"得不到先生时时面教就以为隐痛"一事，很不以为然。你们的老师是我吗？不是；是书本吗？不是。你们的老师是谁呢？是天天伴着你们的儿童。

"师范生应该拜儿童做老师"，冬烘先生③们听了我的话，又将相顾失色，呼号狂叫了。但是这件事，诸位或许已经体会出来了，不必我来解释。你们对于教育上的各种方法、处置儿童的实际问题、搜集儿童用的材料等，这一月来进步了多少？还是听教师讲了两年所得的多呢？还是这一月中的经验告诉来得多？

再说，你们这一月来所得的本领比较实际呢？还是天天坐在课室里听讲，捧着一本书念来得实际呢？我从来没有遇到一位师范学校的教育教员，能够把教育儿童的实际方法解释得确切无遗的。我从没有看到一本儿童心理学书，可以把儿童的行动解释得完备而又准确的。有时候他们能够解释一二件事，

---

① 安迪生：通译爱迪生（1847—1931），美国发明家。

② 十九路军：全称国民革命军第十九路军，总指挥蒋光鼐，副总指挥兼军长蔡廷锴。"一·二八"事变后，该军奋起抵抗日军，坚守四行仓库，打出了中国军民的志气。

③ 冬烘先生：指昏庸浅陋的知识分子。

使听者、看者十分了解。但是所谓十分了解，是耳朵的了解，眼睛的了解，不是事实上已经了解。好比学游泳的人，一天看到一本游泳术入门，当时确是看得津津有味，以为会游泳，哪知跳下水去，依然会淹死的。

现在你们在儿童的队伍里，天天看到儿童的行动，好比看活动影片，一幕又一幕不绝的放映。儿童又时时会发生问题，你们怎样解决呢？儿童会老实告诉你们的。倘若解决得当，就得到正面的反应，倘若不得当，就得到反面的反应，他们不是在实事上指导你们吗？在实事上指导我们的，才配称我们的老师，所以儿童才配称师范生的老师。

师范生拜了儿童做老师，才肯尊重儿童，才不会压迫儿童，才不会欺侮儿童。师范生拜了儿童做老师，才会爱儿童，才会与儿童真的亲近，才会与儿童精神沟通，也才能收到人格感化的效果。师范生拜了儿童做老师，才肯细细地研究儿童，才能体贴入微，才肯精益求精。

你们知道福禄培尔吧，他可说是幼稚教育的鼻祖，他终身没有一位正式老师，只有儿童是他的老师。他到了七十岁，还会和儿童在草地上玩，人家称他是"老儿童"。他能够拜儿童做老师，才会有惊人的发明，才能对于人类有伟大的贡献。你们也记得蒙得梭利吧，她是学精神病学的，她的学校老师是医生，但是她的贡献是幼稚教育，因为她的实际老师是儿童。

这次你们虽然离开了集美幼稚师范，离开少数的学校教师，但是你们每个人都得着许多实际老师——儿童，可爱的儿童，我希望你们永远拜儿童做老师，那么随时随地都有老师指导你们，你们的学问也就永远在长进中，那么你们或者都可以成为东方的蒙得梭利。努力吧！努力爱天天见面、天天实地指导你们的老师——儿童。

第一封信不能说得太长，因为我还不知道你们究竟需要些什么，现在有一张调查表，请你们收到后即日填就寄来；又有几本幼稚生用的新书目录（表24），你们如需要时，可以直接寄钱给上海浙江路五马路儿童书局去买。尚〔倘〕若说是我介绍的，还可以得到特别折扣。

（下略）

表 24　新出版的儿童用书目录

书　名	出版处	编　者	每册价目
幼稚园课本	上海儿童书局	陈鹤琴	一角四分（共十二册）
幼稚园数字课本	上海儿童书局	鲍维湘	一角四分（全一册）
新朋友	上海儿童书局	陈鹤琴	六分（已出廿册）
好朋友	上海儿童书局	陈鹤琴	五分（已出十册）
儿童自然世界图书	上海儿童书局	虞哲光	六分（已出四册）
儿童科学丛书	上海儿童书局	丁柱中　陈鹤琴	全百册定价八元可以用优待办法连寄费五元一角

此外，该局又有许多图画、手工用的材料，亦可以采用。音乐书有《甜歌四十曲》，据友人说亦极佳。但音乐一门我不内行，如需要材料，可以请教南京鼓楼幼稚园屠哲梅①先生，她于儿童音乐，可说在目前的中国是乏〔最〕有研究的人。

集美幼稚师范第四组校外实习生生活调查表（第一次，三月份）

姓名：_____；实习地点：_____全校有同事：_____人；男的_____人；女的_____人；其中有本校同学_____人。

担任的职务？（请详细写）

每天的生活？（从早到晚详细写出来）

每天除忙于担任的工作外，还有几小时可以自修？在什么时候？

最感觉缺乏的是哪几件本领？

目前需要用哪一类的书籍？（因为黄校长对我说："四组每名已缴了图书费五元，可以开书单，请事务课去买。"所以请快快开书来。）

其他问题。

---

① 屠哲梅：女，生卒年籍贯未详。早年肄业于金陵女子大学，后受聘主持鼓楼幼稚园。1930年任上海市教育局幼稚园指导，次年任鼓楼幼稚园主任。为中华儿童教育社社员、该社音乐教育研究委员会、家庭研究委员会委员。抗战期间，任迁至四川万县沙河的金陵中学音乐教师。与陈鹤琴合编有《幼稚园唱歌集》，撰有《谁应该学习音乐》《春夏季幼稚园可教的常识》《游戏是怎样教的》《谈谈幼稚园的唱歌教学》等。

第二信

（1）你的心送给了儿童吗？（2）怎样对待同事？（3）设备的真意义？（4）不要太麻烦了儿童家庭。

（上略）

你们大概都会唱《毛毛雨》[①]吧？这首歌是描写情人相思的，其中有许多警句，如："不要你的金，不要你的银，只要你的心！"

你还记得吗？这样的爱情真是有意味！你羡慕吗？倘若是真的羡慕，那么我来指出你的爱人来，你的爱人就是"天真的儿童"。他们整天整晚张着小嘴唱着："老师呀！不要你的金，不要你的银，只要你的心！"你愿意使儿童喊破声带吗？还是你也正在那里唱同样的歌？那么你的心献给谁了？送给儿童吧！

你倘若看做儿童是你的爱人，那么你和他们做工作的时候，希望他们给你工钱呢？还是希望他们送给你热烈的亲爱？这些话对寻常课堂里的师范生说，是不会懂得的；你们有一个多月的实地经验，必定懂得吧？

许多同学来信都是这样说："能力太弱，修养不足，常常无以应付，真对不起小朋友。"这是你们的真心话，是实在的情形。但是这些情形，又怎样可以免去呢？好比要到南洋去，怎样可以免去坐轮船呢？你们以为学力不足，所以感到无以应付，其实这些难关，就是大学毕业生去教小孩子，也是逃不过的。八年前的我，初从大学毕业，跑到幼稚园里去，[②]也有同样困难，并且比你们还难过。因为许多书本上所说的，与实际上的情形大不相同，使我胸中、脑际时时发生战争，但是要想战胜这个难关，也并非不可能的；只要"捧出你的一颗鲜红的心送给你的小朋友"，那么一切问题都可解决。

不过这句话的反面也是真的。做教师的人倘若不把儿童当做爱人，不把

---

① 《毛毛雨》：20世纪20年代中后期流行歌曲，由黎锦晖填词作曲，原唱为其女黎明晖。

② 此"跑到幼稚园里去"，指张宗麟1925年大学毕业后任职于鼓楼幼稚园"研究员"。

一颗爱心献给儿童，那么处处都是难关，并且都是永远跳不过的难关。大家都知道，没有爱的结婚是下地狱。同样的道理："不爱儿童而做教师，也是下地狱。"所以不愿意把整个的心献给儿童的人，还是早日脱离教师生涯；也好比既然没有爱情的夫妻，不如早日宣布离婚，免得双方受罪。

我相信，你们决不会与儿童离婚的。一来你们对于这位情人，已经认识了两年；二来这次你们新婚燕尔。福禄倍尔初做儿童教师，在第一封家书说："我今日的生活如鱼得水。"你们的生活或许也是如此，但愿你爱儿童的热情与日俱增，如福禄倍尔一样。

有几位同学来信诉苦说："同事古怪，设备简陋。"对于同事古怪，我想没有什么大关系，因为同事好比妯娌，在大家庭里会受妯娌的气，小家庭不至于如此。幼稚园与小学在实际上是分房住，与小家庭也差不多。但是既然做了同事，应当大家合作，大家过着快乐日子。例如长泰陶镕小学有同事十人，侨珍、履庄、扬雪们都过着快乐的日子，真是日出同作、日落同游，有饭大家吃个饱，有问题大家讨论个痛快；用诚恳谦和的态度对待同事，用"宁可人负我，不可我负人"的存心对待同事，坦白大方，勿分界限，不树党派，这几条都是对待同事的重要格言。

设备简陋更不成问题，世界上第一个产生的幼稚园，只有草屋三间（德国福氏办的）；世界上最负盛名的幼稚园，办在贫民窟里（意大利蒙氏办的）。近来又有人主张，办露天幼稚园的（日本已有）。一个幼稚园简陋到这样地步，可算到了极点吧！但是他们都能够做得轰轰烈烈，有极大的贡献。只要教师真心爱儿童，何必有华贵的设备呢？正如有爱情的夫妻，何必住金屋、衣绫罗、食珍馐呢？

因为自然界是最完美的设备，社会设施是最有意义的设备。在乡村里，出门就是广大的田野，罗列着无量数的动物、植物、矿物，只要教师肯指导儿童，真是到处都是材料，何必有标本等设备呢？碧草如茵，绿荫如盖，在大树下的草地上做游戏、做工作，比在洋楼里如何？潮退后的海滩，平沙无垠，满布着贝壳、鱼蟹，真是最精美、最有用的沙滩；此外如山花、野果、溪涧、石子、候鸟往来，风雨阴晴，都是应有尽有。你倘若闭目静思，有哪一间幼稚园的设备有这样完备的？

至于城市幼稚园，大家又以为得不着自然界的恩赐；但是城市社会的一切比较完备，街上的车辆、水上的船舶、站岗的警察、华丽的商店，都是极好材料，为什么不带孩子出门上街？又何必关孩子在房子里，闹着设备简陋、没有玩具呢？

有的幼稚园环境上不允许常常出外，以为必须购置丰富的设备，这也是不一定的。做过木匠后的木头、穿破的旧袜子、用过的邮票、陈年的报纸杂志、吃过果子的核壳，都是不花钱可以得到的极好材料。只要教师稍稍加上改做，都是极妙的设备。"利用废物"，是日前中国办幼稚园的紧要关键。不然，只知道享受，只知道用华丽的东西炫惑儿童，中国社会决不能负担这样重大费用，也不应该做这样浪费的事。

有一位同学在报告书上写着："我们检查儿童清洁，有时用强迫法；看到儿童不清洁，就叫他立刻回家洗干净后再来。"我批了一句："幼稚教师是帮助母亲的，不要太麻烦了儿童的家庭。"我现在再来重说一句，我们要帮助忙的母亲。她整天做工，无暇照顾儿童，那么我们尽量帮助她。倘若她整天可以有闲工夫，那么我们再替她管小孩，不是太不公平吗？因此我们查到不干净的儿童，我们就在幼稚园里替他洗干净；孩子应该在幼稚园里养成清洁的习惯，不要多多责备做母亲的。

总之，教师倘若爱儿童，那么一切问题都可以解决，满园都是生气。设备简陋，非但不怨，并且能利用环境、利用废物，做成极有意义的设备；儿童不干净，非但不厌恶，并且肯循循善诱，养成儿童清洁的习惯。

教育是爱的事业，只有恋爱着儿童的教师，才有成功的希望。

（下略）

又，你们如已交《生活调查表》的，我都依照你们的需要，开书单给学校代去买书了。收到后请来一信。

附：问题指导一束

（一）怎样使儿童有读字的兴趣？（侨珍、能贤）

参看《幼稚教育论文集·读法》篇（此篇已分过讲义），并采用儿童书局出版的幼稚园课本。

（二）怎样使儿童爱做手工？（侨珍）

手工并不是只限于坐在桌上做纸工等，而是一切玩积木、泥沙、扫地抹桌、组织小家庭等。所以把手工的意义放广，没有一个儿童不喜欢手工；但是同时教师要多预备材料，如各种废物、旧杂志、竹头木以及相当工具，如剪刀、浆糊等。那么有了设备，只要稍加以指引，就能兴趣盎然。

（三）要不要训练儿童开会的本领？（侨珍）

要的。在幼稚园里也可以做种种设计做的，并且可以附带做招待客人、做客人去等活动。平时小学有什么会，也可以给幼稚生参加。

（四）清洁表可以画儿童洗脸图吗？（侨珍）

是否大多数儿童不肯洗脸？倘若是的，那么可以用。

（五）儿童常常缺席怎样措置呢？（扬雪、锦帆、履庄）

倘若为着家里有事而缺席，不应该去强迫他们来；倘若因病缺席，更不应该强迫他来。春天儿童多病，留心这点。至于为着求齐一的程度不许儿童缺席，那是大错。

（六）怎样破除迷信（如实足年龄不肯写等）？（扬雪）

这是社会教育问题，切勿操急。与家庭熟了，自然会肯写的。中国社会教育程度很低，希望诸同学多多到社会里去。

（七）怎样处置儿童打架？怎样处置儿童抢玩具？

这类问题从前讨论得很多，请检阅各人的笔记或《初等教育界》。

（八）怎样处置偷窃东西的儿童？（锦帆、玄卿）

（1）教师注意检点玩具，收齐玩具，勿随便乱放，用后必收齐放置原处。（2）已发现此事，应有确切证据，然后用婉言使他交出来。（3）与儿童的母亲做朋友，在谈话中暗示她，注意儿女的偷窃行为。（4）组织儿童整理玩具的队伍。（5）教师勿太小气，有物大家玩，有物大家吃。

（九）幼稚生不肯进幼稚园的房子，可以让他去吗？（伟能）

在园外玩也很好的，切勿强迫他到房子里来。

（十）幼稚生常常要学小学生，可以让他学吗？（履生）

可以的，有时还可以鼓励他们学，使小儿童勇敢起来。

（十一）对于年龄太大的幼稚生，可以用小学的方法吗？（锦帆）

小学与幼稚园本不应分界限，儿童年龄大了，当然不应该再做幼小儿童的事，一切教育方法，应依照儿童年龄做去。

（十二）工作担任得太多，缺少自修时间，怎样办呢？（暂不写名）

在极忙的工作中，每天必须抽出一二小时看书，这是不可忽视的一点。不然就只会退步，不会进步。每天做事要有工作预算表，有了这个东西，可以生出许多时间。你们这个习惯打破了吗？终身勿忘！

附段：这是集美幼师玩的新把戏，集美幼师等四组学生，规定三年毕业；但是为着特种原因，所以当她们修满第二年时，学校当局把她们全数介绍到闽南各幼稚园里去做教师去了。当我寒假后回校时，她们已经都去目的地了，在那里做正式的教师了。在名义上，我担任了该组指导，眼前情况又是这样，那么不得不设法。所以在极急切的时间内，想了二个办法：一是通信指导；一是跑去指导。

本篇就是最初通信指导的两封信，但是自从四月中旬以后，闽南大骚动了，①所以这两个方法，都不能像预期的实行（跑去指导，只到过海澄、龙溪、长泰三县，其余就没法去了）。所以有人问我，像这次四组的新方法有多少价值？我便一句也答不出来。

现在有一部分学生，因为逃难回到集美来了，依旧过她们的学生生活；在外面的学生，依旧过着教师生活。这次新把戏的价值，我想再过一年，请该组学生自己来估量吧！

宗麟，二十一年六月廿七日

---

① 此"大骚动"，指1932年4月中央红军开始东征战役，攻占了福建龙岩城，随即向漳州方向的福建南靖县挺进，并攻克漳州，取得辉煌战果，造成福建国民党当局惶恐不安。

幼 稚 园

（1934年4月1日）

【题解】 本篇原载《生活教育》第1卷第4期"言论"栏，发表时间为1934年4月1日。

撰写此文时，张宗麟甫任湖北教育学院乡村教育系主任。尽管筹建该系的工作头绪纷繁、紧张忙碌，但他还是应陶行知之约，为创刊未久的《生活教育》，抽暇撰写了数篇评论文章。

《生活教育》，教育半月刊，1934年2月16日创刊于上海，由陶行知主编、儿童书局主办并发行。旨在阐释"生活教育"理论，报道"工学团"实验和"小先生运动"，并宣传"普及现代生活教育"主张。主要栏目，有言论、特载、教学做报告、笔记、通信、儿歌等；主要撰稿人，有陶行知、方与严、张宗麟、孙铭勋、张世德（劲夫）、戴自俺、潘一尘等。1936年8月16日终刊，共出3卷60期。

"幼稚园"不论中外，终列入教育冷货栏里。在中国真是叨天之光，十年来这个冷货也渐渐时髦起来了。在上海、南京一带，固然一办十几所；就是南宁、重庆等内地大城市，也有一二所实验幼稚园，点缀得像煞有介事。教育部学校数目统计上，全国幼稚园数目，虽然比不上小学、中学，倒也可以与大学媲美。有人以为这是好现象，比起十年前幼稚师范毕业生做小学教师来，固然现在强得多了；但是像现在所办的幼稚园，大有加"？"的必要。这次提出两点来说一下。

一、劳苦大众的孩子被抹煞

什么是劳苦大众的孩子？他们的父母是在工厂里做工的，在田里种田的；他们的父母，为着维持最低限度的生活，每天做着十四小时的劳动工作，没有时间去教养孩子。那么这些孩子，应该就是幼稚园的正式生。读者大概还记得，福禄培尔创造世界第一个幼稚园吧，它只有五个孩子，都是穷孩子。蒙得梭利[①]办了几次幼稚园，也都办在贫民区里。这两位老祖宗并没有弄错，后人确有些弄错了。

试看今日全国幼稚生的来源，大都市的幼稚园，每学期招考新生一次，幼稚生也要受入学试验，初听起来有些刺耳。但是，这是办学者莫可奈何的苦政策。因为地小人多，收容不了，借此招考美名，可以从容挑选父母们的地位与财势。有钱有势的孩子，才有录取的资格。

这些幼稚园，不但劳苦大众的孩子没有资格，连中产人家的儿女也休想插入。这是第一重关。

再看每学期所收费用：(1) 点心费每月大洋一元，六个月算，计洋六元；(2) 学费甲班二十元，乙班十五元，丙班十元；(3) 材料费每月大洋一元，每学期计六元；(4) 杂费每学期六元；(5) 书籍费预缴二元，有余发还，不足补缴。以上各费，合计四十元（至少三十元），于开学时一律交清。

这还不算什么。在上海有私人幼稚园，每人每月学费十元至二十元，一学期只就学费一项，就要一百元。

当然啦，也有便宜的幼稚园——号称平民或贫民幼稚园的。它的费用如下：(1) 点心费每月五角，计三元；(2) 学费三元；(3) 杂费二元，合计大洋八元。除去学杂、点心诸费之外，投考的幼稚生要报名费，还有临时捐款。

用金钱的扫帚来扫去穷孩子，这是第二重关。

"好孩子是穿得整整齐齐的，你们看 Lilly[②]，今天的外衣多漂亮，鞋子多

---

① 蒙得梭利：通译蒙台梭利，意大利学前教育家，参见前文第42页注②。
② 所载英文为女孩名，可译为莉莉。

光亮……阿三，你明天叫你母亲换去这条旧围裙！丑死啦！"这是幼稚教师在晨会上的例话，全国通行。

中产人家竭力巴结，送孩子进幼稚园，以为略尽父母之责，哪知孩子们天天在乐园里挨骂、受白眼。中产人家的孩子尚且如此，衣服褴褛的穷孩子，不但休想进去，就是进去了，也不会得到应当享受的教育。

长着势利眼睛的幼稚园教师，就是直接抹煞劳苦大众孩子的刽子手。这是第三重关。

不但幼稚园教师们不肯招收穷孩子，连有钱的家长们，也有拒绝穷孩子进幼稚园的威权。在富人们的眼睛里，穷孩子就是坏孩子，不但有恶行为，也有传染病，至少是有穷气的。倘若自己的宝贝子女与这般穷孩子在一块儿，那真比送进毛厕坑还要可怕。

"白先生，野孩子到我们学校里来了……"一群小苹果脸的孩子狂叫着。接着，便是娇声的"出去！出去！……老王，快来把这些野孩子赶出去……"接着，又是一阵脚步声，粗大的恶声："出去，出去！抬煤屑跑这里来！眼睛瞎了吗……出去！出去！"穷孩子不但不允许进幼稚园，连徘徊与游玩一阵也不允许的。

倘若真的收了一个穷孩子，那么家长们必提出严重抗议，甚至会勒令停办；最低限度，也会做到消极办法——不送子女进去，并追还学费。

在这样情况之下，哪个傻子敢尝试录取穷孩子呢？真的尝试了，保你饭碗打破。这是第四重关。

以前上海某花园的大门口，挂着一块牌子："华人与狗不得入内。"现在的幼稚园门口，仿佛也有一块金字大牌："穷孩子与恶狗不得入内。"因为少爷、小姐们带着玩的哈叭狗，是可以进去的。

老实说，富贵人家的子弟，不很需要幼稚园。他的家里有的是干带老妈子、花园和满屋的玩具。他的母亲更是一天玩到晚，不是打牌，便是会朋友。论她的时间，教一二个孩子是绰绰有余的。放着这许多老妈子、母亲还不够，还要送进幼稚园去，交给叫名的幼稚教师去（其实那些替富人带孩子的幼稚教师，是十足道地的干奶妈）。为着富人着想，也是一笔浪费。这样的幼稚园，是社会上的鼠乳瘤①，大有割去的必要。

但是要想到穷人队伍里去办幼稚园，也是一件不可能的事。福禄培尔的幼稚园，不是被德国政府勒令停办吗？还要硬指福氏是德国的反动分子，逼他出境。中国在目前，虽然还没有发现同样事实。但是有人去办了，怕也难免要发生这样的现象："始而怀疑，继而侦察，终而破坏之。"

到现在，全国劳苦大众的孩子还是被抹煞的！

二、儿童的生活力被软化

什么是儿童的生活力？儿童生来就有生龙活虎，天不怕、地不怕，欣欣向荣的力量。这种力量，需要机会去发挥，好比树木需要机会去吸收日光与养分，这力量一经软化便消失。

花园里的盆木，是经过花儿匠矫揉造作的，失去了树木的生活力。这棵树只可供人玩弄，不能作为栋梁之材。据花儿匠说，制作盆木，需要幼木。现在的幼稚园，恰巧是制造人的盆木的好场所。如若不信，请看下面极通行的例子：

> 一群小绵羊，跟着母亲在草地上吃草……忽然远远地来了一只狼……母亲大声嚷着："狼来了，狼来了！小羊快快跑！……"这是很通行的故事。是训练强暴来了，快些躲避，不准奋斗，以免危险。一只小兔子，有一次不听妈妈的话，一个人跑到外边去玩……忽然遇到一只狐狸，狐狸是要欺侮小兔子的……小兔子赶快跑……又遇到一只狗，狗也会欺小兔子的……小兔子赶快逃。又遇到……

这也是很通行的故事，是训练小孩子应该住在家里，不应该乱跑的。世界上充满着敌人，千万不要去冒险。

雨后孩子在地上玩，看到一条蚯蚓，捉去给教师："先生，我捉到一个好玩的东西！"教师看到蚯蚓，吓得大叫："咦！这是蚯蚓，有什么好玩，赶快摔掉。"这是时髦幼稚教师的举动，可以训练成儿童不敢与自然界接触。

---

① 鼠乳瘤：病名。指生于皮肤之小疣赘。

音乐是目前幼稚园最注重的功课了，没有一个幼稚园不训练儿童会唱会跳，一天老是跟着铃声唱着、跳着。你看幼稚生长着苹果般脸、刘海式发，穿着花衣，唱着"飞呀、飞呀"的歌，真像笼中画眉、架上鹦鹉，为着成人们玩耍起见，倒很有趣。例如爸爸办公回家，很可抱在膝上，唱一曲开心开心。可惜冲天的生活力，都关进在美丽的"鸟笼"里，也就是被"金链条"锁住了。

泥沙是孩子们最爱玩的，有几个幼稚园已经着手做了。但是沙盘有两种：一种是桌上的；一种是地上的。这两种沙盘，教师们都替儿童装饰得极精致，假山、小人、小农具……孩子们只准看，不准动手。因为玩泥沙，是会弄脏衣服的。幼稚园里玩具多得很，你看桌上的积木、排色板……还有儿童图画书……不应该玩泥沙。这是训练儿童静下来，不要乱闯多动。

一年中难得遇到的旅行期到了。在事前，教师再三叮嘱："小朋友，我们要到……可以乱跑吗？……可以东张西望吗？……千万要守规矩……"日子一到，坐车而去，到了目的地，排着队鱼贯而入、鱼贯而行，不准有些许声音。儿童偶而发问，教师便"嘘、嘘、嘘"的禁止。这是训练儿童不应该有见可发问，更是训练儿童守规矩的好机会。旅行回去以后，免不了一次讨论会，又是一顿批评，又是一顿臭骂。骂得路上喜欢发问，喜欢拾石子、采草花的孩子双目发瞪。

幼稚园本来可以不教字的，但是中国太太们送孩子进学堂的唯一目的是读书。自从陈鹤琴、张宗麟、张雪门诸君，说了几句幼稚生也可以教字的闲话以后，幼稚园识字一科，是最时髦的工作了，也是最重要的工作。教的什么字呢？方块的单字，大狗、小狗的短句。于是四五岁的孩子，也吟唔咕哔了，更加可以握笔写字了。这或者是提前学到人生的工具吧？

幼稚园的挂图，哪一张不是温柔妩媚的？从来看不到奋斗、勇敢的挂图，更看不到农人、工人的生活图。在幼稚园里真是温柔之乡。房子里的布置，是何等温柔；耳朵里，更是不绝的黄莺般铃声与歌声，还有举动文雅的小少爷、小小姐共同玩耍。幼稚园真是乐园，教师们在幼稚园过生活，真是天上人仙〔仙人〕，真不知道世上还有劳苦、悲哀。在这样环境中，成人们倘若没有别的问题的逼迫，谁也不会再有支持奋斗的精神，谁也不想振作有为，谁都能被软化。

孩子们,当然更容易被软化呀!

住满了两年幼稚园的幼稚生,真像在花儿匠手里玩了两年的花木。他们看到自然界的一切都害怕了,对于自然界的现象都误解了,对于社会是缩小了,只敢在一间小房子里玩,不敢出外一步。手被软禁了,脚被圈子划住了,吹不得风、经不得雨。〔只知〕灿烂的世界是上帝造成的,不知道世上有汗血交流的农民与工人,更不敢与一切强暴作奋力的抗争。总说一句,他是小废人、小羔羊。

谁是幼稚生的花儿匠呢?幼稚教师!谁是盆木的受主呢?父母与整个的民族!

在大都市里教育孩子的幼稚园,与制造盆木的花园真是相映成趣。呜呼!今日中国的幼稚园。

幼稚教育者？

（1934年4月16日）

【题解】 本篇原载《生活教育》第1卷第5期"言论"栏，发表时间为1934年4月16日。

有关《生活教育》，参见前文《幼稚园》题解。

近代从事幼稚教育者，至少有两件事是对不起孩子的：一件是欺骗孩子；一件是枷镣孩子。

欺骗中最狠毒的手段是迷信。它可以斩杀孩子们研究科学的嫩芽，并且误认自然界。例如现在春天到了，满野的红花绿草，不久又有酸甜的果子、跳跃的青蛙、大声的雷鸣，这种种自然界变化，都是孩子们爱好又很愿意注意的。站在导师方面说，也是引导孩子探寻自然的好机会。

但是糊涂的幼稚教育者，没有走这条路，他用两种欺骗的方法来哄孩子。在许多儿童图画、儿童故事上，都指示儿童说："红花是仙子涂上颜色的，绿草本来是睡在地下，被仙子们叫醒的。风是太太，雨是小姐，雷叫公公……"现代的幼稚教育者，决不是做创世纪的教士。所以他们确实知道红花绿草等来历，但是在他们的意识中以为，用真话讲给孩子听，太苦燥了，不如先用有趣的话来解释吧。哪知如此解释，直接是欺骗孩子，间接就是养成孩子迷信的头脑。

在幼稚园里迷信故事很多，最著名的如《三只熊》《小羊过桥》《雪花仙子》《小人国》等。这些故事的结构与词句，真是尽善尽美；在儿童心理学上，也有相当根据。但是追踪一问，充满了神怪的意味；更进一步，便是怪

〔圣〕诞老人送袜子的礼物,① 那更是神怪之至。甚至有人采取《封神榜》②上的故事,那么一切日用物、剪刀、马桶、熨斗、尺,都获得了不可思议的生命,更显出了神通广大的本领。

幼稚园养鸡、养兔子等风气渐渐普遍了。鸡会生蛋的,雄鸡与母鸡要性交的,孩子们看到了,便发出很惊奇的问题,幼稚教师便用不相干的话转移问题。例如说:"你看它们多亲爱,抱着亲嘴。""鸡蛋好吃的,你今天早上吃鸡蛋吗?"关于孩子提出为什么会生蛋、它们抱着干什么等问题,丝毫没有回答。同例,家里养了小弟弟、母狗养了小狗等,没有一个幼稚教师肯照真性实话对孩子说的,都是欺骗孩子,或转移孩子的注意点敷衍过去。

幼稚教育者为什么要这样做呢?理由很简单:一来玩弄他的玄虚,好像哲学家非搬出一大堆玄妙名词,不足以当得哲学家是同样的成因。二来幼稚教师可以省去许多麻烦,可以在课室里学会做幼稚教师,可以不必自己求得科学上真知识,更不必向大自然追问。

一个六岁的孩子,听完了狐狸与狗相争的故事以后,他说:"先生,狗不会说话的。"另一个孩子说:"这是故事。"但是先生呢,只说狗会说话的。她不再耐烦与孩子讨论狗是否能说话的问题。或者她以为,这是不应该提出来的问题,你看别的孩子,都没有这样问题提出来。

第二件是枷镣孩子。这当然是封建思想、道德帽子、成见等。没有一个幼稚教师,不是天天谆谆诰〔告〕诫孩子,应该怎〔这〕样,应该那样。她们以为,好动的孩子是坏的,弄赃〔脏〕了衣服、鞋帽便是罪恶。孩子们检〔抢〕玩具,教师们不自己责备玩具件数太少,环境上太不能使孩子活动;一味只责备孩子,严厉处罚孩子争夺,甚至老是鼓励弱者、惩罚强者。

---

① 此"送袜",是指将圣诞礼物藏入袜中。传说有个心地善良的没落贵族,三个女儿快要出嫁了,却没有钱给她们买嫁妆。圣诞之夜,三个姑娘早早地蜷在炕上睡觉了,剩下父亲在炕前长吁短叹。圣诞老人决定帮助他们,在他们家的烟囱里撒下了许多金子,落进姑娘们烘烤在火炉旁的长筒丝袜里。从此,她们购置了嫁妆,嫁给了中意之人,过上了幸福而快乐的生活。
② 《封神榜》:又名《封神演义》《商周列国全传》《武王伐纣外史》《封神传》等,是明代许仲琳(有争议)创作的长篇小说,其中多有神怪传说。

娇滴滴、温柔得如羔羊的孩子，真是幼稚教师心中之宝宝。为着事事赞许她，件件让她占优先权，不但直接鼓励她骄纵，间接使其他儿童的〔生〕妒恨、卑怯，更能因此养成柔弱、羡慕虚荣等风气。因此把儿童固有的活动力渐渐消失，久之也就成为文绉绉的小书生了。

孩子们看到一盘糖果，总是爱吃的。成人们不预先设法使他不看见，或使他吃到嘴。孩子们惟一的方法是偷来吃。"偷吃糖果"不能完全责备孩子，至少成人应该分任一半过失。但是幼稚教育者便编造许多道德故事，列举某事是道德，某事是不道德，养成一个小"道学先生"。看着孩子们两眼不瞬地对着糖果盘，口里咽着口水，手也微动着，直像一只饿鼠关在铁笼里乱碰，活受罪！

"道德"不是独立的，也不是一成不变的。成人们的道德，决不能代替孩子们的道德。消极的制裁，更是消〔销〕毁儿童生机的快刀。孩子们的怯弱、保守等罪恶，都是成人造成的。

倘若我们有二大群孩子：一群是受幼稚园教育的，就是经过所谓幼稚教育者陶冶的；另一群是在自然状态中生长了的，没有经过幼稚教育者的手的。那么拿出任何儿童道德标准来，我们便可以看出，幼稚园的孩子充满着虚伪、怯弱、娇纵；在自然状态中生长了的孩子，必定比较来得天真、勇敢、富有创造能力。

一般幼稚教师，都是随波逐流、人云亦云的跟着做。几位自命为幼稚教育者，唱得天花乱坠。当初他以为，可以造福儿童，造成一个模范孩子，结果是害煞孩子。这样情形，是中外一辙，我们也不必太相信外国的优于中国。

要想不欺骗孩子，只有相信科学，废去一切神圣、迷信、成见；要想不枷镣孩子，只有自己先脱去假道学先生的方帽子，带着儿童去创造。这件事，我希望一般幼稚教师注意，尤其希望正在培植幼稚教师的幼稚教育者多多注意。

倘若连这两点最起码的事也不敢做，以为会遇到意外危险，那么我劝幼稚教育者不如及早改行，免得日子愈多，贻害孩子愈深。

托 儿 所

(1934年6月1日)

【题解】 本篇原载《生活教育》第1卷第8期"言论"栏,发表时间为1934年6月1日。

托儿所,亦称婴儿园、保育院等,为学前教育的起始阶段。该设施,招收出生后1至3或4岁的小儿,教养工作以保育为主、教育为辅,要求根据婴幼儿不同年龄特点,进行科学喂养,培养他们良好的饮食、睡眠、洗理等生活习惯;同时进行认知活动的启蒙教育,训练幼儿的感官和动作,辨别简单事物、发展语言能力,教育他们懂得友爱与礼貌,使幼儿健康、活泼地成长。一般认为,日本民间人士赤泽钟美夫妇,于1890年创立了世界上第一所托儿所。中国于1930年后,上海、广州、青岛等地方政府,也纷纷试办托儿所。其形式,通常分全托、日托和半托三种。

有关《生活教育》,参见前文《幼稚园》题解。

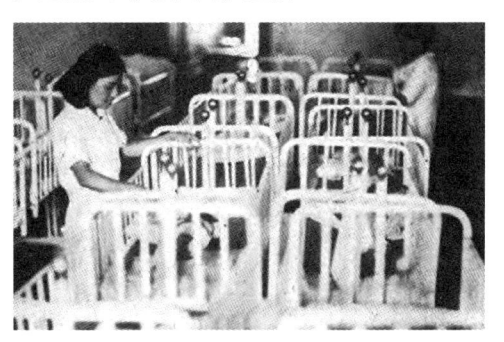

"托儿所",是教育界最幼的孩子,也是一般教育家、慈善家认为必需办、值得办,更是急需办的教育事业。中国有此设施的地方还不多,但这几年来很有人提倡(另图32),甚至有人这样希望——托儿所应该与幼稚园并重。

另图32 上海市第一托儿所内景
图片来源:《东方杂志》第31卷第18期(1934年9月16日)

我于此道略知一二,对于中国

社会实际情况也略知一二。我两下一较，觉得托儿所在中国，不必急于提倡，更不必急于大规模试验。在今日的中国，至多不过值得做下列这样工作："研究实际方法，培养实用保姆人才。"

我的理由是这样的，请关于〔心〕中国托儿所教育者批评与纠正。

（1）儿童公育是最合理的养护儿童的社会化组织，它可以把儿童纯粹用科学方法来养护，它可以使儿童得到专门人才的养护，它可以帮助改良人种，它可以使母亲脱去孩子的纠缠，它可以使家庭简单，一切工作效率大增。

托儿所最大的效用，可以作为实行儿童公育的利器。但是儿童公育的制度，决不是只办托儿所就能实行的。托儿所是一个社会实行儿童公育后的设施，不是促成儿童公育的原动力。

弄清楚了这点，那么再看看今日的中国，有立即实行儿童公育的可能吗？没有实行儿童公育的社会条件，贸然办托儿所，它的结果，与今日中国的幼稚园完全相同，或者更不如。

（2）社会制度的变更是整套的，决不是某种事业可以单独发达的。托儿所虽然是一件小事情，比不得什么土地制度、政府组织、宪法等来得大。但是它需要一个最切要的条件，是"经费充裕、人才充足"。

这个条件，就不是偶然可以做到，也不是大官、大财主发一次慈悲心可以做到。它是整个社会组织中的一个，是全社会经济组织的产儿。在今日的中国，办几所小学，还累得小学教师饿肚子、别谋生路，哪里有钱、有人来办托儿所呢？

经费不充裕，没有专门人才，那么托儿所的结果，有如今日的育婴堂（读者知道今日中国各地育婴堂里的孩子生活状况吗？唉！真是孩子们的人间地狱，我当另篇专述）。

（3）中国现在通行的，是儿女私有制（至少不是绝对的国有，国家法律不过有保护儿童的条文罢了）。所以对于养护儿童、教育儿童，都怀着别人都是错的、只有自己是对的观念。俗语说的〔好〕："肚不痛，肉不亲，没娘的孩子，交给神仙活不成。"

这固然十分代表儿女私有制中养护的精神，又如一般时下心理学家说："养护儿童除物质的条件外，还需要父母的慈爱的滋润。"这又何尝不是儿女私有制的口吻呢？在这样情况之下，有谁愿意把儿女交给托儿所去养护呢？

（4）有人以为："父母们虽然爱子心切，儿女私有的观念根深蒂固。但是生活逼着她，使她不得不在产儿未满月前进工厂去做工，或使她背着孩子去做田间工作。在工人区与农村里（农忙时）需要托儿所，那是千真万确的。"这句话有相当的理由，但是这些托儿所的经费何来？

还有，做保姆者愿意去养护穷小子吗？我们倘若希望慈善团体或大财主，用布施式的，办几所托儿所，我真不敢相信是靠得住的，也不敢相信能够收到正面的效果。贫穷成年人无论怎样有用，社会还在那里直接的或间接的杀戮，何况是没有用的贫穷孩子呢？或者正如站在某种立场上的人类优生学者说："为着要改进中国人种，必须减少（或消灭）穷人的生育孩子。"

托儿所在整天忙着找生活费的父母看来，真是一块美味香肉，好像冬夜大雪睡在洋楼旁的叫化子，对着有火炉、有美酒的洋楼，真是心向往之。但是他终究不过是梦想罢了。我终不敢相信，托儿所在今日的中国，可以普惠于急需的父母。

有钱的财主与大官，妻妾、婢仆满堂，爱儿女如宝，决不肯送孩子进托儿所。中产的家庭，整个家庭就维系在"慈爱""孝悌"几个字上，决不肯送儿女进托儿所。贫穷的父母养了孩子，急需寄托给人。但是在中国的社会上，暂时还不能供给这许许多多的穷孩子。这样一个局面，试问中国有提倡托儿所的必要吗？

点缀在名胜区或××区的托儿所，不能算是真的为着孩子；他们所做的工作，也与托儿所的真义有些不同。这句话，只要看过他们的工作的人，大概不至于反对。

不断的改造的人生，不断的前进的社会，安知中国将来的社会，是不是需要大批的托儿所呢？因此，我们虽然反对在今日提倡办托儿所，但是并不反对有兴趣的有为青年，研究托儿所的一切。只要研究者抱着是为一切儿童而办的托儿所，不是为着点缀或逢迎而办的热闹场面，那么这种种办法是有用的、合理的。

末了，我提出研究托儿所的方针来：

第一，有合乎科学的医药上常识常能，并有热诚的看护妇的态度；

第二，完全而确切地明了儿童生理的发育，并懂得婴儿心理学的大意；

第三，能做而且懂得教育婴儿的技能与巧妙方法；

第四，确切了解托儿所中培养的儿童，不是为着某某个人而培养的，这是为着人类而培养的。至少也应该了解，这是一件民族事业。

我们对于轻视贫穷孩子的优生学家，固然应当纠正他；同时对于杀戮富人孩子的盗匪，也认为不正当的。婴儿何罪？同是可以造就的小生物，我们决不应该把阶级贫富等意识，放进本身完全洁白的婴儿领域里去。

我们确信，托儿所在中国，必有获得社会完全信任的日子。到那时候，必有几千万的孩子交给托儿所来养护。为着未来的孩子起见，我们应该相当重视托儿所的一切。

但是托儿所的责任，决不是为着现代太太们多多享福而代富人们做奶妈的。

幼稚教育的三个时代

（1934 年 10 月 1 日）

【题解】 本篇原载《生活教育》第 1 卷第 6 期"言论"栏，发表时间为 1934 年 10 月 1 日。

有关《生活教育》，参见前文《幼稚园》题解。

不过一百年的幼稚教育，确实经过了三个时代。

第一个时代的幼稚园，是慈善性质的。福禄培尔在乡村里办幼稚园，蒙台梭（利）在贫民窟里办儿童院，都是他们一片慈悲的宗教信心，大有舍身救穷孩子的热忱。他们在这种热忱下发明了许多好方法，使愚者变智、弱者变强。

第二个时代的幼稚园，是门墙高筑的。"孩子是我的，我的孩子应该使他尽量的好"，这是父母的态度。"有钱的孩子不但干净，并且还可以送钱来，父母又有势力……我们做教师的应该尽量教养"，这是幼稚教师的态度。在这两种态度之下，于是幼稚园门墙高筑，穷孩子不得踏进去了。本来为一般孩子而发明的教养方法，到这个时代，只好让有钱的孩子去享受了。

第三个时代的幼稚园，是人人享受的。因社会组织的改变，一切教育制度也大变。孩子是社会的，不是私人的，幼稚园是教养孩子的场所，凡是孩子都可以享受这个权利。父母工作愈忙的孩子，幼稚园也就愈替他负责教养。它是整个社会组织的一部分，不是私人的御用品。它负的责任是对孩子的、对社会的，不是对金钱的、对势力的。

试问中国的幼稚教育已经踏进哪个时代？

儿童节的话

(1935年4月4日)

【题解】 本篇原载1935年4月4日《人报(无锡)》第2版"专载"栏。

儿童节,每年4月4日为中国自定儿童节,通称"四四"儿童节,而非后定的"国际六一儿童节"。1931年3月7日,中华慈幼协会向上海市社会局提出,请将每年的4月4日定为儿童节,并请该局转呈上海市政府及南京国民政府批准。当时的民国教育部经研究,采纳了这一建议;并参考该协会5月份补充呈报的意见,制订了相关纪念办法,通令各省、市、县教育厅局一体施行。中国历史上第一个儿童节,就这样被确定下来。从1932年起,每年4月4日,全国均会组织相关活动来庆祝这一节日。

《人报(无锡)》,地方日报,1932年2月26日创刊于无锡,无锡人报社出版发行,由王昆仑、孙翔凤、华芳增等共同出资创办,并同时担任该报主要撰稿人。该报以"张民意,扫专制,御外侮"为宗旨,爱国、救亡为该报主旋律。初为两版,后增扩为四版,刊载新闻、社论、时评、小品、科普文、通俗小说、诗词歌赋等,广告也占有相当大的篇幅,还不定期刊行若干副刊。1937年11月14日,因日寇逼近而停刊;1946年2月6日复刊,1949年4月23日终刊,总计3201号。

月前离开上海,在那时候,大家都以为今年是儿童年(另图33)①,今年的儿童节必有一番极盛大、极有意义的举动。现在呢,这个举动,我们只希望在明年的儿童节举行了。因为儿童年已经改期,大家可以暂缓呼喊。

倘〔倘〕若为着凑热闹的呼喊,那么全国一切关于儿童事业的举动,都可暂时停止,但是事实决不如是简单。我敢预料,今年的儿童节依然有专刊、有专号、有婴儿比赛、有……不过历次的儿童节所告诉我们的一切,我们真不知道是"谁的儿童节"?内地的儿童,依然是滚在泥堆里(不是灾民)、挂在刀头上(灾民)。上海的儿童节的热闹,我也曾经哄②过几次。过后一想,问不出究竟来,觉得我们喊着、哄着的人们,比不上儿童玩的娃娃子。于是,要静下来再想一想了。

另图33　上海市儿童年开幕典礼现场
图片来源:《文化建设》第1卷第12期(1935年9月10日)

为什么这几年来,一般人突然闹到儿童头上去呢?我想,下面的事实可以作为一种答复的资料。这几年来提倡儿童幸福,注意儿童本位的有下列几种人。

第一种是先知先觉者

他们从国外回来,看到欧战后的各国,因为感觉战士的缺乏、劳工的缺

---

① 儿童年:南京国民政府原定1934年4月21日至1935年7月31日为民国首个"儿童年",因此1935年4月4日就成了"儿童年的儿童节"。然而其后行政院又在《全国儿童年实施办法大纲》中规定,其实施期定为自1935年8月1日起,至1936年7月31日止;在此期间举办各种活动,以唤起全国民众注意儿童教养保障,图谋儿童福利。如此,1935年"四四"儿童节便在儿童年之外了。

② 哄:繁体字为"閧"。"门"与"共"联合起来,表示"许多门一起打开"。本义为街市店铺一起开门迎客,引申义为(市场)哄闹、喧腾。

乏、民族的凋零，于是举国上下狂热地注意儿童，鼓励妇女多生孩子。在这个时候，中国的留学生及其他人等，以为注意儿童事业是最时髦的事情，国内也少有人提倡，于是把法、美等提倡儿童的论调，一变而为中国的论调。

至于中国是否配谈或应该提倡，他们无暇顾及。好在"多生孩子是繁荣民族、注意儿童幸福是人道主义"这两句话，谁也不应反对的，谁也不敢反对的。中国注重儿童的先锋队是这样的。

第二种是实习家

经过先锋队的竭力呼喊提倡，于是产生实习家。所谓实习家的行事，在事前都有一番精密的考虑，好比实业家开办工厂与公司，必定计划到盈余利益的多寡，然后肯着手开办。所以儿童幸福的实行家，也有大小不同、花样千万的分别了。我想来说穿几种：

（1）以慈悲博爱为怀的教友。他们以救济孤寡为怀的，平时他们也有招收小徒弟的工作，这时候当然应该大张旗鼓、堂堂正正地收容孤儿，创办各种儿童慈善事业。这许多孤儿，或因天灾，或因人祸，弄得无家可亲，收来抚养，当然再加上一重传教的重要工作。今日的孤儿，即他年宗教的教徒。甚至竟有"传教是主要工作，抚养是手段"的残酷现象。

（2）放下屠刀，立地成佛的伟人。中国社会上有两件极耐寻味的事：一件是兴办任何社会事业，必须请伟人的挂一个名，做一次登高一呼的工作；一件是政治、军事以及实业界的伟人，一旦下野，没有一个不热心兴办社会事业。这两件事，好像形与影、甲与乙，不能脱离的。儿童事业实行家的队伍里，于是来了不少的伟人，好现〔在〕伟人们的儿女也很多，在赐与别人儿童幸福之先，自己的儿女也得了幸福。更有利用这个机会，做伟人们后半世的享用。因为这样办去，社会上可以喊他为慈父，喊他的太太们为慈母（至少伟人自己或伟人们的捧场者是这样喊的）。

（3）个人问题与儿童问题可以同时解决的学者。儿童研究是一种专门的学问，国家对于处置儿童的政策，更应该有统筹计划。但是什么学问到中国，可以化难为易，变为"百年工夫一夜通"。至于国家对于儿童政策，暂时无暇顾及，只好让民间自由去活动。在这样场合之下，于是产生中国式的儿童学者，在大学里开设的儿童学校学程里，陈列着东西洋货品（因为设备不足，教授兼几个大学的功课，贩卖比制造与研究方便得多，应该原谅）。在社会上组织的儿童事业的团体（不问学术或其他），又难免是一般学者、政客的敲门砖，所以今日大谈大学教育的学者，明日（或今日下午）高唱儿童的 XY，同时又主持儿童学术团体、实际工作。如此学者，做如此工作，确是个人的生活问题，以及儿童的幸福问题同时可以解决（儿童问题是广泛的、千头万绪的，只要解决了一点，个人就应该得到丰富的酬报）。

（4）善观风色的实业家。在这样不景气的时代，实业家不是善观风色，怎样能够站得住脚呢？社会既然有某种潮流，当然非去迎合不可。因为实业家的提倡，比任何人提倡来得有实力。于是一般工厂做儿童用具，书局发行儿童万宝书籍，戏园里也跃跃欲试来贡献于儿童。这许多实业家一举两得，为儿童有莫大贡献，为实业界的莫大转机。

第三种是享受者

儿童幸福运动的享受者，当然是儿童。以第一种人与第二种人的行动上，我们已经可以估量儿童享受的成分。所以穿着像小天使的儿童，身体上免不了有体罚的伤痕。至于在小小的心灵上，更不知受几多摧残。衣服、玩具的讲究，为着儿童的幸福呢？还是为着儿童父母与教师的体面呢？打扮一个孩子时髦，与管教一个小孩子做小大人这是同样的，都是为着父母与教师，决不是为儿童。在儿童私有制的社会里，谁有能力敢去劝止这些父母与教师呢？

有钱有势的孩子们，毕竟差强一等。再看看儿童幸福运动对于穷孩子，那真是皇恩浩荡照不到小百姓身上。每年儿童节在上海，只看到坐汽车的父母，带着小天使到公园里去玩，到公共场所去集会，在百货商店里买玩具。至于报贩的孩子、拾荒的孩子、讨钱的孩子，完全不知道什么儿童节；还有女工人的孩子，滚在热水锅旁、锁在小屋里、交给老婆婆的，他们也完全不知道什么是儿童节。就是知道了是儿童节，他们又有什么办法呢？除出他们羡慕与恨愤以外，一些也不能给孩子。

提倡儿童幸福的人们，有时还会唱出这样论调来："根据优生学结论，我们应该择种留良，改良我们的民族。"在他们心目中，有钱有势的孩子，是中华民族的优良种，应该好好儿去增进他们的幸福；穷孩子是中华民族的劣种，应该快快消灭。阿弥陀佛，倘若优生学的标准在经济学里，我们确实该照目前的做法。不然，我必得念两句陶行知诗："人人羡慕儿童节，我家宝宝哭不歇……红红绿绿争点缀，问是谁的儿童节？"

末了，我来说一件小事情：二十二年春天，我到山东济南去玩。有一次，我去玩一所李提摩太①创办的博物院，可是这次给我的印象太恶了。该院禁止儿童入院，我亲眼看见父母进去了，孩子站在院外哭的事情。这年夏天，恰恰有某某儿童学术团体在济南举行年会，我也是会员之一，因为别的问题不能到会，只提了一个议案。这个议案，就是请用本团体的名义，要求让博物院开放儿童禁令。此案经过半年，杳无消息。鲁友南来，仍说该院童禁森严。后来才知道，该案没有提出，因为专家们以为这是小事（或者因为是国际事件，不敢向外国人说话）。

又有一次，我在上海遇到一位提倡儿童幸福的"大亨"，据友人说，他为着儿童幸福，每夜十二时才睡觉，又认识当代政治上、经济界一等红人。我又顺口提到济南博物院的事，满以为他是儿童幸福的天使，又是与基督教徒有往来的大亨，这些小事应该可以办到。当时他确是满口答应，并且拍拍胸说："这件事我们可以办到，我很佩服先生……"但是去冬鲁友来信，仍说该院童禁森严。不知在预约声中的儿童年的四月四日，该院是否已经允许儿童入内？

从这件小事的经验上，我深深体会出，今日一般为儿童谋幸福的学者和实行家以及 XY 等，都有些给人怀疑：他们为着儿童呢，还是为着自己？换句话，他们是为着儿童幸福，还是吃着儿童幸福的饭？

---

① 李提摩太（Timothy Richard，1845—1919），字菩岳，英国传教士。1870 年来华，在山东、北京、山西等地传教，建立教堂，兴办学校，任英文《中国时报》中文版主笔，又任同文书会（又称广学会）督办（后改称总干事），在文化交流和救济赈灾方面贡献颇多。著有《在华四十五年》。

明日的幼稚教育

（1935年8月）

【题解】 本篇原载《湖北教育月刊》第2卷6、7期合刊"儿童教育专号"，发表时间为1935年8月。

《湖北教育月刊》，地方教育月刊、旬刊、半月刊。1933年9月创刊于武昌。由湖北省教育厅主办、编辑并发行。旨在"介绍世界学术思潮，传布该省教育行政消息，研究教育实际问题，记载文化史实"。主要栏目，有专载、论著、计划、报告、史料、统计、文化消息、法规、政令、公牍、调查及统计、附录等；主要撰稿人，有王醒魂、寿森庠、高启奎、程其保、夏斗寅、郭寿华、王义周、王葆青、张群、谈锡恩、王镜清、陶行知、钮永建等。1936年4月终刊，共出3卷16期。

明日的幼稚教育，是明日社会的产物，好比今日的幼稚教育，是今日社会的产物。那么明日的社会又会变到怎样？明日的幼稚教育又将怎样？这件事，谁也不能百分之百的肯定确说。

不过，用科学的推理来预测，那么今日的社会，是昔日的社会演变而来；明日的社会，也将从今日的社会演变而成。所以预测明日的社会与明日的幼稚教育，虽不会十分准确，但是也不会完全错误。至少今日的希望如是，将来可以有实现的一天。不过这个"明日"，当然不是过了二十四小时以后的明日。

在全世界笼罩着不景气的景象中，谁能冲破这个重围，谁就是旋转世界者，明日的社会也就是他可以造成的。但是这个"谁"，真不知是谁呀！战神吧，从历史上看来，在一个不可解决的严重状态之下，战神光临，杀气冲天，等到大家息手，必有一方得到问题的解决。但是对方呢，那就如水益深、如火益热了。

今日，虽然大家在那里恐怖〔惧〕世界大战的到来，有的野心国家就在那里准备大战。第二次世界大战的不可避免，这是时间问题，不是"有"与"无"的问题。但是今日世界的危机，是否可以因一战而转危为安，这是谁也不敢说的，甚至主张开战的人也不敢自信吧。战神在二十世纪的威权，没有如此伟大了，这是人人都知道的，我们不必从这点上去用心思。

今日世界的危机是否会转变呢？社会学家以为，必需把今日的社会重新安排、重加组织。我们也很希望有一个合理的社会，可以免去许多无聊的浪费、苛酷的剥削。但是社会的构成不是偶然的，也不是突无〔兀〕的，那么要重新安排与重加组织，也就不是化学室里的氢氧二气化合成水那么容易。螺旋形的上去，也就得螺旋形的出来。这里我也不会相信，明日的社会的到来，还得经过几千年，当然也得请诸位勿误会到这层。

明日的世界，真不知道变到怎样地步？

明日的幼稚教育演变到怎样地步，我们也不敢十分准确地回答。不过从已有的几点因苗上推测下去，可以得到下列几点：

（1）明日的幼稚教育必定普及的，愈是乡村与工厂附近，普及得愈加快。

（2）明日的幼稚教育，必定为某个集团（国家或其他）或某种思想，训练幼稚儿童的一种重要事业。所以它一方面是帮助忙碌的母亲们免去麻烦，一方面就在此时预先训练未来的民众。

（3）明日的幼稚教育，必定是"教"与"养"并重的。幼稚园是儿童的另一个家庭，决不是上课读书的场所。

（4）明日的幼稚教育，必定与家庭沟通的。幼稚园不但教育儿童，也就是母亲受教育的机关。

（5）明日的幼稚教育，必定与小学联络的，小学与幼稚园的办法完全一致的。

（6）明日的幼稚教育，必定训练儿童有集团工作的精神，免去个人单独进行的散漫行为。

（7）明日的幼稚教育，必定应用科学养护法，使孩子在幼稚园里长成，比家庭中光用爱的滋养还要有效。

（8）明日的幼稚教育，必定有它的一贯主张，一切设施都合乎这个主张，尤其如玩具等等，都免去神秘的意味。

（9）明日的幼稚教师，除了为着维持自己的生活外，最重要的任务，还是为着实施她的集团的理想。所以她是集团的工作者，不是为着个人的职业。

时代的轮子继续不断的推进着，幼稚教育就在各个轮齿上前进。不知道十年后的社会变到怎样？二十年后又变到怎样地步？那么十年后、二十年后的幼稚教育，可以实现百分之几呢？我们大家希望着吧，也就大家在时代的轮齿上努力着吧！

简单的幼稚园
——邹平简易乡村师范幼稚园课程讨论会讲演之一
（1935 年 11 月上旬）

【题解】 本篇原载《乡村建设半月刊》第 5 卷 8、9 期合刊"邹平乡师专号"，演讲时间为 1935 年 11 月上旬，发表时间为 1935 年 12 月 15 日。本文系演讲记录，记录者为戴自俺。

记录者戴自俺（1909—1994），原名治安，贵州省长顺人。早年就读于贵阳师范学校。1928 年春，与孙铭勋共同考入晓庄师范，师从张宗麟肄习幼稚教育。在校协助办理晓庄幼稚园，创设迈皋桥幼稚园。后协助陶行知办理山海工学团和劳工幼儿团。历任河南百泉乡村师范、北平幼师、桂林幼师教师、教务主任，并致力于幼稚教育理论研究。1949 年后，历任贵阳市政府教育科科长、北京教育部民族教育司教学指导处处长。著有《晓庄幼稚教育》《幼稚园生活进程》等，主编有川版《陶行知全集》。

《乡村建设半月刊》，乡村教育半月刊。1931 年 10 月 1 日创刊于山东邹平。由山东乡村建设研究院主办、编辑并发行。旨在"记述社会真实状况，阐发乡村建设理论，供给乡村民众最需要的知识"。主要栏目，有乡运通讯、朝话、乡运者的话、各地乡运消息及状况、工作纪实、海外纪闻、村运消息、本院新闻、参考资料、讲演、农村调查、社会调查、专题讲述等；主要撰稿人，有张玉山、梁漱溟、江恒源、蓝梦九、茹春浦、孟张龙、张立民、秦亦文、周葆儒、刘宇、杨效春、祝超然、严寅、陈康甫、陈希纯、方铭竹等。1937 年 9 月 16 日终刊，共出 7 卷 163 期。

这是一个幼稚园课程讨论会，一个星期有一次会议。在会议中有预算、有结算，还有问题的讨论。另外在每次开会时，我有一段扼要的演讲。我预备要讲的，共有八个题目，今天讲第一个，是《简单的幼稚园》。

在这个题目里，可以分四段来讲：（1）为什么要办简单的幼稚园；（2）简单的意义；（3）可以省掉的东西；（4）一定要有的东西。

一、为什么要办简单的幼稚园

简单一句话来说，因为中国是个穷国，穷国里就只能办穷的、简单的幼稚园。要详细，我们可以这样来说，社会各种事业的进步，他是随着各种科学之进步而进步的。

就拿整个的幼稚教育来说吧，从福禄培尔创办幼稚园以后，他的历史至今不到百年。若干年来，他的进步完全是各种科学之进步促成的。就以福氏的恩物来说吧，起初他的恩物是哲学的，现在完全是科学的了。我们看现在的各种儿童玩具，样样都在那里表示一种最新的时代的科学的精神。

如歇尔氏的大积木（另图34）[①]，甚而可以搭成大的房子，让小孩可以进去——这都是随着科学之进步而进步的。再从整个的培养方法方面来看，从前只注重脑的训练，现

另图34　北京孔德学校附设幼稚园大积木构造游戏
图片来源：《世界画报（北京）》160期（1928年11月11日）

[①] 歇尔氏的大积木：通译希尔式积木、霍尔氏地板积木或海尔氏大积木（Hill Floor Block），由美国希尔氏创制。其尺寸较大，有木制的长方柱、短方柱、长方板、短方板、圆板、三角板，铜钱铸的长钩、短钩、棍子的锲子梢等。全副计354件，能供给儿童建筑规模较大的楼房和实际可以乘坐的车辆。此积木更能唤起儿童们合作的精神，使他们的兴味格外浓厚。相较于福禄培尔式积木，也更有利于儿童操作。

在注重到身体之培养了；从前只注重到学校，现在由学校而注意到家庭、注意到社会了；从前只晓得教小孩，对小孩负责，现在则注意到要教父母、要对父母负责了。这些都是进步，而且是随着科学之进步而进步的。种植各种农作物有科学方法，便可以希望其能好生好长、枝叶并茂，培养小孩子又何独不然呢？

可是，凡是一种教育，他要是超脱了当地地社会经济之条件而进行，那么这种教育，就好比是插在瓶里的花，初插上去好看，也许好看，但始终是不会结果的。不会结果的花，我们要他有什么用呢？尤其是大多数的民众要他有什么用呢？

上面所说的一段，是现今幼稚园的实情，他的最具体的代表国家是美国，中国也有人在那里仿行。现在我们问一问，我们乡村里的幼稚园，要和目今中国一部分城市的幼稚园也如此一样的搬外国货，是否可以行得通呢？我可以说一句话"行不通"！因为：

第一，我们都要办如此的幼稚园，贵族的孩子没有那么多；相反的，要不是贵族的孩子，进这样的幼稚园又不相称。

第二，中国的社会组织不同，而儿女在家庭的地位，也与别的国家的不同。就如美国，他们除把自己的儿女看作自己的儿女以外，还把他看作国家的公民。在中国就不然，儿女是公公婆婆的儿女，教养都是整个的家庭负责，有时连他自己的父母想作一点主也不成，何况其他？

第三，一般的教育程度不高，因此不容易接受许多新的知识，有时简直就是没有工夫去接受。本此，我们要办一种美国式的幼稚园，在中国是很难普遍起来。

我再来说一个比喻吧：生理化学、食物化学，是近今的一种科学。因这种科学之提倡，一个人需要吃怎样的食物，才于人有极适切的营养，是有人指点出来了。照理，我们应该根据科学家、卫生学家告诉我们的去吃，才是好的；但现在有的人，他却非吃窝窝头不可。

中国目下之不能办如上的所谓的科学的幼稚园，正同这是一样的道理。我们不是不愿有这种幼稚园，乃是有了这样的幼稚园，不能满足大众的需要。

二、简单的意义

何谓简单？何谓繁复？这里我们可以这样来说，"复"是每样东西有好几套，然而这是从设备方面来说的。所谓"繁复"，不能单从设备方面来说，现在我来举几个例子吧。

第一，家庭的例。普通的家庭，一个母亲生了一个孩子，他能叫他不冻、不饿，甚而不死，甚而长得好，甚而聪明、伶俐、活泼……这里面所有的问题、方法，可以说是不简单。我可以说，要照我们如今的幼稚园的办法来养这些孩子，一百个之中，至少要死九十九个半。怎么叫有半个不能死呢？那就是残废。中国的社会里，像这类能把孩子养得好的母亲并不少。这当中，不仅是一个知识程度之高下的问题，还有着另外一个问题，那就是做母亲的，有没有一种天才的问题。这是一个我们表面看去是简单，而实在并不简单的例。

第二，凡是学幼稚园的人都知道的，福禄培尔初办的幼稚园是什么样呢。是一天领着几个穷孩子，在草地上翻筋斗，在树林中做游戏……慢慢而成功所谓幼稚园的。这，我们能说他简单吗？现在我们之所谓不简单者，须知道就是从这简单中方产生出来的。

第三，再举一个切实的例吧，例如幼稚园的自然要讲鱼，照有钱的幼稚园的办法，一定是先弄池子，叫听差去买了几尾鱼来，然后把小孩子带到池边才讲鱼。再不然，也要叫听差的弄上他一两个玻璃缸，养上了几条鱼，然后才能讲鱼。但这样讲下来的结果，学生有时会有，一点概念也没有的。反过来，我一个钱不花，可以有法子教小孩子学会了鱼的常识。就是要有河的地方，我们把小孩子带到河边去教。要没有这种环境，我们可以把小孩带到一个小菜场中一面看、一面讲；是一个大子也不花，但小孩又是顶感兴趣的。要是在北方，连小菜场上卖鱼的都没有，好，我们这么一画，也是一条很好的鱼（原图58）。

原图 58　鱼形图

我们知道小孩子看东西，都是整个的。在小孩的目光中，这与一条整个鱼是没有什么两样的。

此外，如小孩平时要玩的珠子，买外国货是挺贵；而山东料珠，则一毛钱可以买一百多粒。还有穿坏了的洋袜，洗一洗就可以做洋囡囡，这里面都包含有我所谓的简单意义的。

三、可以省掉的东西

现在的幼稚园，有许多东西可以不要的。我还没有想完全，现在先说几件。

（1）地上的圆圈可以不要的。幼稚园的地面上的圆圈是有历史的，就是从福禄培尔的一元哲学而来的。除掉是模仿福氏以外，别无作用，可以不要。

（2）在桌子上面玩的一盒一盒的积木可以不要的。孩子们在桌上玩这种东西，可说是不静也不动。不动不静，就是不生不死，要这有什么用处呢？

（3）普通的古董式的摆设可以不要的。这类东西，如泥人、瓷娃娃等，只能摆设，小孩不能动手，一动手就要出危险，可以不要的。

（4）华丽的布置可以不要的。如很讲究的窗帘、很讲究的新娘房的布置，都可以不要的。

（5）许多变花样的课程可以不要的。今天一个设计，明天一个设计；这个星期计划做这样，还没有做了这样，又来了一套新的。这都是浪费，都要不得的。

（6）幼稚园的组织可以不要的。一般的说来，一个幼稚园大多都是两个教师，那么主任是她们，教员是她们，会计、庶务……也都是她们，还有什么组织可言呢？

（7）表册、挂图等有的可以不要。近几年来受小学影响，许多幼稚园在那里做装饰工作，东一套表格，西一套表格，导师要无暇自顾，势必牺牲小孩子的活动。如此有什么意义呢？"宋妈妈，嫁女儿，不要看小姐的样。"小学尽管在那里玩这套把戏，可是我们幼稚园不能学；城市的幼稚园尽管在那里玩这套把戏，可是我们不能学。

此外我们大家都来想一想，怕还有好多东西是可以省掉的。

四、一定要有的东西

我想象中的简单的幼稚园,有几样东西至少是必须有的。

(1)卫生设备。"健康是生活的出发点,也就是教育的出发点"理论,我们不用提了。我以为最低限度,大小便的地方要卫生、合用;一个小孩要有一个喝水的茶杯,以及洗脸的脸盆、脸巾等,每人有一套。这都是比较容易做得到的。

(2)音乐用具。钢琴自然用不起,风琴也有问题。我以为,中国普通的锣、鼓、钹、磬、木鱼……倒是可以用的,不过要与小孩子成比例。还有口琴是很可试用的,但须"绝对自私",以防各种疾病之传染。

(3)幼稚园必有的课程。这我以为有下面的几种:

(a)唱歌(可以包括的很多)。(b)谈话。(c)运动。这里面我们特别注意,儿童的大肌肉的运动,它和游戏有些不大同。但合乎运动原则的游戏,我们也不反对。(d)休息。小孩运动之后,一定要有休息。不过我们要注意一点,要没有充分的设备,千万别要让孩子睡着。① (e)吃点心。这一方面是注重生理的培养。然而教育的意义,我们还格外看得重要。(f)喝开水。幼稚园的孩子,一到幼稚园后,有时一玩,竟会连喝水都忘记的;还有,根本就没有喝水的习惯的,我们得积极的来施以适当的培养。

如此的幼稚园,随地取材,不尚装饰,果能普遍的推行起来,好多穷苦孩子,我们必定可以顾到。

附记:

本年十一月七日,我率领北平幼稚师范在乡村工作的同学到邹平参观。② 因为张先生是我们同道中的长者,特请他多给我们的指示。我们在邹平共住

---

① 此"睡着",是怕孩子无床无被睡着后受凉得病。
② 此"乡村工作的同学",是指跟随戴自俺在北平西郊核桃园办理乡村教育实验区的北平幼稚师范学校的师范生。该实验区,为北平幼师所附设,由张雪门兼任主任,戴自俺为副主任。

简单的幼稚园(1935年11月上旬)

九天，张先生和我们作有系统的谈话共四次。这是第一次，是他平日要和他的同工及他所主持的乡村师范同学们谈的，① 我们刚好赶上听到了。现在乡师要出一个专号，② 张先生嘱把这篇讲稿整理出来，以作幼稚园部分的材料，所以就这样记了下来。

自俺记于离邹平之前（二十四、十一、十五）

---

① 此"乡村师范"，即邹平县立简易乡村师范学校。张宗麟时任该校校长。
② 此"专号"，即《乡村建设半月刊》的"邹平乡师专号"。

苏联的儿童教育

（1936年4月1日）

【题解】 本篇原载《生活教育》第3卷第3期"儿童节专号"之"行知行"栏，发表时间为1936年4月1日。

有关《生活教育》，参见前文《幼稚园》题解。

"我们要征服我们的敌人，消灭反动学说与主义的存在，建树我们新的社会，只有迅速地扫除文盲，建立新的社会的文化基础，才可以真正达到我们的目的。"苏联的革命领袖无时不提及此语，也就脚踏实地地实行此语。苏联第一个五年计划的成功，又何尝只限于新经济政策的巩固、各种工业的猛进、集体农场的成功呢？我们看一看他们文化事业的猛进，就会惊骇，也就会惊叹，苏联的革命领袖对于改造整个社会的伟大功绩。

在一九一三年沙皇时代，全国识字人数不满百分之三三，到了一九三三年第二个五年计划开始时，全国识字人数已经超过百分之九十。只就七年的小学论，全国已经入学的儿童超过百分之九十六。小学毕业生在一九二八年只有一百二十万，一九三二年增至二百六十万，一九三三年竟增至三百三十八万五千人了。有许多联邦在沙皇时代，竟可说没有教育，现在大不同了。例如 Uzbaek[①] 识字人数，从百分之二增到百分之七十二；Tajiks[②] 从百分之一又半，增至百分之五十二；Turkoman[③] 从百分之二，增到百分之六十一。

---

① 所载英文为苏联加盟共和国名称，可译为乌兹别克，为苏联15个加盟共和国之一。
② 所载英文为苏联加盟共和国名称，可译为塔吉克，为苏联15个加盟共和国之一。
③ 所载英文为苏联加盟共和国名称，可译为土库曼，为苏联15个加盟共和国之一。

现在摘录人民委员会教育委员 M. Epstein[①] 报告的数字如下：

  受学前教育的儿童（如幼稚园等），共七百万人；小学生，共二千四百万人；扫除文盲，六千五百五十万人；乡村阅读室（Village Reading Rooms），三万二千八百十五所；红色教育机关（Red Corners），三十万所；农民馆，七千八百二十二所；人民俱乐部，一万三千二百九十五所；工人学生，一百四十三万七千人；学徒学生，一百二十万人；补习学生，五十万另六千人；共产党大学学生，十一万五千人；中等学校学生，五十万人；科学机关，二千另七十所，工作者三万人；图书馆的图书，有九万四千五百万册；图书杂志出版者，有十八万七千一百万册；进电影院、音乐会、戏团的，超过九万万人。

倘若比起沙皇时代的教育，当时有人民一万〔万〕六千万人，而受教育者（小学、中学、大学都包括在内），只有六百万人；至于科学馆和学前教育的设施，竟是完全没有。两相比较，真是天渊。

  苏联的儿童教育，是教与养并重的。在幼儿时期是注重养的，当母亲怀了孕以后，就受种种优待；女工人在产前与产后，各得休息二个月，而能得工资的全数。婴儿可以寄托在托儿所，托儿所有几种：一种在工场旁边，由母亲自己来喂奶，工厂中每隔二小时半至三小时，可以给母亲的女工来喂一次奶；又有全天的托儿所，是完全在极科学的养护之下来养护的。行此办法以后，苏联的婴儿死亡率，已经减少了百分之五十以上。

  幼稚园是学前教育最主要的教育机关，教育三岁到七岁的孩子。在工厂区的幼稚园，每天有八小时到十二小时的教育时间。工人不但在工厂时间内，可以交孩子给幼稚园；就是去做社会活动的时间，也可以交孩子给幼稚园，甚至可以给孩子寄宿在幼稚园里。例如莫斯科在六万五千的幼稚生中，就有一万九千人是寄宿的。农村幼稚园在农忙时，也是这样的。幼稚园的课程，有游戏、故事、竞走、体育、儿童健康、卫生习惯、轻便家事、图画、读书、识字、塑型等手工。幼稚教师都是招收优秀的女工与农家妇女，加以教育的与看护的训练。幼稚生在第一个五年计划成功时，已有二百七十五万四千九

---

① 所载英文为人名，可译为 M. 爱普斯坦，生平事迹未详。

百六十人；到第二次五年计划成功时，可以完全普及。

此外有两件事可以与幼稚园并提的，是儿童游戏场（play ground）。这种场内也有专门负责的女导师，其中工作是供给孩子食物，有组织的竞走与竞赛，孩子们每天有五小时至六小时在场内的。在农村的夏季游戏场，都是整天开放的。他们是供给孩子食物，养成许多卫生习惯，〔从事〕教育工作。这是因为，那时候农妇们都下田去工作的缘故。

还有一种设施是儿童教养室（children's rooms）。这类设施，是在工厂区与集体农场的。父母们去做工或从事社会运动时，可以把孩子交给儿童教养室，这里面有受过训练的教师与看护妇，这是比幼稚园更能适合于苏联社会的教育设施。

在沙皇时代，只有地主、资本家、官吏、贵族的子女得进小学，劳苦大众的孩子是没有进小学的机会的。现在不但四年的小学教育已经普及，并且已经到了五年、七年的普及教育了。苏联的儿童教育可以分为三个阶段：

第一阶段是八岁到十一岁的初等学校；

第二阶段是十二岁到十四岁的学校；

第三阶段是十五岁到十七岁的学校。

有许多城市，已经办有最初级的学校（Zero School），教育七岁的儿童，实验的成绩也最好。现在摘述第一阶段与第二阶段的小学课程如下（表25、表26）：

表25 第一阶段的小学课程表（每周各科时间）

科目 \ 年级	一年级	二年级	三年级	四年级
国语	6	6	5	5
算术	5	5	5	5
自然科学	2	2	2	3（或2）
社会科学	2	2	2	2（或3）
地理	0	0	3	3
工厂实习（Shop Work）	2	2	3	3

续表

科目＼年级	一年级	二年级	三年级	四年级
外 国 语	0	0	0	2
体育	1	1	1	1
图画	1	1	1	1
音乐	1	1	1	1
合计	20	20	23	26

表 26 第二阶段的小学课程表（每周各科时间）

科目＼年级	五年级	六年级	七年级	八年级（一九三三年起）
国语及文学	5	4	4	3（或 4）
外国语	2	2	2	2
历史	2	2	2 或 3	3（或 2）
社会科学	1	1	0	0
地理学	2	2	1	1
算术	5 或 6	4 或 5	5 或 4	4
物理学	2	3	3	3
生物学	2	22	2	2
化学	0	2	2	2
图 画	0	1	1	1
速写术	1	1	1	1
音 乐	1	1	1	1
体 育	2	1	1	1
工厂实习	5 或 4	4 或 3	5	5
初级工程学（Technology of material used by pupils）				1
合计	30	30	31 或 29	30

从上述课程表里，我们可以知道，苏联小学教育注重科学与工厂实习。前者是一生工作的基础，后者是获得劳动的习惯以备实地参加生产工作。

劳动教育与各地方言教育，可说是苏联小学教育中最〔具〕特色的两点。任何一个小学，都有工场与工作室；任何小学，都与工厂或农场有密切的联系。儿童进幼稚园，就开始做劳动工作。到了第一级小学，在劳动工作中就打好了工艺与科学的基础；无论手工业或机器业的工作，小学生都有充分的时间去参加。第二级的小学，便加重许多近代的工作了，例如电机、机械等工程也开始参加了。在第三级学校，儿童是十五岁到十八岁了，可以参加工业上与农业上的各种工作，无论用机器的或化学工程的必需知识与技巧，都须学习。

为什么他们这样注重劳动教育呢？（1）坚定劳工与科学、理论与实行的联系；（2）教育人民用真实的科学者的态度去做劳工。所以苏联在工厂与集体农场里，都有研究科学的机关。只有这样的教育，才能做到劳心与劳力不分家。

其二是各民族的方言教育。苏联是一百五十二个不同的民族合成的联邦，各民族大的有百万以上的人民，小的只有数百人。在革命以前，只有三十种民族的拼音文字；到了革命时已有七十二种，现在已有一百另二种了。其中有六十四种是拉丁化的字母，现在正继续从事，在编成其余四五十种民族的文字。这种民族文字是大规模的推行的，也是极自由的让各民族自决的。例如乌克兰地方，在一九一一年有一七二八八所学校，没有一所用乌克兰文的；到现在有学校二一七五八所，竟有百分之九十以上是用乌克兰文了。不但如此，乌克兰人民有百分之八十是乌克兰人，照理全区应该用一种文字了，但是地方政府仍允许这百分之二十的非乌克兰人用他们自己的文字，到现在竟有百分之九十七又六是用他们自己的文字。在这样自由运用自己民族文字的政策之下，可以大量发现民族文学，甚至各种科学与生产工作，也可以突飞猛进。

苏联除学校教育外，社会上对于儿童教育的设施更多。儿童戏院不但大都市里很多，甚至边远之区也有，有电影、话剧、木偶戏、提线戏等。公园、博物院、陈列所，于各处都有儿童的设备，特别诱导儿童去做各种试验工作。

儿童图书馆也有特别的设置，不但书架图书等都为儿童而设备，并且有专门指导儿童阅读的人。户外游艺如滑冰、滑雪、游泳、竞赛等，都有专门的指导与提倡。最有意味的是儿童旅行与远足了，各地有交互的儿童观光团，近的在一县内旅行，远的可以到别省、别个联邦去。政府不但在火车、轮船上予以特别优待，到了各地，更有各地政府及公团的特别招待。全国对于儿童校外教育的经费，每年几乎加倍的增加。例如一九三二年全国只有三千万卢布，一九三三年增加到六千一百万卢布了。在第二个五年计划里，苏联拟定几件极重要的儿童校外教育方案：

（1）每县（District）必须有一所儿童旅行团的招待所。

（2）继续完成儿童俱乐部、电影院、戏院、博物院、美术馆、公园、图书馆等设置。

（3）网状发展儿童体育的各种设置，如露营网、夏季游戏场网（Summer playground）、休息所网、滑雪网、溜冰场网、儿童旅行团网等。

（4）以上设置，不但于大都市要急速完成；一切边远与乡村区域，也须同样发展。所以在乡村学校内，必须设置运动场、溜冰场、俱乐部、儿童团、巡回科学馆等。

怎样研究幼稚教育？

(1937年7月10日)

【题解】 本篇连载于《商务印书馆出版周刊》第241、第242期，发表时间为1937年7月10日、7月17日。

《商务印书馆出版周刊》，读书周刊，后改月刊，1924年1月创刊于上海，由商务印书馆编译所出版部主办、编辑并发行，主编李伯嘉。该刊旨在介绍商务印书馆之出版物的内容，包括读书指导、读物介绍、读书笔记、书评、现代作家、世界名著解题、印刷常识等。主要栏目，有总类、哲学、社会科学、自然科学、应用技巧、文学、历史传记、语文学、美术、地理等；主要撰稿人，有翁文灏、周建人、陈啸仙、吕思勉、林语堂、马寅初、胡适、黎锦熙、周作人、王云五等。1941年8月终刊，月刊共出99期。

一、引子

算起来整整十年了。十年前的夏天，一群青年在举行大学毕业礼后，跑向社会去，有的做教师，有的做小官，有的做工程师，有的做买卖。

我总算被母校留住做助教。[①]"大学助教，是一个多么有面子的事。"在当时一般同学中，都是这样想。可是我做助教，不但没有坐大学公事房，也没有替教授改练习本，我是被派在一个幼稚园里去做研究工作（老实说，就是做幼稚园教师）。[②]

[①] 此"母校"，即位于南京的东南大学。
[②] 此"幼稚园"，即时任东南大学教授陈鹤琴主持开办的南京鼓楼幼稚园。

这时候，我的心里倒很快活。因为我在读书时代，也常常逃课到小学里去与孩子们玩耍，这次可以给我玩个痛快了。但是朋友中就有人向我提出抗议，尤其是从事革命的朋友，简直没有一封信不骂我没出息；更骂我别有怀抱，什么"恋爱""遁世"等名义，加了我一大套。

我每次接到这类信，有时也会心里作跳，好比初做和尚的青年，常常想下凡去。但是那时候的生活，太使我留恋了。白天带着一群小孩子上山去、到田野去，唱歌、跳舞，尽情玩耍，晚上与三五位教授及幼稚园教师谈到半夜。我的住处离幼稚园大约有一里路，每夜谈话会散后回来，在马路上走着，总是满肚子的快活。

哪知战争起来了，① 我的几位革命朋友又想起我来，② 从革命地发电招我去当中学校长。③ 这时候我们的大学虽然穷了，不过我们几个人的工作还是照常进行，并没有想到战争的可怕。但是这道突然来的电报，确是变了一个"起身炮"。在一个初春的寒夜，我们几个人商量的结论，我如留而不去，凶多吉少。因为接到从革命地来的电报的人，就有被杀的罪，师友们当然不愿意我白白儿丢掉性命。

我记得，我悄悄儿走的一天，送行的人都有些说不出的难过。我硬着心头，忍住泪说出一句话来："半年后我必归来。"哪知从此一别，我虽然不到半年又回到旧地，可是再没有机会重温过去三年的梦了。④ 直到现在，算起来又是十年，我的工作兴趣、我的生活状况屡次变动，只有（也可说唯一的留

---

① 此"战争"，指1926年7月以后所发动的北伐战争。

② 这"几位革命朋友"，指张宗麟在"宁波四师"求学时结交的挚友。他们曾共同投身于"五四"运动，并发起成立"雪花社"，继续从事思想启蒙和宣传革命等活动。

③ 此"中学校长"，系指宁波私立启明女中校长。该校创设于1925年2月，位于宁波丝户巷，由地方士绅张保灵出面立案，首任校长赵钵民，该校实际为中共宁波支部和中共宁波地委机关所在地，教师多为共产党员。张宗麟首次加入共产党，即在此短期担任启明女中校长之时。

④ 此"三年"，实为三个年头，即1925、1926、1927三年，实际不足二年。张宗麟离开南京的时间，为1927年2月初（春节前后）。后在绍兴、宁波、杭州逗留的时间，大体近5个月；在1927年6月下旬应陈鹤琴之召重回南京，故言"不到半年"。但是回到南京后，并非重回鼓楼幼稚园任职，而是担任南京特别市教育局第二课（学校教育科，陈鹤琴任科长）的"指导员"。所以他说"再没有机会重温过去三年的梦了"（指继续专事幼稚教育）。

存者）对于爱和孩子们玩的嗜好，始终没有去掉。

以上，是我个人从事幼稚教育事业的经过；也可以说，我正在说明，生在今日的中国，要想研究幼稚教育的不容易。不论男女，若要研究这门渺小、不足道的幼稚教育，都有不易排去的困难。

二、研究幼稚教育，应该先看书还是先看幼稚园

孩子们的行动是可爱的，孩子们读的书是不合成人口味的。研究孩子们行为的书，更没有像情书的有趣，也没有像其他科学的容易引人入胜。因为它的叙述太微细，有时甚至近乎儿戏。

"除非你有了孩子们的心，你决读不懂童话名著；除非你对于儿童的行为表示深切的同情，你决不能了解任何研究儿童心理、儿童教育的书。"这两句话，我很相信，是不欺骗任何青年的话。我举两个例子。

幼稚园故事的特点之一，是重复多。例如最通行的《三只熊》《老虎敲门》《三只羊过桥》《猫要尾巴》等故事里，重复句子、重复意义等，在成人们看起来真是不值一笑。又如故事中的"有一次"（Once upon a time），是幼稚园故事最重要体裁之一。这种体裁，文学家必将笑为太刻板、太幼稚。

又例如研究幼稚生的测验，不但不能举行团体测验，甚至个别测验都是极麻烦的。又如看幼稚儿童画的研究，真会使人喷饭。倘若这些材料给绅士们看到，真会骂我们发昏无聊。我不敢全称的断定，青年们都脱了绅士们的气味。那么一上手就看这些材料，必定会笑，幼稚教育完全是不足道的玩意儿。存了这样心的人，还能研究幼稚教育吗？

十八年的一个春天，有两位极热诚向学的青年男子，[①] 来和我谈求学的方

[①] 此两位"热诚向学的青年男子"，即晓庄学校第三期学生孙铭勋和戴自俺。戴自俺晚年曾追忆说："有时讨论时，陈先生（陈鹤琴）来指导解决问题，有时由张先生帮助指导。当时和我一起的学生，还有一个男同志，即孙铭勋。我们两人那时有个思想问题，即男人是否学幼稚教育。我们先问张宗麟这个问题。张答：'我不就是个男人吗？'又说：'指导我们的陈先生，不也是个男人吗？'"（《陈鹤琴与晓庄》，陈秀云编：《我所知道的陈鹤琴》，金城出版社2012年版，第46页）正是这番激励，使他们坚定了选择学习幼教的志向。

向，决定他们在晓庄过生活的计划。我当时很坚决的劝他们，到各种事业上去看看，什么事业合于你的口味的，你就去探求。

一个星期以后，他们决定学幼稚教育。当他们两人加入晓庄幼稚园的时候，有一大群人笑他们发痴，更有一些人责备我不应引他们去学幼稚教育。因为他们都是秉性刚强，又有相当的社会眼光的青年。哪知这两位青年，不但爱幼稚教育；看他们五六年来努力的情形，大有终身从事幼稚教育事业的意向。

从实事的欣赏，引到符号的探求路上去，这是做学问的要诀。这句话，至少在研究幼稚教育的过程上是真的。

三、研究幼稚教育的哪一部分

"麻雀虽小、五脏俱全。"幼稚教育虽然不值得绅士们的垂青，但是确有他的天地，研究这小小的天地，确实不是"一夜通"的玩意儿。我现在把它的内容大略说明，读者愿意研究哪一部分，先作一个打算。

（一）第一部分，属于概论的

倘若不以研究幼稚教育为终身事业，或者不打算做幼稚园教师的读书人，他们或她们，只想懂得幼稚教育是什么一会〔回〕事，对于教育的常识上有些加增，对于儿童的认识有些帮助，那么只要做这步工夫就够了。当然啦，要想长时期地从事幼稚教育事业的人们，对于这步工夫是必需要的。这里可以分做几部分。

1. 对于历史的研究

幼稚教育成为一种学问，虽然不过百年，但是已经有它的简短的历史。幼稚园（kindergarten）这个名称，是德国人福禄培尔发现的。他是男子，并且是拿过枪杆子的兵。他因为爱和孩子们玩耍，所以跟着裴斯泰洛齐学做儿童教师。

裴斯泰洛齐是一位沉醉于儿童教育的哲学家，他的学生分为两大派：一派是主张象征的、自由的，就是福氏，就是创造幼稚园教育的始祖；另一派是开小学教学法先河的海尔巴脱①。所以幼稚园教育，仅仅站在教育方法的观点上去估计，也是一个有历史演变的东西，不是像上帝造物样的捏造出来的。

福氏创造"幼稚园"的名称，意思是"儿童的花园"，幼稚园教师就是"园丁"（kindergartener）。比儿童是"花木"，这是一个极有意义的名称。他的学说是主张自由，并且主张人的心灵与宇宙是同出一源，也好像可以互相象征的。宇宙间整个的或分离的原理，都可以引到教育幼小的儿童来的。他创造了许多种儿童恩物，精选了许多种儿童歌曲、儿童游戏，晚年又确定了幼稚园教师最好是女性的事实。

他的名著 The Education of Man，②已有英译本（但我没有看到有中译本），他的事略在任何一本西洋教育史里都有些。比较容易看的，有一本《近代教育家及其理想》③里的福氏一篇。最近张雪门君发宏愿，要介绍他的著作，已介绍了《母游戏》《儿童心理之研究》二册。

其次，是一位还没有死的蒙得梭利。她是意大利人，是一位女医生，从研究低能儿转而研究幼稚教育。她是深信心理学上"转移学说"的人，所以她就主张，用训练感官的教育，代替许多心理训练的。她也有一套恩物，可是与福式恩物的意义大不相同。她的恩物，很像一般所用的心理测验的用具。

她的最大的贡献，是从生理学出发，研究儿童教育。所以在她的幼稚园里，遇有儿童犯过失，她从不责备儿童，只是很小心地检查儿童的生理上是否有反常的情况。例如不消化、睡眠不足、扁桃腺发炎等等。换句话说，她是用极周到的养护，来做幼稚教育的骨干；用极精密的生理诊断，来决定教

---

① 海尔巴脱：通译赫尔巴特，即约翰·弗里德里希·赫尔巴特（德语 Johann Friedrich Herbart，1776—1841），德国哲学家、心理学家、教育家。早年师从费希特。1802 年获格廷根大学哲学博士学位，旋留校任教；1809 年应聘主持柯尼斯堡大学哲学和教育学讲座，次年为该校创办教育研究所和实验学校。1833 年回格廷根大学担任哲学教授，以伦理学阐述教育目的、心理学论证教学方法；又以实验学校为实践基础，建立起近代教育史上第一个具有严密系统的经验教育学体系，成为科学教育学诞生的重要标志。著有《普通教育学》《心理学教科书》《心理学应用于教育科学》等。

② 所载英文为书名，可译为《人的教育》。

③ 《近代教育家及其理想》：系张宗麟校友唐毅所译，所据为日文版，由中华书局 1924 年初版，后印行达 8 版之多。

育方策。

中国最早介绍蒙氏教育学说者,为但焘君。他在二十年前,就写了一本《蒙得梭利教育》,在商务出版。她的名著 The Montessori Method 正、续二册,[①] 在中国只有介绍,没有译本。张雪门的一本《蒙得梭利及其教学法》[②],介绍得很简要。

2. 属于现状的研究

社会是不息的演变着,整个教育是跟着社会的演变而演变。幼稚教育的发明者所发明的方法,好比瓦特的发明汽机,它对于社会的一切关系,也必须跟着社会的演变而变更它的意味(至少是这样,甚至必须变更全部分的实质)。这里,我想举出两国幼稚教育的大略情况,来说明这点关系。

美国——美国地大物博,又经过前欧洲大战的赐与,它居然是全世界最有钱的国家;国内大富翁极多,靠大富翁而发小财的财主也不少。虽然近几年来,也闹着失业人数的增加;但是比起别国来,富翁总算不少。所以社会上幼稚园很发达,尤其是大都会里与高等住宅区,幼稚园不但数目多,并且各种设备也是应有尽有。老实说,近来全世界许多最合教育原理的儿童玩具、幼稚园设备、幼稚园用的材料与方法,大都是美国首先发明的。它不但发明,并且精益求精地研究。它虽然不能使全国人民普遍地享受,但是用幼稚教育实验的眼光来评量它,确是一个极有贡献的国家。读者可以先看 Pioneers of Kindergartener in U. S. A.[③] 得一个它的简史。倘若要知道最近状况(尤其材料部分),可以看 The American Childe[④] 月刊。

苏俄——这是一个奇怪而富有趣味的国家。国内一切设施,都合乎它的一贯主张的,幼稚园当然不是例外。它的幼稚园的长处,不是内容的见胜,而是能够普遍设立,凡是工厂区与集体农场区都有幼稚园(另图 34)。它的幼稚园,是完全代替做工的母亲教养孩子的。所以它对于孩子的教养,也就与

---

① 所载英文为书名,通译《蒙台梭利教学法》。
② 《蒙得梭利及其教学法》:正确书名为《蒙台梭利与其教育》。该书由上海世界书局于 1927 年 11 月初版。
③ 所载英文为书名,通译《幼儿园先锋》。
④ 所载英文为月刊名,通译《美国公子》。

别国幼稚园的方法不同。它对孩子是直接负责的，对父母负责的分量比较来得轻。关于苏俄幼稚园的参考材料，大多数散见在各种杂志上。陈子明①译的《现代欧洲教育家及其事业》，有一篇是苏俄幼稚教育，比较来得简单、扼要。

美国与苏俄，是现代世界的两个极端的国家。它们的办法，都可以影响到与各该国性质相近的国家。读者倘若愿意研究英国、日本等国的幼稚教育，当然也有别的书可看（在各种杂志上，有时可以看到一二篇）。英文教育杂志 New Era②，可以找到些关于现代各国幼稚教育的新消息。

另图34　苏俄幼稚园中的儿童作业
图片来源：《苏俄评论》第11卷第4期（1937年4月30日）

（二）第二部分，关于实施的

这部分材料极多，都是幼稚教师必须知道的。其中有关于组织的、课程的、各科内容与实施方法的。下列一张书单，凡是从事幼稚教育事业者，都有一读的必要（至少应该涉猎一次）。

（1）"幼稚教育丛书"一套，商务印书馆出版。已经出版的有：《幼稚园演变史》，张宗麟著；《幼稚园的社会》，张宗麟著；《幼稚园的故事》，沈百英著；《幼稚园的自然》，雷震清著；《幼稚园的音乐》，吴增芥著；《幼稚园的管

---

① 陈子明（1901—1979）：原名胜标，号陈亮，广东兴宁人。1921年考入东南大学教育系，毕业后，先后在江苏省立如皋中学、扬州中学任教。1934年10月起，受聘于上海中华书局，担任《中华教育界》编辑。1938年离沪回乡，翌年就任省立文理学院教育系主任，后任文理学院教务长。1953年院系调整后，任华南师范学院教务长，兼任学报主编。著有《教育统计》《教育概论》等。

② 所载英文为刊名，通译《新时代》。

理》，葛承训著；《玩具与教育》，陈济芸著；《幼稚园的设备》，苏颛夫编；《幼稚园的教材研究》，梁士杰编；《幼稚园的卫生教育》，周尚著，商务印书馆出版。

(2)《幼稚园故事一百六十篇》，沈百英编，商务印书馆出版。

(3)《幼稚园游戏一百六十种》，吴增芥编，商务印书馆出版。

(4)《幼稚园音乐一百六十首》，沈秉廉、沈百英编，商务印书馆出版。

(5)《幼稚教育》，张宗麟著，中华书局出版。

(6)《乡村幼稚教育经验谈》，孙铭勋著，儿童书局出版。

(7)《幼稚园组织法》，张雪门著，儿童书局出版。

(8)《新幼稚教育》，张雪门著，儿童书局出版。

(9)《怎样做幼稚教师》，梁士杰著，儿童书局出版。

(10)《幼稚教育论文集》，陈鹤琴等编，儿童书局出版。

以上各书的看法，可以依下列次序看。

第一步，先看(5)，可以得一个综合的概念，知道幼稚教育内容是什么，应该怎样着手去探讨；并且因此知道，各科的方法与材料的概要。(6)可以同时看。

第二步，看(7)(8)二本，可以得一个幼稚教育新趋势的概念。做了几年幼稚教师，自己觉得有些落伍了，有些烦厌了，那么极值得读这两册书，最适用于为大众教育孩子的幼稚教育书册。有志于为社会真心做些工作的幼稚教师，可以细读。

至于(1)(2)(3)几种，在现在的中国，可以说是幼稚教育的辞书。幼稚教师及小学校长，都可以作为幼稚教育实施时的查核用。幼稚教师倘若对于某个问题感到特别兴趣时（例如故事），那么就在(1)中抽出"《幼稚园的故事》"来读。

此外，我还想介绍一部英国的幼稚园的大丛书，名叫 *The Practical Infant Teacher*，Edited by P. B. Balland.[①] 能看英文的幼稚教师，值得备一部作为辞典用。

---

① 所载英文为丛书名，通译《实用幼儿教师》。

四、研究幼稚教育者必须注意的两件事

研究幼稚教育,除参观与参加幼稚园的实际工作和阅读关于幼稚教育的书报以外,必须注意下列两件事。

(一)注意与幼稚教育有关的科学

与幼稚教育最有关的科学,有儿童心理学、儿童养护学、简单医药常识。其次如社会学、自然科学等常识,尤须熟悉。至于技能方面,如音乐的技术、绘画的技术、游戏的技术等等,都极重要。

总之,除非只想做一个幼稚教师匠人,那么只要会教孩子,只要会依像〔样〕画葫芦教孩子,就算完事。不然除阅读幼稚教育直接有关系的书籍外,尤须多方涉猎直接或间接有关系的书籍。

(二)注意遇到困难问题急速与人讨论

幼稚教师天天会遇到许多困难问题,遇了问题不求解决是不应该的。解决的方法,最方便的是,与本地教师共同讨论,如组织"幼稚教育研究会"等等。倘若遇到本地同志不能解决时,那么可以写信去讨论。在南方的,可以写信给陈鹤琴先生(上海工部局华人教育处);在北方的,可以写信给张雪门先生(北平香山慈幼院)。讨论乡村幼稚园的问题,可以写信给戴治安①先生(北平香山慈幼院转);讨论劳工幼稚教育的问题,可以写信给孙铭勋先生(上海威海卫路六五六号普及教育助成会转)。

著者很愿意与全国幼稚教育同志讨论问题,可惜这几年来我的生活依然不会长时期的安定。例如前三年就在三个地方:二十二年在四川;二十三年

---

① 戴治安:即晓庄学校毕业生戴自俺,参见前文第478页《简单的幼稚园》题解。

在湖北；二十四年又来山东。① 不过上面所开的几位先生，无论何时都可以知道我的通讯处，所以随时可以请他们转寄。

---

① 此"在四川"，指1933年9～12月，受聘担任位于重庆郊区的"四川乡村建设学院"教务长；"在湖北"，指1934年2月至1935年8月，受聘担任位于武昌的"湖北教育学院"乡村教育系主任；"来山东"，指1935年9月赴山东邹平，担任"邹平简易师范学校"校长。

爱国主义教育在幼稚园

(1951年2月23日)

【题解】 本篇原载《论爱国主义教育》(新教育丛书)一书106～114页,撰成时间为1951年2月23日,出版时间为1951年4月。原发表时署名"王荆璞、张宗麟"。

在张沪编《张宗麟幼儿教育论集》中,依据手稿收入了此文。其中开头的一部分未收入此书。故将略去的这一部分收作本文附录。

有关联名撰著者王荆璞,参见前文《大江滨的乡村幼稚园——一周岁的燕子矶中心幼稚园》题解。

《论爱国主义教育》,系由徐特立主编,群众出版社1951年4月初版。全书6万余字,收文13篇、分为3辑,另加代序、附录和编后记各1篇。本文列为第三辑篇首。

爱国教育与爱国主义教育有相同处,但不尽相同。爱国教育在中国教育史上并不生疏,五十年前已经提出来了。以后因寇敌日逼、国难加深,统治者虽然禁止人民爱国(爱国有罪、救国有罪);但爱国教育在民间、在各级学校里燎原般地燃烧着。这个火把,对于中国反帝的革命起了一定作用(虽然不是主导作用),这是可宝贵的。

不过从一般来检讨,那时候的爱国教育,多少是带着狭隘的国家、民族观念的。"非我族类，其心必异"①"单纯的排外"等思想，充满在各级教科书里。这种思想，一方面是从反抗敌人的侵略而发生；另一方面，也因为当时从事教育工作者缺乏正确的政治思想，甚至还被若干旧民主的思想，以及帝国主义者之间若干挑拨手段所利用。例如，为什么英、美、日本等，都是侵略中国的敌人，而单独仇恨日本呢？为什么那时候很多教师崇拜与羡慕英、美？为什么对帝国主义的统治者与人民之间，不加以区别地一概仇视呢？为什么〔对〕苏联革命成功后立即废除帝俄时代对中国不平等条约等重大事件而不加重视，甚至还骂苏联呢？

自从"五四"以后，虽然有中国共产党不断的宣传，而中国一般教育工作者，对中共的宣传不敢注意，也不感到兴趣。狭隘的爱国教育，确是支配着当时的教育界。

至于在幼稚园教育方面，连这样的爱国教育也比较淡薄，个人主义教育是占上风的。"狼来了，狼来了，小羊快快跑，小羊快快跑。"从这首歌儿里，充分证明当时幼稚园教育工作者的思想，这种思想首先应该纠正。

"尊重各民族，联合各民族，为保卫祖国、建设祖国而奋斗。"这是爱国主义教育精髓之一。几十年来，中国的爱国教育对此毫不注意，甚至完全抹煞少数民族，而只提倡大汉族主义。蒋匪不承认中国有许多民族，而认为只有一个民族，认为其他少数民族都是种族。这种荒谬的论调，是见之于各级教科书的。

在幼稚园教材里还不十分重视这种谬论，倒算是侥幸的。但在另一方面，哀斯基摩人②、印第安人③等教材，是经常被采取的。说是为了迎合儿童的好奇心，把它当做野蛮人生活来教的。这是抄袭美国幼稚园的教材。它的错误观点，到今天可说人人都懂得了，这且不说。

---

① 语出《左传·成公·成公四年》，意为：不是我们同家族（民族）的人，他们必定不同我们一条心。
② 哀斯基摩人：通译爱斯基摩人（Eskimo），又称因纽特人（Inuit），为生活在北极圈内外的少数民族。
③ 印第安人：除对因纽特人（又称爱斯基摩人）以外的所有美洲土著的统称，并非单指某一个民族或种族，主要分布于南美洲和北美洲各国。

我们所奇怪的，就是有人不同意，在幼稚园里教含有民族政策的教材。以为幼稚生不会懂得，所以不必教；或者以为，取材极难，不能教。取材不易倒是实在的，因为教师对于少数民族的知识确是太缺乏；至于不必教，那是说谎，为什么前天还在教哀斯基摩人，而今天不能教中国少数民族的生活风俗呢？这其间，只有一点之差，就是前者是单纯的为着好奇，而今天是必须合乎民族政策。

这点差别，在幼稚园里是完全可以弥补的。难道学苗族的跳舞，讲夷民族①的故事，讲解回、蒙、藏民族的生活习惯，幼稚生不喜欢吗？做些小礼物，画张图画，与少数民族的孩子们通信，这是十足可以做到的，也是丰富幼稚园教材的好方法。从图片、从实物、从通信中，都可以使孩子们获得少数民族的知识；也因此可以使孩子们懂得，中华人民共和国是各少数民族友爱合作的大家庭。

"教孩子们认识环境、熟悉环境，在当地环境中进行学习。"这是幼稚教育上的一条原则。所以幼稚园要教孩子爱父母、爱家庭，记得本村（街）路名，熟悉蔬菜、瓜果，认得常见的树木、花草，辨别而且爱护家畜、家禽等等。在可能范围内，幼稚园还要教孩子从本村（街）出发，懂得北京、上海等本国大城市；苏联是我们的朋友，莫斯科在哪个方面等地理知识。

幼稚园更应该教各种社会常识，如我们的毛主席、我们的解放军、我们的铁路等等。这种种教材，都应该贯串一根红线——爱国主义。只有这根红线，才能使这许多教材有生气、有活力。否则不但只是知识的填塞，而且会引导孩子们走到歪路上去——个人主义。

例如同是教爱父母，可以有几种教法：一种是，遵守古道的孝顺父母的教法；一种是，因为父母赚了钱养活孩子，他们宝贝孩子，所以要爱父母；第三种是，因为父母都为着保卫祖国、建设祖国而努力的工作着，孩子们要听父母的话，要爱父母，父母看到孩子有进步，能够更愉快、更安心的工作。

这三种教法，达到的目的完全不同。第一种，可能种下愚忠、愚孝的根，是封建道德；第二种，是单纯的报酬〔恩〕思想，可能发展个人主义；只有

---

① 夷民族：在此并非指"东夷"，而是指彝族（旧称夷族，1956 年改彝族）。

第三种，才能达到爱国主义的目的。

又例如，教孩子们各种自然常识，不要单纯的教他们认得与爱抚，而且要教他们："这是生长在我们祖国的东西，我们的祖国生产许多可爱的东西、有用的东西……"至于教孩子们各种社会常识，更可以与爱国主义联系起来，达到养成孩子有爱国主义的基础。"知识是有用的，为着谁而用"这句话，幼稚园教师必须先弄清楚，而且要时时刻刻都记在心头，应用到各种教材上去。

在幼稚园进行各种带有社会性的活动，比起小学、中学来，当然要少得多。各种大规模游行，幼稚生是没法参加的；各种当众表演，也很少能参加的；各种宣传运动，幼稚生除了个别能对父母做些极不关重要的工作外，也没法参加的。

但是，幼稚园里毕竟是可以做带有社会性的活动的。例如不久以前，全国很多幼稚园，举行耶稣圣诞节的活动；也有不少幼稚园，还过着感恩节、说谎节与复活节等等。为什么要过这类节日呢？当时的教师，是不问为什么要带着孩子们过这些节日的；而且还"依样〔画〕葫芦"般讲解给孩子们听这类故事，如圣诞老人等等。倘若幼稚生是宗教家庭出生的，那就无所谓了。否则，不是幼稚园代替教堂、教师变成传教士吗？幼稚教师似乎无此任务，也不该尽此责任——宣传宗教。

再看看别的社会性的活动呢，如国庆节、儿童节，写慰劳前方的信，送礼物给前方等活动，许多幼稚园也在做着，这是正确的一方面。但是要追问一句："教师们是否抓紧了这类活动的中心意义——培养幼稚生爱国主义精神呢？"这点倘若做不到，那么这类活动的效果，只能算为收到一半。这方面，我们认识得比较深刻而肯定："幼稚园绝对不应该进行任何宗教活动，或带有宗教性的活动；幼稚园应该做各种培养爱国主义的活动，而且可以通过各种全国性的节日（如国庆节）及地方性的节日（如各种集会），进行爱国主义的教育。"

讲故事，是幼稚园主要课程之一。从前讲的故事的形式，多半是童话或神话，取材多半属于自然界的事物。这类故事的形式是否可用，另文商讨；内容取材自然界，也未始不可。不过有一点要注意，就是不可借自然界的故事，教孩子们胆怯、自私及迷信等。应该要适当的合乎科学，要鼓动孩子肯注意自然界变化,至少勿太违背科学。所谓勿太违背科学,就是有些童话性的故事,不一定能与科学事实相符合。

例如蚕的故事,茧子不是蚕的床,但故事中编为蚕宝宝的小床并无大碍。不能太离奇,甚至迷信。例如母鸡给小鸡喂奶,这是不合事实。《封神榜》的故事是离奇,龙王治水等故事是迷信,这类故事是要不得的。千万勿以为,合乎儿童的好奇心而任意采用。"老祖母讲故事给孩子听,或多或少种下不良印象。"幼稚园教师,勿学老祖母。

幼稚园故事的另一种内容是日常生活,或带有社会性的,为数并不多。这类故事应该多多提倡,但切忌"说教"。口号与教条,对学前儿童毫无用处。关于幼稚园故事的讨论文字,以前很多。我们认为,必须去掉一件、增加一件。去掉"单纯的为着迎合儿童好奇心",增加"必须有一定的教育意义,而且最重要的是,爱国主义的教育意义"。关于幼稚园故事的内容与形式问题,将来专篇讨论。涉及爱国主义的部分,简单说明如上。

末了,应该提出一个老问题,也是几百年来始终没有获得解决的问题。这就是父母对儿女影响问题,也可以说是家庭教育问题。"没有一个孩子,不把自己的父母(特别是母亲)看作圣人的。"从这句话里,可以想得到,父母对子女影响之大。对儿童施行爱国主义的教育最主要的一段时间,应该说是在家庭,在父母抚养时期。

解决父母教育问题,不是单纯的学校教育所能奏功,必须从整个社会改造着手。所以,教师们不应完全挑起这付〔副〕担子,只应该负起一部分责任。这一部分责任,主要应该由幼稚园教师负起来。幼稚生与家庭的关系,比任何一级学校的学生来得密切。因为他们还在父母抚养时期,孩子对父母的"圣人"之感还正浓着。所以幼稚园教师,必须经常地与父母联系。在恳亲会、家长联席会以及个别访问时,幼稚园教师不但要谈每个孩子的学习情况、生活习惯,共谋教育之方;最主要的,还应该经常和父母谈谈时事,谈谈国家大事,讨论如何培养孩子们爱祖国、爱人民等教育内容与方法。

在目前中国社会,一般家庭妇女的政治水准,比起幼稚园教师来要低些(当然也有不少的父母,比幼稚园教师强得多)。幼稚园教师对这许多父母进行爱国主义的宣传与教育,一方面为着提高父母的政治水准,同时也是为着孩子们的教育。

我们也不否认，对父母教育是有困难的，特别对一知半解的父母进行教育，困难更多。而在农村、在工厂区里，比较容易。这是我们的经验。其实这是不足为怪的，懂得知识分子改造之不易，也就可以了然了；懂得改造知识分子是要用耐心的，也就不会发急了。幼稚园教师自身，倘若具有一定的政治觉悟，对爱国主义有一定的认识以后，那么做父母教育的工作是可以的，也不会有了不起的困难。但有一点要注意，要有耐心，要不怕碰钉子，而且要抱着与父母共同学习的态度。据我们的经验，是可以有收获的，不至于全盘失败。

幼稚园能取得父母的合作，共同对孩子们进行教育，可以增加教育效率；同时，孩子们在幼稚园或在家庭受了良好的教育，也能影响父母或幼稚园教师。爱国主义的教育，是属于思想教育范畴的教育，比起生活习惯或技能教育来，更需要与家庭合作。

随文附录：《爱国主义教育在幼稚园》手稿第一部分

"爱国主义教育，不但在幼稚园里可以进行，而且应该在幼稚园时代开始；但是必须先做到，教师对爱国主义要有正确的认识。"这是我们检讨对幼稚园教材的结语的一部分。

中国幼稚园教材，从开始到现在，大致可分为三个阶段。

第一阶段，是直接采用外国的。不问是古典或是其他性质，一味抄袭。例如福禄培尔、蒙得梭利的一套教材、教具；美国、英国所谓"进步学派"的一套教材、教具，都是亦步亦趋、惟妙惟肖地模仿与抄袭。在前四十年至二十年的时期中，这些抄袭，也起了它一定的作用，至少比起教孩子成为"小大人"的那一套强些。

第二阶段，是提倡教孩子们学习四周环境。所以排列一年四季合于地方性的若干"单元"，一切生活习惯、卫生习惯、礼貌等等，都环绕着这些单元来进行。我们试仔细检讨一下幼稚园的习惯表，再看看幼稚园的各种"设计"报告，就可以发现，比起前一阶段来，确是进步得多。因为已经不是单纯的抄袭了，教师们要自己用头脑了，要启发孩子们发问了，要与孩子们一起做事了，幼稚园的天地放宽了。至少，能引导儿童注意四周环境，而特别是自然界的现象与事物；比起只玩几种积木、唱几首儿歌的教育来，要辽阔得多了。大概在前二十五年到现在，很多幼稚园是如是进行的。

第三阶段，认定教育是政治斗争的武器，儿童教育是人生教育中最重要的奠基工作。因此认为，幼稚园里虽然可以进行各种教育、采用各种教材、施行各种方法；但有一个中心目的，就是为着教育儿童成为一个健全的公民，给他奠定一个能够而且必须参加政治斗争的基础。一切知识、技能、习惯都应该环绕着这个中心，针对着这个中心。所以与以前为着个人的教育大不相同，一切教材、教法可以而且应该注意儿童的个性的发展，但不仅仅是为着他个人的幸福；更重要的，是为着祖国、为着全世界人民的幸福。

上述三个阶段，我们都经过的。其中，尤以第二阶段的时期为长。到现在，还有若干残余思想尚未肃清，还待更多的努力，才能建立起坚强的爱国主义教育的信仰。

（以下与前文同）

原载张沪编：《张宗麟幼儿教育论集》，湖南教育出版社
1985年8月版，第681～682页

幼儿园是可以进行识字教育的

（1956年9月）

【题解】 本篇原载《张宗麟幼儿教育论集》一书第628～631页，撰成时间为1956年9月，出版时间为1985年8月。

有关《张宗麟幼儿教育论集》，参见前文《幼稚园及低年级指导的研究和计划》题解。

自从一九五〇年以来，幼儿园里是否可以进行识字教育，确实引起了一些波动。后来教育部颁布了《幼儿园暂行规程（草案）》，这个问题表面上似乎得到了解决；其实很多幼儿园教师和关心幼儿教育的人们，是有不同的意见的。我就经常碰到有人问我，而且要我发表意见。

今年《光明日报》"教学生活"第五期，刊出了陈鹤琴先生的《幼儿园应当进行识字教育吗？》一文。我认为，这些意见不仅是他一个人的意见，也是代表很多人的意见。所以教育部应该重新考虑原来的《幼儿园暂行规程（草案）》。我也知道，这个规程（草案）是有所本的，不是凭空臆造的；但是问题不在于"本不本"，而应该看看事实如何，再来采取适当的措施。这是从事教育行政工作者应有的态度。

首先，我想谈点几十年前的经验。距今三十几年前，我教过幼儿园，教过四岁到六岁的孩子识字；而且做过几个实验，如笔划多少、单字与词儿、实字与虚字、看图与实物故事联系等等。有些实验报告，曾经在《教育杂志》（大约在1925年或1926年的"幼稚教育专号"上）和《幼稚教育月刊》（大约在 1928 年前后）发表过。① 根据我的经验和几个实验的结果，我认为，满四岁的儿童〔可〕教他们识字；满五岁的儿童，有比较浓厚的识字要求。在幼儿园里识得几个字的儿童，升入小学，比起没有受过识字教育的儿童来，确实是强些。

时光过得真快，一眨眼三十几年了。当年的幼儿，今天有的已经是科学家、文学家或革命队伍里的骨干了。所以在我的经验中，并没有因为教四足岁以上的儿童，损害了他们的健康，搞坏了他们的小脑袋。倘若以为我的经验是老古董，今天时代不同了，不足为凭，这就要问问，今天与昨天的中国有哪些不同？这些不同，与幼儿园教识字的问题有什么关系？中国方块字，三十几年来并没有大变，中国儿童还是中国儿童，中国社会确是起了变化；但是这个变化，与幼儿园教识字有什么直接关系呢？难道幼儿园不教识字，就是社会主义的象征吗？所以，我是同意对四足岁以上的儿童进行识字教育的。

我认为，这个问题的关键，不是"该不该"，而在于"是否有条件"。这里我提出三个问题：（1）对幼儿进行识字教育的认识；（2）如何训练师资与置备设备；（3）作为一个政策来看这个问题，是否需要大事提倡或全部否定。

一般说，幼儿园识字教育，与小学教育不同，但也不能一概而论。那种"为着进行识字教育，必须养成安静地读、写、看的习惯"的提法，在幼儿园固然有害，在小学低年级也并不有利。儿童的成长是逐渐的，不是跳跃式的。六岁与七岁的孩子之间，并不能截然划一条红线。倘若幼儿园里进行识字教育，要多采用游戏的方式，要多与故事或实物联系起来，不应该采取枯燥无味的教材。难道小学一、二年级，就可以完全不顾到这些条件吗？无疑的，仍然是要十分注意这些条件的。

所以，倘若因为"字是抽象的符号""教材是枯燥的、死板的""识字会影响儿童爱活动、爱劳动，影响幼儿的全面发展"等等理由，而反对幼儿园

---

① 前者系指 1926 年 9 月发表于《中华教育界》第 16 卷第 3 期上的《幼稚园里的几种读法教学法》，而非发表于《教育杂志》。后者发表于 1927 年 3 月《幼稚教育》第 1 期上的《怎样编制幼稚园的课程》，其中专门揭载了鼓楼幼稚园的"读法试验"。

识字教育，那么同样可以反对小学里进行识字教育，所以不能因噎废食。认识单字或词儿，与语言中的教实物名称的发音的性质基本上是相同的，与有些用图画来表示更相近。所以字固然是抽象符号，也并不是什么神秘的东西。

中国字不是拼音的，有它的不方便处；但六书中有几个因素，教初学识字者是有帮助的。教一个字的时候，通过一种游戏，再穿插些小故事，可以把中国字形和不少事物发生各种联系，因而可以引起儿童对这些字的各种兴趣。所以中国字，并不是每个字都像人们臆想中那么枯燥和抽象；也不会因为教识字，而妨害了儿童的健康和全面发展。问题是在，幼儿园里可以教些什么字，用什么方法教识字，而不是全盘否定或全盘肯定所能解决的。

用同样的教材去教不同班的学生，只因为教法的不同，可以产生各种不同的效果。幼儿园教师教识字，要用教幼儿的方法，不能采用小学三四年级的教法（与一、二年级的教法，也有不少区别），更不能采用私塾教师教方块字的教法。幼儿园采用了不适当的教材、教法教幼儿识字，效果比在小学里采用不适当的教材和教法更坏。因此我建议，幼儿教育师范学校里，应该开设幼儿园识字教学法课程；或者在各科教学法中专辟一栏，把如何教幼儿识字作为一种学问来研究。

有人回想，我当时所教的幼儿园和所做的实验，一切教具很讲究，花钱太多，因而认为幼儿园里不宜教识字。当时我们确实花了些钱做实验，这是事实。但是教具在教学中只能起相对的作用，不能起决定的作用。1928年以后，我看到过不少乡村幼儿园、工厂区的幼儿园，都用很省钱的教具教识字，成绩并不坏。倘若用设备好坏来决定某种教育是否应该采用，这是没有任何理由的。

老实说，我反对有些幼儿园里摆设得像百货大楼一样，这样做是脱离社会现实的。今天我们还应该节衣缩食，为建设社会主义而多积累些资金；不应该把幼儿园的设备，弄得富丽堂皇、应有尽有。倘若有人主张，花很多钱来设置教具，作为开展幼儿园识字教育的条件，那么我认为大可不必。倘若不必增加国家或家庭的负担，而只是利用环境、利用废物做教具，能够教幼儿识字，那也没有任何理由，可以反对勤苦的教师们这样的优良行为的。

我国现行学制规定，儿童满七岁（通常叫八岁）才能进入小学。这是根据各种因素而决定的政策,其中也包括有国民经济的成长因素在内。倘若仅仅为着儿童的发育,所以要延长一年,那么过去几十年施行六岁入学的学制,那几千万儿童,也不见得都因此而受到不可挽回的损害。所以倘若拿现行学制来反对幼儿园教识字,理由并不充分。恰恰相反,幼儿园教了识字,可以帮助小学一年级识字,与学制不会发生任何抵触,与政策也不违背。当然,倘若把识字教育作为幼儿园的主要课程,或者主观地来规定,幼儿园儿童必须认识多少字才准毕业,这些措施也是不合理的。

总之,幼儿园是否可以进行识字教育的问题,不必作为一种硬性的规定。过去几年,硬性规定取消它,是有些毛病的,应该及时改正。今后也不必硬性规定,幼儿园必需教识字,更不应订出幼儿园识字标准,要全国一律执行。我认为,有条件的幼儿园(主要是师资),应该进行识字教育;没有条件的幼儿园,暂时不进行识字教育,逐渐创造条件再来进行,也没有什么大不了。

随文附录:陈鹤琴的《幼儿园应当进行识字教育吗?》

首先,我对毛主席在最高国务会议上所提出的,在学术研究中实现"百家争鸣"的政策,表示衷心的拥护。

因此,我在这里提出,一个长期在儿童教育界纠缠着而没有获得解决的幼教问题,就是"幼儿园应当进行识字教育吗?"

有人认为,今天全国人民正在热火朝天地投入社会主义建设和社会主义改造高潮的时候,我们不应当来讨论这个无足轻重的幼儿教育问题。我认为,这种看法是不对的。儿童是祖国的未来、共产主义的幼苗,未来的社会主义建设者和保卫者。据估计,到十二年以后,学前儿童将有7000万之多。这是一个庞大的数字。因此,我们应当遵照祖国《宪法》,对儿童予以保护和重视。

幼儿园识字教育问题,是一个迫切而重要的问题。今天,我就根据"自由讨论,百家争鸣"的精神,大胆地把这个问题提出来,请大家指正。

照我国《幼儿园暂行规程(草案)》第十七条规定:"幼儿园不进行识字教育,并不举行测验。"为什么幼儿园不进行识字教育呢?中央教育部幼儿教育处张逸园处长,曾经解答过这个问题(见张逸园:《新中国幼儿教育的基本情况和方针任务》,《人民教育》一九五二年二月号)。

但她的解答是不能令人信服的。

她说,要解答幼儿园为什么不进行识字教育这个问题,必须首先要明确幼儿园的性质。她说:"幼儿园的教育,不是正式的学校教育,而是以教养为主的学前教育。识字教育乃是小学的任务,幼儿园不应该勉强去作。因为字是抽象的符号,对实际知识很少的幼儿,先让他认识符号非常困难,而且是非常有害的。"

这里有几个问题值得讨论的。

幼儿园不是小学,这是对的。但我们不能说,幼儿园不是正式的教育机关。我想,我们可以这样说,幼儿园是以教养为主的正式的学前教育机关。她说"识字教育乃是小学的任务",这也是对的。但以教养为主的学前教育,为什么不能包括识字教育呢?

她讲这个话有什么根据呢?

她说:"因为字是抽象的符号,对实际知识很少的幼儿,先让他认识符号非常困难,而且是非常有害的。"这句话表面上是对的,但实际上是有毛病的,是不完全符合幼儿园客观事实的。字确实是抽象的符号,对于年幼的儿童是困难的。今天,我们绝对不应该让年幼的、活泼可爱的儿童,受到像我们在童年时代所受的那种私塾教育的毒害,《三字经》《百家姓》,当然不是幼年儿童所能理解的。解放以前,有些私塾式的幼儿园,也确实不按照儿童年龄的特征,对实际知识不够具备的儿童,来进行枯燥的、死板的识字教育。诚如张处长所说,这种教条主义式的幼儿教育,当然是有害的;也如她所说:"幼儿识字过早,容易刺激他早熟,养成喜欢安静的读、写、看,不喜欢多活动和劳动,妨碍了幼儿的健康和全面的发展。"

不过,四五十年前的私塾教育是如此,解放以前私塾式的幼儿教育也是如此;正式的办理比较完善的幼儿园,却不是如此。

在今天来说,究竟幼儿园应不应当进行识字教育呢?对这个问题,我们可以从几方面来考虑。

(一)儿童能不能识字呢

根据儿童的年龄特征,几岁的儿童能够开始学习抽象的文字呢?一般儿童，到了四足岁，就可开始识字。但由于实际知识缺乏，我们应当把识字教育推迟一二年。实验证明，五六岁的儿童能唱歌，能背诵童谣，能说谜语，也能结合实际知识，阅读简单的图书故事。

解放以前，六岁儿童就可以入小学学习。当然我们不能否认，那时所用的教材、教法可能有些问题；但是毫无疑义，儿童到了五足岁是能认字识句了。

（二）儿童需要不需要识字呢

儿童到了五六岁，对于环境的认识已有初步的基础。今天幼儿园大班教学计划，是否能满足儿童的求知欲望，还是一个问题。据了解，有的儿童自动地向哥哥、姐姐们学习认字识句。学了一些字句之后，就抓到故事书死啃。儿童对识字确实有迫切的要求，但为什么幼儿园不进行识字教育呢？

语言文字是发展儿童思维的重要工具。为了满足儿童求知的需要，为了发展儿童的思维，我国幼儿园必须对大班儿童进行识字教育。

（三）识字教育对幼儿究竟有害呢还是有好处

这要看你用什么教材，你怎样教他。如果你硬要灌输"人之初，性本善"的人生哲学，或采用"人、手、刀、尺，琴、棋、书、画"那种超出儿童认识水平，那种脱离儿童知识实际的干燥无味的材料，那对儿童只有百害而无一利。这样的识字教育，是摧残儿童的教育。我完全同意张处长对这种识字教育的看法。

怎么样的识字教育对幼儿是有好处的？

从教法方面来说，儿童很喜欢游戏。我们就可以通过各种游戏式的教学法，对五岁儿童进行识字教育；儿童对社会和自然环境，总是发生很大的兴趣，我们就可以结合认识环境来进行识字教育；儿童对唱歌、图画、做手工，也是感到很大的兴趣，我们也可以在这些活动中，找出机会来进行识字教育；儿童最爱听故事，我们就可利用图画故事来进行识字教育。

总之，识字教育做得不好，变成私塾教育，我也非常反对的。

如果采用上面提的教材和教法，那对儿童是有莫大的好处，是符合儿童全面发展的教育的。在今天来说，识字是儿童能够做的，识字是儿童所迫切要求的。对幼儿园的大班儿童，可以开始进行识字教育了。

原载《南京师范学院校刊》1956年6、7期合刊，1956年7月

附录　张宗麟生平著述年表

（年岁均以虚龄计）

1899 年（光绪二十五年，农历己亥年），1 岁

11 月 4 日（农历己亥年十月初二）　出生于江苏省徐州府宿迁县。乳名德保，谱名宗麟。

祖父张汉云，时任宿迁县巡检，原籍浙江绍兴府山阴县（后并入绍兴县）袍谷乡（现并入斗门镇）。

父亲张祖浚（字允升），为家中长子，下有弟五人以及最小的七妹。

张宗麟兄妹三人。兄张宗敬（字绍良），长宗麟 5 岁；妹张宗珠，少宗麟 4 岁。他出生时，全家聚居一处，为典型的"异代联合家庭"。

1900 年（光绪二十六年，农历庚子年），2 岁

2 月（农历庚子年正月）　祖父病逝。父亲办完丧事后，又主持了分家。

春末夏初　父亲辈兄弟六人与七妹，共同扶柩归里，将祖父安葬于故土。

张宗麟随父母及兄长同归故里，此后便定居于此。

共同定居于原籍者，还有二叔、四叔、五叔和七姑。三叔和六叔在办理完丧事后，选择了回到宿迁。

1902 年（光绪二十八年，农历壬寅年），4 岁

秋　父亲考入"江苏仕学馆"肄业。

1903 年（光绪二十九年，农历癸卯年），5 岁

是年　开始随七姑识字，显露出颖悟的天性。

同年，父亲由江苏仕学馆辍学归里，与人合资去嘉善垦荒。

同年，妹宗珠出生。

1905 年（光绪三十一年，农历乙巳年），7 岁

春　就近于私塾启蒙，未久因病辍学。

是年　父亲垦荒失败，投资全蚀，家境渐窘，后又赴南京谋职。

1907 年（光绪三十三年，农历丁未年），9 岁

春　入读绍兴斗门镇"敬敷初等小学堂"，插班于二年级。时任"堂长"（监督）为当地名宿王声初。

1908 年（光绪三十四年，农历戊申年），10 岁

是年　父亲再次失业归里，家境益呈败落之象。

1911 年（宣统三年，农历辛亥年），13 岁

春　父亲谋得湖州地方法院书记官职，家境转好。

冬　以优异成绩毕业于敬敷初等小学堂。

1912 年（民国元年，农历壬子年），14 岁

春　升学于"敬敷高等小学校"。该校前届校友，有孙伏园、孙福熙、王振南、倪墨芗等，均为可造之才。

是年　父亲转任绍兴县政府科员。

1915 年（民国四年，农历乙卯年），17 岁

夏　以优异成绩毕业于敬敷高等小学校。

秋　考入"绍兴五师"（全称浙江省立第五师范学校），校长郑管秋（字彤华）。

1916年（民国五年，农历丙辰年），18岁

是年　各科成绩"屡试第一"，尤其热衷于动物学和植物学，得教员李振夏赏识。

1917年（民国六年，农历丁巳年），19岁

10月　因不满某位历史教员的授课，于是带头罢课。结果不仅自己被学校除名，而且连累父亲也被迫辞去公职。

冬　经李振夏转寰，绍兴五师同意他转学至"宁波四师"（全称浙江省立第四师范学校）之请。

1918年（民国七年，农历戊午年），20岁

春　转学至宁波四师，时任校长为范炳麟，教师有陈俊明、张谱保等，同学则有王任叔、冯定等。

1919年（民国八年，农历己未年），21岁

春　成为宁波四师学生社团"学生自觉会"的积极分子。

5月上旬　"五四"运动爆发的消息传来，率领本校学生上街抵制日货，举行游行、演讲，通电声援"五四"运动，后被推举为该校"学生自治会"主席。

5月19日　参与发起成立"宁波中等以上学生联合会"（后改称"宁波学生联合会"），成为该会的骨干。

5月31日　参与领导宁波市中等以上学校学生开始实行总罢课，反对中国政府在"巴黎和会的对德和约"上签字。

夏　组织"宁波四师"学生成立剧团，排演新剧，宣扬新思想、新风尚。除在校内和宁波市演出外，还率团到镇江、慈溪演出，获得了热烈的社会反响。

1920 年（民国九年，农历庚申年），22 岁

春　浙江省立一师学生，因反对省教育厅厅长夏敬观罢免校长经亨颐从而引发学潮。与宓汝卓二人，受命代表宁波四师专程前往杭州，对该校学生表示支持，并进行慰问。

夏　以优异成绩毕业于宁波四师。

在该校读书期间成婚。毕业前后，长子张元出生。

秋　受聘任教于母校敬敷小学。

1921 年（民国十年，农历辛酉年），23 岁

夏　前往南京，与堂妹张宗英、堂弟张宗蠡一起，参加南京高师的入学考试。自己被该校教育科录取，弟、妹则被该校物理系录取。

秋　入读南京高师教育科。

该校时任校长为郭秉文，教育科的知名教师有陶行知、陈鹤琴、郑晓沧（宗海）、俞子夷、陆志韦、廖世承、徐则陵（养秋）、孟宪承、姜琦等；教育科同届学友，有葛承训、雷震清、唐毅、胡家健等十数人。

1922 年（民国十一年，农历壬戌年），24 岁

秋　选修了陈鹤琴所开设的"儿童心理学"课程。陈教授将自己的夫人和长子、南高幼稚园的教师和学生，均带到课堂现身说法，因而别开生面，使学习兴趣盎然。自此，便对幼稚教育予以了特别关注。

是年　与王任叔、宓汝卓、张孟闻、汪子道等一同加入了"雪花社"。该社由宁波四师毕业生谢传茂、潘念之等创设于 1921 年。该社虽名之为"文学社团"，然以"介绍新思想，实现改造社会的愿望"为宗旨。

1923 年（民国十二年，农历癸亥年），25 岁

7 月 3 日　撤去南京高师校牌，该校正式归并东南大学，遂成为东南大学教育系学生。

秋　赵叔愚留美归国，受聘担任东南大学教授，主持筹创"乡村教育系"。选修赵叔愚教授开设的"乡村教育概论"和"乡村教育指导"课程。课

余,经常到赵教授的"预备室"翻阅他从国外带回的乡村教育书刊,开始关注乡村教育。

1924年(民国十三年,农历甲子年),26岁

7月　参加"中华教育改进社"第三届年会的筹备和接待工作,协助陈鹤琴筹办"儿童玩具展"。这届年会,在东南大学召开,由该校教育系师生共同协助筹办。年会期间,结识了当时中国教育界的不少名流。

1925年(民国十四年,农历乙丑年),27岁

1月　因北京政府免除东南大学校长郭秉文的职务,引发了该校学潮,师生明确反对罢免郭秉文,拒绝新任校长胡敦复到校履职。

春　因"易长风潮"未平,学校处于停课状态,遂应王任叔之约,在宁波《甬江日报》兼任了一段时间的编辑工作,撰写了若干文章,历练了一番文笔。

学校复课后,选修了程其宝(字稚秋)教授开设的"教育问题研究",并选定"乡村教育问题"作为研究专题和方向。

5月30日　与同学胡家健、沈子善同赴"燕子矶小学"考察,以此作为"乡村教育问题"研究的重要内容。

5月　接到宁波"启明女中"的聘约,拟聘其下学年担任该校校长。

6月2日　参与东南大学的罢课,以此声援上海"五卅惨案"后的工人罢工。

6月　接受陈鹤琴之约聘,决定协助他办理鼓楼幼稚园,并研究幼稚教育。婉拒宁波启明女中之聘。

7月10日　执笔撰成《燕子矶乡村小学参观记》。

7月21日　上午9时,在东南大学体育馆,参加中国教育界与柏克赫斯特女士的讨论会。与沈子善共同将记录整理成《柏女士在宁讨论道制详记》一文,连载发表于同月23、24、25、26日《申报》。

8月　所撰《燕子矶乡村小学参观记》,在《中华教育界》(月刊,中华书局主办)第15卷第4期发表,该文后收入丁超编著的《燕子矶小学》("中华教育改进社丛刊"第六种，上海商务印书馆 1928 年 10 月版）一书。

夏　暑假期间受友人之托，在南京担任家庭教师两月，教授五六岁的孩子二人识字和写字。通过摸索、试验，"确实得到几种方法"。

9 月初　正式担任鼓楼幼稚园"保姆"兼"研究员"。时值鼓楼幼稚园新园址落成，参与园舍的整理与布置，准备在新园舍中招生开课。

9 月 6 日　上午，参加鼓楼幼稚园开学典礼。作为新教师，又是男性，被陈鹤琴特别地向小朋友及到会家长介绍；同时被介绍者，还有该园新任教师李韵清。

9 月 8 日　在主持鼓楼幼稚园朝会时，介绍新来任职的俞选清老师。

9 月 21 日　上午，主持鼓楼幼稚园欢度中秋节的聚会。

10 月 1~16 日　在南京、苏州、杭州、绍兴、宁波五市县，共调查了幼稚园 15 所、育婴堂 2 所。

秋　在陈鹤琴的指导下，与同事俞选清等，率先开展了"改造西洋玩具使之中国化"的试验。

11 月 13 日　上午，率领鼓楼幼稚园小朋友前往陈鹤琴家作客。这群幼稚生对作客一事兴趣浓厚。

11 月 18 日　在主持朝会时，介绍新来任职的"甘先生"（甘梦丹，兼任音乐教师）。

秋冬　在鼓楼幼稚园主特开展所谓"散漫期"的课程试验。

1926 年（民国十五年，农历丙寅年），28 岁

春　向江苏、浙江和安徽各县教育局邮寄调查函 194 件，函调各县幼稚园的设立概况。半年后，共收回复函 86 件。获悉三省幼稚园总数为 69 所、幼稚生总数为 2293 人、幼稚教师总数为 128 人。

4 月 26 日　所撰《改进儿童教育的一个重要提议——整理儿童用书》，在《新教育评论》（周刊，中华教育改进社等 7 单位合办）第 3 卷第 20 期发表。

5 月　所撰《幼稚师范问题》，在《中华教育界》第 15 卷第 11 期发表。

6 月 1 日　与李韵清合撰的《南京鼓楼幼稚园概况》，在《教育汇刊》（季刊，东南大学教育科主办）第 2 卷第 3、4 期发表。

6月　所撰《调查江浙幼稚教育后的感想》，在《中华教育界》第 15 卷第 12 期发表。

春夏　在鼓楼幼稚园主持开展所谓"论理期"的课程试验。

8月　所撰《儿童的观察能力及其教育的功效》、与陈鹤琴合撰的《关于感动性的学习之两个试验》，在《教育杂志》（月刊，商务印书馆主办）第 18 卷第 8 号（"儿童心理专号下"）发表。

夏　暑假期间，应河南省教育厅之邀，赴开封演讲"乡村教育"，听者 200 余人。

9月14日　下午3时，在南京江苏省教育会分事务所，出席"江苏试办乡村标准校研究会"会议，讨论划区试办乡村标准学校办法。

9月下旬　得父亲病逝噩耗，星夜归里奔丧。

9月　所撰《幼稚园里的几种读法教学法》，在《中华教育界》第 16 卷第 3 期（"幼稚教育专号"）发表。

秋　多次面晤陶行知，为他筹办乡村幼稚园事出谋划策。

11月12日　与陈鹤琴合撰的《一年来南京鼓楼幼稚园试验概况》，在《新教育评论》第 2 卷第 34 期发表。

11月29日～12月14日　因妹妹宗珠出嫁事，再次请假回归故里半月。

回归南京途中，应"暨南女子学校"之邀，前往演讲一场。该校通称"暨南大学女子中学部"，当时设校于上海真如。

12月19日　上午，组织鼓楼幼稚园小朋友主办的"邮票和石子展览会"揭幕，邀请陈鹤琴和家长前来参观、评判，并分发奖品。

12月23日　《幼稚教育概论》一书脱稿，撰成该书《凡例》，旋交付出版社。

12月31日　主持鼓楼幼稚园的"预祝新年会"，小朋友唱歌、跳舞，与来宾同乐。

12月　受陈鹤琴、陶行知之命，开始筹组"南京市幼稚教育研究会"，并着手编辑会刊《幼稚教育》。

秋冬　在鼓楼幼稚园主持开展所谓"设计组织期"的课程试验。

是年　译出《儿童心理学》初稿，次年焚于战火。

1927年（民国十六年，农历丁卯年），29岁

1月下旬　启程回绍兴老家过年。

2月中旬　受阻于北伐战事，未能重回南京鼓楼幼稚园履职。应"雪花社"社友之邀，暂时担任宁波启明女中教职；同时从事革命活动，加入了中国共产党。

2月　所撰《怎样编制幼稚园的课程》和《幼稚生生活状况的实例和讨论》，在《教育杂志》第19卷第2号（"幼稚教育专号"）发表。同期，还刊发与雷震清合辑的《幼稚教育中文参考书目》。

3月　与陈鹤琴合撰的《我们的主张》，在《幼稚教育》（不定期刊，南京市幼稚教育研究会主办）创刊号发表。该文提出了改造中国幼稚教育的15项方略。所撰《课程试验报告（1926年11月）》，也在同期发表。

4月中旬　"四·一二"事变发生后，宁波的政治空气骤然紧张。同事杨眉山、王鲲等被逮捕（后遭杀害）后，启明女中被封。只得避祸于杭州。

5～6月　得恩师郑宗海（字晓沧）之助，任杭州省立女中"教务主任"。郑宗海为该校校长。

6月13日　南京市教育局职员名单在《申报》发表，被列名为该局学校教育课"课员"。

6月中旬　接陈鹤琴函召，赴南京担任该市教育局学校教育课"指导员"职，是职类同于此前的"视学"或是此后的"督学"。

6月30日～7月2日　代表南京市教育局参加市立各校的接收工作，三天共接收37校。

7月上旬　与雷震清、江景双共同拟订《南京市小学教材标准案》，并草拟相关的"课程纲要"。

7月16日　上午，出席南京市立学校第1次校长会议，担任会议记录。下午4时，在南京市政府会议厅，出席欢迎市立各校新任校长大会。

7月中旬　继续担当起了"南京市幼稚教育研究会"的筹创工作。同时受陶行知之托，将他所撰的《中国乡村教育运动之一斑》由英文稿译成中文，后见载于《民国日报》《时事新报》等报刊。

7月21日　出席南京市立学校第2次校长会议，担任会议记录。

8月　所撰《课程试验报告（1926年11月）》，在《幼稚教育》第2期续完。所撰《课程试验报告（1926年12月）》，在该刊同时发表；所撰《聪明的小朋友》，也在该刊同时发表。

夏　协助陈鹤琴主办"南京市教育局暑期学校"，担任幼稚教育组"幼稚教育概论"课程讲师。

9月8日　以"指导员"身份，出席南京市立学校第8次校长会议；担任会议记录，记录了局长陈剑翛的讲话，以及所讨论的问题。

9月15日　出席南京市立学校第9次校长会议，担任会议记录。会上，下发了参与起草的《办幼稚园的几条通则》和《幼稚园简章》。

同日，《申报》刊载《试验乡村师范幼稚师范院之筹备》一文，披露他被聘定为该院"主任指导"（兼职）。

9月22日　出席南京市立学校第10次校长会议，担任会议记录。

9月23日　上午9时，在"市立中区实验学校"，参加"南京市教育研究会"成立会。该会下设"幼稚教育组"（南京市幼稚教育研究会）。此后，该组每两周开展教研活动一次。

9月27日　所译《中国乡村教育运动之一斑》，在《教育季刊》（季刊，中华基督教教育协会主办）第3卷第3期发表。

9月　受聘兼任晓庄师范"幼稚教育指导员"。与此同时，又经常回到鼓楼幼稚园，继续兼负起了指导该园的课程试验和总结工作。

同月，所撰《幼稚园最低限度之设备》，在《南京特别市教育月刊》（月刊，南京特别市教育局主办）第1卷第1期发表。

10月22日　下午3时，出席在鼓楼幼稚园召开的"南京市教育研究会"第1次研讨会。

10月　与徐世璧同赴燕子矶，借燕子矶小学校舍，筹办"燕子矶乡村幼稚园"。

11月8日　招得邻近农家孩子30名，燕子矶幼稚园开办。

11月11日　上午9时，参加补行的燕子矶幼稚园"开园礼"。陶行知即席发表演讲后，也登台演说。熊希龄从北京寄来了贺辞。

12月　与徐世璧共同指导来燕子矶幼稚园学做幼稚教师的"徒弟"。陶行知受此启发，创立了"艺友制师范教育"。

1928年（民国十七年，农历戊辰年），30岁

1月5日　出席南京市立学校第24次校长会议，讨论了相关问题10项。

1月上旬　协助陶行知、陈鹤琴，联合南京相关小学和幼稚园，开始试行"艺友制"。

2月23日　上午9时，在南京中区实验学校出席"南京市教育研究会"，负责指导"幼稚教育组"教研工作。

2月　与徐世璧共同接办晓庄中心小学所草创的附设幼稚园，将其单设于"樱花村"；增派人手，添置风琴等设施，定名为"晓庄中心幼稚园"（也称"樱花村幼稚园"）。定每月月初赴该园指导一周。

是月，在南京市市立中学推广并辅导"艺友制"。

是月，所著《幼稚教育概论》，由中华书局出版。

3月上中旬　指导晓庄师范学生葛尚德等，筹创神策门（后改和平门）中心小学。

3月25日　白天，在神策门小学筹备第二天的开学典礼。晚，与葛尚德共同拟订出该校《课程表》和《本学期工作计划书》。

3月26日　上午10时，主持神策门小学开学典礼。首先报告了该校的筹创经过，葛尚德对当地人士表示感谢，陶行知发表了演说，继而是来宾讲话，最后在《镰刀歌》的歌声中结束。

4月14日　上午9时，代表晓庄师范出席"江苏大学中学师范科联合会"会议，为乡村师范组成员，议决《建设乡村师范标准案》《推广乡村幼稚园案》等。下午3时，在南京市中区实验学校，参加"南京市教育研究会幼稚教育组"第10次研讨会。

4月16日　受聘担任"中央大学区县督学教育委员讲习会"讲师，主授算术。

4月28日　下午3时，在南京市夫子庙小学，参加"南京市教育研究会幼稚教育组"第11次研讨会。

5月20日　下午2时，在鼓楼幼稚园，参加"南京市教育研究会幼稚教育组"第12次研讨会。

5月27日　主持燕子矶幼稚园新园舍落成典礼。来宾盛赞该园的环境、园舍、设施和办园成绩。迁入新园后，该园幼稚生增加到40余人。

5月　支持晓庄师范"第一院"男师范生黄志成转入"幼稚师范院"（第二院），随即安排他到晓庄幼稚园"教学做"。

是月，所撰《课程试验报告（1926年9、10月）》和《课程试验报告（1926年12月）》，在《儿童教育》第1卷第3期续完。

同月，所撰《幼稚园的设备》，在《幼稚园教育丛刊》（不定期刊，南京市幼稚教育研究会主办）"第四种"发表。

6月17日　在神策门小学参加晓庄师范"第十一次小学活动设计会"，对葛尚德讲授的"公开课"，进行了深入、细致的点评。

6月　在晓庄学校"指导会议"上提议，今后本校"小学师范院"的所有女生，均须到各中心幼稚园"教学做"三个月至半年，获通过。

是月，应陈鹤琴约请，与郑宗海、葛鲤庭、甘梦丹、杨宝康等人共同参与《幼稚园课程暂行标准》的起草工作。

是月，鼓励晓庄学生孙铭勋、戴自俺投身于幼稚教育事业，并获成功。

是月，所撰《幼稚园课程参考》（张宗麟草拟，第六次教育研究会幼稚教育组商定），在《南京特别市教育月刊》第1卷第11期发表。

7月15日　所撰《教育荒岛》一文，在《乡教丛讯》（半月刊，晓庄学校主办）第2卷第13期发表。

7月31日～8月1日　应邀为中央大学区"区县督学教育委员讲习会"讲学。

7月　所撰《训育参考——好市民》，在《南京特别市教育月刊》第1卷第12期发表。

8月　应邀在南京市教育局与中央大学合办的"临时暑期幼稚师范训练班"上讲学。

夏　与徐世璧共同编定了《燕子矶幼稚园生话纲要》（也称《幼稚生生活历》）。

9月12日　恩师赵叔愚病逝，悲痛不已。

9月13日　在大学院召集之"中小学课程委员会"会议上，被推举为《幼稚园课程标准》起草委员会成员。

9月　受聘担任晓庄学校专职"指导员"。在晓庄改制后，担任"生活指导部"主任，同时暂代"晓庄教育局"局长。

10月1日　参加晓庄学校第四期新生补考及艺友考试。正录7名（其中2名艺友），另录"试做生"7人。

同日，所撰悼文《赵师叔愚》，在《乡教丛讯》第2卷第18期发表。

10月10日　上午，参加晓庄学校庆祝"双十"国庆纪念会，"仪式极庄严、隆重"。

10月12日　参观"晓庄学校中心小学成绩展览会"，应邀对其优缺点进行"总评"。

10月15日　自《乡教丛讯》第2卷第19期起，接任该刊的"执行主编"职，在是期发表编者按《从这期起》。

10月24日　在南京女子中学出席大学院"幼稚教育组课程委员会"第一次会议。议决取消前订游戏、研究、工作、谈话四项"作业"，代之以自由作业、人生自然、音乐、游戏、故事、静息、餐点七项，并被推定为故事和人生自然的"起草员"。

10月30日　所撰《满了一岁半以后的晓庄》，在《乡教丛讯》第2卷第20期发表。

10月　主持在"生活指导部"增设卫生股、图书股、出版股、编辑股和邮务股（该部原设有支配股、考核股和材料股），后又增设了招待股，从而使该部的功能更为齐全。

是月，所撰《聪明的小朋友》，在《儿童教育》（月刊，中华儿童教育社主办，由《幼稚教育》改名）第1卷第2期发表。

11月15日　演讲词《小学教育方法的最近趋势》（徐鸿仪记录），在《乡教丛讯》第2卷第21期发表。

秋　徐世璧调任晓庄学校"幼稚教育指导部主任"，燕子矶幼稚园遂由王荆璞接手。此后，前往该园指导的次数日多。

12月30日　为《乡教丛讯》编辑的"幼稚教育专号"（第2卷第24期）

出刊。所撰《怎样指导幼稚园的教学做》《一个山村幼稚园》（与徐世璧合撰）和《大江滨的乡村幼稚园》（与王荆璞合撰），于该刊同期发表。

11～12月　经常参加晓庄学校"会朋友去"的活动，深入乡村，结交农友，进行调查和宣传。全校共分10队，参加第8队的活动，组长为祝宏猷，活动时间为每周四的下午。

1929年（民国十八年，农历己巳年），31岁

1月29日　晓庄学校放寒假，归里过春节。定于2月17日开学。

2月底　指导创设的"和平门中心幼稚园"开学，招生26人。此前，鼓励许如珍、罗光瓔二女生前往参与该园的筹创。

3月20日　主持晓庄学校第五期招生考试，预定招收新生20名。

3月23日　下午，应邀参加教育部召集之"中小学课程标准委员会"会议，受命对《幼稚园课程暂行标准》进行"总整理"，并要求在一个月内完成。又受命与陶行知一起，另行起草《乡村小学课程标准》。

3月下旬　参与拟订的《幼稚园课程标准草案》完成，油印分送"课程委员会"各委员。

4月11～12日　参加晓庄学校"教学做讨论会"，具体研讨"如何培植小学生的生活力"问题。受陶行知指派，率石俊等5人赴晓庄小学进行教学改革试验。

4月13日　前往晓庄小学代理潘一尘的校长工作。此后便与晓庄小学的师生朝夕相处，试图为"小学教学做"探得一条新路。教学做的重心，选定为生物。

4月20日　给晓庄小学学生写出第一封信，建议他们用"笔谈"方式与自己交流思想。此后，大体是一周一封信，师生笔谈各自的所思、所想。

4月21日　与陶行知共同前往和平门（原名神策门）中心小学，在此接待"武进乡村教育促进会"代表，商妥利用该会捐款在此兴建"武进馆"。

5月9日　指导晓庄小学学生自主召开"五九国耻纪念会"。

5月15日　演讲词《儿童心理》（孙铭勋记录），在《乡教丛讯》第3卷第7期发表。

5月下旬　结束晓庄小学代理校长的任职，仍回"后方"担任生活部主任兼晓庄教育局局长。

5月31日　所撰《小学教育里的浪费》和演讲词《儿童世界》（孙铭勋记录），在《乡教丛讯》第3卷第8期发表。

5月　所撰《怎样编制幼稚园的课程》，在《河南教育》（月刊，河南省教育厅主办）1929年第5期再次发表。

6月2日　被聘为"京沪市校成绩展览会"审查员。

6月6日　赴迈皋桥奉迎陶文渼先生遗体由医院回晓庄暂厝。

6月15日　主编的《乡教丛讯》"追悼陶文渼先生专号"（第3卷第9期）出刊。为该期撰写《发刊词》。陶文渼系陶行知胞妹，任职于晓庄学校。她病逝于1929年6月6日。

6月20日　复潘毓华函，解答他对毕业后出路的困惑。后在《给小朋友的信》（中华书局1936年版）中，题名为《毕业后怎样才好》。

6月30日　所撰《怎样干农民运动》，在《乡教丛讯》第3卷第10期发表。

7月5日　为了改变晓庄混乱无序的办学现状，提出了"一个建议"（全称《谋注重研究，减轻事务，培养有特长的乡村导师，并试验小学中心活动案》），主张试行"分组制"。引起了较大反响。

7月8日　参加"晓庄全体会议"，讨论"一个建议"。讨论的结果，是将"分组制"改行"集团军制"，即分组为6个集团军。受命担任"晓小集团军"负责人，固辞。

7月中旬　放暑假前，组建"集团军"的计划失败，随即回绍兴度假、养病。

7月下旬　应邀在"杭州市暑期讲习会"上系统讲授乡村教育。

8月　参与起草的《幼稚园课程暂行标准》由教育部公布，要求全国幼稚园参照执行。

9月1日　应母校校长王声初之邀，对敬敷小学全体学生发表演讲。

9月4日　携长子张元同来晓庄学校，允任"吉祥庵集团军"负责人。

9月5日　上午，赴吉祥庵小学和万寿庵小学巡视一过，认为师范生都

"干得很好"。下午，与邵仲香商定，"万寿庵集团军"与"吉祥庵集团军"采用"联团制"，名称为"万吉联团"。

9月7日　陶行知在晓庄"寅会"上，突然宣布辞校长职，随即布告"由张宗麟代理校长"。出面努力慰留、调停。

9月8日　面晤来晓庄的秉志先生，讨论由自己主持"生物组"的可能性。此事为陶行知所否决。

9月10日　在调停过程中，对晓庄学校今后可试行"学院制"达成共识。陶行知辞意打消，同意张宗麟可不再代理校长职。

9月11日　率队赴"吉祥学院"。该院师范生有刘光绰、刘琼瑶、夏光春、陈炬璧、庄行雄、王作舟、沈雪之、宋瑾瑜、储良征、芮立德，共10人，"定9月为整理月"。

9月14日　下午，应校长办公处"支配股"之约，回晓庄校本部演讲《学院制大要》。晚，主持召开陶行知复校长职的大会，"辞职风波"平伏。

9月15日　所撰《一个建议》和所撰日记《开步走》，在《乡教丛讯》第3卷第15期发表。

9月20日　撰致母校敬敷小学学友函，鼓励他们勇猛精进。后在《给小朋友的信》（中华书局1936年版）中，题名为《争取平等》。

9月29日上午　参加"五院联合会议"。会上，孙铭勋、戴自俺共同提出了《把各幼稚园集合成一个独立的学院案》。后经"晓庄全体会议"表决，决定增设"幼稚学院"，改晓庄的"五院制"为"六院制"。下午4时，赴南京西区实验学校，参加"儿童教育社"执委会会议，讨论征集会员、出版刊物等问题。

9月30日　演讲词《学院制大要》（戴自俺记录）和所撰日记《开步走（续）》，在《乡教丛讯》第3卷第16期发表。

10月1日　参加"晓庄指导会议"，受命为筹创"幼稚学院"的牵头人。随后，与徐世璧、王荆璞和戴自俺共同商定了筹办方案。

10月14日　将生活部、教育局所存材料，全部移交给校长办公处主任罗良铸。摆脱行政事务后，倍感轻松。

10月15日　演讲词《幼稚教师第一步应有的修养》（戴自俺记录），在

《乡教丛讯》第 3 卷第 17 期发表。

10 月 16 日　被教育部聘为"编制教育方案委员会"初等教育组委员，为第二次全国教育会议起草幼稚园方面的文件。

10 月 18 日　支持孙铭勋、戴自俺筹组的"晓庄幼稚教育研究会"成立，参加该会定期举行的研讨会。

10 月中旬　决定将"学院"之名改称"学园"后，随后决定将"幼稚学院"定名为"蟠桃学园"，将"吉祥学院"定名为"吉祥学园"，职任也由"院长"改称为"园长"。

秋　所主持的吉祥学园气象一新，学童得以成倍增长，校舍、校园得以扩大，又成立了中心茶园、民众夜校和信用合作社，与当地农民的关系也日渐融洽。

11 月 12 日　率吉祥学园学生赴晓庄幼稚园，与该园师生共同举办孙中山诞辰纪念活动。

11 月中下旬　组织并率领吉祥学园师范生赴无锡、武进、丹阳、下蜀、栖霞山、南京的 6 处小学参观。应武进人范小学之邀，在"恺乐堂"演讲《解放儿童》，徐鸿仪记录稿，发表于《新闽前锋》第 4 期（1930 年 1 月 31 日）。

11 月　所撰《幼稚园和小学的实际问题》，在《儿童教育》第 2 卷第 3 期上发表。

12 月 6 日　复无锡"惠山小学"同学函，回答他们所提出的问题。后在《给小朋友的信》（中华书局 1936 年版）中，题名为《到处都是学问》。

12 月　拟订次年的个人计划，题名为《十九年的张宗麟》。该计划，后收入方与严编《晓庄一年计划》一书（上海儿童书局 1933 年版）。

是年　与陶行知共同编订的《晓庄学校每天生活考核表》，由晓庄学校自刊。

同年，创作了剧本《奶妈》，由晓庄学校自刊。

1930 年（民国十九年，农历庚午年），32 岁

1 月 1 日　撰成《解放儿童》，该文后收入张沪编《张宗麟幼儿教育论集》

（湖南教育出版社 1986 年版）。

1月上旬　托吉祥学园师范生沈雪之回家度寒假时，带上长子张元。雪之的家在江苏海门，此行是为了增长儿子的见识。

1月11日　夜，撰致长子张元函，后在《给小朋友的信》（中华书局 1936 年版）中，题名为《为什么去修学旅行》。

1月13日　撰成《打倒师威》一文，该文后收入张沪编《张宗麟幼儿教育论集》（湖南教育出版社 1986 年版）。

1月18日　撰致长子张元第二函，后在《给小朋友的信》（中华书局 1936 年版）中，题名为《土匪也是人》。

1月中旬　应陈鹤琴之邀，赴上海整理幼稚教育论稿（《幼稚教育论文集》）。

1月下旬　在晓庄学校举办的"乡村教育讨论会"上，发表专题演讲。

1月31日　所撰《解放儿童》，在《新闻前锋》（半月刊，南京中央大学福建留京学会主办）第 4 期发表，后又发表于《儿童教育》第 2 卷第 2 期（1930 年 10 月）。

3月5日　复武进"人范小学"同学函，介绍正确的读书法。后在《给小朋友的信》（中华书局 1936 年版）中，题名为《看书好比煮肉》。

3月15日　参加庆祝晓庄学校成立三周年纪念活动。活动内容丰富多彩，除专家演讲外，还举办了各种展览；又举办联村运动会、联村自卫团会操、联村救火会演习、耕牛比赛等活动，来宾、农友参加者众多。

同日，所撰《晓庄生命素》和《晓庄三岁话"吉祥"》，在《乡教丛讯》第 4 卷第 5 期发表。

4月7日　因晓庄学生参加爱国反帝活动，南京卫戍司令部着令晓庄学校"暂行停办"。率师生进行"护校斗争"。

4月12日　南京卫戍司令部派军队强行查封晓庄学校，并通缉校长陶行知。学校被封闭后，受命留吉祥学园善后。

7月10～12日　在无锡参加"中华儿童教育社"第一届年会，提出《增加多量社员案》，当选该社"执行委员"兼"编辑委员""家庭研究委员会委员"和"幼稚园实验研究委员会委员"。

8月　所撰《幼稚教育谈》，在《首都教育研究》（双月刊，南京市教育局主办）第 1 卷第 1 期（"幼稚教育专号"）发表。

夏　与方与严同赴昆山、南通、江阴、扬州、常州考察乡村教育，为时一周。

8 月下旬　送长子张元赴扬州读书，就读学校为扬州中学附属实验小学。徐世璧、王荆璞准备任教于此，托他们就便照管，然后独自回到南京。

9 月 1 日　撰致长子张元第三函，后在《给小朋友的信》（中华书局 1936 年版）中，题名为《十件希望》。

9 月中旬　再次专程赴扬州，接长子"元"回绍兴老家，将他转学至自己的母校敬敷小学就读。

9 月 15 日　撰致长子张元第四函。后在《给小朋友的信》（中华书局 1936 年版）中，题名为《不怕你革命，怕只怕你做奴隶》。

9 月下旬　与王荆璞结婚。当时曾自谓：今后摆在面前有三条路：或去福建；或去北平；或去日本。

11 月　所撰《农谚可以做自然科的教材吗？》，在《儿童教育》第 3 卷第 3 期发表。

12 月 20 日　得陈鹤琴为《给小朋友的信》一书所撰"介绍话"。

是年　撰成《小学教师对儿童的态度》，该文后收入张沪编《张宗麟幼儿教育论集》（湖南教育出版社 1986 年版）。

1931 年（民国二十年，农历辛未年），33 岁

1 月 30 日　编完《给小朋友的信》后，在上海完成该书后记《谢谢诸位朋友》。

1 月　所撰《关于幼稚园的卫生问题》和《中国师范教育的流毒》（笔名"仲秀"），在《初等教育界》（又名集美初等教育界，季刊改月刊，集美初等教育研究会主办）第 1 卷第 4 期发表。

是月　为所著《幼稚园的社会》脱稿，撰成自序。该书作为"幼稚教育丛书"之一，计划由商务印书馆出版。

2 月 17 日　与王荆璞同抵厦门，任教于"集美幼稚师范学校"，为研究指导主任兼集美初等教育指导员，后参加"集美初等教育研究会"。

2月19日　出席"集美幼师"师生所举行的欢迎会，到会者还有集美男女小学师生，致答谢词，结束时与王荆璞合唱《锄头舞歌》答谢。

2月20日　应邀出席集美幼稚园"园务会议"，讨论本学期"生活大纲"。

2月23日　参加集美幼师的"教务会议"，讨论《各科课程纲要》。

2月27日　再次应邀出席集美幼稚园"园务会议"，审查《本学期儿童活动纲要》。

3月5日　主持召开集美幼师"辅导学生研究会"的改组会，主持修订《幼师辅导学生研究会规程草案》。

3月6日　晚，第三次应邀出席集美幼稚园"园务会议"，受命修订《幼稚生生活计划表》。

3月9日　参加集美幼师"事务会议"，开列幼稚教育所应购置的书目。

3月13日　第四次应邀出席集美幼稚园"园务会议"，讨论《规定第七周中心问题案》。

3月15日　发起成立了集美幼师"幼稚园材料研究会"，致力于丰富幼教材料及使其科学化。

3月20日　第五次应邀出席集美幼稚园"园务会议"，讨论通过《举行种痘案》。

3月23日　参加集美幼师"教职员代表会议"，赞同本校集体加入"同安县第七区教育会"的提议。

3月27日　第六次应邀出席集美幼稚园"园务会议"，参与议定《四月份生活纲要》。

3月　所撰《幼稚教师对社会应有的态度与技能》《空谷幽兰——介绍一个极有研究精神的幼稚园》和与王荆璞合撰的《儿童最爱玩的游戏》，在《初等教育界》第2卷第1期发表。

4月上旬　主持"集美小学实际问题讨论会"，研讨小学教育中所遇到的各种实际问题。"集美初等教育研究会"每月开常会两次，此为本月常会中的一次。

4月18～21日　在上海工部局北区小学出席中华儿童教育社第二届年会。会后，参与有关"鸟言兽语"的论战；支持吴研因的观点，并在《初等教育界》第 2 卷第 2 期上发表了公开信《复吴研因函》。

是月，所撰《指导员生活的回忆》，在《初等教育界》第 2 卷第 2 期发表。

5 月　主编《初等教育界》第 2 卷第 3 期，撰写了《这一期》。

是月，所撰《对于闽南初等教育的意见》，在《初等教育界》第 2 卷第 3 期发表。

6 月上旬　在集美初等教育研究会第五次会议上，提议将该会改组为"集美初等教育社"，获一致赞同。

6 月 20 日　参加"集美初等教育研究会"会员大会，决定将该会更名为"集美初等教育社"，被推选为该社执行委员。

6 月 21 日　出席集美初等教育社"第一次执行委员会"会议，被确认与梁士杰共同主编《初等教育界》。

6 月　所撰《给小朋友的一封信》，在《初等教育界》第 2 卷第 4 期发表。

7 月 6 日　上午，在"集美补助学校校长会议"上，发表《乡村小学用书问题》专题演讲。

7 月 28 日　出席"集美初等教育社"第三次执委会会议，通过《创办集美试验乡村师范案》，被推举为该校筹备委员，后择定校址于凤林美村。

7 月　所撰《乡村小学教师应有的本领》，在《中华教育界》第 19 卷第 1 期发表。

是月，所撰《新得生命的集美试验乡村学校》和《学园制商榷》，在《初等教育界》第 2 卷第 6 期发表。

8 月　聘得南京晓庄学校毕业生刘琼瑶、蓝九盛、庄行容、王济弱及集美师范毕业生许秉心、许有韬为"集美乡师"指导员。

9 月 1 日　主持"集美乡师"的招生考试。除专业文化考试外，还加考垦荒锄地、演讲和写自传。录取第一届生 40 人。

9 月 7 日　集美乡村师范学校开学，担任校长。边上课，边建校；不请校工，一切均由师生自己动手料理。

9 月　又陆续聘得唐文粹、潘一尘、陆静山、郑先文、王丙乾、潘念之等来校担任"指导员"。

10月17日　出席集美初等教育研究社"成立庆祝会"。

10月　所撰《乡村小学的教科书问题》、与梁士杰合撰的《幼稚园要不要有教科书》，在《中华教育界》第19卷第4期（"教科书专号"）上发表。

是月，所撰《新得生命的集美试验乡村师范学校——集美初等教育社新办事业之一》和公开信《学园制的商榷——与王秀南先生讨论师范学校应该办在什么地方》，在《初等教育界》第2卷第6期发表。

11月　所撰《给元的四封信》，在《中华教育界》第19卷第5期发表。

12月22日　为《乡村教育经验谈》（后由上海世界书局出版）撰写《自序》，表示以此书献给"乡教先烈"。

是年　所著《教育荒岛开垦记》（又名《一名乡村教育者实验录》），由上海世界书局出版。

是年，撰成《解放儿童的口》，该文后收入张沪编《张宗麟幼儿教育论集》（湖南教育出版社1986年版）。

1932年（民国二十一年，农历壬申年），34岁

1月3日　参观集美小学第五次成绩展览会，接着参加"批评会"，既肯定了展览的优长，又提出了三项"补救的方法"。

1月下旬　寒假回上海。适逢对陶行知的通缉令取消，并决定"发还"晓庄学校。受陶行知之命，与丁柱中同去了一趟晓庄，洽商"接收"事宜。

2月初　应邀赴浙江湘湖乡村师范学校参观，演讲《介绍我所看到的乡村学校》，演讲记录刊载于《锄声》第1期。

2月初　回厦门，主持招收"集美乡师"第二届新生30余人。

3月　所撰《初等教育界第三卷发刊词》和《成绩展览会的意义及其评判》，在《初等教育界》第3卷第1期发表。

4月4日　8个月的女儿张沪，在集美初等教育社举办的"婴儿比赛会"上，获乙组第一名。

4月　主编的《初等教育界》第3卷第2期，刊出"儿童节纪念号"。所撰《乡村小学的课程》和《乡村小学的校舍与设备问题》，也在该期发表。

5月　所撰《乡村小学教师应该怎样对待儿童》，在《中华教育界》第19

卷第 11 期发表。

是月，因经费困难，由集美学校董事会接办了集美乡师（原属集美初等教育社）。

6 月　所著《新中华幼稚教育》，由中华书局初版。

是月，所撰《给集美幼师四组学生的两封信》和《幼稚园及低年级指导的研究和计划》，在《初等教育界》第 3 卷第 4 期发表。

8 月　主持招收了"集美乡师"的第三期学生 60 余人。

9 月上旬"集美乡师"开学时，已拥有洪林、东安、东势、集亨等 8 所中心小学、1 所洪林中心幼稚园，以及农民夜校、妇女夜校、农民娱乐会等社会教育设施，还创设有木工房等生产劳动教育场所，另创办了校刊《南国乡音》（半月刊）。

9 月 15 日　所撰《洛阳桥》和《介绍一位南方朋友——致小朋友》，在《儿童杂志·中级》（半月刊，儿童杂志社主办）第 3 期发表。

9 月　所著《乡村教育经验谈》，由上海世界书局初版。

是月，与陶行知、陈鹤琴合著的《幼稚教育论文集》，由上海儿童书局初版。

10 月 15 日　所撰《东南西北的秋天》，在《儿童杂志·中级》第 5 期发表。

同日，所撰《自己解放自己》，在《儿童杂志·高级》第 5 期发表。

11 月 15 日　所撰《儿童问题——覆安徽歙县章庆霖君》，在《儿童杂志·高级》第 7 期发表。

12 月 1 日　所撰《玩雪和冲凉》，在《儿童杂志·中级》第 8 期发表。

同日，所撰《冬眠的人》，在《儿童杂志·高级》第 8 期发表。

12 月 15 日　所撰《冬天开石榴花》，在《儿童杂志·中级》第 9 期发表。

12 月　主持召开"三校联合运动会"。除"集美乡师"和洪林、乐安二中心小学外，还特邀附近村民参加。除田径项目外，还设有运沙、搬土、劈柴、穿针等特色项目。

1933年（民国二十二年，农历癸酉年），35岁

1月1日　所撰《新年好花》，在《儿童杂志·中级》第10期发表。

同日，所撰《怎样过新年》，在《儿童杂志·高级》第10期发表。

1月20日　在携眷赴沪前，与集美乡师、集美幼师友人合影留念，此时已决定辞职。

1月28～30日　在上海参加"中国教育学会"的成立大会。

2月　正式函辞"集美乡师"校长和"集美幼师"教员职。旋接河南百泉乡村师范聘书，因故未能赴任。

2月中旬　接受"中国教育学会"委托，主持调查全国民众教育现状。自言："忽然得到一个机会，可以到各地看看，因此就从山东起，沿海跑到广西。"

2月　所著《幼稚园的社会》由商务印书馆初版，该书为"幼稚教育丛书"之一。

3月中旬　应邀赴山东邹平，参加梁漱溟主持召开的"乡村工作讨论会"，并调查山东民众教育的状况。其间，在杨效春陪同下，考察了邹平各区的民众学校，应邀作《为儿童请命》的演讲。

3月下旬　受命赴广西、广东调查当地的民众教育。在桂林时，应唐毅之邀，到广西桂林师范专科学校讲学。

是月，《大上海教育》（月刊，上海市教育局主办）创刊，被该刊邀聘为"基本撰稿人"。

4月　应时任广西教育厅厅长李任仁之邀，赴南宁参加"广西教育行政会议"，参观了龙州、桂平、桂县、梧州等地的"国民基础教育"。

5月上中旬　在广东调查民众教育状况。

5月27日　在广州岭南大学招待所，列席参加"中国教育学会广东会员第二次谈话会"。

6月　在"桂林师专"提出筹办"附设乡村师范"方案。

8月31日　早，赴江苏省立黄渡乡村师范参观。除参观校本部外，还参观了华潮小学、坍石桥农民教育馆等处。后应邀发表简短演讲。晚，在上海为业已完稿的《乡村小学教材研究》作序。

8 月　所撰《中国乡村教育的危机》，在《中华教育界》第 21 卷第 2 期发表。

夏　为《鼓楼幼稚园十周纪念刊》题词："我们种的树苗都成材吗？"

9 月　携家赴四川重庆，受聘担任"四川乡村建设学院"教务长。

是月，所撰《上海大场工学团》和《中国新兴教育参观记》，在《中华教育界》第 21 卷第 3 期发表。

11 月　所著《乡村小学教材研究》，由上海黎明书局初版。

是月，所撰《怎样做合乎时代潮流的父母》，在《儿童教育》第 5 卷第 3 期发表。

12 月　因办学经费紧张和政治环境险恶，决定东下回沪。直至登上下水轮船前，才拍发电报给四川乡村建设学院辞职。

1934 年（民国二十三年，农历甲戌年），36 岁

2 月上旬　赴湖北武昌，受聘担任"湖北教育学院"乡村教育系主任。

2 月中旬　接陶行知专函，特询对于创设"上海劳工幼儿团"的意见。

3 月 25 日　所撰《当父母的资格》，在《教育动向》（半月刊，山东第四师范附小主办）第 13 期发表。

4 月 1 日　所撰《幼稚园》，在《生活教育》（半月刊，《生活教育》社主办）第 1 卷第 4 期发表。

4 月 16 日　所撰《幼稚教育者》，在《生活教育》第 1 卷第 5 期发表。

4 月　所撰《依然值得注意的民众学校问题》，在《中华教育界》第 22 卷第 10 期发表。

5 月 16 日　所撰《介绍古庙活菩萨》，在《生活教育》第 1 卷第 7 期发表。

5 月 29 日　应湖北省教育厅厅长程其宝之邀，与罗廷光共同前往省教育厅，商议在武昌筹办"中华儿童教育社"第五届年会事宜。决定以湖北教育学院作为主办单位，并分派了年会职员，安排了年会会期，为这届年会的"筹备会委员"和"事务组主席"。

6 月 1 日　所撰《托儿所》，在《生活教育》第 1 卷第 8 期发表。

7月9～11日　参加尽力筹办的中华儿童教育社第五届年会。这届年会安排在庐山举行，到会社员300余人，另加"湖北省小学教师暑期讲习会"的学员500余人，盛况空前，任"事务组主任"，安排紧凑，讨论热烈，颇有影响。会上作了《儿童教育的动向》的专题发言，又在讨论会上提出了"儿童文字的性质和原则"问题，引发了热烈的争辩。

7月26日　在"武昌教育学院"，撰成《评陈鹤琴等编〈分部互用儿童国语教科书〉》，该文后刊于1934年8月1日《生活教育》第1卷第12期。

7月　所撰《八省儿童生活的印象述略》，在《儿童教育》第6卷第1期发表。

夏　暑假期间，在上海协助陶行知筹创"中国普及教育助成会"。又应邀赴江西上饶，在"教师暑期讲习班"讲授乡村教育两周。

8月15日　所撰《发展乡村教育应该走哪一条路》，在《湖北教育月刊》（湖北省教育厅主办）第1卷第8期"湖北教育问题专号"发表。

8月28日　在"船过九江"时，撰成《小先生的教科书》。

9月下旬　代表湖北教育学院，与武昌县政府商定，在武昌县第六区共同开办了"乡村建设试验区"。

秋　开学后，应邀在武汉为各幼稚园的教师讲课。

10月1日　所撰《小先生的教科书》和《幼稚教育的三个时代》，在《生活教育》第1卷第16期发表。

10月6日　率湖北教育学院乡村师范专修科毕业生下乡实习，实习地点是武昌县第六区，实习时间为整整两月。这次实习，与开办"乡村建设试验区"和救助当年秋旱紧密结合在一起。

10月　所撰《乡村运动与乡村教育人才问题》，在《中华教育界》第22卷第4期发表。

12月31日　在"除夕"致函方与严（后题为《大海里捞金——给编者的信》）。

1935年（民国二十四年，农历乙亥年），37岁

1月27日　在南京市立第一中学，出席"中华儿童教育社"理事会，讨论社务进行各案。

1月　所撰公开信《实施普及教育的几个小方法——给陶行知先生的一封信》，在《中华教育界》第22卷第7期发表。

2月1日　所撰《大海里捞金——给编者的信》，在《生活教育》第1卷第24期发表。

2月　率湖北教育学院首届乡村师范专修科毕业生，赴北平、青岛、上海等地参观、考察。

3月6日　出席湖北省教育厅主办的"教育专家及本省教育界代表联席讨论会"（简称"湖北教育讨论会"），拜望应邀来汉的专家陶行知。

3月7日　上午，在"湖北教育讨论会"的全体讨论会上，就民众教育问题发表了自己的意见。

3月8日　上午，聆听陶行知所作《普及教育》专题演讲。中午，专程陪送陶行知至武昌江边码头（他将赴汉口市立三小推行"小先生制"）。临别，将夫妇二人节用之款捐"劳工幼儿团"，陶行知后在致谢信中自称"你们永久的朋友"。

3月9日　上午，参加"湖北教育讨论会"的分组会议，讨论通过了《湖北全民教育计划案》。该组为民众教育和乡村教育组，分组"指导专家"为钮永建。

3月15日　所撰《职业教育与乡村建设》，在《湖北教育月刊》第2卷第4期"职业教育专号"发表。

3月　所撰《农村运动的主角是谁》，在《金大农专月刊》（月刊，金陵大学农学院主办）1935年第3期发表。

4月4日　所撰《儿童节的话》，发表于1935年4月4日《人报（无锡）》第2版"专载"栏。

5月15日　率湖北教育学院应届毕业生赴上海参观访问。

5月　再次应邀赴山东邹平，参加"乡村教育讨论会"，其间应邀作了《教育是什么》的专题演讲。

是月，所撰《学园制的乡村师范》，在《中华教育界》第22卷第11期发表。

夏　在"湖北暑期教师讲习会"上，讲授乡村教育两周。

8月1日　所撰《明日的幼稚教育》，在《湖北教育月刊》第2卷6、7期（"儿童教育专号"）发表。

8月　湖北教育学院聘期届满，归沪。

9月上旬　赴山东邹平，受聘担任"邹平简易师范学校"校长。该校校址，原为邹平县"文庙"。率师生改造校园环境，试行"道尔顿制"，并增设实验小学和幼稚园。同时，兼任"山东乡村建设研究院"导师，致力于"乡村建设"的理论研究。

9月30日　与周葆儒合撰的《邹平简易乡师的过去、将来以及乡师在乡建运动中的地位》，在《乡村建设》（半月刊，山东乡村建设研究院主办）第5卷第4期发表。

10月13日　主持设立的"邹平简师"小学部、幼稚园部开学。

10月中下旬　开始重点关注幼稚园部的完善，除每日必去巡视、指导外，还规定每周开"幼教讨论会"一次。

10月　所著《幼稚园的演变史》，作为"幼稚教育丛书"之一，由上海商务印书馆初版。

秋　带领"山东简师"师生慰问黄河决口后的灾民，并教灾民的孩子识字、唱歌。支持山东简师学生赴本县13乡"旅行修学"，既调查各乡学龄儿童的入学状况，又广泛采集生物标本。

11月7日　接待戴自俺所率"北平幼师"学生来"邹平简师"参观、访学。在他们来此的9天中，与他们进行了四次"有系统的谈话"，并演讲了《简单的幼稚园》。

11月　所编著的《中国各地的风俗》（小学生文库第1集），由商务印书馆出版。

12月1日　所撰《短期义务教育是什么教育》，在《基础教育》（月刊，山东省教育厅主办）第1卷第1期（创刊号）发表。

12月上旬　专程由山东赴沪考察幼稚教育。

12月15日　所撰《简单的幼稚园》和《我们的希望与尝试》，在《乡村建设》第5卷8、9期（"邹平乡师专号"）上发表。

12月30日　所撰《谈青年训练》，在《乡村建设》第5卷第10期发表。

12月　"一二·九"运动爆发后，组织本校师生成立"抗日救亡队"，宣传抗日救亡。因此引起时任县长徐树人的不满，并与"山东乡村建设研究院"的主持人梁漱溟产生矛盾。

1936年（民国二十五年，农历丙子年），38岁

1月上中旬　被"山东乡村建设研究院"解聘。随后被军警押送至周村火车站，被迫登车返沪。

1月　所撰《三种开采儿童矿术的探讨》，在《中华教育界》第23卷第7期（"儿童年专号"）上发表。

是月，所撰《寒夜响板》，在《大众话》（月刊，《大众话》杂志社主办）第1卷第1期发表。

2月23日　参加"国难教育社"在上海召开的成立会，接办陈鹤琴以国难教育社名义所做的工作，即将沪东的沈家滩小学改建为余日章小学。

2月　受聘担任上海私立"光华大学"教授，开始参加"上海文化界救国会"的活动。

是月，所撰《中国当前的教育问题》，在《现世界》（月刊，《现世界》杂志社主办）第1卷第2期发表。

是月，所撰《不准离职，更不准辞职》，在《大众话》第1卷第2期发表。

3月　为陶行知起草的《我们对于推行"新文字"的意见》广泛寻求签名，并与王荆璞共同签名于其上。

是月，所撰《强迫和尚坐关的故事》，在《大众话》第1卷第3期发表。

4月1日　所撰《苏联的儿童教育》，在《生活教育》第3卷第3期发表。从是期起，接编《生活教育》，该期为"儿童节专号"。

4月4日下午　在大场山海工学团主持庆祝儿童节集会，到会穷苦儿童数百人。除有游艺、茶点招待外，晚上还专场放映电影。

4月下旬　因陶行知即将出国，接手领导国难教育社和"山海工学团"。

5月1日　所撰《国难时期中的小学算术》，在《生活教育》第3卷第5

期发表。

5月26日　所撰《乡村小学实际问题的商讨》，在《教育短波》（旬刊，《教育短波》杂志社主办）第59期上发表。

5月31日　代表陶行知出席在上海召开的"全国各界救国联合会"成立会。

6月1日　所撰《国难时期中大众数学的开篇》，在《生活教育》第3卷第7期发表。

6月下旬　受"全国各界救国联合会"委托，赴香港面晤即将出国的陶行知，请他在英国参加完"世界新教育会"第七届年会后，担任"国民外交使节"，赴欧、美宣传抗日救亡。

7月1日　所撰《暑假中的学术团体》，在《生活教育》第3卷第9期发表。

7月10日　所撰《怎样研究幼稚教育》，在《商务印书馆出版周刊》（周刊，商务印书馆主办）第241号上发表前半部分。

7月11日　致函《教育短波》社主编启贤、兹全先生，建议组织读者社团，共同为抗日救亡致力，该函发表于《教育短波》第70期（1936年8月1日）。

7月17日　所撰《怎样研究幼稚教育》，在《商务印书馆出版周刊》第242号上续完。

7月　在港期间，参加在《生活日报》社举行的有关《团结御侮的几个基本条件与最低要求》的讨论和修订。在陶行知签名后，将此文件带回上海发表。

夏　再接河南百泉乡村师范聘约。因山海工学团等事无法脱身，故再次爽约，只得推荐唐文粹去该校任教。

8月1日　所撰《我们需要新的教育技术——请全国教育界停止一切争夺，共同努力于抗×救国工作（一）》，在《生活教育》第3卷第11期发表。

8月16日　因资金链断裂，《生活教育》自第3卷第12期起停刊。

8月　所撰《乡村运动的联合战线》，在《中国农村》（月刊，中国农村经济研究会主办）第3卷第8期发表。

夏　在上海主持国难教育社"暑期讲演会"。

9月12日　被教育部聘为"义务教育干部人员讲习班"讲师。该班于同年9月21日在南京开办，学员来自20余省市。

11月2日　担任"特约撰稿人"的《少年知识》创刊号出版。在该期发表《一个中学生爸爸的话》。

11月23日　国民党当局逮捕沈钧儒等救国会"七君子"，随即参与营救活动。

12月31日　所撰《新年礼物》（笔谈），在《生活教育研究会会刊》（不定期刊，生活教育研究会主办）第1期发表。

12月　所著《给小朋友的信》，由中华书局出版。该书为"小朋友文库"之一，属"高级语文类"。

1937年（民国二十六年，农历丁丑年），39岁

1月1日　上午10时，出席在大场山海工学团举行的迎接新年的庆祝会。会后，参加张劲夫的结婚典礼。下午，主持"第一次上海生活教育同志座谈会"，并首先作了主题报告。与会者60余人，发言踊跃，讨论深入。

同日，所撰《官样文章在小学里》，在《一般话》（半月刊，由上海群立出版社出版）创刊号上发表。

1月20日　所撰《今后中国乡村工作的动向》，在《人间十日》（旬刊，《人间十日》杂志社主办）第1卷第2期发表。

1月　所撰《儿童与农人的教育自由》，在《中华教育界》第24卷第7期（"教育与自由主义专号"）上发表。

是月，所撰《一个教师的自述》，在《新学识》（月刊，《新学识》杂志社主办）第1卷第1期发表。其后，该文又在1937年《文摘杂志》第3期发表。

是月，所撰《在"官样文章"小学里》，在《一般话》第1卷第2期发表。

是月，所撰《怎样研究幼稚教育》一文，被收入李伯嘉编《读书指导》第3辑。该书由上海商务印书馆1937年1月初版，为"新中学文库"之一。

2月　所撰《升学不易》和《怎样处理家庭问题》，被收入钱亦石主编的《从学校到社会》（当代青年丛书）一书，该书由上海杂志公司出版。

是月，所撰《评教育部厘订的小学分级字汇》，在《语文》（月刊，《语文》杂志社主办）1937年第2期发表。

4月22日　在山海工学团接待河南省立百泉乡村师范的师生。在带领他们参观后，又为他们演讲《从山海工学团说到国难时期的乡村工作》。

4月　王洞若所编《生活教育论集》，由上海生活书店出版。其中收入张宗麟所撰《学园制的乡村师范》和《幼稚教育者》二文。

春　为光华大学高年级生开设"乡村教育"课程。

5月16日　演讲词《从山海工学团说到国难时期的乡村工作》（陆吾身、金永铎记录），在《乡村改造》第6卷第3期发表。

5月　所撰《少年的梦》，在《少年知识》（月刊，《少年知识》杂志社主办）第2卷第5期发表。

6月3日　所撰《怎样办理乡村师范的行政》，在《光华大学半月刊》（半月刊，光华大学主办）第5卷第10期发表。

6月25日　在宋庆龄领衔发表的《为沈案呈苏州高等法院文》和《救国入狱运动宣言》上签名，全力营救"七君子"。

7月5日　依约与宋庆龄等12人，自带换洗衣服、洗漱用具赴苏州，准备践履"与七君子一同坐牢"的诺言。因获较为满意答复，当晚返沪。

7月7～9日　在北平清华大学参加"中国教育学会第四届年会暨中华儿童教育社第七届年会"。次日闻"七七事变"消息后，便无心于报告和讨论。

7月10日　所撰《全国乡村工作的检讨》，在《中国农村》第3卷第9期发表。

7月11日　被推选为在上海成立的"宪政协进会"理事。

7月中旬　应傅作义之邀赴绥远，在该省"暑期讲习会"上讲授乡村教育、普及教育和国难教育。

7月28日　参加"上海市文化界救亡协会"成立会，被推举为该会理事。其后，担任该会组织部训练组主任，主持开设了干部训练班、民众训练班、专门训练班和救亡工作人员训练班等。

8月　应生活书店之请，邀约戴白韬、孙铭勋等人，共同编写了一套《战时读本》，该书后陆续由生活书店出版。

9月16日　出席"上海战时普及教育服务团"成立会,被推选为理事,负责创设弄堂学校、流浪儿童学校、民众学校等。

10月下旬　在上海广播电台发表演说,呼吁团结起来,坚持抗战。

10月　所撰《现在妇女应为创造新社会牺牲》,在《现世界》第2卷第10期发表。

11月5日　上午10时,应"妇女节制会"之邀,前往演讲"战时教育"。

11月12日　日军进驻上海。避居租界,经常参加韦悫主持的"星二聚餐会"和胡愈之主持的"星四聚餐会",讨论救亡大计。

11月　所撰《战时教育的课程》一文,收入叶波澄主编的《抗战言论集》第1辑,该书由上海进化出版社出版。该文曾发表于《抗战半月刊》第1卷第2期。

12月9日　《译报》创刊,担任译报社秘书长。该报由夏衍、梅益和姜椿芳等发起创办,旨在报道全面抗战的最新消息。

12月10日　所撰《从梁漱溟的辞职谈到乡村运动的前途》,在《中国农村》第4卷第4期发表。

12月　所撰《怎样办战时青年训练班》和《战时农民教育》二文,收入叶波澄主编的《抗战言论集》第3辑,由汉口现代出版社出版。前文首先刊载于《抗战半月刊》第1卷第4期。

是月,与国难教育社同人方与严、朱泽甫等办理多所"救亡学校"。

是年,所著《战时儿童工作》("黑白丛书"战时特刊),由黑白丛书社出版。

1938年(民国二十七年,农历戊寅年),40岁

1月21日　负责编印的《每日译报》创刊。该报前身为《译报》,办理未久即被查封。

1月30日　与胡愈之共同致函章乃器、沈钧儒、邹韬奋,讨论救国会事务。

1月　组织11人成立翻译小组,完成了美国记者埃德加·斯诺所著《红星照耀中国》的翻译。又通过举办聚餐会和发售预付书券的方法,筹措到了

印刷及纸张费用。

2月　与胡愈之、许广平、郑振铎等人共同发起成立"复社"，作为进步书籍的出版发行机构，任该社秘书长（又称总经理）。

3月1日　参与编译的《西行漫记》（原名《红星照耀中国》，斯诺著），由复社正式出版。该书在不到一年的时间内，再版三次，总销量达万余册。

3月15日　所撰《一个呆子》，在《中国儿童》（旬刊，上海儿童界救亡协会主办）第2卷第1期发表。

4月　承担出版《鲁迅全集》的任务，担任出版该书的"秘书长"。积极预筹资金，委托在美国的陶行知在华侨中预售该书。

5月　所主编的《战时读本（高级）》（马昌宝、陆维特编辑），由生活书店出版。

是月，所撰《战时的农民教育》一文，收入"生活教育"社主编的《战时教育论集》一书。该书为"生活教育丛书"之一，由"生活教育"社出版。

6月14日　接获陶行知关于祝贺《鲁迅全集》出版的信函。

7月　参加陈鹤琴、陈望道发起成立的"上海语文学会"，继续推广"新文字"。

8月10日　参与编印的20卷本《鲁迅全集》正式出版发行。此书的迅速出版，为"中国出版界之奇迹"。

8月31日　在香港迎接陶行知归国，出席"香港各界代表欢迎陶行知大会"，在会上报告上海救亡的近况。会后，与陶行知共商今后的教育计划，担任"晓庄学院董事会"董事。

9月上旬　在港协助方与严筹办"香港中华业余补习学校"。同时，运作杜月笙投资，准备与黄定慧等在上海创办《上海周报》。

10月9日　下午3时，在上海香港路银行公会出席"上海节约救难委员会"成立会，被推举为该会委员，开展难民救济工作。

11月　再次赴港，与陶行知共商筹创"生活教育社"和"育才学校"事，短期兼任陶行知筹创的"香港中华业余补习学校"（11月1日开学）的教育科课程。

12月15日　"生活教育社"在广西桂林正式成立，被推举为第一届理事会理事。

是年，参加由吴耀宗等发起成立的"民社"（也称"星六聚餐会"），为新四军募捐医药和物资。

1939 年（民国二十八年，农历己卯年），41 岁

1 月 9 日　应陶行知之召，再次赴港，参加晓庄学院董事会会议。因晓庄学院与部章不合，决定改设为"晓庄研究所"。同时，还讨论了难童学校的筹设问题。

1 月 16 日　在私立民治新闻学院举办的系列"新闻学讲座"上，代表《译报》出任讲师。

1 月下旬　由香港返沪后，联络上海的生活教育社同志，发起成立"生活教育社上海分社"，被推举为上海分社临时负责人。接受生活教育社的专项委托，执笔拟订"战时教育的课程"。

是月，所撰《孩子们也动员起来——祝〈好孩子〉〈儿童读物〉一周年》，在《儿童读物》（周刊，《儿童读物》杂志社主办）第 2 卷第 11、12 期发表。

是月，《今日教师应该做些什么》，在《华美》（月刊，《华美》杂志社主办）第 1 卷第 1 期发表。

是月　被上海民治新闻学专修学校聘为"寒假新闻学讲座"讲师。

3 月 25 日　所撰《读书做事问政治》，在《中学生活》（月刊，《中学生活》杂志社主办）第 1 卷第 1 期发表。

4 月　所著《怎样办乡村师范》一书，由中华书局（昆明）出版。

11 月 1 日　参与筹办的《上海周报》创刊，出任社长。该报由英国"弗利特通讯社"挂名，韦悫任总编辑，吴景崧任编辑。该报在当时极受欢迎。

12 月　所撰《从极小的一点祝〈上海妇女〉一周年》，在《上海妇女》（月刊，《上海妇女》杂志社）第 1 卷第 12 期发表。

是年，所撰《义卖是最实际的民众运动之一》一文，收入吴涵真主编《义卖纪述》一书。该书由"国讯港社"出版。

是年，所著《教育概论》，由商务印书馆（长沙）出版，该书封面标有"幼稚师范学校教科书"。

1940年（民国二十九年，农历庚辰年），42岁

3月　在上海浦东大厦出席褚学潜烈士追悼大会，撰成悼文《悼褚学潜君》。该文后收录在《褚学潜烈士追悼特刊》中。褚学潜为"中华补习教育协会"会员和"益友社"社员，1940年2月8日牺牲于抗日战场。

7月6日　撰成《二十年的老师》（署名张兆林），该文后作为陈鹤琴《我的半生》（江西教育用品厂1941年初版）一书的"序四"。

冬　被"蓝衣社"列入暗杀黑名单。

是年，所著《乡村教育与民众教育》，由商务印书馆（长沙）出版，该书为"简易师范学校教科书"。

1941年（民国三十年，农历辛巳年），43岁

春　与王任叔（巴人）等在上海创办《大陆月刊》，未久停刊。

5月1日　与张一麐、许世英、陶行知、崔载阳等联名，发表了《育才学校三周年纪念募捐缘起》，积极为育才学校募捐。

10月1日　什工所记《张宗麟先生访问记》，在《学习》（半月刊，《学习》杂志社主办）第5卷第1期发表。

12月8日　太平洋战争爆发后，日军进驻上海公共租界，所办《上海周报》被迫停刊。

冬　为陶行知创办的"育才学校"募得1200元捐款。

1942年（民国三十一年，农历壬午年），44岁

春　继任"上海市文化界救亡协会"会长。

上半年　在日军进驻租界后，仍在白色恐怖下坚持文化抗争，数次躲过日伪特务的暗杀。

夏　接受中共江苏省委委派，协助梅益（时任江苏省文委书记）为江淮大学的筹建在上海物色人才。

9月　将"复社"事务移交许广平、陈已生等人，转移至新四军淮南二师驻地。

秋　被任命为江淮大学秘书长,参与筹办江淮大学(计划次年 10 月 5 日开学)。在筹办阶段,主持师生的集训和下乡调查。除邀请华东局、新四军领导来校作报告外,还邀请潘汉年来校演讲;他的演讲生动,并留有提问和解答的时间,效果良好。

12 月　参加"新四军干部赴延安小分队",从淮南黄花荡出发,徒步前往延安。率队队长为沈其震,政委为薛暮桥。

1943 年(民国三十二年,农历癸未年),45 岁

1~8 月　历经淮北、滨海、徐州、河南、晋东南、晋西北、绥德等地,抵达延安。在途中,作有《棉山初夏》《渡泗水》《寄梅雨》等诗。

8 月　抵达延安后,受到毛泽东、周恩来、刘少奇设宴欢迎,有"到家了"的感觉。

9 月　参加陕甘宁边区政府组织的农村调查和普及教育工作。所撰调查报告,"经毛泽东、刘少奇、罗迈等同志阅后,批给边区教育厅参考解决"。

下半年　与已在延安的生活教育社成员林砺儒、汪达之、刘季平、张劲夫、方与严、孙铭勋、董纯才、张健、程今吾、柳湜等人,先后取得联系,加入生活教育社延安分社。

1944 年(民国三十三年,农历甲申年),46 岁

3 月 15 日　接受陕甘宁边区政府秘书长罗迈(李维汉)的安排,赴延川等地考察农村社会、调查普及教育状况。

3 月 19 日　在陕甘宁边区政府交际处参加"生活教育社十七周年纪念会",出席会议者有徐特立、柳湜、吴玉章、周扬、艾思奇、余光生、范文澜、李卓然、胡乔木、李鼎铭、罗迈、董纯才、张健等 33 人。上午 10 时,会议开始。在徐特立首先致词后,接着发表讲话,介绍了陶行知的理论主张。

6 月 17 日　在中共西北局宣传部、陕甘宁边区教育厅和边区文协举行联席会议后,向刘少奇汇报去延川等地考察、调查的结果。

6 月下旬　受命担任"延安大学"教育系副主任。其后,主讲乡村教育、教育学等课程。

附录　张宗麟生平著述年表　— 549

7月11日　向毛泽东汇报去延川等地考察、调查的结果。

10月11日　出席"陕甘宁边区文教大会",参与关于边区教育历史的讨论。这次会议历时35天,到会代表450余人,通过了《关于培养知识分子与普及群众教育的决议》。

同日,出席由周恩来主持的"邹韬奋百日祭"。与会者还有吴玉章、博古、邓颖超、周扬、艾思奇、柳湜、姜君辰、林默涵、李文、程今吾、张仲实等人,组成"邹韬奋同志追悼筹委会",参与商讨纪念和追悼韬奋先生的办法。

11月16日　在"陕甘宁边区文教大会闭幕会"上,被授予"模范工作者"称号,并获颁奖品。

11月22日　出席在陕甘宁边区政府大礼堂举行的"追悼邹韬奋先生大会"。

同日,所撰《永远前进的精神》一文,在《解放日报》发表,用以纪念邹韬奋逝世。

12月21日　所撰《我也来提一两个问题》,在《边区中等教育资料》(陕甘宁边区教育厅自刊,不定期)第6期发表。

12月22日　出席在延安边区参议会礼堂举行的"边区群英会",《解放日报》对张宗麟的先进事迹进行了报道。

1945年(民国三十四年,农历乙酉年),47岁

1月14日　在"边区群英会"的闭幕会上,获"甲等劳动英雄"的光荣称号,《解放日报》再次对张宗麟的先进事迹进行了报道。

3月11日　代表生活教育社出席在延安召开的"生活教育社十八周年纪念会",与徐特立、柳湜、董纯才等作为主席团成员。徐特立致开幕辞,董纯才报告生活教育社简史,丁华报告育才学校开办的经过,边区政府主席林伯渠致辞,提出"教育革命要有政权配合"。会上,还讨论了生活教育社延安分社的改组、发展等问题。

4月23日~6月11日　中共"第七次全国代表大会"召开。

7月1日　在延安大学学习《论联合政府》的讨论会上发言,盛赞中共

"七大"的路线正确。

7月3日　在延安大学举行的"学习报告会"中，多次发言支持"七大路线"，《解放日报》以《延大学习论〈论联合政府〉》为题进行了报道。

7月5日　所撰《中国人民应该批准〈论联合政府〉》，在《解放日报》发表。

同日，与周扬、张仲实、柳湜、汪雨湘等，前往黄炎培住所话别，聆听他访问延安后的观感。

7月13日　在延安出席"中国解放区联合委员会暨解放区人民代表会议筹备委员会"会议，被推举为该会"常务委员"。

7月24日　所撰《韬奋先生逝世周年纪念》，在延安《解放日报》发表。

8月下旬　日本宣布无条件投降后，向周恩来申请赴重庆工作。后接陶行知函，嘱暂时勿去。

8月　在延安住所接待梅益的来访。他由上海来，询问上海故友的近况。

11月21日　与谢觉哉、何思敬、李木庵、李鼎铭、齐燕铭、陈正人等共同组成"陕甘宁边区宪法大纲起草委员会"，任该会委员。

11月　延安大学部分师生赴张家口办学，仍留驻延安。

12月8日　延安《解放日报》以题为《延大进行群众选举：教育家张宗麟、自然科学家恽子强等被选为模范工作者》，对其先进事迹进行了报道。

1946年（民国三十五年，农历丙戌年），48岁

1月14日　在延安出席"陕甘宁边区中等教育会议"，该会会期长达一个月。会上作了《我也来提一两个问题》的发言，陈述了对边区中等教育定位问题的看法。

3月15日　与到访延安的梁漱溟见面、晤谈。

3月17日　在边区教育厅与延安大学联合举行的梁漱溟欢迎会上，代表生活教育社延安分社发言。题目为《锄头与机器联合起来——生活教育社建社十九周年纪念并欢迎梁漱溟先生》。

3月18日　应梁漱溟之约，与之促膝长谈，首先两人互相检讨了当年的误会，接着又深谈了中国的政治和教育。全程两个多小时。

3月22日　赴延安机场送别梁漱溟，毛泽东、周恩来等亦前来欢送。

4月21日　所撰《揩干眼泪，干！》一文，在延安《解放日报》发表。该文专为纪念王若飞、秦邦宪等同志的不幸遇难而写。

5月　经徐特立、谢觉哉介绍，由中共西北局批准，重新加入中国共产党。

7月14日　为李公朴被暗杀而撰文痛悼。

7月28日　在报刊惊悉陶行知病逝后，联络在延安的陶门弟子宁越、丁华、徐明清等人，向陶行知亲属发去唁电，后参加痛悼陶行知去世的相关活动。

8月4日　出席延安文化教育界召开的"追悼陶行知先生筹备会议"，被推举为追悼会筹备委员，会上决定将延安中学改名为"行知中学"，以示永久纪念。

8月11日　下午6时，在延安出席"公祭陶行知大会"，首先报告了陶行知生平。会上被推举为"陶行知先生纪念委员会"委员，与林伯渠、习仲勋、徐特立等人共同"办理研究或其他纪念工作"。参加公祭大会的延安各界代表，达2千余人。

8月12日　所撰《陶行知先生生平事略》，在延安《解放日报》发表。

8月下旬　受中央组织部派遣，前往太行山协助范文澜办理"北方大学"，出任该校"文教学院"院长，兼任"教育研究室"主任。

12月15日　所撰《一封信》，在《北方杂志》（月刊，《北方杂志》社主办）第1卷第6期发表。

秋冬　所主持的北方大学文教学院办理日益规范，学生一度达400余人，成为该校规模最大的学院。

1947年（民国三十六年，农历丁亥年），49岁

上半年　动员北方大学文教学院师生下乡"土改"，对前往河南安阳、林县、新乡一带的"土改点"的学生强调"安全第一"，并予以具体指导。

下半年　运用生活教育理论，在教学与生产劳动相结合的同时，还特别注重运用科学实验的手段，培养了一批应济时需的文教干部。

1948年（民国三十七年，农历戊子年），50岁

8月24日　华北联合大学与北方大学合并为"华北大学"，任该校教育研究室主任，在"第二部"讲授教学法课程。

9月26日　华北人民政府正式成立，任职于"华北高等教育委员会"，协助主任董必武，副主任张奚若、周扬、钱俊瑞开展工作。

11月中旬　与张光年一起赴清华大学和燕京大学，宣传中国共产党的方针政策。

12月21日　北平市军管会文管会成立，负责接管北平的文化教育机关，为"文管会"委员之一（共11人）。

12月22日　参加新组建的"西郊工作团"，筹备对清华大学、燕京大学的"接收"工作。

12月24日　主持召开清华大学、燕京大学部分教授座谈会，耐心解释共产党对知识分子的政策，打消了教授们的思想顾虑。

偶遇外甥严又光（严济慈与张宗英之子），请他转告时在昆明的他的父母速回北平。

12月26日　随"北平西郊工作团"团长荣高棠进驻清华大学和燕京大学，开始正式的接管工作。

12月28日　通过自己和团队的努力工作，清华大学复课。

12月30日　与钱俊瑞等致函吴玉章，恭祝其七十大寿。

1949年（民国三十八年，农历己丑年），51岁

1月1日　上午，与谢泳同赴燕京大学，在教务长严景耀家中晤谈。午饭后，又在严家与十教授举行"新年座谈会"，回答教授们所提出的问题，消除了他们的思想顾虑。

1月2日　返回良乡，向文教接管委员会汇报清华、燕京两校的基本情况。

1月3日　向文管会提出"接管清华、维持燕京"的初步方案。

1月9日　《接管清华、维持燕京初步方案》获中央电示同意。

1月10日　与钱俊瑞同赴清华大学，先后主持召开"教授会""校务会议"和"全校师生员工大会"，宣布了接管措施，并开展具体工作。

1月20日　出任"北平军管会"文教接管部副部长、高等教育委员会秘书长，负责接管北平各大专院校的工作。

1月22日　出任军管会所属"高等教育处"处长、"文化接管委员会"委员。

2月5日　出席"在平各国立院校茶话会"，宣讲党的高等教育政策。

2月17日　与钱俊瑞、吴晗、周建人等代表"北平军管会"，到北平师范大学召开全校大会，宣布正式接管该校。

2月22日　与苏哲、文安等，同赴迁至北平的山西大学，宣布该校由政府接管。

2月中旬　协助周扬等人起草北京大学、清华大学《暂时管理办法》。

2月28日　上午10时，与钱俊瑞、吴晗、王冶秋等，赴北京大学开展接管工作。下午2时，在"民主广场"召开全校师生员工大会，宣布正式接管北京大学。

2月下旬　出席"北平文教界高层策划会议"，动员钱三强等知名教授配合革命工作。

3月1日　与钱俊瑞等人同赴北京大学，督导该校的行政和教学工作。

3月5日　代表"中国人民革命军事委员会铁道部"，赴北平铁道管理学院出席接管大会，并宣布接管措施。

3月10日　撰成《跟着时代前进》发言稿。

3月15日　出席"纪念生活教育运动二十二周年"纪念会，宣读《跟着时代前进》，该文后收入《陶行知纪念集》（湖南教育出版社1984年版）。

4月1日　代表"文管会"，总结了接管清华、北大、燕京等高校的经验，并提交了总结报告。

4月中旬　约请北大教育系教师就课程改革问题举行座谈。

4月22日　出面与辅仁大学的教师与学生代表进行了接触，宣传党的宗教政策和改造大学的方针。

4月23日　出席在北平师范大学举行的"教育系课程改革座谈会"。其后，这种座谈会又先后召开了 5 次，最终形成《大学教育系之办法与课程草案》。

5 月 7 日　应邀出席"清华大学校务委员会"成立大会，宣布军管会自此日撤消，并报告了成立校务委员会的意义及其使命。

5 月 20 日　在华北人民政府召开的第五次政务会议上，议决设立"华北高等教育委员会"，担任该委员会委员。

5 月 22 日　受命接管坐落在北平东城海运仓的"朝阳学院"。后将该校改组设立为"中国政法大学"，并于是年 11 月 6 日举行开学典礼。

6 月 6 日　出席"华北高等教育委员会"成立会，被推举为该委员会"秘书长"。

6 月 8 日　出席"华北高等教育委员会"常务委员会议，决定设立"华北国立大学招生委员会"，并设立"私立大学研究委员会"。

6 月 16 日　据军管会发布的"第一五二号令"，与周扬、恽子强等作为军管会代表，负责接管中法大学。

6 月 17 日　下午 3 时，赴中法大学，主持召开教授、讲助、职员、工友、学生代表座谈会，了解该校的基本状况，以及他们的基本诉求。

6 月 18 日　上午 10 时，再赴中法大学，主持召开全校师生员工大会，宣布接管该校。

6 月 19 日　出席辅仁大学"校务委员会"成立大会，任大会主席，并兼任该校校务委员会委员。

6 月 25 日　正式完成北平中法大学的接管工作，改称该校为"国立中法大学"。

7 月 25 日　出席北平市举行的"陶行知逝世三周年纪念大会"，徐特立、吴玉章、李德全等到会讲话。

7 月 28 日　"中华全国第一次教育工作者代表大会"召开第一次常委会，担任常委会副秘书长。

7 月 29 日　专程前往辅仁大学，听取陈垣校长报告，并提供改进建议。

8 月 10 日　出席"华北高等教育委员"第三次常委会。讨论决定，废除三民主义、伦理学等课程，增设辩证唯物论、历史唯物论和新民主主义论为共同必修课。

9月10日　宣布中共中央指示，决定将北京大学、清华大学和华北联合大学的农学院合并，设立专门的"农业大学"。随后设立了筹备委员会，被推选为该会常务委员。

9月14日　代表教育部，提出组建"农业大学"的基本方案。

9月27日　再次前往中法大学，宣布该校成立"校务委员会"的决定。

9月29日　赴罗道庄，向北京大学农学院师生宣读《华北高等教育委员会关于成立农业大学令》，并进行了相关讲解。

10月1日　出席中华人民共和国开国大典。

同日，中华人民共和国中央人民政府教育部宣告设立。

10月6日　代表华北高等教育委员会参加"回民学院"（由西北中学与成达师范两校合组）的成立典礼，热烈祝贺回民学院的成立。

10月20日　出席华北高等教育委员会第四次常委会，讨论通过了《大学专科学校文法学院各系课程暂行规程》，规定各院系必须废除反动课程，添设马列主义课程，并逐步改造其他课程。

11月1日　参加中央人民政府教育部举行的成立典礼，担任教育部高等教育司副司长。

11月4日　主持召开"大学政治经济教育座谈会"，就如何开展"政治经济学"的教学提出改进意见。

11月6日　主持教育部召开的"第三次辩证唯物论与历史唯物论座谈会"，对开设这两门课程提出了改进建议。

11月8日　出席教育部召开的第一次部务会议，汇报了大学政治经济学和辩证唯物论的教学改革情况。

11月27日　主持召开教育部"第四次辩证唯物论与历史唯物论教学座谈会"，再次对改进这两门课程的教学提出要求。

12月4日　出席"清华大学代表会议"，发表讲话，论及代表会议的利弊。

12月13日　出席直属于文化教育委员会的"办理留学生回国事务委员会"（简称"办委会"）第一次会议，担任"办委会"副主任委员，统一领导和处理留学生归国服务事宜。

12月23～31日　在北京出席"第一次全国教育会议",参与确定了"教育改造"的基本方针。

1950年（农历庚寅年），52岁

2月上旬　利用寒假召集北京高校知名的政治课教师,制定了"新民主主义论"的教学大纲。

2月13日　出席北京大学医学院"独立建院,划归卫生部主管"的会议。

4月21日　与竺可桢、恽子强、严济慈、钱三强等人,共同商讨教育部所属各大学与中科院的研究分工问题。

5月1日　所撰《迎接第一次全国高等教育会议》,在《人民教育》1950年第1期（月刊,人民教育出版社主办）发表。

6月1～9日　出席"第一次全国高等教育会议",会上通过了参与制定的《高等学校暂行规程》等5件高教法规。

7月25日　所撰《学习伟大的人民教育家陶行知先生》,在《光明日报》发表。

8月1日　下午,赴辅仁大学听取陈垣校长的汇报,然后代表政府表明,绝不会向教会妥协的立场。

7～8月　就上海同济大学迁校问题,多次听取该校师生的意见,并最终使该问题得以妥善处理。

9月1日　所撰《预祝高等学校课程改革的成功》,在《人民教育》1950年第5期发表。

10月12日　以"接办小组"组长身份前往辅仁大学,依部令接管了该校,直至学校步入正轨后离校。此即为真正"收回教育权"之肇端。

11月　所撰《跟着时代前进》一文,收入《陶行知先生四周年祭》一书,该书由北京出版社出版。

1951年（农历辛卯年），53岁

2月23日　与王荆璞合撰成《爱国主义教育在幼稚园》一文。

3月6~14日　专程赴山东济南、青岛，代表教育部处理新山东大学（原山东大学与华东大学合并而成）的组建问题；说服童第周出任山东大学副校长，辅助校长华岗治校育人。

3月下旬　受高等教育部委派，赴天津处理北洋大学和河北工学院的合并事宜。

4月18日　在北京主持召开北洋大学和河北工学院"两校合并工作座谈会"，随即成立了"并校筹备委员会"。

4月　所撰《爱国主义教育在幼稚园》一文，收入徐特立主编的《论爱国主义教育》（新华书店1951年4月版）一书。

春　赴上海主持召开工学院"院系调整"问题的会议。

5月20日　《人民日报》发表社论《应当重视电影〈武训传〉的讨论》。此后，批判《武训传》累及陶行知，又祸及"生活教育社"同人。

6月　协助北京大学校长马寅初开展院系调整工作。

7月　主持召开农学院、工学院等院长会议，处理北京农业大学的合并纠纷。

10月11日　参加教育部"京津高等学校教师学习委员会总会"成立会，被推举为该委员会的负责人之一，领导京、津高等教育战线的"思想改造运动"。

9月　转任教育部"高教二司"第一副司长，主管工科、医科、农科等院校。

11月3~9日　出席"教育部全国工学院院长会议"，确立了学习苏联工科院校模式的"教育改造方针"。

12月　提出计划，拟在中南地区成立新的矿冶学院，并委托陈新民具体筹办。

是年，与王荆璞合撰《二十五年的体会》（未刊稿），总结前此幼教的经历和体会。该文后收入张沪编《张宗麟幼儿教育论集》（湖南教育出版社1985年版）。

1952年（农历壬辰年），54岁

1月1日　所撰《改革高等工业教育的开端》，在《人民教育》1952年第

1期发表，其中坦言相关改造并无多大进展。

2月　受教育部部长马叙伦委托，对研究"少数民族史"的专家进行了调查，撰写了《关于搜集少数民族历史资料的干部人选问题的调查报告》。

3月1日　所撰《对陶行知先生的认识和我的初步检讨》，在《人民教育》1950年第3期发表。该文认为："陶先生是无产阶级的朋友，是中国革命同盟军中最积极的一员。"

3月10日　陆定一将《关于搜集少数民族历史资料的干部人选问题的调查报告》批转给范文澜。

6月　担任"北京航空工业学院"筹委会委员，具体负责该院的筹建工作。

夏　与"晓庄同志"方与严、程今吾、汪达之、戴自俺等聚首北京，并合影留念。

10月25日　参与筹建的北京航空工业学院正式设立。

11月15日　中央人民政府决定，将原设教育部分设为"高等教育部"和"教育部"。

12月25日　出席"高等教育部"成立大会，转任高教部财务司第一副司长。

1953年（农历癸巳年），55岁

是年，升任高等教育部计划财务司司长，主持拟订教育经费筹措、教育拨款、学生资助的方针与政策，承担统计全国教育经费投入情况的有关工作，负责直属高等学校和直属单位国有资产、预决算、财务管理和内部审计等工作。

同年，开始通过收音机自学俄语。

1954年（农历甲午年），56岁

是年，计划财务司改称"财务基建司"，仍任司长，开始重点关注直属高校的基本建设问题。

1955 年（农历乙未年），57 岁

7 月　所撰《努力改进高等教育质量不高的状况》，在《新华月报》（月刊，人民出版社主办）1955 年第 7 期发表。

是年，在实行教师工作量的问题上，与苏联专家的意见不一。

1956 年（农历丙申年），58 岁

7 月　向中共中央组织部呈交"自传"，记叙了自己追随陶行知的历程，及其对他的敬仰之情。

9 月 1 日　所撰《应该澄清对全面发展与因材施教的几种误解》，在《人民教育》1956 年第 9 期发表；撰成《幼儿园是可以进行识字教育的》，见载于张沪编《张宗麟幼儿教育论集》。

9 月 4 日　所撰《关于高等教育的成就和几个问题的商讨》，在《人民日报》发表。该文又载《新华半月刊》（半月刊，人民出版社主办）第 19 期。

9 月　牺牲出国疗养机会，去中共中央高级党校学习。

11 月 22 日　所撰《有关高等学校教师的几个问题》，在《文汇报》发表。

1957 年（农历丁酉年），59 岁

5 月 1 日　《人民日报》发表《中共中央关于整风运动的指示》，号召各界对党和政府的缺点错误提出批评建议，帮助党整风。受此鼓舞，在中共中央高级党校"普通班"屡次发言，批评个人崇拜、生活腐化，主张高校实行校长负责制。

7 月 1 日　所撰《关于陶行知》，在《人民教育》1957 年第 7 期上发表。其中认为，陶行知与蔡元培，是中国近现代"两位杰出的教育家"，主张进行公正评价。

7 月 29 日　中共中央高级党校开始"揪右派"。其后，因在"鸣放会"上主张校长负责制、专家治校等观点，被错划为"右派"。

8 月 7 日　长子、清华大学调干生、机械系党总支委员张闽被打成右派。其后，女儿张沪、女婿丛维熙也被打成右派。

10 月　接高教部党委的书面通知，要求"把自传中不老实的地方重写"。

所谓"不老实的地方",主要是指他对陶行知的认识。

冬　被撤职分配到教育部图书馆管理资料。

1958 年（农历戊戌年），60 岁

是年,对于图书馆资料管理员的工作,兢兢业业、任劳任怨。

1959 年（农历己亥年），61 岁

冬　被"下放"至北京昌平南口三堡鸭场养鸭。其间,照了一张头戴毡帽、身穿破棉袄的相片。照片背面,题七绝一首分赠子女："脱却新衣复旧装,幡然须发气轩昂；阿儿识得阿爹否？六十年来一老张。"

1970 年（农历庚戌年），72 岁

是年,被下放到安徽凤阳教育部"五七干校",从事繁重的体力劳动。

1971 年（农历辛亥年），73 岁

11 月 4 日　撰成生日感怀诗一首："老去无成莫自悲,夕阳西下有余辉；秋林晚照丹枫舞,远浦赪光白鹭飞。气贯长虹争鹿马,胸怀赤胆忘安然；白头永葆青春志,一息尚存志不违。"

1972 年（农历壬子年），74 岁

是年,因病回到北京。

1976 年（农历丙辰年），78 岁

10 月 14 日　因脑卒中病逝于上海。